D1480604

São Paulo

UNIVERSITY OF TEXAS PRESS ᚼ AUSTIN

São Paulo
A Graphic Biography Uma Biografia Gráfica

Felipe Correa

Copyright © 2018
by the University of Texas Press
All rights reserved

Graphic Design
Neil Donnelly
Ben Fehrman-Lee

Printed in Germany
by DZA Druckerei zu Altenburg GmbH
First edition, 2018

Requests for permission to reproduce
material from this work should be sent to:

Permissions
University of Texas Press
P.O. Box 7819
Austin, TX 78713–7819
utpress.utexas.edu/rp-form

∞ The paper used in this book meets the
minimum requirements of
ANSI/NISO Z39.48–1992 (R1997)
(Permanence of Paper).

Library of Congress
Cataloging-in-Publication Data

Names: Correa, Felipe, author.
Title: São Paulo: a graphic biography /
Felipe Correa.

Description: First edition. | Austin:
University of Texas Press, 2018.
Identifiers: LCCN 2018008593
ISBN 978-1-4773-1627-6
(cloth : alk. paper)

Subjects: LCSH: City planning—
Brazil—São Paulo. |
Urbanization—Brazil—São Paulo. |
Architecture—Brazil—São Paulo—
History. | São Paulo (Brazil)—History.
Classification: LCC NA9166.S3 C67
2018 | DDC 307.1/216098161—dc23
LC record available at
https://lccn.loc.gov/2018008593

Sponsored by:

THE HADDAD FOUNDATION

The South America Project

Foreword

São Paulo is the urban giant of South America. Its seemingly endless expanse of over 6,000 high-rise buildings often stuns North Americans who are used to the far more compact skylines of New York City or Chicago. The city's commercial energy provides opportunity for millions and an economic engine for Brazil. São Paulo's mixture of wealth and poverty reflects the appeal of the city to both rich and poor, but the resulting inequality can seem horrific.

São Paulo's economic vitality is undeniable, but so are its traffic and crime problems. Hour-long commutes are common. Murder is all too frequent, and there remain critical public health problems, as Marcia Castro's essay in this volume reminds us. One great challenge of the twenty-first century is to tame the demons that come with density in cities like São Paulo. The great question asked in this book is how the built environment can help provide solutions.

The real city is not its buildings or highways or rivers. The real city is the humanity that occupies that physical space, and the best city-building serves to empower ordinary urbanites, not to awe with architectural splendor. The built environment can either reduce the downsides of density or make them more extreme. Mixed-used developments can ease traffic problems, while urban landscapes with standing water can breed disease-spreading mosquitos. São Paulo was built pragmatically to serve the needs of businesses and ordinary Paulistas, but for many, the resulting city layout is anything but empowering.

Everyone grasps the spatial nature of central New York. It is a long, narrow island with a high central spine, and two core business districts built around the old port and the Vanderbilts' Grand Central Terminal. The city's simple grid system means that you are never lost. Ultra-high densities make it easy to walk from high-rise to high-rise.

Paris spans the Seine and radiates outward, along lines drawn by Baron Haussmann, from an ancient political and religious core built by one of Europe's most religious ruling houses. Again, the basic street structure is understandable, walkable, and built with easy access to the metro.

But it is harder to capture São Paulo's spatial structure in the mind's eye, which is why this graphic history is so valuable. There are rivers that run along current roadways, but São Paulo's waterways do not shape the city in the same way that the Thames or the Tiber shape London or Rome. For me, the early chapters of this book helped demystify São Paulo's hydrography.

The steady call of this book to pay more attention to water is quite right. The most important job of city government is to provide clean water for its citizens. The contagious diseases that are associated with standing water, or with mosquitoes, are perhaps the most fearsome of density's downsides.

São Paulo's old downtown is anchored in the Luz train station, but like Los Angeles, the traditional central business district is only one of many seemingly "spontaneous bursts of vertical construction" in the city. Among this volume's many contributions, it "examines the assortment of urban grids that make up the city, explaining their geometries and the spatial continuities and discontinuities these create." I'm never going to fully grasp São Paulo's geography, but this book certainly helped me a lot.

São Paulo's physical structure is so different from these older cities because their cores were all built before the car.

Prefácio

A cidade de São Paulo é a gigante urbana da América do Sul. Sua extensão aparentemente interminável de mais de 6.000 edifícios altos, muitas vezes, impressiona os norte-americanos, que estão acostumados com os horizontes bem mais compactos das cidades de Nova York ou Chicago. A energia comercial da cidade oferece oportunidades para milhões e um motor econômico para o Brasil. A mistura de riqueza e pobreza de São Paulo reflete o apelo da cidade tanto para ricos quanto para pobres, mas a desigualdade resultante pode parecer assustadora.

A vitalidade econômica de São Paulo é inegável, mas também o são seus problemas de trânsito e criminalidade. Os trajetos origem-destino de uma hora são comuns. Os assassinatos são muito frequentes e ainda existem problemas críticos de saúde pública, como nos lembra o ensaio de Marcia Castro neste volume. Um dos grandes desafios do século XXI é superar os obstáculos que surgem com a densidade em cidades como São Paulo. A grande pergunta feita neste livro é como o ambiente construído pode ajudar a fornecer soluções.

A verdadeira cidade não são seus edifícios, rodovias ou rios, mas as pessoas que ocupam esse espaço físico. E o melhor edifício da cidade serve para empoderar os moradores comuns, não para causar admiração pelo seu esplendor arquitetônico. O ambiente construído pode reduzir as desvantagens da densidade ou torná-las mais extremas. Empreendimentos de uso misto podem melhorar problemas de tráfego, enquanto as paisagens urbanas com água parada podem se tornar criadouros de mosquitos transmissores de doenças. São Paulo foi construída de forma pragmática para atender às necessidades de empresas e paulistanos comuns mas, para muitos, o layout resultante da cidade é tudo menos empoderador.

Todos entendem a natureza espacial da região central de Nova York. É uma ilha longa e estreita, com uma espinha dorsal e duas principais regiões comerciais, construídas em torno do antigo porto e do terminal Grand Central dos Vanderbilt. O sistema quadriculado e simples da cidade garante que você não se perca. Densidades extremamente altas facilitam a caminhada de um arranha-céu a outro.

Paris atravessa o rio Sena e se propaga, ao longo das linhas traçadas pelo Barão Haussmann, de um antigo núcleo político e religioso construído por um dos poderes religiosos mais dominantes da Europa. Mais uma vez, a estrutura básica das ruas é compreensível, fácil de andar e construída com fácil acesso ao metrô.

Contudo, é mais difícil captar a estrutura espacial de São Paulo na mente e é por isso que esta história gráfica é tão valiosa. Existem rios que correm ao longo das vias atuais, mas os cursos d'água de São Paulo não moldam a cidade da mesma forma que o Tâmisa ou o Tibre moldam Londres ou Roma. Para mim, os primeiros capítulos deste livro ajudaram a desmistificar a hidrografia de São Paulo.

O chamado constante deste livro para que se preste mais atenção à água faz bastante sentido. O trabalho mais importante do governo da cidade é fornecer água potável aos cidadãos. As doenças contagiosas associadas à água parada ou aos mosquitos são, talvez, a mais temível das desvantagens da densidade.

O centro histórico de São Paulo está ancorado na estação da Luz mas, como em Los Angeles, o tradicional centro comercial é apenas uma das muitas aparentemente 'espontâneas explosões de construções verticais' da cidade. Entre as muitas contribuições deste volume está a de 'analisar a variedade das redes urbanas que compõem a cidade, explicando suas geometrias e as continuidades e descontinuidades espaciais que elas criam'. Nunca entenderei

Consequently, they were tightly centered around core water and rail transit hubs. Since 1920, the population of London has only increased by 17 percent, the population of New York has only increased by 45 percent, and central Paris has shrunk. São Paulo's population has multiplied 19 times since that year, meaning that its physical structure evolved during an era in which mobility was not restricted by the rail line or by the need to walk.

São Paulo's relatively recent growth has left it without the pre-1900 structures that are particularly beloved by preservationists. Yet the city is still full of architectural marvels, such as Oscar Niemeyer's Copan building, which was not just an experiment in sinuous sky-scraping but also an experiment in urban living. As this book reminds us, "a significant number of people live and work in the Copan building," and consequently, "their commute is expense-free and involves simply pressing an elevator button." This extreme example of mixed-used development harkens back to the artisans in Pompeii who would work above their shops. Hopefully, the builders of São Paulo's future will follow Niemeyer in consolidating workplace and home to provide more car-less commutes.

Niemeyer's era was full of utopian dreams for a better urban future. The fascinating chapter on "Collective Living" provides an inventory of imagined solutions for both subsidized and market apartment buildings. These visions are still valuable today, especially because their builders took landscape architecture so seriously.

In a sense, those visions are the intellectual precursors of Correa's own vision, expressed in his last chapter on "models of urban growth" for São Paulo. The chapter presents myriad strategies and design proposals for the future of the city, yet these ideas share a common vision. They are all trying to connect with São Paulo's past, with the overlooked rivers and the ancient rails. They all understand that these arteries can offer mobility and beauty, bringing clarity to an urban fabric that often seems chaotic.

Correa's visions of rejuvenating central São Paulo offer the possibility of a far more connected city. If more housing can be delivered close to the central city, and in space with access to rail, then São Paulo's future can be more humane than its recent past.

Better building is not the solution for everything. Inequality cannot be eliminated by good architecture. Crime needs effective, honest policing, not just defensible space. São Paulo's roads badly need congestion pricing. But good architecture is an important part of a great city. The most attractive feature of the architecture discussed here is that it is plainly devoted to making the lives of real people better. If São Paulo can be rebuilt in a way that evolves its historical infrastructure and reduces commuting pain, then the city will indeed have taken an important forward step.

Edward Glaeser
Fred and Eleanor Glimp Professor of Economics
Harvard University

totalmente a geografia de São Paulo, mas este livro certamente me ajudou muito.

A estrutura física de São Paulo é muito diferente dessas cidades mais antigas, porque seus núcleos foram todos construídos antes do automóvel. Consequentemente, elas estavam muito centradas nos principais eixos d'água e das ferrovias. Desde 1920, a população de Londres aumentou apenas 17%, a de Nova York, apenas 45%, e o centro de Paris encolheu. A população de São Paulo se multiplicou 19 vezes desde aquele ano, o que significa que sua estrutura física evoluiu durante uma era em que a mobilidade não estava restrita pelas ferrovias nem pela necessidade de caminhar.

O crescimento relativamente recente de São Paulo a deixou sem as estruturas anteriores a 1900, particularmente adoradas pelos preservacionistas. No entanto, a cidade ainda está repleta de maravilhas arquitetônicas, como o edifício Copan, de Oscar Niemeyer, que não foi apenas o experimento de um arranha-céu sinuoso, mas também da vida urbana. Como este livro nos lembra, "um número considerável de pessoas mora e trabalha no edifício Copan" e, consequentemente, "o caminho para o trabalho é gratuito e envolve simplesmente pressionar um botão do elevador". Esse exemplo extremo de empreendimento de uso misto remonta aos artesãos de Pompeia, que trabalhavam em cima de suas lojas. Espera-se que os futuros construtores de São Paulo se espelhem em Niemeyer na consolidação do local de trabalho e de casa, oferecendo trajetos sem necessidade de uso de carro.

A era de Niemeyer foi repleta de sonhos utópicos para um futuro urbano melhor. O fascinante capítulo sobre "Vida Coletiva" fornece um inventário de soluções vislumbradas tanto para edifícios de apartamentos subsidiados quanto de valor de mercado. Estas visões ainda são valiosas nos dias de hoje, especialmente porque seus construtores levaram a arquitetura paisagística muito a sério.

De certo modo, elas são as precursoras intelectuais da visão do próprio Felipe Correa, expressa no último capítulo, sobre 'modelos de crescimento urbano' para São Paulo. O capítulo apresenta inúmeras estratégias e propostas de design para o futuro da cidade, ainda que estas ideias compartilhem uma visão comum. Todas tentam se conectar com o passado de São Paulo, com os rios negligenciados e as antigas ferrovias negligenciados. E todas compreendem que estas artérias podem oferecer mobilidade e beleza, imprimindo clareza a um tecido urbano que, muitas vezes, parece caótico.

As ideias de Felipe Correa de rejuvenescer o centro de São Paulo oferecem a possibilidade de uma cidade muito mais conectada. Se mais moradias puderem ser oferecidas perto da região central da cidade e no espaço com acesso às ferrovias, o futuro de São Paulo poderá ser mais humano do que o seu passado recente.

Construir melhor não é a solução para tudo. A desigualdade não pode ser eliminada pela boa arquitetura. O crime precisa de policiamento efetivo e honesto, não apenas de espaço de defesa. As ruas de São Paulo precisam urgentemente de tarifação de congestionamento. Mas a boa arquitetura é parte importante da cidade grande. A característica mais atraente da arquitetura discutida aqui é a de ser claramente dedicada a melhorar a vida de pessoas reais. Se São Paulo puder ser reconstruída de maneira que faça evoluir sua infraestrutura histórica e reduzir o desconforto dos deslocamentos, então a cidade realmente terá dado um importante passo adiante.

Edward Glaeser
Professor de economia
Universidade de Harvard

Introduction

Introdução

Introduction

Introdução

São Paulo is a metropolis of the twentieth century. While its foundation dates back to the sixteenth century, the vast majority of its footprint was constructed over the last one hundred years, with its period of greatest physical growth falling between 1940 and 1990. As with other major metropolitan regions across the globe (Mexico City, New York City, Tokyo), São Paulo's urban form was drastically shaped by post-World War II heavyweight hydrological and mobility infrastructure models. Here, entropic engineering paradigms aggressively transformed the region's rivers and roads, sustaining mono-functional uses and geometries that were incongruent with the rest of the city. This utilitarian approach to the transformation of the landscape for urban use—namely, the reorganization of streams and corridors—responded primarily to the city's condition as a pivotal node between a resource-abundant interior and the Port of Santos, Brazil's connection to major global markets. São Paulo was thus positioned as an ideal location for the development of a manufacturing Eden. In this context, however, hydrological and mobility infrastructure in São Paulo was always conceived as a purely utilitarian enterprise, disconnected from civic and urban aspirations. As a result, São Paulo today is a kaleidoscopic city, made up of a collection of culturally affluent micro-neighborhoods fragmented by pieces of heavyweight infrastructure (highways, rail lines, channelized rivers, piped drainage systems, large logistical facilities) that were conceived to service the city, but never designed to be an integral part of city life, thus severely breaking the continuity of its urban fabric.

São Paulo: A Graphic Biography, examines the evolution of the region's urban form, tracing through original drawings, archival material, and text, its transformation from a small town to a vast metropolitan region. In doing so, the material documented in this book constructs a diachronic visual account of the city's urban form throughout the twentieth century. By relating its current *forma urbis* to the many social, cultural, and economic processes that shaped the metropolis over time, the drawings and text explain the *longue durée* of its evolutionary process in relation to the current shape of the city. In addition, the work considers how São Paulo can revise its heavyweight hydrological and mobility infrastructure—primarily in post-industrial areas adjacent to the Tietê River—to transform derelict, inner-city land into vibrant mixed-use and mixed-income districts. A quick glance at the bibliography of this volume reveals abundant literature on historic and present-day São Paulo. From Cristina Peixoto-Mehrtens' *Urban Space and National Identity in Early Twentieth Century São Paulo, Brazil: Crafting Modernity* (2010), to Teresa Caldeira's *City of Walls: Crime, Segregation, and Citizenship in São Paulo* (2000), a myriad of titles focusing on Brazil's largest city show how it has been examined by many disciplines. Largely absent from this expansive bibliography, however, are volumes dedicated to the past, present, and future of the city's urban form. The purpose of this book is not only to fill this vacuum, but also to complement the historical material with a series of design strategies that seek to rethink São Paulo's heavyweight infrastructures and usher in a new stage in the city's evolution.

Organized in five topical units, the book begins with a comprehensive analysis of São Paulo's formative process, followed by a series of design strategies and examples of relevant urban projects. The units are as follows:

Unit A, "São Paulo: Models of Urban Growth"—the most extensive section of the book—builds a graphic biography of

São Paulo é uma metrópole do século XX. Embora sua fundação remonte ao século XVI, sua maior parte foi construída nos últimos cem anos, tendo o período de maior crescimento físico ocorrido entre 1940 e 1990. Tal como acontece com outras grandes regiões metropolitanas do mundo (Cidade do México, Nova York e Tóquio), a forma urbana de São Paulo foi drasticamente determinada pelos importantes modelos de infraestrutura hidrológicos e de mobilidade após a Segunda Guerra Mundial. Aqui, os paradigmas da engenharia entrópica transformaram fortemente os rios e as ruas da região, sustentando usos e geometrias monofuncionais que eram incoerentes com o restante da cidade. Essa abordagem utilitarista para a transformação da paisagem para uso urbano, principalmente a reorganização de rios e corredores, reagiu principalmente à condição da cidade como um ponto de interseção entre o interior abundante em recursos e o Porto de Santos, a conexão do Brasil com os principais mercados globais. São Paulo foi, assim, posicionada como o local ideal para o desenvolvimento de um paraíso industrial. Nesse contexto, no entanto, a infraestrutura hidrológica e de mobilidade de São Paulo sempre foi concebida como um empreendimento puramente utilitário, desvinculado das aspirações cívicas e urbanas. Consequentemente, hoje, São Paulo é uma cidade caleidoscópica, composta de um conjunto de microbairros culturalmente ricos, fragmentados por grandes infraestruturas (rodovias, ferrovias, rios canalizados, sistemas de drenagem canalizados e grandes instalações logísticas), que foram concebidas para atender à cidade, mas nunca projetadas para fazer parte da vida da cidade, portanto, interrompendo seriamente a continuidade do tecido urbano.

São Paulo: uma biografia gráfica examina a evolução da forma urbana da região, trilhando, por entre desenhos originais, materiais arquivados e textos, um caminho de transformação de uma cidade pequena em uma vasta região metropolitana. Ao fazer isso, o material documentado neste livro cria um relato visual diacrônico da forma urbana da cidade ao longo do século XX. Ao relacionar sua *forma urbis* atual com os muitos processos sociais, culturais e econômicos que moldaram a metrópole ao longo do tempo, os desenhos e textos explicam a longa duração de seu processo evolutivo em relação à forma atual da cidade. Além disso, a obra analisa como São Paulo pode rever a sua infraestrutura hidrológica e de mobilidade, principalmente em áreas pós-industriais adjacentes ao rio Tietê, para transformar terrenos abandonados na região central da cidade em bairros vibrantes de uso e de renda mistos. A observação rápida da bibliografia deste volume revela vasta literatura sobre a São Paulo histórica e atual. Do livro de Cristina Peixoto-Mehrtens, *Urban Space and National Identity in Early Twentieth Century São Paulo, Brazil: Crafting Modernity* (2010) ao livro de Teresa Caldeira, *City of Walls: Crime, Segregation, and Citizenship in São Paulo* (2000), inúmeros títulos dão ênfase à maior cidade do Brasil, mostrando como foi examinada por muitas disciplinas. Amplamente ausentes dessa extensa bibliografia, no entanto, estão os volumes dedicados ao passado, presente e futuro da forma urbana da cidade. O objetivo deste livro não é apenas preencher esse vazio, mas também complementar o material histórico com uma série de estratégias de design, que buscam repensar as importantes infraestruturas de São Paulo e inaugurar uma nova etapa na evolução da cidade.

Organizado em cinco unidades temáticas, o livro começa com uma análise abrangente do processo de formação de São Paulo, seguido por uma série de estratégias de design e exemplos de projetos urbanos relevantes. As unidades são as seguintes:

the city, visualizing the most dominant processes that have shaped its urban growth throughout the twentieth century. Organized in eight topics—"City of Ridges and Valleys," "City of Citadels," "City of Points," "City of Spreads and Densities," "City of Voids," "City of Collective Living," "City of Warehouses," and "City of Layered Economies"—this unit presents a comprehensive portrait of Brazil's largest city. This section also includes a collection of essays by contributors Renato Anelli, Anita Berrizbeitia, Sol Camacho, Bruno Carvalho, Marcia Castro, Alexandre Delijaicov, and Robert Pietrusko. Contemporary aerial photographs commissioned to Leonardo Finotti close each topic, adding an additional reading of the city.

Unit B, "Collective Living in South America," showcases a selection of the most compelling multifamily housing projects developed throughout the region in the past century. The purpose of this survey is twofold. The first aim is to highlight the important legacy of housing design in South America and the ways housing has shaped the identity of the South American metropolis. The second is to allow for this impressive collection of projects to serve as a reference that can inform new mixed-use/mixed-income residential typologies for São Paulo's eventual redevelopment of land adjacent to the Tietê River.

Unit C, "Mobility Infrastructure: Driver of the Urban Project," provides an inventory of works selected from across the globe that utilize investment in mobility infrastructure as the building block for a more comprehensive urban project. Presented through original drawings made specifically for this book, this unit explains how São Paulo can learn from these examples as it continues to rethink and update its mobility networks.

Unit D, "Urban Plans and Visions for São Paulo," interrogates the city's archives and constructs a catalog of the many projects and plans—built and unbuilt—that have shaped the discourse of urbanism in the city. From the works of Bouvard to Le Corbusier to Bucci, these visions offer a visual archive of how locals and visitors have projected São Paulo's future.

Unit E, "An Evolutionary Plan: Connecting the City to the River," serves as a conclusion by showcasing a constellation of urban strategies for transforming approximately 40km2 of inner-city land located between the city center and the Tietê River. Ranging in scope and scale, the design strategies provide clear directives on how a new mobility and hydrology framework can help transform this area and bypass the city's utilitarian relationship with the Tietê River to make it and its restored floodplain a more integral part of the city's daily life. With design procedures that oscillate between territorial, urban, and architectural scales, the design hypotheses presented here establish a spatial synthesis that brings together cultural, economic, and environmental concerns.

While each of the book's units addresses a specific topic, three key threads run throughout the work. One, is interscalarity. The importance of understanding urban form across multiple, often nested, scales of the built environment is a central preoccupation

A unidade A, "São Paulo: modelos de crescimento urbano", a parte mais longa do livro, constrói uma biografia gráfica da cidade, visualizando os processos mais dominantes que moldaram seu crescimento urbano ao longo do século XX. Organizada em oito temas: "Cidade de altos e baixos", "Cidade de fortalezas", "Cidade de pontos", "Cidade de expansões e densidades", "Cidade de vazios", "Cidade de habitações coletivas", "Cidade de armazéns" e "Cidade de economias sobrepostas". Esta unidade apresenta um retrato abrangente da maior cidade do Brasil. Também inclui uma coletânea de artigos dos colaboradores Renato Anelli, Anita Berrizbeitia, Sol Camacho, Bruno Carvalho, Marcia Castro, Alexandre Delijaicov e Robert Pietrusko. Fotografias aéreas contemporâneas comissionadas a Leonardo Finotti encerram cada tópico, adicionando uma leitura adicional da cidade.

A unidade B, "Habitações coletivas na América do Sul", apresenta uma seleção dos projetos habitacionais multifamiliares mais atraentes, desenvolvidos em toda a região no século passado. Esta pesquisa tem dois objetivos. O primeiro é destacar o importante legado do design habitacional da América do Sul, assim como as formas como a habitação moldou a identidade da metrópole sul-americana. O segundo é permitir que essa impressionante coleção de projetos funcione como referência para informar novas tipologias residenciais de uso/renda mistos para a reurbanização de áreas adjacentes ao Rio Tietê, em São Paulo, em determinado momento.

A unidade C, "Infraestrutura de mobilidade: campanha do projeto urbano", fornece um inventário de obras selecionadas ao redor do mundo que utilizam investimentos em infraestrutura de mobilidade como o suporte de projetos urbanos mais abrangentes. Apresentada por meio de desenhos originais, feitos especificamente para este livro, esta unidade explica como São Paulo pode aprender com esses exemplos, uma vez que continua a repensar e atualizar suas redes de mobilidade.

A unidade D, "Planos e visões urbanas para São Paulo", investiga os arquivos da cidade e constrói um catálogo dos muitos projetos e planos (construídos ou não), que moldaram o discurso do urbanismo na cidade. Das obras de Bouvard a Le Corbusier e Bucci, essas visões oferecem um arquivo visual de como os moradores e visitantes projetaram o futuro de São Paulo.

A unidade E, "Plano evolutivo: conexão da cidade com o rio", é basicamente a conclusão, mostrando uma constelação de estratégias urbanas para transformar aproximadamente 40 km² de terreno na região central, localizado entre o centro e o rio Tietê. Com variada abrangência e escala, as estratégias de design fornecem diretrizes claras sobre como uma nova estrutura de mobilidade e hidrologia pode ajudar a transformar essa área e contornar a relação utilitária da cidade com o rio Tietê, a fim de tornar essa área e sua planície restaurada uma parte mais integral do cotidiano da vida da cidade. Com procedimentos de projeto que oscilam entre escalas territoriais, urbanas e arquitetônicas, as hipóteses de projeto aqui apresentadas estabelecem uma síntese espacial que reúne preocupações culturais, econômicas e ambientais.

of this volume. For example, in examining mobility networks, the drawings visualize movement as abstract flows at a metropolitan scale, while also focusing on the specific geometries and spatial conditions created by these flows in key points throughout the city. This allows for a clear reading between mobility infrastructure as a network, and its physical imprint on the city. Similarly, ideas behind extreme vertical development—a condition prominent in São Paulo—are investigated through the building technology of a specific tower, and analyzed in relation to the

Enquanto cada uma das unidades do livro aborda um tema específico, três outras importantes questões são abordadas em todo o livro. Uma delas é a interconexão entre as escalas. A importância de compreender a forma urbana em múltiplas escalas do ambiente construído, muitas vezes, uma dentro da outra, é o objetivo principal desta obra. Por exemplo, ao examinar as redes de mobilidade, os desenhos visualizam o movimento como fluxos abstratos em escala metropolitana, enquanto também se concentram nas geometrias específicas e

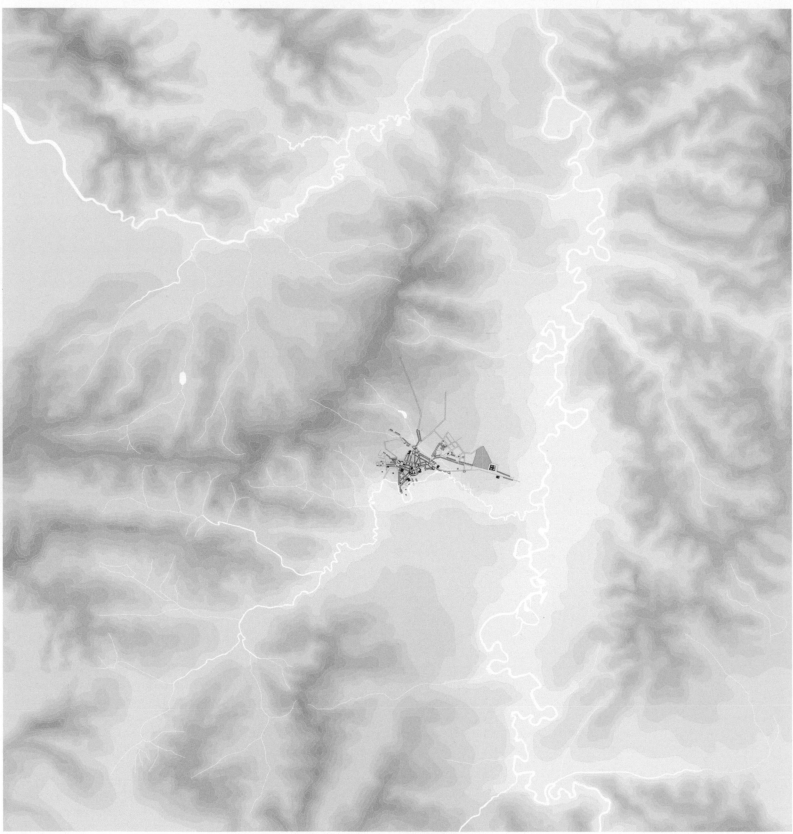

São Paulo in 1810.

São Paulo em 1810.

12

proliferation of the skyscraper as a metropolitan phenomenon. In traversing scales, the drawings establish often overlooked spatial relationships across the different formal systems that make up the city, revealing how certain operations at the scale of the neighborhood might have a completely different and unintended effect at a metropolitan or territorial scale, and vice versa. Through this choreography of bringing multiple scales together onto a single picture plane, the book renders legible relationships not easily perceived by the naked eye.

condições espaciais criadas por esses fluxos em ponto cruciais da cidade. Isso permite a leitura clara da infraestrutura de mobilidade como rede e sua marca física na cidade. Da mesma forma, as ideias por trás do desenvolvimento vertical extremo, condição proeminente em São Paulo, são investigadas através da tecnologia de construção de um edifício específico e analisadas em relação à proliferação dos arranha-céus como fenômeno metropolitano. Ao passar de uma escala à outra, os desenhos estabelecem relações espaciais frequentemente

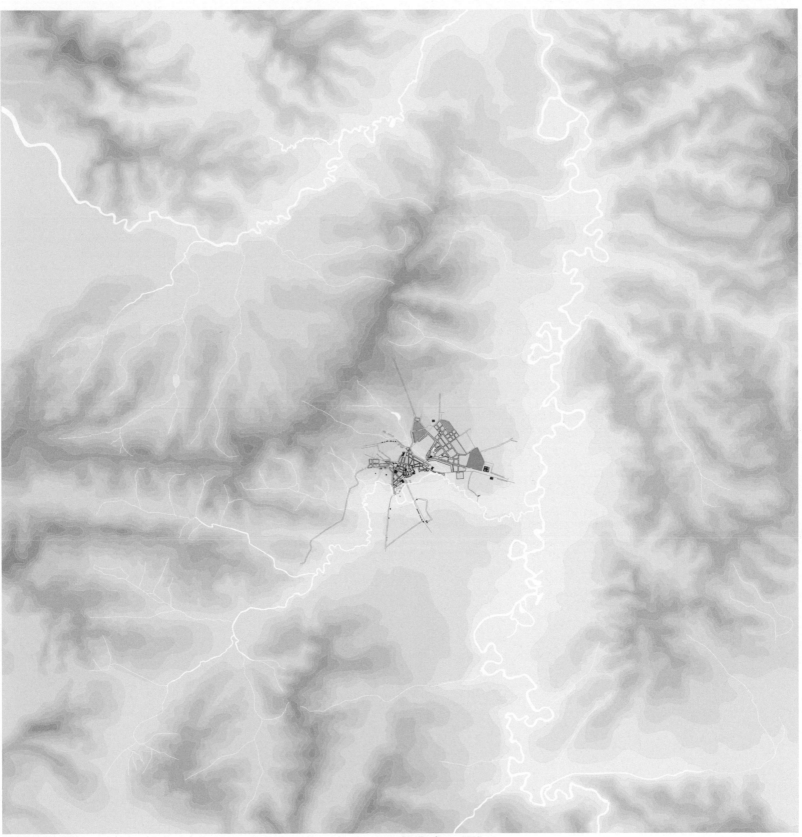

São Paulo in 1842.

São Paulo em 1842.

The second thread involves a systematic examination of the evolution of the city's urban form over time. The drawings present both the current urban form of the city and its formative process over years, decades, and in many cases, centuries. The graphic material in "City of Citadels" is a case in point, as it shows the capacity of the urban grid to accommodate different urban types and varying population densities over the span of many decades. In revealing the city's deep structure over time, we can better understand which urban forms are the most

negligenciadas nos diferentes sistemas formais que compõem a cidade, mostrando como determinadas operações na escala da vizinhança podem ter efeito completamente diferente e não intencional na escala metropolitana ou territorial, e vice-versa. Com essa coreografia que reúne várias escalas em um único plano de imagem, o livro reproduz relações nítidas que não são facilmente percebidas a olho nu.

A segunda questão engloba uma análise sistemática da evolução da forma urbana da cidade ao longo do tempo. Os

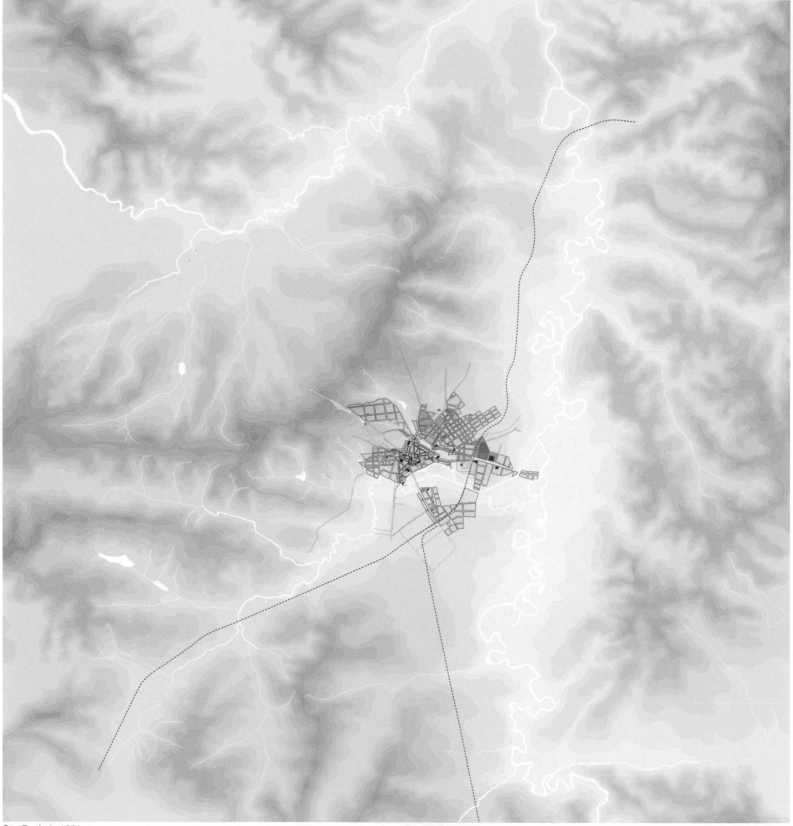

São Paulo in 1881.

São Paulo em 1881.

resilient and adaptive to gradual urban change, and which ones are rigid and have lacked durability.

The final thread involves issues of interdisciplinarity. The diversity of views on São Paulo's processes of urban formation are essential to the structure of this book. In addition to all the graphic material, Unit A, "São Paulo: Models of Urban Growth," incorporates seven essays by contributors from a variety of fields, including architectural history, geospatial analysis, landscape architecture, literature, mobility

desenhos apresentam tanto a forma urbana atual da cidade quanto o seu processo de formação ao longo de anos, décadas e, em muitos casos, séculos. O material gráfico do artigo "Cidade de fortalezas" é um exemplo disso, mostrando a capacidade da rede urbana de acomodar diferentes tipos urbanos e diversas densidades populacionais ao longo de muitas décadas. Ao revelar a estrutura profunda da cidade ao longo do tempo, pode-se entender melhor quais são as formas urbanas mais

São Paulo in 1897.

São Paulo em 1897.

infrastructure, public health, and urban governance. Each essay, written as a short opinion piece, presents new perspectives on how São Paulo can continue to shape its urban future. The texts also provide complementary arguments and counterpoints to the ideas put forward by this volume's author.

A project this scope and scale is never the work of a single person. *São Paulo: A Graphic Biography* was completed by an interdisciplinary team based in Cambridge and São Paulo. The core team in the United States included Aránzazu de Ariño, Devin Dobrowolski, Maxime Faure, Justin Fowler, Gary Hon, Konstantina Tzemou, Igsung So, Clayton Strange, Alexander Yuen, and Liang Wang. The Brazil team included Bruno de Almeida, Sol Camacho, Roberto Carvalho Dias, and Rafael Marengoni. As a group, they not only brought a diverse set of disciplines and skills—architecture, landscape architecture, urban design, curatorial studies, and real estate—but also brought together perspectives from multiple cultural backgrounds. The team members came from many countries including Brazil, Canada, China, France, Greece, Mexico, Portugal, and the United States.

Ultimately, a project such as this one cannot come together without significant institutional support from the very city that is being examined. The work documented in the following pages was possible thanks to the unique vision and generous support of Claudio Haddad and the Haddad Foundation. His trust in the research methods employed in the project and his belief in the importance of thinking about how São Paulo must be shaped in the future made it possible for this work to come to fruition. Furthermore, the support of the Harvard Brazil Office facilitated access to stakeholders and institutions whose contributions were essential to the successful completion of the project.

Twentieth-century São Paulo presents a rich, yet at times paradoxical case study. On the one hand, it is a city with extreme cultural, economic, and social challenges that are clearly reflected in its urban form. On the other hand, the city has been prolific in developing exceptional architectural and urban projects that have addressed these challenges and actively worked to shape the form and image the city has today. This book examines São Paulo specifically to come to terms with the complex relationship between broader processes of urban formation and the individual design projects that help structure this growth, showing also how design solutions implemented in the past often become the design challenges of the present. The agency embedded in architecture here becomes a means for effecting durable and more systemic improvements in the fabric of the city and the life it supports. Finally, by visualizing the evolutionary form of the city and presenting strategies for its progression, the material in this book aims to provide a reference point for any serious deliberation about the future of São Paulo in the hope that its inhabitants can continue to build on the city's robust urban history and the impressive legacy of its urban projects.

resilientes e adaptáveis às mudanças urbanas graduais, e quais são rígidas e não têm durabilidade.

A questão final envolve a interdisciplinaridade. A diversidade de pontos de vista sobre os processos de formação urbana de São Paulo é essencial para a estrutura deste livro. Além de todo o material gráfico, a unidade A, "São Paulo: modelos de crescimento urbano", constitui-se de sete artigos, de colaboradores de várias áreas, incluindo história arquitetônica, análise geoespacial, arquitetura de paisagem, literatura, infraestrutura de mobilidade, saúde pública e governabilidade urbana. Cada artigo, escrito como uma resenha, apresenta novas perspectivas sobre como São Paulo pode continuar a moldar seu futuro urbano. Os textos também oferecem argumentos complementares e contrapontos às ideias apresentadas pelo autor deste volume.

Um projeto desta abrangência e escala nunca é o trabalho de uma única pessoa. *São Paulo: uma biografia gráfica* foi escrito por uma equipe interdisciplinar, parte localizada em Cambridge, parte em São Paulo. A equipe principal, nos Estados Unidos, foi composta por Aránzazu de Ariño, Devin Dobrowolski, Maxime Faure, Justin Fowler, Gary Hon, Konstantina Tzemou, Igsung So, Clayton Strange, Alexander Yuen e Liang Wang. A equipe brasileira tinha Bruno de Almeida, Sol Camacho, Roberto Carvalho Dias e Rafael Marengoni. Juntos, eles não apenas uniram diversas disciplinas e habilidades (arquitetura, arquitetura paisagística, design urbano, estudos curatoriais e imóveis), como também reuniram perspectivas de variadas origens culturais. Os integrantes da equipe são de vários países, dentre eles o Brasil, o Canadá, a China, a França, a Grécia, o México, Portugal e os Estados Unidos.

Em última análise, um projeto como este não poderia acontecer sem apoio institucional significativo da própria cidade que está sendo analisada. O trabalho documentado nas páginas seguintes foi possível graças à visão única e ao generoso apoio de Claudio Haddad e da Fundação Haddad. A confiança dele nos métodos de pesquisa usados no projeto, assim como a crença na importância de pensar em como São Paulo deve ser moldada permitiram que esse trabalho se concretizasse. Além disso, o apoio do Harvard Brazil Office facilitou o acesso às partes interessadas e instituições, cujas contribuições foram essenciais para a conclusão bem-sucedida do projeto.

A São Paulo do século XX apresenta um estudo de caso rico, embora às vezes paradoxal. Por um lado, é uma cidade com extremos desafios culturais, econômicos e sociais que se refletem claramente em sua forma urbana. Por outro, a cidade vem sendo prolífica no desenvolvimento de projetos arquitetônicos e urbanos excepcionais, que abordaram esses desafios e trabalharam ativamente para moldar a forma e a imagem que a cidade tem hoje. Este livro analisa São Paulo especificamente para chegar a um acordo com a complexa relação entre os processos mais amplos de formação urbana e os projetos de design individuais, que ajudam a estruturar esse crescimento, mostrando também como as soluções de design implantadas no passado, frequentemente, se tornam os desafios do presente. A ação envolvida na arquitetura aqui se torna um meio de viabilizar melhorias duradouras e mais sistêmicas no tecido da cidade e na vida que ela apoia. Finalmente, visualizando sua forma evolutiva e apresentando estratégias para o seu progresso, o conteúdo deste livro tem como objetivo fornecer um ponto de referência para qualquer deliberação séria sobre o futuro de São Paulo, na esperança de que seus habitantes possam dar continuidade à sólida história urbana da cidade e ao impressionante legado de seus projetos.

Introduction

São Paulo: Models of Urban Growth

Introdução

São Paulo: modelos de crescimento urbano

A

Introduction

São Paulo: Models of Urban Growth

Introdução

São Paulo: modelos de crescimento urbano

São Paulo conjures a surreal sense of immensity. An urban surface that is baffling to the eye and impossible to comprehend as a singular entity, it is a place most often described in terms of the metrics of its footprint. With approximate populations of 12 million people in the city proper, 21 million in the metropolitan region, and over 30 million in the macro-metropolis—a contiguous area of urbanization, similar to the Boston-Washington megaregion, that includes 174 municipalities and holds three quarters of the state's population—São Paulo is one of the largest urban conurbations in the world, and by far the largest in South America.[1] The land area metrics are equally daunting. The city itself has an area of 1520km2, the metro area extends to 7,900km2, and the macro-metropolis covers 53,000km2. And, though occupying only 1/1000 of Brazil's land, São Paulo holds over 10 percent of its population and contributes with over 30 percent of the nation's GDP.[2] Embedded in these metrics are an infinite number of diverse urban forms, densities, cultures, and lifestyles that render São Paulo one of the most unique urban laboratories in the world.

"São Paulo: Models of Urban Growth" looks beyond these mesmerizing figures and examines the most dominant processes of urban formation that have facilitated the growth of these numbers over the course of the twentieth and twenty-first centuries. Shifting across scales and contexts—from city center to metropolitan region—the drawings in this chapter analyze the most salient urban and infrastructural projects that have forged São Paulo's forma urbis. Given the scale and intensity of São Paulo, any attempt to provide a comprehensive picture of its formative process would be a quixotic undertaking. Rather than providing an encyclopedic overview of its urban form, this chapter presents the city through eight topical readings—City of Ridges and Valleys, City of Citadels, City of Points, City of Spreads and Densities, City of Voids, City of Collective Living, City of Warehouses, and City of Layered Economies— providing a set of lenses through which to understand the formal and organizational armatures that facilitate São Paulo's kaleidoscopic urban condition. By bringing together analytical drawings, archival material, and contemporary photography, each topic is presented through a combination of cartography and image, showing current urban conditions and a diachronic history of their evolution.

"City of Ridges and Valleys" visualizes the complex relationship between São Paulo's topography, hydrology, water management, and urban development—a topic central to the city's history of urban development. The collection of drawings and images in this section specifically focus on how regional water resources have been domesticated and put to work in favor of urban development and economic progress. From the rectification of the city's rivers to the inscription of large-scale reservoirs, the drawings show how forceful Paulistas have been in instrumentalizing their water resources. Furthermore, the work argues for the adoption of a new mindset toward water management in the metropolitan region capable of taking into account the ecological and social perils of a purely utilitarian relationship between city and river.

"City of Citadels" presents a multi-scalar reading of São Paulo's urban grids and the rich inventory of urban models that coexist within them. Lacking a singular urban plan that would regularize its growth, the city expanded as a collection of autonomous urban patches—each with its own grid and block logic—generally defined by the subdivision of agricultural

São Paulo evoca uma sensação surreal de imensidão. Uma superfície urbana desconcertante aos olhos e impossível de ser compreendida como entidade única. É um lugar mais frequentemente descrito em termos da métrica de seu impacto. Com população de aproximadamente 12 milhões de pessoas na cidade em si, 21 milhões na região metropolitana e mais de 30 milhões na macrometrópole, uma área contígua de urbanização, semelhante à megarregião de Boston-Washington, que inclui 174 municípios e três quartos da população do estado, São Paulo é uma das maiores aglomerações urbanas do mundo e, de longe, a maior da América do Sul[1]. A métrica da extensão de terra é igualmente assustadora. A cidade tem área de 1.520 km²; a região metropolitana se estende por 7.900 km², e a macrometrópole abrange 53.000 km². E, apesar de ocupar apenas 0,001% da área do território brasileiro, São Paulo tem mais de 10% da população e contribui com mais de 30% do PIB nacional[2]. Há uma infinidade de formas urbanas, densidades, culturas e estilos de vida nessa métrica, que fazem de São Paulo um dos laboratórios urbanos mais exclusivos do mundo.

"São Paulo: modelos de crescimento urbano" vai além desses números fascinantes e analisa os processos mais dominantes de formação urbana que facilitaram o crescimento desses números ao longo dos séculos XX e XXI. Alternando entre escalas e contextos, do centro da cidade à região metropolitana, os desenhos deste capítulo analisam os principais projetos urbanísticos e de infraestrutura que delinearam a forma urbis de São Paulo. Dada a escala e a intensidade de São Paulo, qualquer tentativa de retratar de maneira abrangente o seu processo de formação seria puro idealismo. Em vez de fornecer uma visão geral enciclopédica da sua forma urbana, este capítulo apresenta a cidade pela ótica de oito tópicos: Cidade de altos e baixos, Cidade de fortalezas, Cidade de pontos, Cidade de expansões e densidades, Cidade de vazios, Cidade de habitações coletivas, Cidade de armazéns e Cidade de economias sobrepostas, fornecendo um conjunto de lentes, através das quais se pode entender as armaduras formais e organizacionais que facilitam a condição urbana caleidoscópica de São Paulo. Ao reunir desenhos analíticos, material de arquivo e fotografias contemporâneas, cada tópico é apresentado pela combinação de cartografia e imagens, mostrando as condições urbanas atuais e a história diacrônica de sua evolução.

"Cidade dos altos e baixos" mostra a complexa relação entre a topografia, a hidrologia, a gestão hídrica e o desenvolvimento urbano de São Paulo, tema central da história do desenvolvimento urbano da cidade. Os desenhos e as imagens enfatizam, especificamente, como os recursos hídricos regionais foram municipalizados e usados em favor do desenvolvimento urbano e do progresso econômico. Da retificação dos rios da cidade até a criação de reservatórios de grande porte, os desenhos mostram como os paulistanos foram enérgicos na instrumentalização dos recursos hídricos. Além disso, o texto discute a adoção de nova mentalidade para a gestão hídrica na região metropolitana, capaz de levar em conta os perigos ecológicos e sociais da relação puramente utilitária entre a cidade e os rios.

"Cidade de fortalezas" apresenta uma leitura das redes urbanas de São Paulo em várias escalas, além do abrangente inventário de modelos urbanos que coexistem dentro delas. Sem um plano urbano específico que regularizasse a sua expansão, a cidade cresceu como um conjunto de retalhos urbanos autônomos, cada uma com a sua própria rede e lógica de quarteirões, geralmente definidas pela subdivisão dos

land. Through a careful examination of this patchwork city, the drawings single out how design ideals, economic pressures, and environmental and technological constraints shaped this mosaic of urban grids that makes up the city and the metropolitan region. By sampling a variety of urban fragments, and drawing them in detail, "City of Citadels" shows the diversity of urban grids that currently exist in the city and visualizes their capacity to absorb urban change, primarily in the form of significant increases in density over time. The work here also highlights issues of spatial discontinuity and segregation enabled by the fragmented nature of the gridded enclaves.

"City of Points" addresses a very specific condition of São Paulo's urban form: the evolution of the thin skyscraper, and the gradual transformation of the city's urban landscape into a vertical concrete jungle. The drawings in this section trace the development of high-rise construction in the city over the course of the twentieth century. The material presents in detail the most canonical tall buildings in the city, and explores the cultural and economic conditions that facilitated the development of this typology. It also visualizes how the Paulista skyscraper as a model gradually changed significant portions of the urban landscape. Finally, the work in this section argues for a reevaluation of the way in which recent tall buildings meet the ground, advocating for a better relationship between tower and city. Here, the object is to reclaim the tower form as an integral part of the urban ensemble of the city rather than a vehicle for vertical gated communities.

"City of Spreads and Densities" carefully examines the inscriptions of mobility infrastructure throughout the territory and the forms of urban concentration they have produced. It visualizes São Paulo's emergence as a nodal point between hinterland and port, and the scalar disconnect that exists between regional networks and city fabric. Moreover, it focuses on the mono-functional character of mobility infrastructures built in the post-World War II era, and the scalar conflicts these have created in many neighborhoods across the city. The drawings also highlight important urban projects, such as the Túnel Nove de Julho or the Centro Cultural São Paulo, that have been effective in making quality urban spaces out of the residual geometries of mobility infrastructure. This section concludes by arguing that as the city's mobility infrastructure ages, its upgrading should involve a mindset that looks beyond the purely utilitarian nature of these systems in favor of integrated designs that pursue the quality of urban space as the main objective.

"City of Voids" provides an overview of the different models of open space present in São Paulo. Through a collection of multi-scalar drawings this section provides a taxonomy of the formal and political dimensions of the ways in which Paulistas have organized the spaces between their buildings. From large-scale natural reserves to a myriad of inner-city pocket parks, the open spaces documented in this section exhibit an exemplary diversity of type. Additionally, the drawings show the range of extant land ownership configurations in the city—from public spaces and privately-owned public spaces to fully private enclaves—making evident how, despite the city's diversity of public space, access remains uneven. The drawings also highlight the relationship between income levels, access to open space, and the quality of that open space, suggesting that as São Paulo continues to densify, the city must set up incentive zoning mechanisms

terrenos agrícolas. Por meio de análise meticulosa dessa cidade de retalhos, os desenhos destacam como os ideais de design, as pressões econômicas e as restrições ambientais e tecnológicas moldaram esse mosaico de redes urbanas que compõem a cidade e a região metropolitana. Ao descrever algumas amostras de fragmentos urbanos e desenhá-los detalhadamente, "Cidade de fortalezas" mostra a diversidade das redes urbanas atualmente presentes na cidade e mostra a capacidade de absorver mudanças urbanas, principalmente na forma de aumentos significativos de densidade com o tempo. O texto também destaca questões de descontinuidade espacial e segregação, permitidas pela natureza fragmentada dos enclaves em rede.

"Cidade de pontos" aborda uma questão muito específica da forma urbana de São Paulo: a evolução dos arranha-céus finos e a transformação gradual da paisagem urbana da cidade em selva de pedra vertical. Os desenhos deste capítulo delineiam o desenvolvimento dos arranha-céus na cidade ao longo do século XX. O material apresenta, detalhadamente, os edifícios mais reconhecidos da cidade e explora as condições culturais e econômicas que facilitaram o desenvolvimento dessa tipologia. Também mostra como o modelo de arranha-céu paulistano modificou gradualmente partes significativas da paisagem urbana. Finalmente, argumenta-se a favor da reavaliação da forma como os recentes edifícios encontram o solo, defendendo melhor relação entre as torres e a cidade. O objetivo, aqui, é recuperar o formato de torre como parte integrante do conjunto urbano da cidade, em vez de ser um meio para viabilizar condomínios verticais fechados.

"Cidade de expansões e densidades" analisa cuidadosamente a criação da infraestrutura de mobilidade em toda a região e as formas de concentração urbana que produziram. Mostra o surgimento de São Paulo como um ponto de entrelaçamento entre o interior e o porto, além da desconexão de escalas que existe entre as redes regionais e o tecido urbano. Além disso, concentra-se no caráter monofuncional das infraestruturas de mobilidade construídas após a Segunda Guerra Mundial, e os conflitos de escala que criaram em muitos bairros da cidade. Os desenhos também destacam importantes projetos urbanos, como o Túnel Nove de Julho ou o Centro Cultural São Paulo, que foram bem-sucedidos em transformar as geometrias residuais da infraestrutura de mobilidade em espaços urbanos de qualidade. O capítulo termina argumentando que, à medida que a infraestrutura de mobilidade da cidade envelhecer, sua atualização deverá acontecer a partir da mentalidade que vai além da natureza puramente utilitária desses sistemas, em favor de projetos integrados, que tenham qualidade do espaço urbano como objetivo principal.

"Cidade de vazios" oferece uma visão geral dos diferentes modelos de espaços abertos presentes em São Paulo. Por meio de um conjunto de desenhos em várias escalas, este capítulo mostra a taxonomia das dimensões formais e políticas das maneiras pelas quais os paulistanos organizaram o espaço entre seus edifícios. Das grandes reservas naturais até inúmeros parques de pequeno porte na região central da cidade, os espaços abertos documentados neste capítulo exibem diversidades exemplares. Ainda, os desenhos mostram o alcance das configurações atuais das propriedades na cidade, desde espaços públicos e espaços públicos de propriedade privada até enclaves totalmente privados, evidenciando como, apesar da diversidade do espaço público da cidade, o acesso a ele permanece desproporcional. Os desenhos também destacam a relação entre o poder aquisitivo, o acesso aos espaços abertos e sua qualidade, sugerindo que,

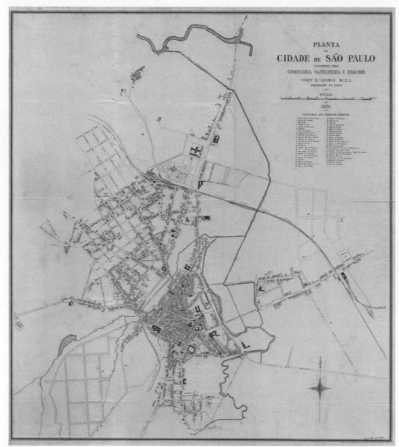

Plan of São Paulo in 1881 by the Companhia Cantareira e Esgotos.

Desenho de São Paulo, em 1881, da Companhia Cantareira e Esgotos.

that benefit the improvement of existing open spaces and the creation of new ones.

"City of Collective Living" documents the expansive collection of multi-family residential projects that populate the city. The drawings present the most progressive buildings developed in São Paulo over the course of the twentieth century, singling out the importance of housing and domestic space in the construction of metropolitan identity. Focusing on affordable and market rate projects, the drawings show the inventiveness and innovation of Paulista architects as they conceptualized new typologies for collective living. Of particular note here is the collaboration of landscape architect Roberto Burle Marx in several of the documented housing projects, and the ways in which he introduced a new level of topographic complexity into inherently modernist projects, creating a strain of modernism that is specific to Brazil and São Paulo. Ultimately, this section urges Paulistas to absorb still-vital lessons from their rich housing legacy when thinking about the future of inner-city housing.

"City of Warehouses" analyzes the many urban developments that populated the area between the city's main rail lines and the Tietê River. It pointedly examines the cultural, industrial, and residential building stock that emerged out of the city's transformation into a twentieth-century manufacturing Eden. By carefully documenting and evaluating important urban projects in the area—such as the city's main immigrant hostel or the many industrial villages that dotted the edges of the rail line—the drawings single out important working-class neighborhoods built mostly by Italian immigrants in the early 1900s. The analysis also points toward the importance of adopting a critical historic preservation approach as part of the urban restructuring process for the Arco Tietê area, as within its ocean of derelict post-industrial land, one can

à medida que São Paulo continue a se densificar, a cidade deverá estabelecer mecanismos de incentivos de zoneamento que beneficiem a melhoria dos espaços abertos existentes e a criação de novos.

"Cidade de habitações coletivas" documenta a vasta coleção de projetos residenciais multifamiliares que preenchem a cidade. Os desenhos apresentam os edifícios mais progressistas de São Paulo ao longo do século XX, destacando a importância da habitação e do espaço doméstico na construção da identidade metropolitana. Concentrando-se em projetos com preços acessíveis e de mercado, os desenhos mostram a inventividade e a inovação dos arquitetos paulistanos, ao conceitualizarem novas tipologias para a vida coletiva. Destaca-se a colaboração do arquiteto paisagista Roberto Burle Marx, em vários projetos habitacionais documentados, assim como as formas como ele apresentou novo nível de complexidade topográfica em projetos inerentemente modernistas, criando a composição modernista específica do Brasil e de São Paulo. Por fim, esse capítulo estimula os paulistanos a absorverem as lições ainda vitais de seu rico legado habitacional, ao pensar no futuro da habitação da região central da cidade.

"Cidade de armazéns" analisa os inúmeros empreendimentos urbanos que povoaram a região entre as principais ferrovias da cidade e o Rio Tietê. Examina atentamente os empreendimentos culturais, industriais e residenciais que emergiram da transformação da cidade em um paraíso fabril do século XX. Ao documentar e avaliar cuidadosamente importantes projetos urbanos na região, como o principal albergue de imigrantes da cidade ou as muitas vilas industriais ao redor da ferrovia, os desenhos destacam os importantes bairros da classe trabalhadora, construídos principalmente por imigrantes italianos no início do século XX. A análise também aponta para a importância de adotar a abordagem crucial de preservação

Aerial photograph of the São Paulo metropolitan region from 2015.

Foto aérea de 2015 da região metropolitana de São Paulo.

find an assortment of historic buildings that are of immense architectural and cultural value in the memory of the city.

"City of Layered Economies" cross-references key geospatial data to map the growth of São Paulo with respect to its major urban hotspots as indicated by the location of its business services, retail stores, food depots, educational facilities, cultural hubs, and health services, among many other elements. Further, the drawings chart how these hotspots have changed and shifted location over time. Tracking the consolidation of the city center, the emergence of a polynucleated city, and the development of Alphaville— one of the largest enclaves of gated communities in the world—this section provides an overview and history of the city's cradles of urban development, and the different urban models they have spawned. Ultimately, the drawings suggest that with the right investment in infrastructure, Arco Tietê could become the next frontier for inner-city urban development in São Paulo.

In addition to the eight readings of São Paulo outlined above, the chapter also includes seven essays by a cohort of interdisciplinary experts, all familiar with the city and its urban problematics. Here, voices in architectural history, geospatial analysis, landscape architecture, literature, mobility infrastructure, public health, and urban governance present new perspectives on how São Paulo might engage many of its most pressing challenges. Conceived as pointed opinion pieces, these essays are placed between each of the city readings to complement the graphic material.

Both Anita Berrizbeitia and Renato Anelli tackle the role of water, and more specifically, rivers, in the imaginary of the city. In "Reclaiming Space for Water," Berrizbeitia sketches a prescient overview of the city's expansive investments in water infrastructure. Further, she claims that

histórica como parte do processo de reestruturação urbana da área do Arco Tietê, uma vez que, naquela imensidão de terrenos pós-industriais abandonados, podem-se encontrar inúmeros edifícios históricos de imenso valor arquitetônico e cultural da memória da cidade.

"Cidade de economias sobrepostas" faz referência aos principais dados geoespaciais, a fim de mapear o crescimento de São Paulo, em relação aos seus principais pontos urbanos, conforme indicado pela localização dos serviços, das lojas varejistas, dos mercados, das instituições educacionais, dos centros culturais e serviços médicos, entre vários outros elementos. Os desenhos descrevem ainda como esses pontos mudaram e se deslocaram ao longo do tempo. Acompanhando a consolidação do centro da cidade, o surgimento de uma cidade polinucleada e o desenvolvimento de Alphaville, um dos maiores conjuntos de condomínios do mundo, este capítulo traz um panorama e a história dos berços do desenvolvimento urbano da cidade e dos diferentes modelos urbanos que geraram. Finalmente, os desenhos sugerem que, com o investimento adequado em infraestrutura, o Arco Tietê pode se tornar a próxima fronteira do desenvolvimento urbano da região central de São Paulo.

Além das oito leituras de São Paulo descritas acima, este capítulo também inclui sete artigos escritos por um grupo de especialistas interdisciplinares, todos familiarizados com a cidade e suas problemáticas urbanas. Aqui, as vozes da história arquitetônica, análise geoespacial, arquitetura paisagística, literatura, infraestrutura de mobilidade, saúde pública e governabilidade urbana apresentam novas perspectivas sobre como São Paulo poderia se comprometer com muitos dos seus desafios mais prementes. Concebidos como análises críticas, esses artigos estão posicionados entre cada uma das leituras da cidade, a fim de complementar a parte gráfica.

Aerial view of São Paulo in 2016 showing an endless field of skyscrapers.

Vista aérea de São Paulo em 2016, mostrando uma concentração interminável de arranha-céus.

many of the water infrastructure solutions implemented throughout the twentieth century have become the source of several of the water problems the city faces today. The piece argues that future investments in water infrastructure must be accompanied by a new framework that allows for the restoration of the floodplain in a manner that values the space for water as an integral component of the urban landscape. Anelli's piece, "Urban Flows: The Dispute for Space Between Rivers and Vehicles," focuses more specifically on the myriad small streams and creeks that once populated the city, and that today are channelized and hidden next to or underneath roads. Here, he argues for urban projects that can simultaneously address hydrology and morphology as a singular project. Both Berrizbeitia and Anelli agree on the importance of adopting a new mindset toward urban infrastructure that envisions it as a hybrid between the technical and the cultural, and has as its main objective improving the quality of urban space.

In "Land Use: Inventory and Prospect for the Future of São Paulo," Robert Pietrusko advocates for a more expansive understanding of land-use categories that goes beyond classifications of economic uses and their intensity. Here, Pietrusko pursues a "land-use prospect" that at once traces a more complex and dynamic history of land than its use would suggest, and can facilitate a more projective outlook on how uses might evolve over time. Ultimately, he argues that São Paulo's abundance of post-industrial land serves as an ideal laboratory to test such models of land use mapping. His text draws attention toward the importance of translating data into knowledge that can help planners and designers to transform and improve urban conditions.

Bruno Carvalho and Alexandre Delijaicov offer compelling interpretations of the present and future of São Paulo's public

Anita Berrizbeitia e Renato Anelli abordam o papel da água e, mais especificamente, dos rios, no imaginário da cidade. Em "Recuperação de espaço para a água", Anita Berrizbeitia esboça uma prudente visão dos abrangentes investimentos da cidade em infraestrutura hídrica. Ela afirma, ainda, que muitas das soluções de infraestrutura hídrica, implementadas ao longo do século XX, tornaram-se a fonte de vários dos problemas hídricos hoje enfrentados pela cidade. O artigo argumenta que os futuros investimentos em infraestrutura hídrica devem ser acompanhados por uma nova estrutura, que permita a restauração da planície aluvial, de forma que valorize o espaço para a água como componente integral da paisagem urbana. O artigo de Renato Anelli, "Fluxos urbanos: a disputa pelo espaço entre águas e veículos", concentra-se mais especificamente nos inúmeros córregos e riachos que um dia fizeram parte da cidade e que, hoje, estão canalizados e escondidos ao lado ou embaixo das vias urbanas. O autor defende projetos urbanos que possam abordar simultaneamente a hidrologia e a morfologia em um único projeto. Anita e Renato concordam com a importância de adotar nova mentalidade em relação à infraestrutura urbana que a considere um híbrido entre o técnico e o cultural e tenha como principal objetivo melhorar a qualidade do espaço urbano.

Em "Uso do solo: levantamento e prospecção para o futuro de São Paulo", Robert Pietrusko defende a compreensão mais ampla das categorias de uso do solo, que vai além das classificações de usos econômicos e de sua intensidade. Ele busca a prospecção do uso do solo, que traça uma história mais complexa e dinâmica do solo do que seu uso sugeriria, além de facilitar a visão mais projetiva de como o uso pode evoluir ao longo do tempo. Por fim, argumenta que a abundância dos terrenos pós-industriais de São Paulo serve como laboratório ideal para testar esses modelos de mapeamento do uso do solo. Seu texto chama a atenção para a importância de traduzir dados

22

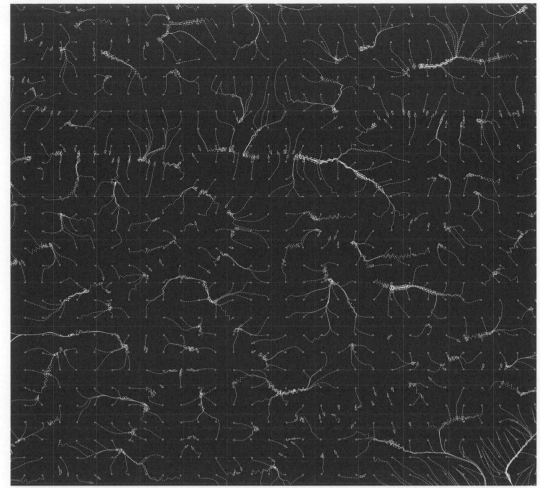

Drawing of São Paulo depicting the city's ridges and valleys as a collection of interrelated lines.

Desenho de São Paulo representando os altos e baixos da cidade como uma coleção de linhas inter-relacionadas.

Aerial view of Avenida Nove de Julho and Avenida Paulista in 1968 showing an instance of the pervasive relationship between ridge and valley throughout the city.

Vista aérea da Avenida Nove de Julho e da Avenida Paulista, em 1968, mostrando um exemplo da relação dominante entre os altos e baixos da cidade.

A

realm. Carvalho, in "Learning with São Paulo," portrays the city as a "kaleidoscopic blend of characteristics," where many cities simultaneously co-exist within the metropolitan canvas. Approaching the city through a poetic lens, he highlights the oft-overlooked civic qualities present in its juxtaposed urban realities. Delijaicov, in "The Art of the Collective Construction of Space," presents a manifesto on mobility infrastructure and how it must once again become the backbone that shapes quality collective space. Addressing a range of spaces, from small-scale walkways to metropolitan waterways, the text argues for the importance of integrating scales and speeds of mobility to improve user experience in navigating the city.

Marcia Castro links notions of health and urbanization by highlighting the relationship between lack of access to basic services, education, and disease. By using the *Aedes aegypti* mosquito and its relation to urban landscapes as an example, she addresses how precarious water collection practices can become the breeding ground for waterborne illnesses. Furthermore, Castro argues that municipal programs that both improve the quality of open space and provide health education to its citizens are very effective in reducing the rate of disease transmission in urban areas.

Finally, in "Copan Today: A True Metropolitan Building," Sol Camacho traces the history of the famous Copan building in downtown São Paulo. Using Copan as a synecdoche, Camacho provides a rigorous overview of the role of mixed-use, high-density residential buildings in constructing the city's metropolitan identity, highlighting the democratic value of its public and collective spaces.

As the book's largest chapter, "São Paulo: Models of Urban Growth," constructs a graphic biography of the city. The analytical drawings in the pages to follow present a synthesized view of São Paulo's urban form, and serve as the basis for the proposed design strategies in later chapters. By breaking down São Paulo's immensity into a set of abstract analytical drawings, the material in this chapter offers a form of knowledge only attainable through the power of the architectural line.

em conhecimento, que possa ajudar aqueles que planejam e projetam a transformar e melhorar as condições urbanas.

Bruno Carvalho e Alexandre Delijaicov oferecem interpretações convincentes do presente e futuro do domínio público de São Paulo. Em "Aprendendo com São Paulo", Bruno retrata a cidade como uma "mistura caleidoscópica de características", na qual muitas cidades coexistem dentro da tela metropolitana. Ao abordar a cidade, por meio de visão poética, ele destaca as qualidades cívicas frequentemente negligenciadas em suas realidades urbanas justapostas. Alexandre Delijaicov, em "A arte da construção coletiva do lugar", apresenta um manifesto sobre a infraestrutura de mobilidade e como ela deve se tornar novamente a espinha dorsal que forma o espaço coletivo de qualidade. Ao mencionar inúmeros tipos de espaços, de pequenas passarelas a canais metropolitanos, o texto defende a importância de integrar escalas e velocidades de mobilidade para melhorar a experiência do usuário ao navegar pela cidade.

Marcia Castro correlaciona noções de saúde e urbanização, destacando a relação entre a falta de acesso aos serviços básicos, a educação e as doenças. Tomando como exemplo o mosquito *Aedes aegypti* e sua relação com as paisagens urbanas, ela aborda como as precárias práticas de coleta de água podem se tornar criadouros de doenças transmitidas pela água. Mais além, argumenta que os programas municipais que melhoram a qualidade do espaço aberto e proporcionam educação sanitária aos cidadãos são muito eficazes na redução dos índices de transmissão de doenças em regiões urbanas.

Finalmente, no artigo "Copan: hoje, um verdadeiro edifício metropolitano", Sol Camacho traça a história do famoso Edifício Copan, no centro de São Paulo. Usando o Copan como sinédoque, Sol fornece um panorama meticuloso do papel dos edifícios residenciais de uso misto e de alta densidade na construção da identidade metropolitana da cidade, destacando o valor democrático dos seus espaços públicos e coletivos.

Sendo o mais extenso capítulo do livro, "São Paulo: modelos de crescimento urbano", constrói uma biografia gráfica da cidade. Os desenhos analíticos das páginas a seguir apresentam uma visão sintética da forma urbana de São Paulo e são a base das estratégias de projetos propostas nos capítulos seguintes. Ao fragmentar a imensidão de São Paulo em um conjunto de desenhos analíticos abstratos, o conteúdo deste capítulo oferece uma forma de conhecimento apenas alcançável pelo poder da linha arquitetônica.

1   Instituto Brasileiro de Geografia e Estatística, "Estimativas Da População Residente No Brasil E Unidades Da Federação Com Data De Referência Em 1° De Julho De 2015." https://www.ibge.gov.br/estatisticas-novoportal/sociais/populacao/9103-estimativas-de-populacao.html?&t=o-que-e.
2   Demographia, *World Urban Areas*, 13th Annual Edition (2017). https://www.dropbox.com/s/m7z2inmlpgytdb5/db-worldua.pdf?dl=0.

1   Instituto Brasileiro de Geografia e Estatística, "Estimativas da população residente no Brasil e unidades da federação, com data de referência em 1° de julho de 2015". https://www.ibge.gov.br/estatisticas-novoportal/sociais/populacao/9103-estimativas-de-populacao.html?&t=o-que-e.
2   Demographia, *World Urban Areas*, 13th Annual Edition (2017). https://www.dropbox.com/s/m7z2inmlpgytdb5/db-worldua.pdf?dl=0.

City of Ridges and Valleys

Cidade de altos e baixos

Water, in its simultaneous abundance and scarcity, and the multiple forms of infrastructure associated with its management, is one of the strongest forces shaping urban landscapes. Much of São Paulo's urban history is tied to the legislation and administration of water and the way in which it navigates physical and social landscapes. From the herculean effort of providing potable water to a metropolis of more than twenty million inhabitants, to the channelizing of the city's free-flowing floodplain and the consequences of placing such a straitjacket in regional hydrological systems, to environmental problems stemming from industrial runoff into the rivers, São Paulo's relationship to water is an ongoing point of contestation cutting across all aspects of daily life. By visualizing water provision, flood management, and wastewater collection in a series of trans-scalar drawings, "City of Ridges and Valleys" examines the labyrinthine relationship between water, topography, and patterns of urbanization.

The provision, administration, and treatment of water in the São Paulo metropolitan region is a complex management undertaking that has been exacerbated in the last fifty years by two key problems. One, is the city's rapid urban expansion and its accompanying growth of water-intensive industrial sectors. Two, is a water management strategy conceived in an autonomous manner and disconnected from other city planning initiatives such as mobility networks or the expansion of new residential enclaves. This disconnect has resulted in hydrological projects that in many instances are at odds with the general urbanization patterns in the city. The drawings in the pages that follow visualize the relationship between water and the city's urban form, arguing for a new water management vision that is more integrated across scales and better aligned with the other infrastructures that shape the city.

The flow of water in São Paulo is somewhat counterintuitive. Paulistas get most of their water from the Alto Tietê rivershed between fifty and

A água, em sua abundância e escassez, e as variadas formas de infraestrutura relacionadas à sua gestão, é uma das mais sólidas forças que moldam as paisagens urbanas. Muito da história urbana de São Paulo está vinculada à legislação e à gestão dos recursos hídricos, além da forma pela qual a água abre caminho pelas paisagens física e social. Do esforço hercúleo de fornecer água potável a uma metrópole de mais de 20 milhões de habitantes à canalização da planície fluvial de fluxo livre da cidade e as consequências de engessar os sistemas hidrográficos regionais, aos problemas ambientais provenientes do escoamento industrial nos rios, a relação de São Paulo com a água é um ponto constante de contestação que permeia todos os aspectos da vida diária. Ao visualizar o fornecimento de água, a gestão de enchentes e a coleta da água residual em uma série de desenhos transescalares, "Cidade de altos e baixos" analisa a sinuosa relação entre a água, a topografia e os padrões de urbanização.

O fornecimento, a administração e o tratamento de água na região metropolitana de São Paulo é um empreendimento complexo de gestão que se agravou nos últimos 50 anos por dois principais problemas. O primeiro foi a rápida expansão urbana da cidade, acompanhada pelo crescimento de setores industriais com uso intenso de água. O segundo foi a estratégia de gestão hídrica concebida de maneira autônoma e desconectada de outras iniciativas de planejamento da cidade, como as redes de mobilidade ou a expansão de novas regiões residenciais isoladas. A desconexão resultou em projetos hidrográficos que, em muitos aspectos, estão em conflito com os padrões gerais de urbanização da cidade. Os desenhos das páginas a seguir mostram a relação entre a água e a forma urbana de São Paulo, defendendo uma nova visão de gestão hídrica mais integrada entre as escalas e mais bem alinhada com as demais infraestruturas que compõem a cidade.

O fluxo de água em São Paulo é, de certa forma, contraintuitivo. A maior parte da água consumida pelos paulistanos vem da represa do Alto Tietê, que fica entre 50 km e 70 km a leste do centro da

seventy kilometers east of the city center, despite the fact that the Atlantic Ocean is only fifty-five kilometers away. Due to gravity, the city drains inland into the Paraná River Basin and its effluent meets the Atlantic thousands of kilometers further south through the River Plate in Buenos Aires. This physical condition has resulted in the development of a chain of reservoirs along the southern and eastern edges of the metropolitan region that capitalize on gravity to bring water down to the plateau and then pump it into the city's distribution network. The distribution of water follows the socio-economic blueprint of the city. Overall, the wealthier hyper-center has good access to potable water while the belt of poverty that surrounds it receives gradually less access to water. The Cantareira reservoirs to the east along with the Guarapiranga and Billings reservoirs further south are the major providers of potable water to the city. Large portions of the area around these reservoirs have been designated as protected zones with zero tolerance for urban development around them. Yet, many of these edges have effectively been taken over by illegal settlements and become the source of a significant environmental and social conflict in the city. The inhabitants in closest proximity to the reservoir—part of São Paulo's poverty belt— are generally deprived of the benefits of such an infrastructure. Upgrading this infrastructure to provide potable water and sewerage to the self-built neighborhoods adjacent to the reservoirs should be a concern and a priority for the city as a whole.

Flood management and the mitigation of stormwater runoff is a critical problem for São Paulo. The gradual rectification and channelization of the city's rivers and streams in the move to prioritize mobility arteries and centrally located urban development has largely backfired over time. The relentless paving of ground surfaces has taxed the drainage infrastructure far beyond capacity and made it impossible for the system to handle average volumes of stormwater runoff. This problem is evident to the naked eye when traveling on a rainy day through any of the flood-prone freeways that flank the Pinheiros and Tietê rivers, the area of discharge for most of the canals. As the city rethinks its strategies for stormwater management, it must shift from its current end-of-pipe solutions to source control strategies so as to alleviate the pressure on current drainage systems. Toward these ends, São Paulo has already begun to redirect its flood management strategies by introducing a significant

cidade, apesar do fato de o Oceano Atlântico estar a apenas 55 km de distância. Devido à gravidade, a cidade escoa para o continente, no sentido da Bacia do Rio Paraná, e seus afluentes encontram o Atlântico milhares de quilômetros ao sul, pelo Rio da Prata, em Buenos Aires. Essa característica física resultou no desenvolvimento de uma cadeia de reservatórios ao longo das margens sul e leste da região metropolitana, que se beneficiam da gravidade para trazer a água para o planalto e, depois, bombeá-la para a rede de distribuição, que segue a planta socioeconômica da cidade. Em geral, o hipercentro mais abastado tem bom acesso à água potável, enquanto o cinturão de pobreza que o rodeia tem, gradualmente, menos acesso à água. Os reservatórios da Cantareira, no sentido leste, com as represas de Guarapiranga e Billings, mais ao sul, são as principais fontes de água potável da cidade. Grandes partes da área ao redor dessas represas foram definidas como zonas de proteção, com tolerância zero para o desenvolvimento urbano no seu entorno. Ainda assim, muitas dessas margens foram efetivamente dominadas por assentamentos ilegais e se tornaram fonte de conflito socioambiental significativo na cidade. Os habitantes das áreas próximas às represas, parte do cinturão de pobreza de São Paulo, são, normalmente, privados dos benefícios dessa infraestrutura. Transformá-la para fornecer esgoto e água potável a esses bairros que se formaram naturalmente ao redor das represas deveria ser, ao mesmo tempo, preocupação e prioridade da cidade como um todo.

A gestão das enchentes e a mitigação do escoamento das águas pluviais são um problema crítico em São Paulo. Com o tempo, a retificação e a canalização graduais dos rios e riachos em movimento para priorizar as artérias de mobilidade e o desenvolvimento urbano localizado na área central falharam. A persistente pavimentação das superfícies extenuou a infraestrutura de drenagem muito além da capacidade, impossibilitando o sistema de lidar com volumes médios de escoamento de águas pluviais. O problema é evidente a olho nu, quando se trafega, em dias de chuva, pelas marginais, sujeitas a inundações, dos rios Pinheiros e Tietê, onde desemboca a maioria dos canais. Ao repensar suas estratégias de gestão das águas pluviais, a cidade precisa mudar as soluções atuais de tratamento de resíduos para estratégias de controle da fonte, a fim de aliviar a pressão sobre os sistemas de drenagem em vigor. Nesse sentido, São Paulo já começou a redirecionar suas estratégias de gestão de enchentes, criando um número significativo de bacias de detenção nas

number of detention basins in areas peripheral to the hyper-center. Projects like the proposed Varzeas Park will significantly help in increasing volumes of water retention. Yet, these water mitigation infrastructures are much more difficult to implement in the city center and its immediate vicinity—the area of the city that needs them the most. The prohibitive cost of land and of retrofitting detention tanks into a consolidated urban area poses a challenge for the implementation of such infrastructures. Therefore, strategies within the more central areas must focus on the integration of hydrological projects in the redesign of street sections, the refurbishing of existing open spaces and the creation of new ones that offer more porous surfaces, and the institution of new public-private development policies that can incorporate flood management into their real estate practices. A possible point of departure for these types of projects might be found in the possible resurfacing of the Tamanduateí River and its use as an organizational spine from where mobility gets re-scaled, new open space is created, and new development opportunities are enhanced along its edges.

Beyond the enormous scale of the metropolitan region, wastewater collection problems have been significantly aggravated by the chemical discharge from the industrial quarters. The Tietê River, which receives most of the city's effluent, reached peak levels of contamination in the 1980s. The construction of five water treatment plants (Barueri, ABC, Novo Mundo, São Miguel, and Suzano) has since improved the quality of water along the river, nonetheless, there remains much work to be done to bolster the city's overall wastewater collection infrastructure. A necessary improvement in this respect would have the city introduce additional smaller-scale water treatment plants along its rivers and streams. This would not only guarantee cleaner inner-city water but would also serve as the first step in bringing the lost rivers back into the urban life of the city.

While the overall task of rethinking water management in the São Paulo metropolitan region is daunting, one can find in this process the seeds for larger and more comprehensive urban projects. Water and its affiliated infrastructures have an enormous potential to bridge social and environmental concerns, making it an essential element of any well-tempered urban restructuring plan.

regiões periféricas do hipercentro. Projetos como o do Parque das Várzeas ajudarão muito a aumentar os volumes de retenção de água. Ainda assim, essas infraestruturas de controle hídrico são muito mais difíceis de implantar no centro da cidade e imediações, a área que mais precisa delas. O custo proibitivo dos terrenos e de criar tanques de detenção em áreas urbanas consolidadas é um desafio para a implantação desse tipo de infraestrutura. Portanto, as estratégias na região central devem se concentrar na integração de projetos hidrológicos durante o novo desenho de distribuição de ruas, na reforma de espaços abertos existentes e na criação de novos espaços que ofereçam superfícies mais porosas, além da instituição de novas políticas de desenvolvimento público-privadas que incorporem a gestão de inundações em suas práticas imobiliárias. Um possível ponto de partida para esse tipo de projeto poderia ser identificado no recente ressurgimento do rio Tamanduateí e seu uso como espinha dorsal, a partir de onde a mobilidade seria reorganizada, novos espaços abertos seriam criados e novas oportunidades de desenvolvimento cresceriam ao longo de suas margens.

Além da imensa escala da região metropolitana, os problemas da coleta de águas residuais foram significativamente agravados pelo descarte químico das áreas industriais. O rio Tietê, que recebe a maioria dos resíduos da cidade, atingiu o nível máximo de contaminação na década de 1980. A construção de cinco estações de tratamento de esgoto (Barueri, ABC, Novo Mundo, São Miguel e Suzano) melhorou a qualidade da água ao longo do rio. No entanto, ainda há muito trabalho a ser feito para apoiar a infraestrutura geral de coleta de águas residuais da cidade. Uma das melhorias necessárias em relação a isso seria a criação de estações de tratamento de esgoto menores ao longo dos rios e riachos, o que não somente garantiria água mais limpa na região central como também seria o primeiro passo para trazer os rios perdidos de volta à vida urbana da cidade.

Apesar de a tarefa de repensar a gestão hídrica da região metropolitana de São Paulo ser desanimadora, poderia-se identificar, nesse processo, ideias para projetos urbanos mais completos e mais amplos. As infraestruturas hídricas e derivadas têm imenso potencial para harmonizar preocupações sociais e ambientais, tornando a água o elemento essencial de qualquer plano equilibrado de reestruturação urbana.

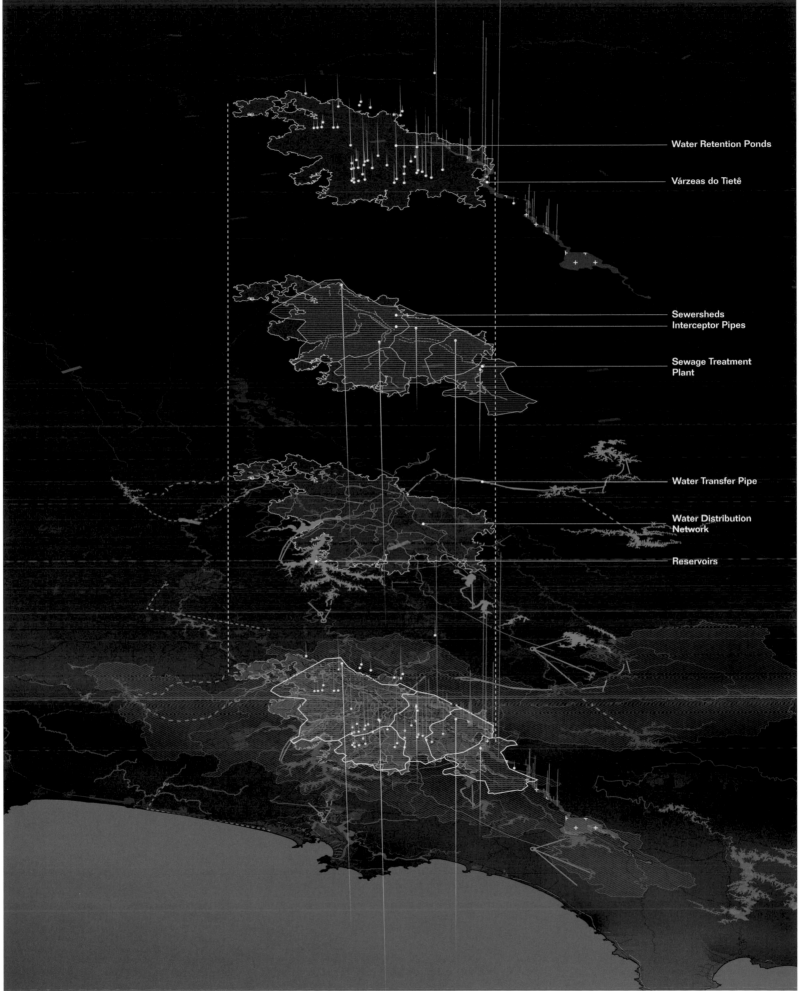

Water Retention Ponds

Várzeas do Tietê

Sewersheds
Interceptor Pipes

Sewage Treatment
Plant

Water Transfer Pipe

Water Distribution
Network

Reservoirs

Hierarchy of hydrological systems in metropolitan
São Paulo.

Hierarquia dos sistemas hídricos na região metropolitana de
São Paulo.

29   A

Aerial photograph of the Pinheiros River prior to its channelization, ca. 1930.

Foto aérea do Rio Pinheiros antes da canalização por volta de 1930.

31

A

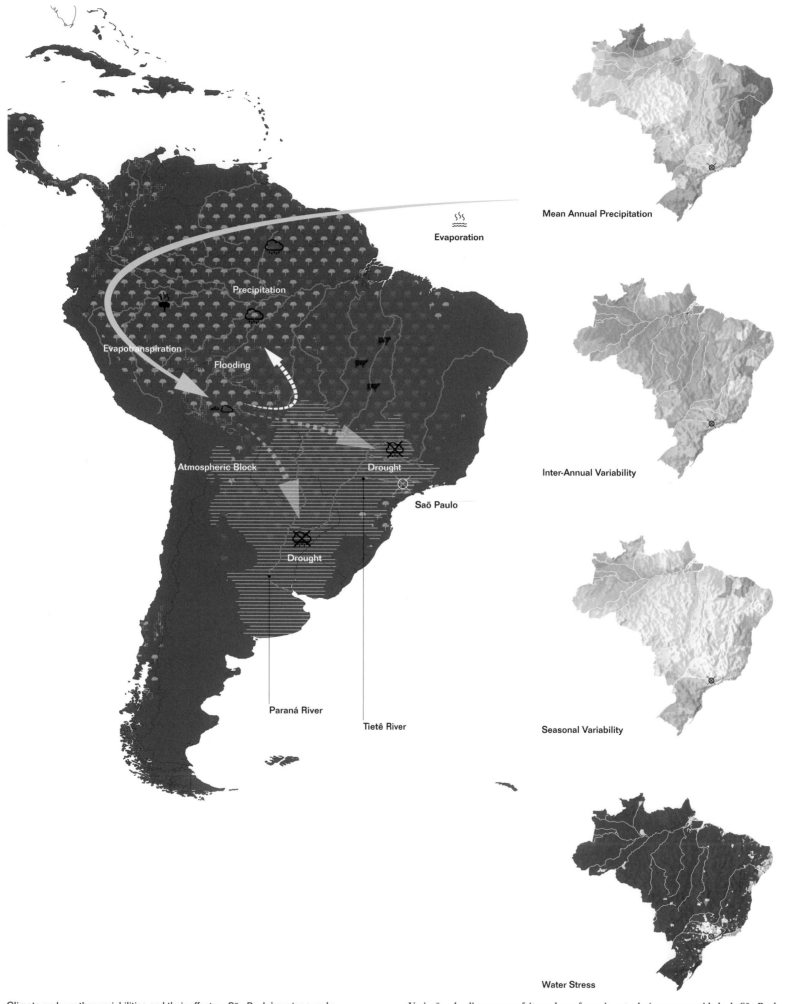

Evaporation

Precipitation

Evapotranspiration

Flooding

Atmospheric Block

Drought

Drought

Saõ Paulo

Paraná River

Tietê River

Mean Annual Precipitation

Inter-Annual Variability

Seasonal Variability

Water Stress

Climate and weather variabilities and their effect on São Paulo's water supply.

Variações do clima e seus efeitos sobre o fornecimento de água para a cidade de São Paulo.

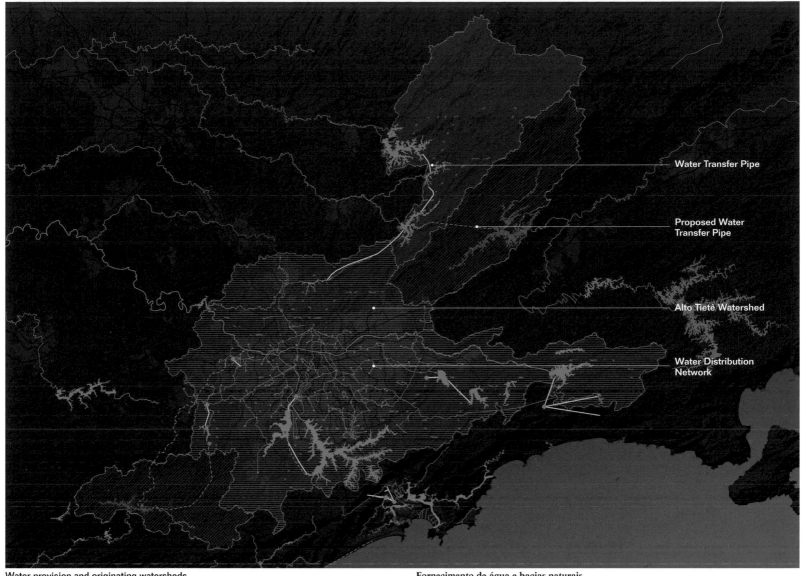

Water Transfer Pipe

Proposed Water Transfer Pipe

Alto Tietê Watershed

Water Distribution Network

Water provision and originating watersheds.

Fornecimento de água e bacias naturais.

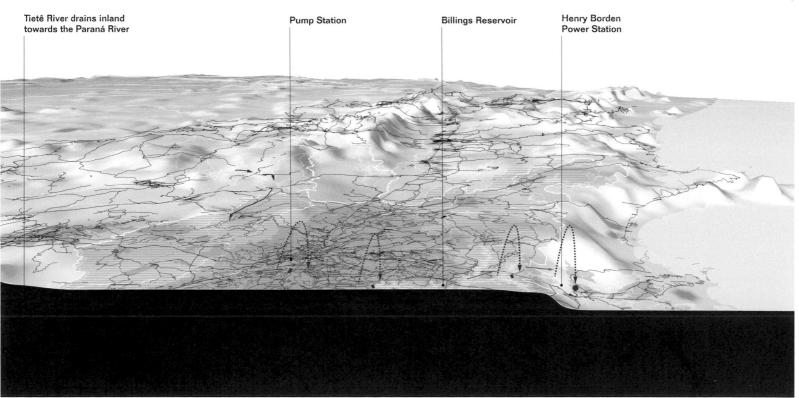

Tietê River drains inland towards the Paraná River

Pump Station

Billings Reservoir

Henry Borden Power Station

Reversing the flow of the Pinheiros River for hydroelectric production.

Inversão do fluxo do Rio Pinheiros para a produção hidroelétrica.

33   A

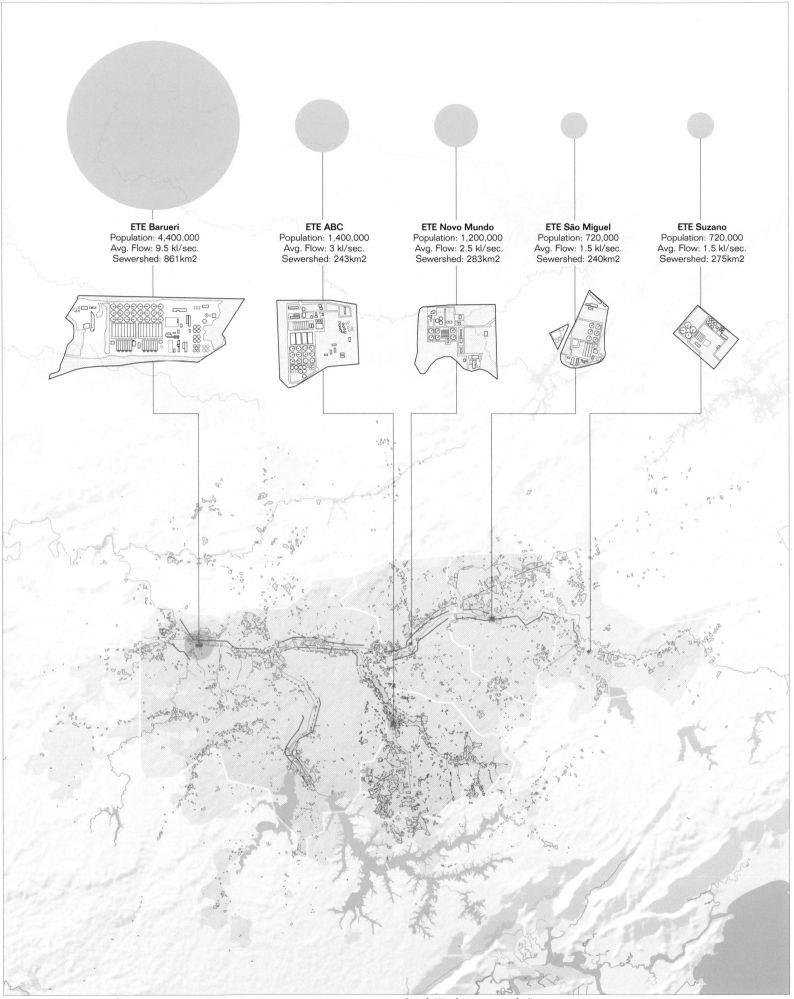

ETE Barueri
Population: 4,400,000
Avg. Flow: 9.5 kl/sec.
Sewershed: 861km2

ETE ABC
Population: 1,400,000
Avg. Flow: 3 kl/sec.
Sewershed: 243km2

ETE Novo Mundo
Population: 1,200,000
Avg. Flow: 2.5 kl/sec.
Sewershed: 283km2

ETE São Miguel
Population: 720,000
Avg. Flow: 1.5 kl/sec.
Sewershed: 240km2

ETE Suzano
Population: 720,000
Avg. Flow: 1.5 kl/sec.
Sewershed: 275km2

Wastewater treatment facilities and their sewersheds.   Instalações de tratamento de água e esgoto.

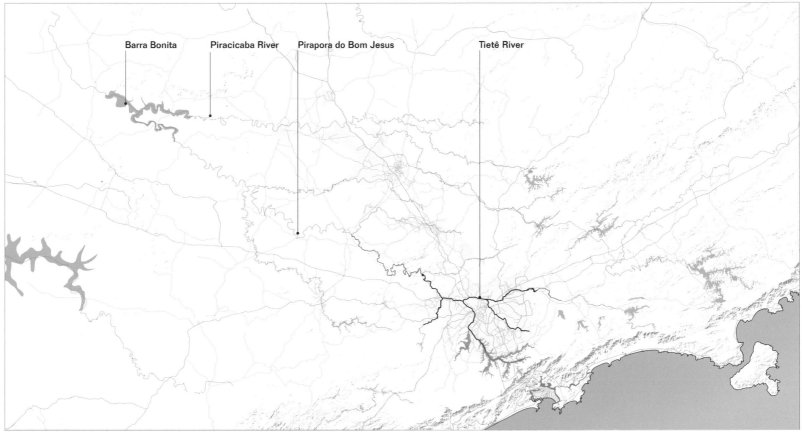

Barra Bonita   Piracicaba River   Pirapora do Bom Jesus   Tietê River

The biological degradation of the upper Tietê River.   A degradação biológica do alto Rio Tietê.

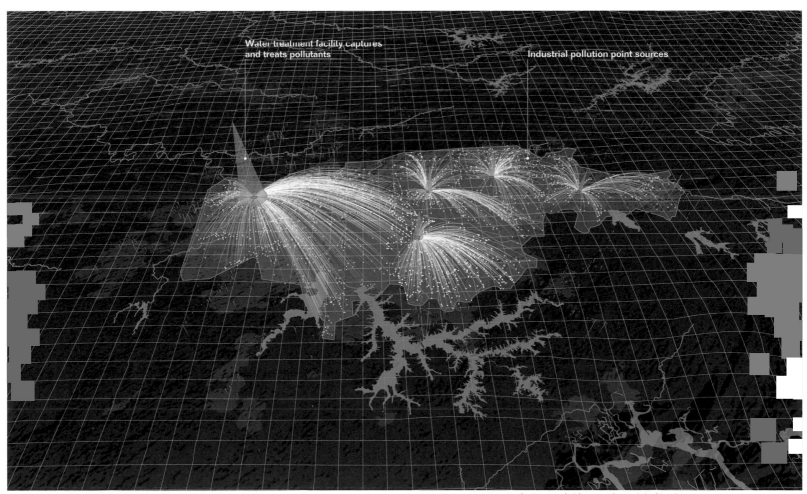

Water treatment facility captures
and treats pollutants   Industrial pollution point sources

Capture and treatment of polluted water in relation to industry.   A captação e o tratamento da água poluída em relação à indústria.

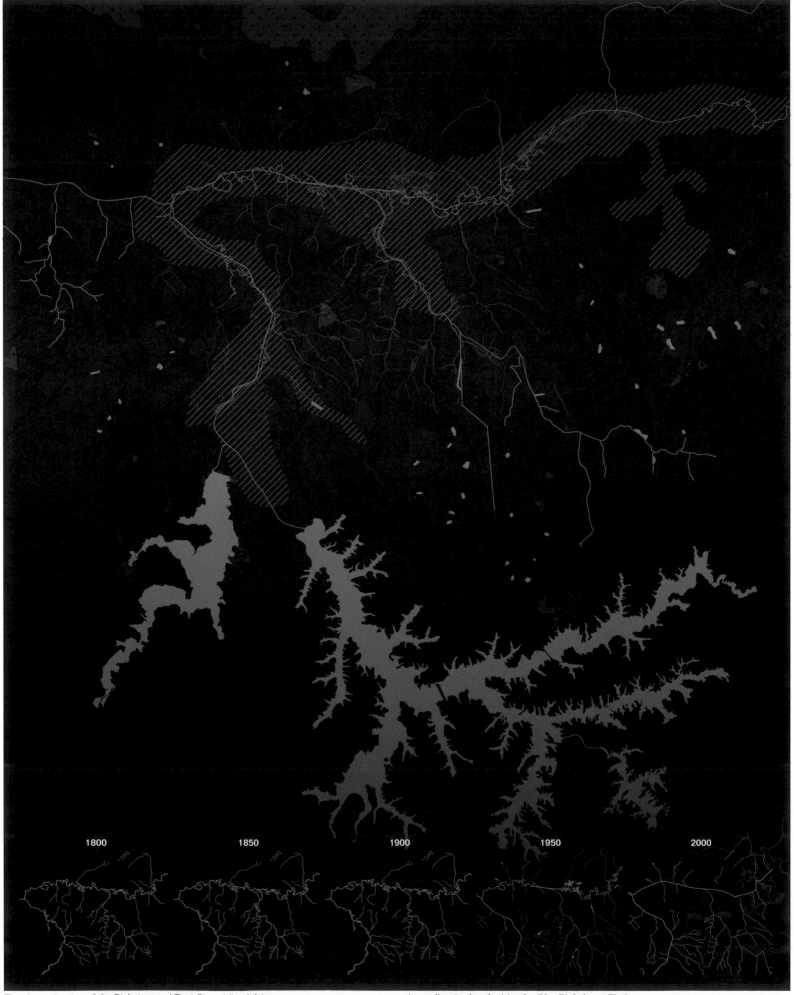

1800   1850   1900   1950   2000

The channelization of the Pinheiros and Tietê Rivers' floodplains.
A canalização das planícies dos Rios Pinheiros e Tietê.

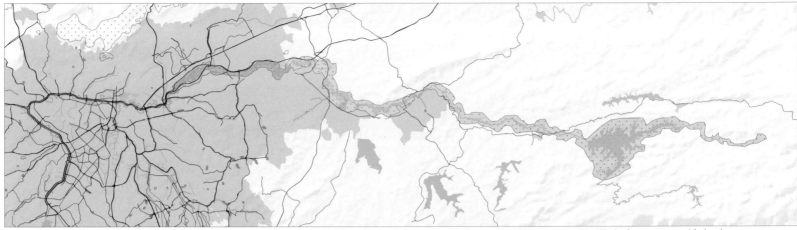

The Várzeas Park proposal for the Tietê River provides opportunities to increase the volume of water retention for São Paulo.

A proposta do Parque das Várzeas para o Rio Tietê oferece oportunidades de aumentar o volume de retenção de água para São Paulo.

Detention basins in the urban context.

Bacias de detenção no contexto urbano.

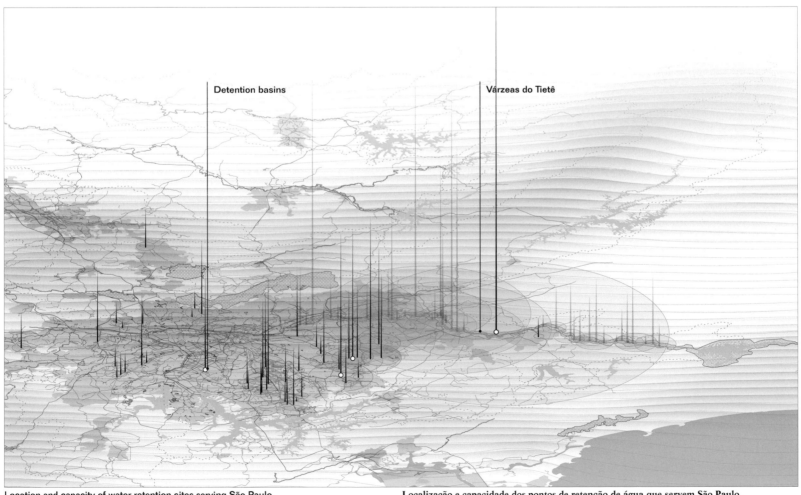

Location and capacity of water retention sites serving São Paulo.

Localização e capacidade dos pontos de retenção de água que servem São Paulo.

A

Contemporary aerial photograph showing the convergence of the channelized rivers.　　　Foto aérea contemporânea mostrando a convergência dos rios canalizados.

39

A

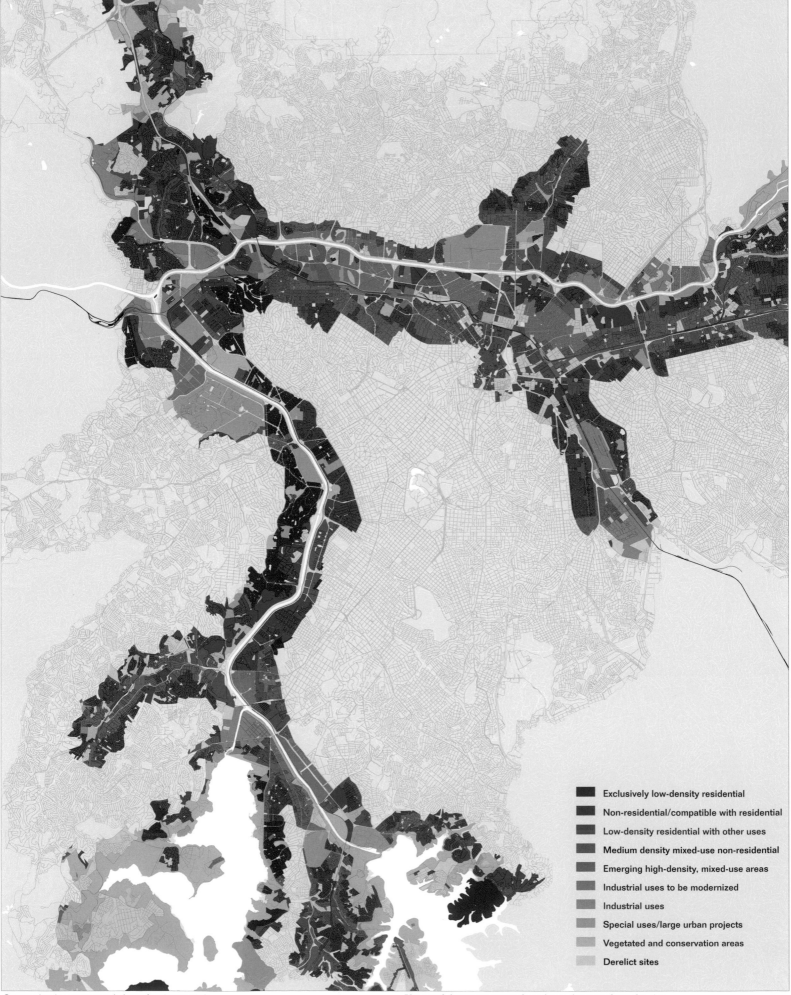

Exclusively low-density residential

Non-residential/compatible with residential

Low-density residential with other uses

Medium density mixed-use non-residential

Emerging high-density, mixed-use areas

Industrial uses to be modernized

Industrial uses

Special uses/large urban projects

Vegetated and conservation areas

Derelict sites

Current land uses mapped along the river corridors.

Uso atual do terreno mapeado ao longo dos corredores dos rios.

Urban Flows: The Dispute for Space Between Rivers and Vehicles
Renato Anelli

Fluxos urbanos: a disputa pelo espaço entre águas e veículos
Renato Anelli

The dense water network that comprises São Paulo's geomorphology plays an essential role in shaping the city's urban form. The three rivers that generated wide river plains and are fed by a myriad of small creeks carved into the mountainous terrain are currently recognizable because of the complex system of avenues built on riverbanks and at the valley bottom—a system created through straightening, channelization, and buried rivers. Urbanization began in the 1930s. Large lakes were created to generate electricity, and a radiocentric road system, capable of unlimited expansion, began to be built as part of Francisco Prestes Maia's "Study for a Plan of Avenues for the City of São Paulo." The belief at the time was that this planned system of roads, built largely in areas of meandering waters and channelized floodplains, would be capable of supporting the rapid urbanization of the second half of the twentieth century.

The effects of these choices are visible today in the city's recurring summer floods, distributed in capillary-like manner across nearly every avenue at the valley bottom. Unbridled expansion gradually rendered the surrounding water springs and potable water collecting areas useless, generating water wars among the many cities that comprise the macrometropolis.[1] Floods and potable water shortages are therefore chronic, directly related to the city's expansion and worsened by the design of its roadways. One must examine these factors jointly in order to conceptualize new urban configurations; in turn, these new plans must reflect reality and be capable of withstanding recurrent seasonal disasters caused by the current climate conditions, which will no doubt worsen with changes resulting from global warming.

São Paulo was founded in 1554 as the Village of Piratininga. It was one of many villages atop Serra do Mar, a geographic formation that separates the São Paulo highland plains from the coast by an enormous stretch of land in southeastern Brazil, and is located where it is easiest to cross the highlands. Portuguese colonizers explored the paths used by natives at a lower point, using them to reach deeper inland. Because of its geomorphological configuration, this set of villages was located at the intersection of several paths used by natives living to the west and northeast, along the margins of the vast Tietê and Paraíba Rivers. Their strategic position allowed the villages to become the base camps for colonial expeditions throughout the sixteenth, seventeenth, and eighteenth centuries. In the nineteenth century, because of sugarcane and coffee booms, the Village of Piratininga saw the biggest economic growth, which in turn fed its swift expansion in the twentieth century.

Starting in 1867, a railway system allowed for easy production transport to the main exporting port. This quickly expanded the populated inland regions of the state of São Paulo and increased urbanization. Therefore, the relationship between geomorphology, the water network, and transportation systems

A densa rede hídrica que configura a geomorfologia de São Paulo cumpre papel fundamental na constituição da sua forma urbana. Os três rios que geraram amplas planícies fluviais e que recebem uma miríade de pequenos córregos encaixados no território montanhoso são hoje reconhecíveis pelo complexo sistema de avenidas marginais e de fundo de vale, construído através da sua retificação, canalização e tamponamento. O processo técnico de urbanização foi intensificado a partir da década de 1930, visando à criação de grandes lagos para a geração de energia elétrica, ao mesmo tempo que se iniciava a implantação do Plano de Avenidas de Prestes Maia, sistema viário que dotou a cidade de uma estrutura radiocêntrica de expansão ilimitada. Acreditava-se que tal sistema técnico de infraestrutura de vias, em grande parte construído em áreas de meandros e várzeas canalizadas, fosse capaz de suportar a veloz urbanização da segunda metade do século XX.

Os efeitos atuais das opções feitas nesses anos são reconhecidos nas recorrentes enchentes de verão, distribuídas capilarmente por quase todas avenidas de fundo de vale. A expansão ilimitada, por sua vez, inutilizou progressivamente as áreas de mananciais e os pontos de captação de água potável nas proximidades, gerando a competição pela água entre as várias cidades que compõem a macrometrópole paulista[1]. Enchentes e escassez de água potável constituem, assim, aspectos crônicos dessa formação urbana, diretamente relacionados com a sua expansão, agravada pela concepção de seu sistema viário. A articulação desses fatores é condição indispensável para se conceber novas conformações urbanísticas coerentes com a realidade e capazes de superar a recorrência de desastres sazonais, causados pelas atuais condições climáticas e que, certamente, se agravarão com as mudanças decorrentes do aquecimento global.

São Paulo foi fundada em 1554 como Vila de Piratininga, uma entre várias outras vilas na cota 700 m, no alto da Serra do Mar, formação que separa o planalto paulista do litoral por uma enorme extensão do sudoeste do Brasil. Sua posição coincide com a posição mais fácil de transposição da serra. Os colonizadores portugueses exploraram os caminhos usados pelos índios em um trecho mais baixo e, através deles, avançaram para a conquista do interior. Ainda devido à conformação geomorfológica, a situação desse conjunto de vilas ocorreu no ponto de convergência de vários caminhos dos nativos para oeste e nordeste, ao longo dos grandes rios Tietê e Paraíba. Pela posição estratégica, as vilas tornaram-se base para as expedições de colonização nos séculos XVI, XVII e XVIII mas, somente no século XIX, graças aos ciclos da cana de açúcar e do café, a Vila de Piratininga concentraria o crescimento econômico que alimentou sua vertiginosa expansão no século XX.

A partir de 1867, a rede ferroviária ofereceu facilidade de escoamento da produção até o principal porto de exportação, ampliando rapidamente as regiões cultivadas no interior do estado de São Paulo e expandindo a urbanização do território.

Contemporary aerial view showing one of the many instances where small rivers have been channelized and flanked with roads.

Vista aérea contemporânea apresentando um dos muitos casos em que pequenos rios foram canalizados e ladeados por marginais.

was essential for generating wealth, through expansion and consolidation of the network of non-coastal coffee cities. São Paulo continued to be the convergence point in what became a railway system connecting the high plains with the coast, amassing wealth, population, and economic growth, all of which fostered industrialization in the following decades.

The first urban transportation network to sustain the demographic explosion was comprised of electric trams, starting in 1899. Prestes Maia's 1930 Plan of Avenues envisioned the changeover to road transportation and proposed the model of riverbank and valley bottom avenues. The first one was 9 de Julho Avenue, built on top of the Saracura creek at its closest point to the city center.

However, it was during the military dictatorship (1964–1985) that this model of avenues truly took off. It became public policy through Planasa, the National Sanitation Program. As noted by Luciana Travassos, channelization was done in order to achieve two goals with one action—vehicle infrastructure and sanitation—without carrying out macro-drainage and urban mobility studies. Procav, the Stream Channelization and Valley Bottom Construction Program, launched in 1987, brought this model to other cities in the state of São Paulo, opening up new possibilities for real estate ventures that could absorb the demographic growth.

By building the avenues on the banks of rivers or over waterways, the urban form began following the water pattern and moving away from the radiocentric design described in the Plan of Avenues and from the orthogonal grid proposed in the Highway Plan of 1972. Therefore, the highway grid was based on the valley bottom and small creek floodplains that direct

Portanto, a relação entre a geomorfologia, a rede hídrica e os transportes foi essencial para a geração de riqueza, por meio da expansão e consolidação da rede de cidades cafeeiras pelo interior. Mantendo-se como ponto de convergência dos caminhos, agora das novas estradas de ferro na conexão entre planalto e litoral, São Paulo concentrou riqueza, população e crescimento econômico, que fomentou a industrialização nas décadas seguintes.

A primeira rede de transporte urbano a sustentar a explosão demográfica foi a de bondes elétricos a partir de 1899. O Plano de Avenidas, de 1930, iniciou a transferência dessa função para os modos de transportes sobre pneus. E foi ele que propôs o modelo de avenidas marginais e de fundo de vale. A primeira delas, a Avenida 9 de Julho, construída sobre o córrego Saracura, no seu trecho mais próximo ao centro.

Contudo, foi durante os anos da ditadura militar (1964–1985) que esse modelo de avenidas se difundiu, ao ser transformado em política pública, por meio do Planasa – Programa Nacional de Saneamento. Como observa Luciana Travassos, a canalização era feita para concentrar em uma só ação a infraestrutura viária e o saneamento, sem estar apoiada em estudos de macrodrenagem ou mobilidade urbana. O Procav, Programa de Canalização de Córregos e Construções de Fundo de Vale, iniciado em 1987, levou o modelo às demais cidades do estado de São Paulo, disponibilizando novas áreas para empreendimentos imobiliários que absorviam o crescimento demográfico.

Por meio da construção dessas avenidas às margens ou sobre os cursos d'água, a forma urbana passou a seguir a rede hídrica, fugindo do padrão radioconcêntrico do Plano de Avenidas, assim como da malha ortogonal proposta pelo seu sucessor, o Plano

42

Two photographs of the Lajeado neighborhood: one showing the Lajeado stream (above), and the other a mural depicting an idealized creek landscape for the neighborhood (below).

Duas fotografias do bairro de Lajeado: acima, o fluxo do córrego Lajeado e, abaixo, um mural retratando uma paisagem idealizada de córregos para o bairro.

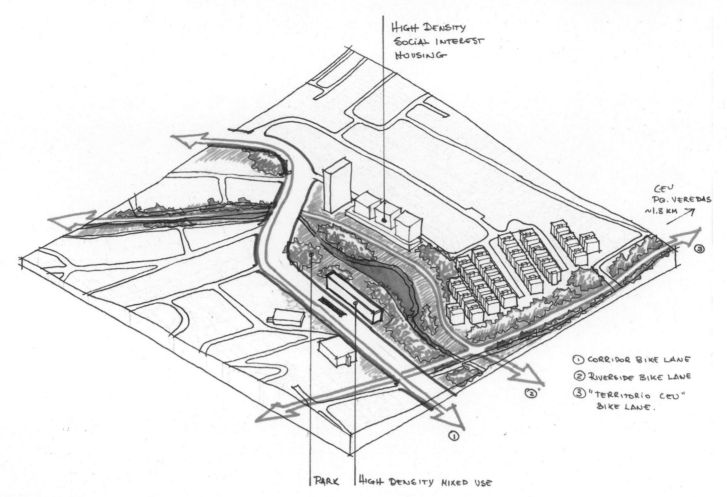

HIGH DENSITY
SOCIAL INTEREST
HOUSING

CEU
PQ. VEREDAS
~1.8 KM ↗

③

① CORRIDOR BIKE LANE
② RIVERSIDE BIKE LANE
③ "TERRITORIO CEU" BIKE LANE.

②

①

PARK | HIGH DENSITY MIXED USE

Environmental Corridor Plan proposed by the Urban Studies SP Workshop showing the required urban operations for the resurfacing of a stream and the introduction of a dedicated bus transit line.

Projeto do corredor ambiental proposto pelo Workshop Estudos Urbanos SP, mostrando as operações urbanas necessárias para a renaturalização do córrego e a criação do corredor de ônibus.

traffic toward the large rivers and their riverbank highways. Water (both from rivers and sewage) and vehicles follow analogous paths toward seasonal flooding and daily traffic jams. They are two concurrent flows, fighting for the same space and ruining any possibility of further urban development. This was no accident or mistake; it was the intentional disastrous result of public policies and technical conceptions of urban infrastructure.

It is important to highlight the failure of the hydraulic engineering techniques in fulfilling their promises. We must ponder this serious question to understand the dynamics of urbanization: was the channels' size (too small to support a predictable increase in non-drainable areas) a result of mere calculation mistakes, or was it because technical knowledge was too partitioned, preventing officials from understanding its role in the complex development of a city?

Certainly, the excessive technical specialization in engineering helped produce the environmental disasters we are witnessing now. City Hall allowed development on as much land as possible, rejecting any sense of prudence with regard to future urbanization scenarios that could bring about—and indeed *did* bring about—impermeable areas on a much larger scale than projected when the channels were built. Avenues and buildings came to occupy much of the riverbanks, rendering traumatic any effort to correct this picture, because such consolidation makes it difficult to adapt anything to the current flow system. The picture becomes even worse because the few riverbanks destined for parks and green areas are occupied by favelas, creating high-risk situations for their residents.

de Vias Expressas de 1972. Constituiu-se, desse modo, uma malha viária apoiada nos fundos de vale e várzeas dos pequenos córregos que escoam o tráfego na direção dos grandes rios e suas vias expressas marginais. Águas (pluviais e esgoto) e veículos seguem caminhos análogos em direção aos alagamentos sazonais e aos congestionamentos diários. Dois fluxos concorrentes, disputando o mesmo espaço e devastando qualquer possibilidade de urbanidade consequente. Não por acaso ou equívoco, mas como desastroso produto intencional de políticas públicas e concepções técnicas de infraestrutura urbana.

É importante anotar o fracasso das técnicas de engenharia hidráulica na efetivação de suas promessas. Coloca-se aqui uma questão séria para o entendimento das dinâmicas de urbanização: os dimensionamentos de canais insuficientes para suportar um previsível crescimento das áreas impermeabilizadas teriam sido resultantes de meros erros de cálculo ou seriam decorrência da setorização do conhecimento técnico que impediu o entendimento do seu papel no complexo desenvolvimento de uma cidade?

Certamente, a limitação da excessiva especialização técnica da engenharia foi conivente na produção dos desastres ambientais que vivemos hoje. Disponibilizou para uso imobiliário a maior quantidade de área possível, desprezando qualquer prudência frente aos cenários futuros de urbanização que poderiam trazer, como de fato ocorreu, áreas impermeabilizadas em dimensões muito superiores àquelas usadas para dimensionar os projetos dos canais. A consolidação das ocupações das margens por avenidas e edifícios torna traumático qualquer esforço de correção desse quadro, pois dificulta sua adequação às vazões atuais. O quadro se agrava ainda mais devido à ocupação

The alternative proposed in the Macro-Drainage Master Plan of Upper Tietê (1998) was the construction of a network of "large pools"—reservoirs to hold water runoff during peak times, distributed across the flood-prone areas. In this case, the lack of sufficient space for building such infrastructure led to the occupation of green and leisure areas in low-income neighborhoods. At first there were expectations that the reservoir areas could be combined with leisure activities, but the lack of maintenance and public sanitation, combined with the pollution of the rivers by sewage runoff, transformed the large pools into dilapidated areas in a densely occupied urban environment.

What are the alternatives to overcome this disastrous type of urbanization?

There are many instances of preserving parks adjacent to springs and watercourses in Brazilian urban development. Environmental laws establish legal green areas, called Permanent Preservation Areas, in sizes that are proportional to the width of bodies of water, but they rarely occur in urban areas.[2] In the twenty-first century, São Paulo municipal and state administrations attempted to organize these areas into linear parks, removing occupiers, building interceptors for the sewage system, and stabilizing the banks with concrete walls. This process had a high social cost due to the removal of poor residents, and was slow because of its complexity; however, it resulted in relatively clean water in the few creeks where it was implemented. The limitation of available areas for this type of program and its lack of connection to urban mobility and soil use policies reduce its effects to small intermittent strips. Its effect is far from being proportional to the size of the problem.

The Strategic Master Plan of 2014 offered new possibilities of urban restructuring by means of a radical increase of the areas along the avenues that would be redesigned to accommodate high passenger bus lanes. Urban Transformation Structuring Zones were created, and their higher floor area ratio allowed for more efficient occupation, compensating for expropriation related to the lane widening necessary to restructure the roads. Because many of these roads are located on valley bottoms and floodplains, a project integrating road and water infrastructure and architectural renovation of city blocks and public areas became possible.

The São Paulo Municipal Office of Urban Development (SMDU)[3] fostered cooperation between business offices and universities through two programs, Urban Trial Runs (Ensaios Urbanos) and Urban Workshops (Ateliês Urbanos). Multidisciplinary teams were able to choose specific areas in which to experiment, applying the parameters proposed in the plan and in zoning laws. Other initiatives were carried out independently between academics and SMDU.

I highlight here some of the studies that involve small watercourses, carried out at the University of São Paulo (USP). The big rivers are being examined by The Fluvial Metropolis Group at the College of Architecture and Urbanism, headed by Alexandre Delijaicov, which focuses mainly on the waters surrounding the metropolitan ring. Researchers at the Institute of Architecture and Urbanism at the São Carlos Campus of USP have been working since 2001 on reurbanization projects related to returning creeks to their natural state, and they used this experience as a basis for studies at the Lajeado Creek Basin, at the very edge of the eastern section of São Paulo.

In 2014, this basin was chosen for an experimental project.[4] Dom João Neri Avenue, which was to be widened for the bus

de margens destinadas a parques e áreas verdes por favelas, criando situações de alto risco para seus habitantes.

A alternativa encontrada no Plano Diretor de Macrodrenagem do Alto Tietê (1998) foi a construção de uma rede de "piscinões", reservatórios de retenção dos picos de cheia distribuídos a montante das áreas que sofrem alagamento. Também aqui a restrição da disponibilidade de áreas livres para a construção dessa infraestrutura levou à ocupação de áreas verdes ou de lazer nos bairros periféricos de baixa renda. Inicialmente, alimentou-se a expectativa que seu uso como reservatório pudesse ser combinado às atividades de lazer, mas a falta de manutenção dos reservatórios e de limpeza pública, agregada à poluição das águas pluviais por lançamento de esgoto, tornaram os piscinões áreas de degradação de tecidos urbanos densamente ocupados.

Quais alternativas temos para superar essa desastrosa forma de urbanização?

O urbanismo brasileiro apresenta várias experiências de reserva de parques junto a nascentes e cursos d'água. A própria legislação ambiental estabelece uma área de reserva verde legal, as Áreas de Preservação Permanente, em distâncias proporcionais à largura dos corpos hídricos, mas que raramente é aplicada em áreas urbanas[2]. Já no século XXI, as gestões municipais de São Paulo e do governo estadual procuraram organizar essas áreas em parques lineares, removendo as ocupações, construindo interceptores para a rede de esgoto e estabilizando as margens com paredes de concreto. Processo socialmente penoso pelas remoções da população carente e lento pela sua própria complexidade, mas que resultou em água razoavelmente limpa nos poucos córregos onde foi implantado. A limitação de área disponível para programas como esse e a sua desarticulação com as políticas urbanísticas de mobilidade e uso do solo reduzem seu efeito a pequenas faixas intermitentes, longe de constituir ação proporcional ao problema.

O Plano Diretor Estratégico de 2014 ofereceu novas possibilidades de reestruturação urbana por meio do adensamento radical das áreas, ao longo das avenidas que receberiam corredores de ônibus de alta capacidade. Formaram-se as Zonas de Estruturação da Transformação Urbana, nas quais os novos coeficientes mais elevados permitiriam um adensamento compensatório das desapropriações necessárias ao alargamento das vias para a construção da infraestrutura viária. Considerando que pelo seu histórico, grande parte dessas vias está localizada em fundos de vales e várzeas alagáveis, abriu-se a possibilidade de um projeto integrado das infraestruturas, viárias e hídricas, e da renovação da forma arquitetônica das quadras e áreas públicas.

Por meio da Secretaria Municipal de Desenvolvimento Urbano (SMDU)[3] de São Paulo, abriu-se, então, uma fase de estímulo a colaborações de escritórios profissionais e de instituições universitárias, pelos programas Ensaios Urbanos e Ateliês Urbanos. As equipes multidisciplinares puderam escolher áreas específicas para experimentar o desenvolvimento de aplicações dos parâmetros propostos no plano e na lei de zoneamento. Outras iniciativas foram realizadas isoladamente, entre os acadêmicos das universidades e a SMDU.

Destaco aqui alguns os estudos que envolvem os cursos d'água de pequeno porte, que foram realizados na Universidade de São Paulo. Os grandes rios vêm sendo objeto do Grupo Metrópole Fluvial, da Faculdade de Arquitetura e Urbanismo, coordenado por Alexandre Delijaicov, e tem no Hidroanel Metropolitano o principal foco. Já no Instituto de Arquitetura e Urbanismo, situado no Campus da USP, em São Carlos, a

lane, closely follows the valley floor alongside, but not over, the watercourse, about halfway up its bank. For this reason, there is a clearly defined space between the road and the creek that can be renovated, integrating the two infrastructures.

The first *in loco* analysis explored the conflict between the impact of the roadway project in destroying small businesses along the avenue and the need for the bus lane so that residents could have quicker access to employment opportunities in more distant locations, breaking the semi-confinement of that neighborhood's population, which was living in ghetto-like conditions. Because *favelas* existed on several banks of the creek, resettlement efforts needed to include the incorporation of nearby populations, so that social connections between residents and their neighbors would not be lost.

The studies incorporate infrastructure for roads (bus lane), water (water-sensitive design), and the environment (parks and riverbank reforestation) with residential projects, forming what we call Urban Environmental Corridors. Other research projects developed at the USP Institute of Architecture and Urbanism and at HafenCity Universität have deepened the integrated approach developed in the workshop.[5]

The increased density of the new blocks can free up space for infrastructure projects. For this, residential experiments of the last thirty years in Brazil offer positive and negative examples of types of densification, as well as important references for project management models with more or less social participation.

In addition to the coordinated planning of these different projects and interventions in the same space, each one responding to specific technical knowledge, the challenge includes how to rethink management models. These projects belong to different sectors of municipal and state administration and rarely work together.

Time is an even more complex integration than space. How long does it take to resettle the *favela* residents into new housing that will be built in the new, denser, dwellings alongside the bus lane? How can one ensure the survival of the small businesses along the avenue during the construction phase of the bus lane?

The experimental exercises carried out at the universities and in the Urban Trial Runs and Urban Workshops made it clear that specific tools were necessary to foster this integration. Therefore, in 2016 new planning, project, and management tools were created, entitled Regional Local Ward Plans[6] and the Urban Intervention Project.[7]

Carrying out these new urban paradigms in São Paulo depends on much more than projects and plans. Technological and political inertia helps maintain the status quo. The collaboration between municipal government and universities presented here indicates how and where the city can go if it opts for a social and environmentally responsible model.

experiência adquirida desde 2001 nessa cidade com projetos de reurbanização associados à renaturalização de córregos serviu de base para estudos na Bacia do Córrego do Lajeado, no extremo da Zona Leste de São Paulo.

Ainda em 2014, essa bacia foi escolhida pelas suas potencialidades para um projeto experimental[4]. A avenida Dom João Neri, que seria alargada para receber o corredor de ônibus, segue o vale em uma posição de meia encosta próxima, mas não sobre o curso d'água. Desse modo, fica claramente definida uma área entre o viário e o córrego, passível de ser objeto de renovação urbana, integrando as duas infraestruturas.

A primeira análise *in loco* explorou o conflito entre o impacto da obra de infraestrutura viária na destruição de pequenos comércios situados na avenida e a necessidade do corredor como modo de dar aos moradores acesso mais rápido a ofertas de emprego em regiões mais distantes, rompendo o semiconfinamento da população no bairro em condições próximas à de um gueto.

A existência de favelas em várias margens do córrego exigiu conceber a incorporação do reassentamento da população removida das proximidades da sua área de ocupação, diretriz que evita a ruptura dos laços sociais eventualmente existentes entre os moradores e sua vizinhança.

Os estudos incorporam as infraestruturas viária (corredor de ônibus), hídrica (*water-sensitive design*), ambiental (parques e recomposição das matas ciliares) e projetos habitacionais, formando aquilo que denominamos de Corredores Ambientais Urbanos. Outros trabalhos de pesquisa desenvolvidos no IAU USP e na HafenCity Universität aprofundaram a abordagem integrada produzida no workshop[5].

A maior densidade dos novos quarteirões pode liberar espaço para os projetos de infraestrutura. Para isso, o estudo das experiências habitacionais dos últimos 30 anos no Brasil oferece bons e maus exemplos de tipologias para adensamento, assim como referências importantes de modos de gestão da elaboração desses projetos, com mais ou menos participação social.

Além do planejamento coordenado desses diferentes projetos e intervenções no mesmo espaço, cada um respondendo ao conhecimento técnico específico, o desafio inclui repensar os modos de gestão. Cada um desses projetos pertence a setores diferentes da administração municipal e estadual, raramente acostumadas a trabalhar de modo articulado.

À integração no espaço corresponde outra ainda mais complexa, a de planejar no tempo. Quanto tempo leva para reassentar os moradores de uma favela em novas habitações a serem construídas na nova estrutura urbana, mais densa, produzida ao longo do corredor de BRT? Como garantir que os pequenos comércios situados na avenida sobrevivam ao tempo de obra da construção do corredor?

Os exercícios experimentais realizados nas universidades e nos Ensaios e Ateliês Urbanos alertaram para a necessidade de instrumentos específicos que fomentem essa articulação. Foi assim que foram criados os Planos Regionais das Subprefeituras[6] e o Projeto de Intervenção Urbana[7], novos instrumentos de planejamento, projeto e gestão integrada ainda em 2016.

A efetivação desses novos paradigmas urbanos em São Paulo depende de muito mais do que projetos e planos. A inércia tecnológica e política contribuem para a manutenção do atual estado das coisas. A colaboração entre a prefeitura e a universidade apresentada aqui mostra como e para onde a cidade pode ir, se optar por um modelo social e ambientalmente responsável.

1   The São Paulo macrometropolis is considered the largest urban cluster in the southern hemisphere and is comprised of 174 municipalities. In 2016 it reached 33 million inhabitants. "São Paulo macrometropolis," São Paulo Macrometropolis, Emplasa, 2017, https://www.emplasa.sp.gov.br/MMP.

2   Floodplain and riverbank forest areas are protected as Permanent Preservation Areas (APP). Article Two of the Forestry Act (Law no. 4,771, enacted on September 15, 1965), states that areas located on the banks of watercourses, hilltops, and steep slopes are designated for permanent preservation. Starting in 1989, the parameter became that the area to be preserved must be proportional to the width of the watercourse. For a river ten meters wide, for example, a strip of thirty meters on each side is set aside. Since it is under forestry law, its applicability to urban areas has been controversial, because in a sole paragraph of the same article, the law refers to the master plans and to laws about soil use for each municipality.

3   SMDU, along with the Licensure Office (SEL, in Portuguese), became part of SMUL (Municipal Office of Urbanism and Licensure) in 2017.

4   Urban Studies Workshop SP: New Mobility Lines, carried out at SMDU SP under the coordination of author and professor Martin Kholer, gathered professors and researchers from USP São Carlos (Architecture, Urbanism, and Environmental Engineering) and from HafenCity Universität in Hamburg, along with São Paulo municipal government employees. See: Anelli, Renato L. S. and Santos, Alexandre L. "Urban Environmental Corridors: Development challenges for São Paulo's Master Plan, combining metropolitan, regional and local scales." In: 3rd National Encounter of the National Association of Research and Graduate Studies in Architecture and Urbanism, São Paulo. Annals. Natal: ANPARQ, 2014. v. 1. p. 1–12. Accessible at: "III ENANPARQ", ANPARQ, 2017, http://anparq.org.br/dvd-enanparq-3/htm/XFramesSumarioST.htm.

5   Kakazu, Priscila E., "Lajeado Creek: Water as a driving force for urban projects." Iniciação Científica, São Paulo University, 2016; Santos, Gabriela. "Urbanism and the Environment: The Lajeado water basin." Iniciação Científica, São Paulo University, 2016; Saldaña, Paula, "Introducing Water Sensitive Design into Bus Rapid Transit Infrastructure Systems - Case Study: Itaim Paulista - Eastern Region of São Paulo," Masters thesis, HafenCity Universität, 2015.

6   See: "Regional Plans," Regulatory Benchmark, Urban Management SP, 2017, http://gestaourbana.prefeitura.sp.gov.br/marco-regulatorio/planos-regionais/.

7   See: "Understanding PIU," Territorial Structuring, Urban Management SP, 2017, http://gestaourbana.prefeitura.sp.gov.br/rede-de-estruturacao/piu/entenda/.

1   A macrometrópole paulista é considerada o maior aglomerado urbano do Hemisfério Sul, sendo composta por 174 municípios e tendo atingido 33 milhões de habitantes em 2016. Macrometrópole Paulista", Macrometrópole Paulista, Emplasa, 2017, https://www.emplasa.sp.gov.br/MMP.

2   As áreas de várzeas e matas ciliares são protegidas como Áreas de Preservação Permanente – APP. O Código Florestal (Lei nº 4.771, de 15 de setembro de 1965), em seu artigo 2º, considera de preservação permanente as áreas localizadas em margens de cursos d'água, topos de morros e encostas com declividade acentuada. A partir de 1989, foi regulamentado como parâmetro que a área a ser preservada deve ser proporcional à largura do curso d'água. Para um rio de dez metros de largura, por exemplo, é definida uma faixa de trinta metros de cada lado. Por tratar-se de código florestal, sua aplicabilidade em áreas urbanizadas foi objeto de controvérsias, pois em parágrafo único na mesmo artigo 2º, a lei remete aos planos diretores e às leis de uso do solo de cada município.

3   A SMDU, com a SEL (Secretaria de Licenciamento), se tornou uma parte da SMUL (Secretaria Municipal de Urbanismo e Licenciamento) a partir de 2017.

4   Workshop Urban Studies SP: New Mobility Lines, realizado na SMDU SP sob coordenação do autor e do professor Martin Kholer, reuniu professores e pesquisadores da USP São Carlos (Arquitetura, Urbanismo e Engenharia Ambiental) e da HafenCity Universität de Hamburg a funcionários da Prefeitura de São Paulo. Ver: Anelli, Renato L. S. e Santos, Alexandre. L. "Corredores Ambientais Urbanos: desafios para o desenvolvimento do Plano Diretor Estratégico de São Paulo, articulando as escalas metropolitana, regional e local." Em: III Encontro Nacional da Associação Nacional de Pesquisa e Pós-Graduação em Arquitetura e Urbanismo, São Paulo. Anais do III. Natal: ANPARQ, 2014. v. 1. p. 1–12. Acessível em: "III ENANPARQ", ANPARQ, 2017, http://anparq.org.br/dvd-enanparq-3/htm/XFramesSumarioST.htm.

5   Kakazu, Priscila E., "Córrego do Lajeado: a Água como Disparador de Projeto Urbanístico". Iniciação Científica, Universidade de São Paulo, 2016; Santos, Gabriela. "Urbanismo e Meio Ambiente: a Bacia Hidrográfica do Lajeado". Iniciação Científica, Universidade de São Paulo, 2016; Saldaña, Paula, "Introducing Water Sensitive Design into Bus Rapid Transit Infrastructure Systems - Case Study: Itaim Paulista - Eastern Region of São Paulo". Dissertação de mestrado, HafenCity Universität, 2015.

6   Ver: "Planos Regionais", Marco Regulatório, Gestão Urbana SP, 2017, http://gestaourbana.prefeitura.sp.gov.br/marco-regulatorio/planos-regionais/.

7   Ver: "Entenda o PIU", Estruturação Territorial, Gestão Urbana SP, 2017, http://gestaourbana.prefeitura.sp.gov.br/rede-de-estruturacao/piu/entenda/.

City of Citadels

Cidade de fortalezas

From the air, São Paulo appears as a dense urban field of low-rise buildings extending as far as the eye can see, largely undifferentiated but for spontaneous bursts of vertical construction. The experience on the ground, however, finds an urban ensemble formed through the aggregation of multiple neighborhoods, each with a unique structure and identity. Today, São Paulo can be imaged as a collection of distinct fragments that make up the city and metropolitan region. From meandering Garden City prototypes and self-built orthogonal urban grids to clusters of extreme vertical living, the agglomeration of city models in São Paulo offers an array of highly differentiated urban experiences in close proximity to one another. This subsection examines the assortment of urban grids that make up the city, explaining their geometries and the spatial continuities and discontinuities these create at different scales within the metropolitan area.

Unlike many other major cities across the globe, São Paulo lacked a singular expansion plan regulating its urban growth. In contrast to a city like New York with its Commissioners' Plan of 1811 where a gridiron plan defined much of the urban development of the nineteenth and twentieth centuries, São Paulo grew as a patchwork of urban developments. Most of its comprehensive urban visions—such as the plan by French architect and planner Joseph-Antoine Bouvard—focused on redefining the center in relation to mobility corridors and topography. In the absence of systematic planning, Paulistas witnessed urban expansions that happened in a gradual and more fragmented manner as farmland that surrounded the city center was purchased, subdivided, and urbanized. A present-day reading of this phenomenon, at a metropolitan scale, reveals a city with a congregation of urban grids that originate at the scale of the neighborhood or the foundational town, and mostly work at that local scale. Many of these grids have very few lines of convergence with each other, making it difficult to establish connectivity among districts through a

Do alto, São Paulo parece uma densa área urbana de edifícios baixos, que se estende até onde o olhar alcança, amplamente indistinguível, porém, por eclosões espontâneas de verticalização. A experiência no solo, por outro lado, mostra um conjunto urbano formado por aglomerações de bairros, cada um com estrutura e identidade únicas. Hoje, São Paulo pode ser vista como uma coleção de fragmentos que formam a cidade e a região metropolitana. De protótipos sinuosos da cidade-jardim e redes urbanas ortogonais autoconstruídas aos agrupamentos de habitações verticais extremas, a aglomeração dos modelos de cidade, em São Paulo, oferece inúmeras experiências urbanas altamente diferenciadas, muito próximas umas das outras. Esta parte do livro analisa as variadas redes urbanas que constituem a cidade, explicando sua geometria, além da continuidade e da descontinuidade espacial que ela cria em diferentes escalas na região metropolitana.

Ao contrário de muitas outras grandes cidades do mundo, São Paulo não teve um plano de expansão singular que controlasse o seu crescimento urbano. Ao contrário de cidades como Nova York, que teve um plano de comissionamento, em 1811, com um traçado ortogonal que definiu grande parte do desenvolvimento urbano dos séculos XIX e XX, São Paulo cresceu como uma colcha de retalhos de desenvolvimentos urbanos. A maioria das suas abrangentes visões urbanas, como o plano do arquiteto e projetista francês, Joseph-Antoine Bouvard, se concentrou em redefinir o centro em relação aos corredores de mobilidade e à topografia. Na ausência de planejamento sistemático, os paulistanos testemunharam expansões urbanas que aconteceram de forma gradual e mais fragmentada, à medida que a área que circundava o centro da cidade foi adquirida, subdividida e urbanizada. A leitura atual desse fenômeno, em escala metropolitana, revela uma cidade com um conjunto de redes urbanas que se originam nos bairros ou da fundação da cidade e funciona, na maior parte do tempo, em escala local. Muitas dessas redes têm bem poucas linhas de convergência entre si, dificultando a

A

more distributed street network. As evidenced by the lack of consistency in the directionality of the streets, the city's existing street network emerged in response to agrarian property ownership patterns and shifts in topography. Today, only a small percentage of the street network is orthogonal and continuous, while the majority of roads are either obliquely oriented or curved. These geometric incongruences add to the self-contained identity of each district.

Developed at the scale of the urban fragment, São Paulo became a dynamic laboratory for experimentation in urban form as each district responded to a unique set of aspirations. It would be impossible to describe in detail the palimpsest of urban aspirations and identities that make up São Paulo, yet by way of an introduction, it is worth noting two exceptional experiments in urban form. One is Jardim América, deemed the first Garden City development in South America and the second is the neighborhood of Higienópolis, a subdivision owned by the Jesuits slightly west of the city center.

In the development of Jardim América, English town planners Richard Barry Parker and Raymond Unwin proposed another form of modernity. Key members of the Arts and Crafts Movement and prominent figures in advancing ideas behind the Garden City, Parker and Unwin left an important legacy by making São Paulo the site of the first Garden City development in South America. In 1915, Director of Public Works Victor da Silva Freire—in consultation with Bouvard, who was developing a scheme for the city center—convinced the City of São Paulo Improvements and Freehold Land Company Limited (Cia City) to commission Raymond Unwin for the layout of a 46-hectare tract of land the company had purchased a few years back in an area which was then considered to be the far western suburbs of São Paulo. Bearing a strong resemblance to his original plan for Letchworth in England, Unwin's plan here—bound by Avenida Estados Unidos to the north and Rua Groenlandia to the South, and bisected by Avenida Brasil— featured a central roundabout from which a series of diagonals and curved streets served as the basic framework for the subdivision of buildable plots, with exceptions made for a few blocks that were reserved for communal gardens. Parker, who was already a close collaborator with Unwin, traveled to Brazil in 1917 and during his stay in São Paulo—a visit originally scheduled for six months that lasted two years—the architect focused on

conectividade entre os bairros por meio de uma rede de ruas mais distribuídas. Conforme demonstrado pela falta de coerência no direcionamento das ruas, a atual estrutura viária da cidade surgiu em resposta aos padrões de propriedade de terras agrárias e às mudanças na topografia. Hoje, apenas uma pequena porcentagem da estrutura viária é ortogonal e contínua, enquanto a maioria das vias é curva ou oblíqua. Essas incongruências geométricas colaboram com a identidade independente de cada bairro.

Desenvolvida na escala dos fragmentos urbanos, São Paulo se tornou um laboratório dinâmico de experimentação de formas urbanas, à medida que cada bairro reagiu a um conjunto único de aspirações. Seria impossível descrever detalhadamente a origem das aspirações e identidades urbanas que constituem São Paulo. Ainda assim, vale a pena começar pela observação de dois experimentos extraordinários da forma urbana. Um deles é o Jardim América, considerado o primeiro empreendimento de cidade-jardim na América do Sul. O segundo é o bairro de Higienópolis, uma subdivisão de propriedade dos jesuítas, ligeiramente a oeste do centro da cidade.

Na fase de desenvolvimento do Jardim América, os projetistas ingleses Richard Barry Parker e Raymond Unwin propuseram outra forma de modernidade. Principais integrantes do movimento Arts and Crafts e figuras proeminentes no avanço das ideias por trás da cidade-jardim, Richard Parker e Raymond Unwin deixaram um legado importante, fazendo com que São Paulo fosse a primeira cidade-jardim da América do Sul. Em 1915, o administrador público Victor da Silva Freire, em consulta a Joseph-Antoine Bouvard, que estava desenvolvendo o projeto do centro da cidade, convenceu a City of São Paulo Improvements and Freehold Land Company Limited (conhecida como Cia City) a contratar Raymond Unwin para fazer o layout de 460.000 m² de terra que a empresa tinha adquirido, alguns anos antes, em uma área então considerada como subúrbio do extremo oeste da cidade. Tendo muita semelhança com o projeto original de Raymond para a cidade de Letchworth, na Inglaterra, o projeto aqui, que ia da Avenida Estados Unidos, sentido norte, à Rua Groenlândia, sentido sul, cortadas pela Avenida Brasil, tinha uma rotatória central, a partir da qual uma série de ruas diagonais e curvas formavam a estrutura básica para a subdivisão de lotes construíveis, com exceções feitas para alguns quarteirões, que foram reservados para jardins públicos. Richard Parker, que já era colaborador de Unwin, viajou para o Brasil em 1917 e, durante

fine-tuning the original plan submitted by Unwin. This work primarily consisted of adjusting the dimension of roads, making the subdivision more self-contained, and designing a few prototypical houses in a well-understood Paulista vernacular style. During his stay, Parker continued to serve as a consultant for other projects with Cia City and with the municipality such as the Pacaembu and Lapa subdivisions. Unwin's and Parker's vision for Jardim América served as the main reference for Jardim Europa and Jardim Paulista built adjacent to América. Today, filled with an impressive green canopy and low-density single-family homes, América, Europa, and Paulista act as an important lung for the city's hyper-center.

As its name suggests, the neighborhood of Higienópolis brought to São Paulo a progressive subdivision designed under the auspices of modern hygiene and sanitation catering to wealthier coffee growing elites. Originally subdivided in the 1890s by Martinho Bouchard and Victor Nothmann, the neighborhood was conceived by two German developers who had purchased a significant number of properties in the area west of Cemitério da Consolação. Capitalizing on the health benefits of a drier climate due to its slightly higher elevation, Higienópolis was marketed as a suburban subdivision, with modern amenities such as an integrated sewerage system. Originally filled with single family villas, the neighborhood did not begin to gain density until the 1940s when real estate pressures prompted the introduction of more cosmopolitan models of mid-century vertical living. Throughout the 1950s and 1960s, Higienópolis became the epicenter of some of the most important architectural experiments in collective living in São Paulo and the world. Featured in movies and popular magazines, canonical apartment buildings such as Edifício Louveira by architect João Batista Vilanova Artigas and Edifício Bretagne by innovative developer João Artacho Jurado—among many others—made Higienópolis the city's preeminent modern neighborhood.

As the São Paulo metropolitan region continues to evolve and consolidate, it is essential for the city to reevaluate the relationship between the urban grids that make up the city and the urban densities and lifestyles they can offer to its dwellers. An area like Jardim América will likely remain a high-end, low-density neighborhood, yet, urban transformations such as those of Higienópolis in the 1940s through the 1960s show us how many of the urban fragments that make up the city can

sua estada em São Paulo, uma visita originalmente programada para durar seis meses e que durou dois anos, se concentrou em refinar o projeto original proposto por Unwin. Esse trabalho foi, inicialmente, de ajuste da dimensão do traçado viário, tornando a subdivisão mais independente, e projetando algumas casas prototípicas em estilo paulistano informal conhecido. Durante sua estada, Richard Parker continuou sendo consultor de outros projetos da Cia City e da prefeitura, como das regiões do Pacaembu e da Lapa. A visão de Unwin e Parker do Jardim América foi a principal referência para o Jardim Europa e o Jardim Paulista, nas adjacências do Jardim América. Hoje, com arborização impressionante e poucas residências, os Jardins América, Europa e Paulista funcionam como importante pulmão do hipercentro da cidade.

Conforme sugerido pelo nome, o bairro de Higienópolis trouxe a São Paulo uma subdivisão progressiva, projetada sob os auspícios da higiene e do saneamento modernos, atendendo às crescentes elites abastadas do café. Originalmente subdividido na década de 1890, por Martinho Bouchard e Victor Nothmann, o bairro foi concebido por dois desenvolvedores alemães, que haviam comprado um número significativo de propriedades na região a oeste do Cemitério da Consolação. Higienópolis foi comercializado como subdivisão suburbana, com comodidades modernas como um sistema de esgoto integrado, capitalizando os benefícios do clima mais seco para a saúde, devido à sua ligeira elevação. Originalmente formado por residências, o bairro somente começou a ganhar densidade na década de 1940, quando as pressões imobiliárias impulsionaram a entrada de modelos mais cosmopolitas de moradias verticais de meados do século. Durante as décadas de 1950 e 1960, Higienópolis se tornou o epicentro de alguns dos mais importantes experimentos arquitetônicos em habitações coletivas de São Paulo e do mundo. Destacados em filmes e revistas populares, construções canônicas como o Edifício Louveira, do arquiteto João Batista Vilanova Artigas, e o Edifício Bretagne, do inventivo idealizador João Artacho Jurado, entre vários outros, fizeram de Higienópolis um bairro moderno e notável da cidade.

Conforme a região metropolitana de São Paulo continua a se desenvolver e se consolidar, é fundamental que a cidade reavalie a relação entre as redes urbanas que a constituem e as densidades urbanas e estilos de vida que podem oferecer aos moradores. Uma área como o Jardim América, provavelmente, permanecerá sendo um bairro de alto nível e baixa densidade. Contudo, as transformações

accommodate much higher densities than originally planned. Within the myriad of urban grids that make up São Paulo, one can find infinite possibilities for the continuous consolidation and reinvention of its urban forms.

urbanas como as que sofreu o bairro de Higienópolis entre as décadas de 1940 e 1960 denotam como muitos dos fragmentos que constituem a cidade podem abrigar densidades muito mais altas do que as originalmente planejadas. Dentre as tantas redes urbanas que formam São Paulo, pode-se encontrar infinitas possibilidades para a contínua consolidação e reinvenção de suas formas urbanas.

Growth of São Paulo from 1810 to 2016.

O crescimento de São Paulo, de 1810 a 2016.

Jardim Paulista

Jardim Amer

Aerial view of Jardim Paulista, Jardim América, and Jardim Europa, ca. 1930.   Vista aérea do Jardim Paulista, do Jardim América e do Jardim Europa por volta de 1930.

Jardim Europa.

55   A

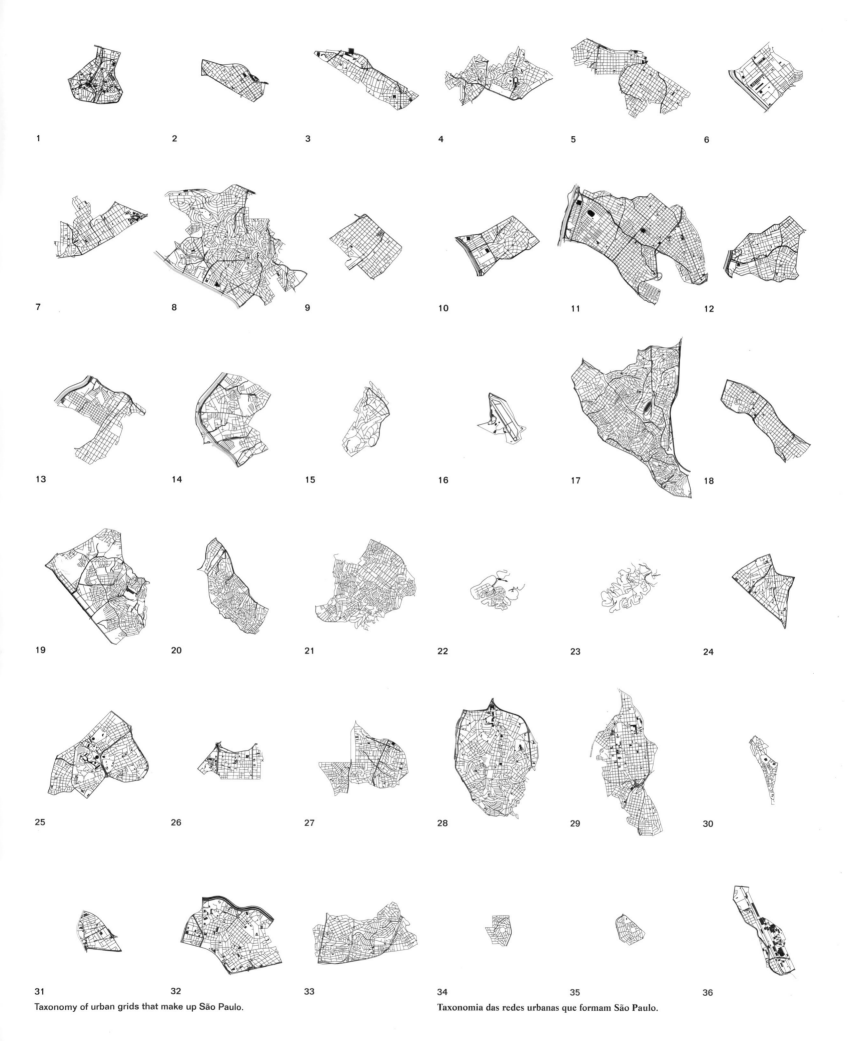

1

2

3

4

5

6

7

8

9

10

11

12

13

14

15

16

17

18

19

20

21

22

23

24

25

26

27

28

29

30

31

32

33

34

35

36

Taxonomy of urban grids that make up São Paulo.

Taxonomia das redes urbanas que formam São Paulo.

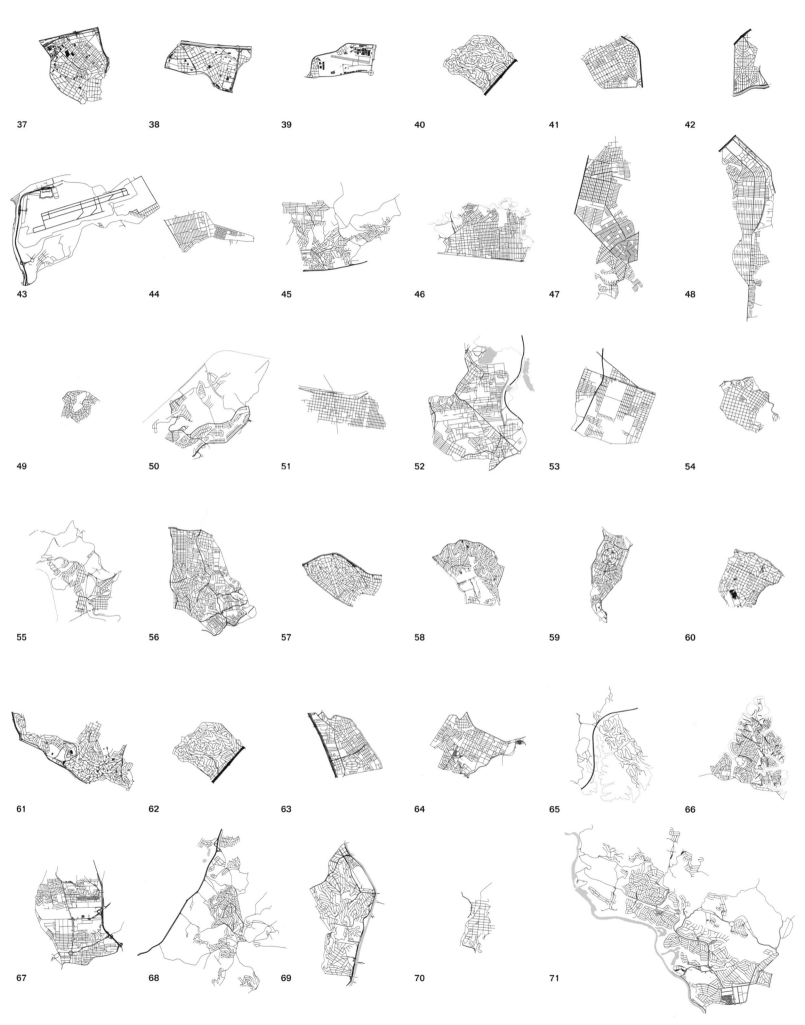

37 38 39 40 41 42

43 44 45 46 47 48

49 50 51 52 53 54

55 56 57 58 59 60

61 62 63 64 65 66

67 68 69 70 71

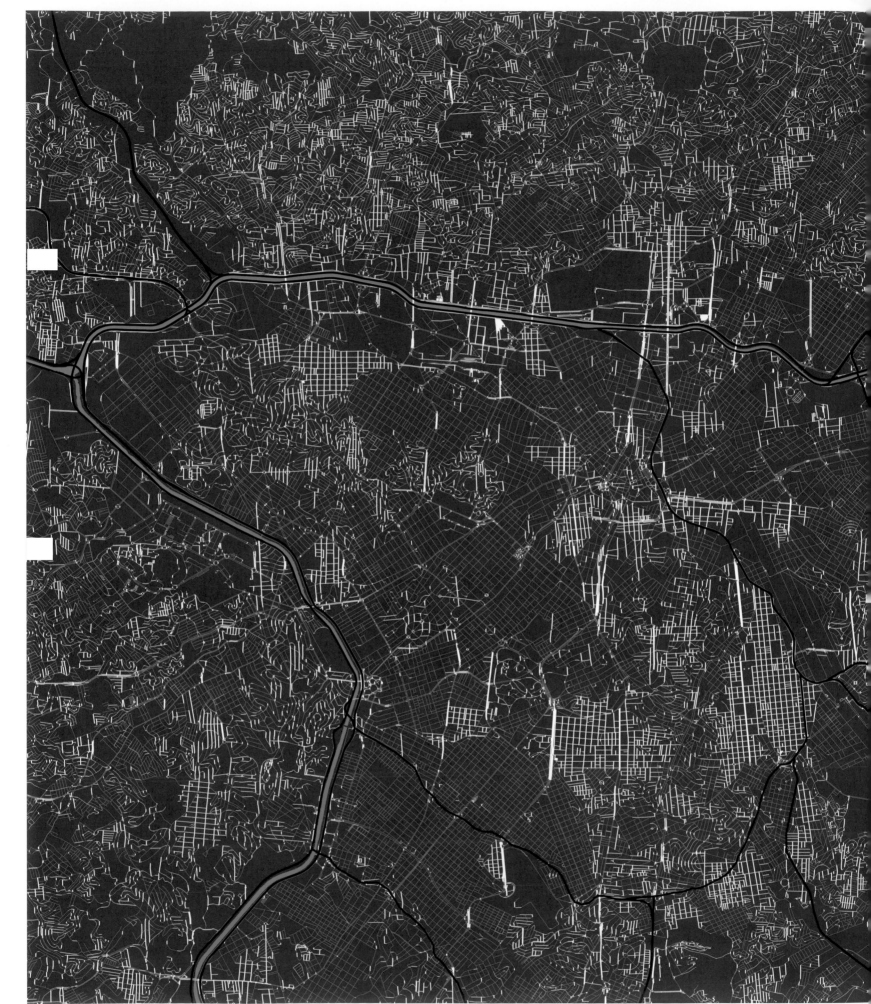

Distribution of streets based on orientation and curvature.

Distribuição das ruas com base no sentido e curvatura.

59

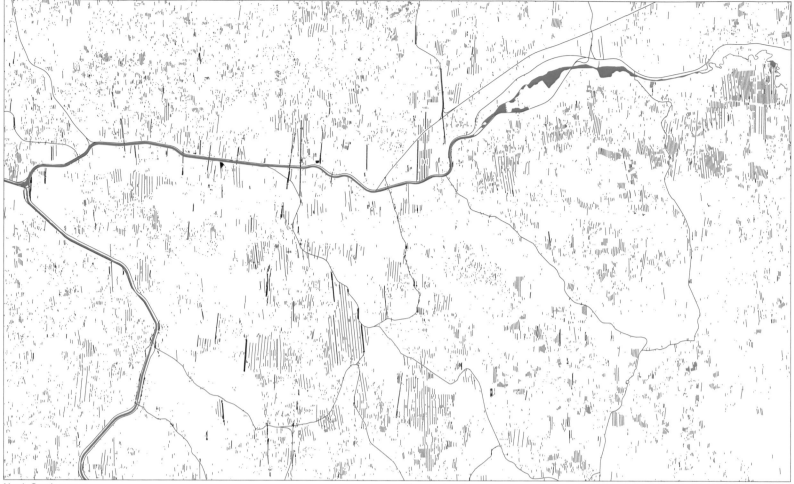

North-South streets.   **Ruas norte-sul.**

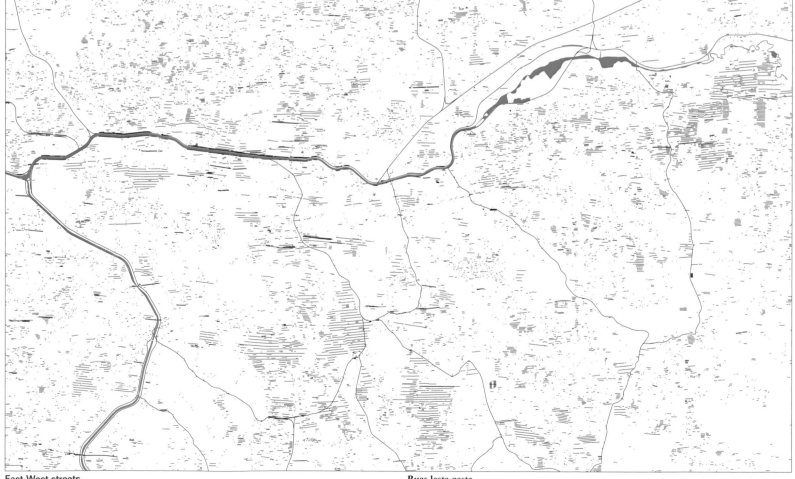

East-West streets.   **Ruas leste-oeste.**

Curved streets.   Ruas curvas.

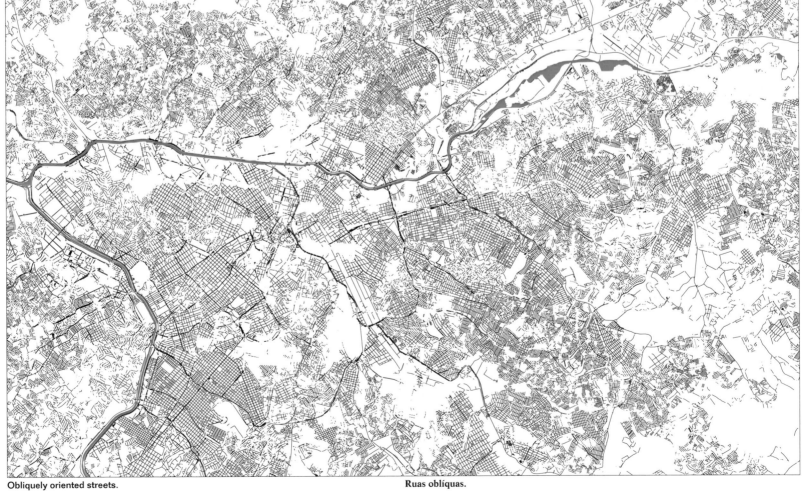

Obliquely oriented streets.   Ruas oblíquas.

Current aerial view of the Jardins area.

Vista aérea atual da região dos Jardins.

63   A

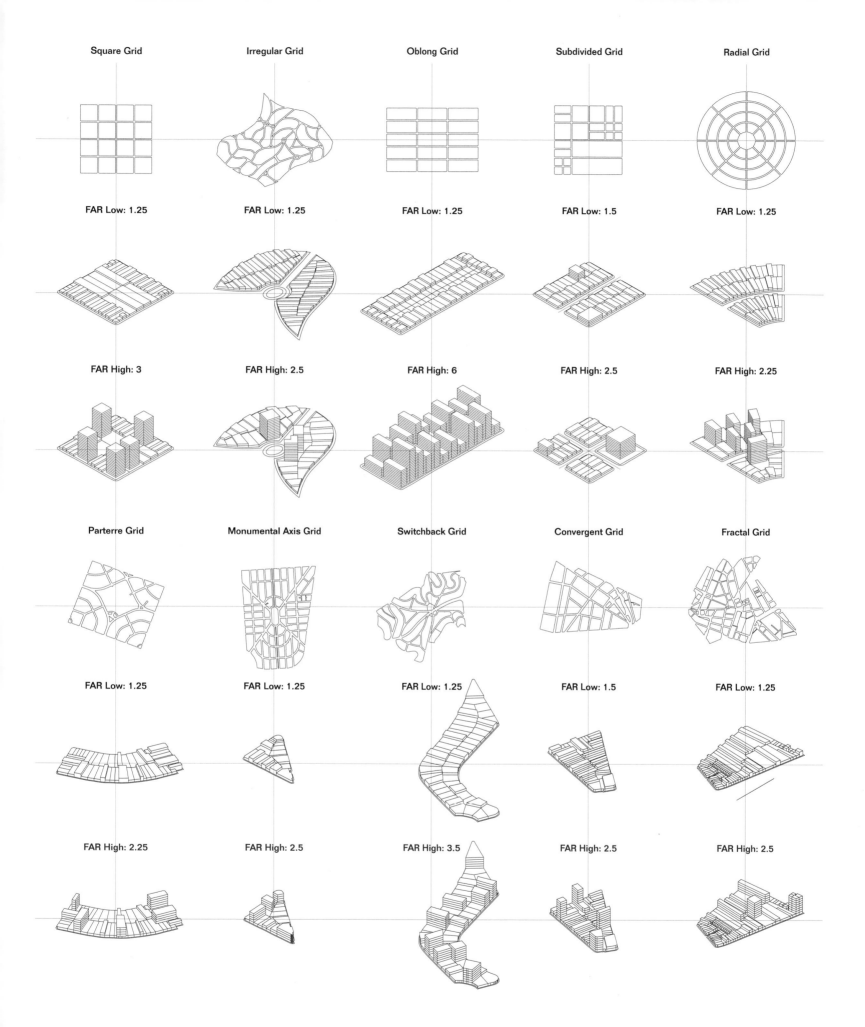

Square Grid	Irregular Grid	Oblong Grid	Subdivided Grid	Radial Grid
FAR Low: 1.25	FAR Low: 1.25	FAR Low: 1.25	FAR Low: 1.5	FAR Low: 1.25
FAR High: 3	FAR High: 2.5	FAR High: 6	FAR High: 2.5	FAR High: 2.25

Parterre Grid	Monumental Axis Grid	Switchback Grid	Convergent Grid	Fractal Grid
FAR Low: 1.25	FAR Low: 1.25	FAR Low: 1.25	FAR Low: 1.5	FAR Low: 1.25
FAR High: 2.25	FAR High: 2.5	FAR High: 3.5	FAR High: 2.5	FAR High: 2.5

Inventory of grid types and the minimum/maximum densities they accommodate.

Levantamento dos tipos de rede e as densidades mínimas/máximas aceitas.

Reclaiming Space for Water
Anita Berrizbeitia

Recuperação de espaço para a água
Anita Berrizbeitia

The history of the city is, in no small part, the history of how it transcends the limitations imposed by its geography. What initially seems like an auspicious setting—fresh air, plentiful water, gentle topography, and good connectivity—often becomes insufficient for expansive economies, rapid population growth, and extensive urbanization. In response to perceived or real territorial hurdles, technology becomes the great enabler in the conquest of time and space, bringing not only shorter connections to market routes, but greater access to resources and assets. São Paulo is a classic case study. Over the span of more than two centuries, its natural hydrology has been radically transformed and instrumentalized into a water supply network, a costly and inefficient machine that ignores all common sense in its effort to supply power to the city against any obstacles that may interfere with its increasingly expansive claims over the territory. São Paulo was born from this supposed "can-do" ethos, though such singular ambitions are more accurately described as a process of colonization. In this problematic past of large-scale environmental transformation and control, however, one can begin to identify the energies that modernized São Paulo and which now might be reworked toward more humane and intelligent ends. A reconsideration of the city's legacy suggests new avenues for planning and governance that will better equip São Paulo for the challenges of a new century and bring its socio-economic aims into alignment with both the persistent and emerging realities of its geography.

Hydrological transformations in São Paulo began soon after Europeans arrived at the Piratininga plateau, a grassy plain marked by rounded hills that extended all the way to the horizon. Here, on a hill adjacent to a large wetland formed by the shifting meanders of the Tamanduateí and the Anhangabaú rivers, Jesuit missionaries founded a school in 1554 to evangelize the Guaraní, the Tupí, and the Tupiniquim peoples who inhabited the land. São Paulo became an official city in 1711.[1] Although growth was slow at first, the prospects for a successful colonial enterprise became increasingly apparent with the introduction of large-scale coffee production during the 1820s. Other than the difficulty of connecting the plateau, located at an elevation of 750 meters above sea level, to the port of Santos (overcome in due time with marvelously engineered roads and bridges)[2] these highlands offered everything Europe did not have: endless space, access to gold mines nearby in Minas Gerais, fertile lands, and plentiful clean water. The westward-tilting plateau had many rivers that meandered all the way to the Paraná River, along with rapids and waterfalls. Fast-forward to the twenty-first century and the foundational village is home to 21 million people, South America's largest metropolis, and the southern hemisphere's largest economy. It sounds like a success story, but it is not.

A história da cidade é, em grande parte, a história de como ela transcende os limites impostos pela geografia. O que, inicialmente, parece um cenário favorável, de ar puro, água em abundância, topografia suave e boa conectividade, com frequência, se torna insuficiente para economias em expansão, rápido crescimento populacional e ampla urbanização. Em resposta às barreiras territoriais observadas ou as reais, a tecnologia se torna o grande facilitador nas conquistas de tempo e espaço, proporcionando não apenas conexões mais próximas das rotas de mercado, como mais acesso aos recursos e ativos. São Paulo é um estudo de caso clássico. No decorrer de mais de dois séculos, sua hidrologia natural tem sido radicalmente transformada e operacionalizada em uma rede de fornecimento de água, uma máquina ineficiente e de alto custo, que ignora o bom senso em seus esforços de fornecimento de energia à cidade, contra qualquer obstáculo que possa interferir em suas cada vez mais amplas reivindicações sobre o território. São Paulo nasceu do suposto sistema de acreditar e confiar, embora tais ambições únicas sejam mais precisamente descritas como processo de colonização. No entanto, nesse passado problemático de controle e transformações ambientais de larga escala, é possível começar a identificar as energias que modernizaram São Paulo e que, agora, poderiam ser reorganizadas para fins mais humanísticos e inteligentes. A reconsideração do legado da cidade sugere novas opções de planejamento e governabilidade, que equiparão melhor a cidade de São Paulo para os desafios do novo século e alinharão suas metas socioeconômicas com a realidade obstinada e emergente da sua geografia.

As transformações hidrológicas em São Paulo começaram logo após a chegada dos europeus ao Planalto de Piratininga, um campo caracterizado por colinas que se estendiam até o horizonte. Aqui, em uma colina adjacente a um grande pântano formado pelos percursos meândricos dos rios Tamanduateí e Anhangabaú, os missionários jesuítas fundaram uma escola, em 1554, para evangelizar os índios Guaraní, Tupí e Tupiniquim, que habitavam a região. São Paulo oficialmente se tornou uma cidade em 1711[1]. Embora, inicialmente, o crescimento tenha sido lento, as perspectivas do empreendimento colonial bem-sucedido ficaram cada vez mais evidentes, com o início da produção de café em grande escala durante a década de 1820. Além da dificuldade de conectar o planalto, localizado a 750 m acima do nível do mar, ao porto de Santos (dificuldade superada no devido tempo, com rodovias e pontes extremamente bem projetadas)[2], essa região montanhosa oferecia tudo o que a Europa não tinha: espaço infinito, acesso a minas de ouro nas proximidades, em Minas Gerais, terras férteis e abundância de água limpa. O planalto com declive ocidental tinha muitos rios que serpenteavam até o rio Paraná, além de corredeiras e cachoeiras. Avance para o século XXI, e a vila que fundou a cidade passa a ser o lar de 21 milhões de pessoas, a maior metrópole da América

Aerial view of the Tietê River next to Campo de Marte Airport, ca. 1950.   Vista aérea do Rio Tietê, nas proximidades do Aeroporto Campo de Marte, por volta de 1950.

The primary protagonists of the city's troubled environmental record are its rivers, the Tietê, the Tamanduateí, and the Pinheiros.[3] Troubled because, at this point, cities must be judged by how they negotiate the balance between the ostensibly contradictory objectives of preserving environmental health while sustaining economic development. Indeed, São Paulo's massive urban expansion has occurred in the context of opposing pressures. On the one hand, the city's economy, with its inexhaustible capacity for growth and diversification, has placed increased demands on space and resources—specifically, hydrological resources. On the other hand, the endless availability of water has also been São Paulo's biggest limitation. Through the soft sandstone deposits, the rivers of the Piratininga plateau carved shifting, meandering channels, forming an extensive floodplain. Although the plateau afforded unlimited space, pervasive wet ground has been a constant challenge to overcome. Every possible strategy to keep water at bay has been tried. Dikes, channels, pipes, extensive filling, draining, and pumping have transformed the city's topography to no avail. In nature the larger order persists. Where there has been water, there will always be water and, to this day, the city floods regularly. Flooding continues to be a problem not only in the places where water used to be, but also in places where modern engineering has exacerbated conditions, such as at the juncture of the Pinheiros and the Tietê rivers, where highway exchanges have encroached upon the domain of water. Similarly, the Tietê itself, now girdled by highways on either side, overflows during the rainy season into these main arterial roads. Finally, the holding reservoirs of the hydropower plants back up the flow of water in the rivers, causing them to

do Sul e a maior economia do hemisfério sul. Parece uma história de sucesso, mas não é.

Os principais protagonistas do registro ambiental problemático da cidade são os rios Tietê, Tamanduateí e Pinheiros[3]. Problemático porque, a esta altura, as cidades devem ser avaliadas pela forma como negociam o equilíbrio entre os objetivos evidentemente contraditórios de preservação da saúde ambiental, enquanto sustentam o desenvolvimento econômico. De fato, a intensa expansão urbana de São Paulo ocorreu no contexto de pressões opostas. Por um lado, a economia da cidade, com sua inesgotável capacidade de crescimento e diversificação, aumentou a demanda sobre os espaços e recursos, especificamente os hidrológicos. Por outro, a disponibilidade infinita de água também tem sido a maior limitação de São Paulo. Por meio dos depósitos de arenitos, os rios do Planalto de Piratininga esculpiram canais meândricos, formando uma extensa planície pluvial. Embora o planalto oferecesse espaço ilimitado, o solo pantanoso dominante representa um desafio. Tentaram-se todas as estratégias possíveis para afastar a água. Diques, canais, tubulação, extenso aterramento, drenagens e bombeamento transformaram a topografia da cidade em vão. A ordem maior persiste na natureza. Onde já existe água, sempre haverá água e, até hoje, a cidade sofre inundações regularmente. As inundações continuam a ser um problema não apenas nos lugares onde a água costumava estar presente, mas também em outros, onde a engenharia moderna piorou as condições, como na junção dos rios Pinheiros e Tietê, onde os intercâmbios das marginais invadiram os domínios da água. De forma semelhante, o Tietê, agora cercado por rodovias de ambos os lados, transborda e invade essas vias arteriais na temporada de chuva. Finalmente,

breach their channels. These challenges are further aggravated by contamination. São Paulo's rivers are biologically dead from industrial pollution and untreated sewage. Add to this climate change—specifically desertification—and the city will soon be on the verge of a serious environmental crisis.

A very short synopsis of how São Paulo's hydrology became radically transformed to serve its economy goes something like this: the waterlogged soil in the immediate vicinity of the foundational site was not suitable for agriculture, but further afield the land was excellent for cultivating the products that European markets were demanding such as coffee, cotton, and sugar cane. By the 1820s, São Paulo had become a trading center, with rail lines that brought the goods to be sorted, processed, and bagged before being delivered to the port and then to Europe. The rail line, built on the edge between the floodplain and the dry land became the first hard boundary to contain the meandering Tietê. After the coffee crisis of the 1880s, São Paulo diversified its economy towards industrial production, and the rail infrastructure already in place served its new economy well. The city continued to diversify and expand its industrial production from agriculture to automobiles, textiles, appliances, pharmaceutical products, and metallurgy, to name a few.[4]

At the time that São Paulo's rivers and their wetlands were in the process of becoming violently reshaped and tamed into straight channels, they came to be understood as a primary source of the city's energy. Hydropower generated from dams in the Tietê and Pinheiros rivers and their tributaries became the enabling instrument for the city's rapid urban and economic expansion.[5] Two very large reservoirs, the Cantareira (completed in 1906) and the Billings (completed in 1935), provided energy and potable water. Eventually, though, these became insufficient and their water contaminated by informal urbanization around their margins. As of 2004, water demand in São Paulo had reached 86 cubic meters per second,[6] and the city has also come to rely on regional networks for its supply of additional water and energy.[7]

If water is what enabled São Paulo to become the largest economy in the southern hemisphere, it has also been the city's great spatial segregator and socioeconomic divider. During the last decades of the nineteenth century, as agricultural workers migrated to the city in search of new opportunities for work, they settled on the unoccupied and wet valley floors. By then, the city had suffered several bouts of major epidemics of malaria and yellow fever, and those who could afford it—the agricultural and industrial bourgeoisie—settled on the higher, drier, and healthier grounds. With the pressure to build more housing stock, the valley floors were drained, streams were buried under streets, and the workers were steadily pushed either to other low-lying places with a higher risk of flooding or to the periphery. Eventually, all hills and valleys were covered by market rate development, while the periphery welcomed poor workers and migrants in settlements with no water, sanitation services, or infrastructure.[8]

Much has been done to address the water problems in São Paulo during the past half century. Some measures are in situ, such as the construction of several large wastewater collection and treatment plants and 42 water detention reservoirs. Other measures have gone further afield, as mentioned, to adjacent watersheds, and although they have increased the hydrological footprint of the city, these inter-basin reservoirs also provide

os reservatórios de contenção das plantas hidrelétricas dão suporte à água dos rios, causando o rompimento dos canais. Esses desafios são ainda mais agravados por contaminações. Os rios de São Paulo estão biologicamente mortos, devido à poluição industrial e à falta de tratamento do esgoto. Somem-se a isso as alterações climáticas, principalmente a desertificação, e a cidade logo enfrentará uma séria crise ambiental.

Uma breve sinopse de como a hidrologia de São Paulo foi radicalmente transformada para atender à economia: o solo alagado nas imediações do local de fundação não era próprio para a agricultura, mas um pouco além dali, no campo, o terreno era excelente para o cultivo dos produtos que o mercado europeu demandava: café, algodão e cana de açúcar. Por volta da década de 1820, São Paulo tinha se tornado um centro comercial, com ferrovias que transportavam as mercadorias para serem separadas, processadas e embaladas antes de serem entregues ao porto e, depois, enviadas à Europa. A ferrovia, construída na margem entre a planície pluvial e o terreno seco se tornou a primeira fronteira sólida para conter os meandros do Tietê. Após a crise cafeeira, na década de 1880, São Paulo diversificou sua economia para a produção industrial, e a infraestrutura ferroviária existente atendeu bem à nova economia. A cidade continuou a diversificar e expandir sua produção industrial, da agricultura para os automóveis, produtos têxteis, eletrodomésticos, produtos farmacêuticos e metalúrgicos, para citar apenas alguns[4].

Na época em que os rios de São Paulo e seus pântanos passavam pelo processo de se tornarem drasticamente remodelados e canalizados, eles foram entendidos como principal fonte de energia da cidade[5]. A energia hidrelétrica das barragens dos rios Tietê, Pinheiros e seus tributários se tornou o instrumento que permitiu a rápida expansão urbana e econômica da cidade. Dois grandes reservatórios, o da Cantareira (concluído em 1906) e o Billings (concluído em 1935) forneciam energia e água potável. Em um dado momento, no entanto, eles se tornaram insuficientes, e sua água foi contaminada pela urbanização informal às suas margens. A partir de 2004, a demanda de água em São Paulo atingiu 86 m³/s[6], e a cidade também passou a contar com redes regionais para o abastecimento adicional de água e energia[7].

Se a água tiver sido o fator que permitiu que São Paulo se tornasse a maior economia do hemisfério sul, tem sido também o grande segregador espacial e divisor socioeconômico da cidade. Durante as últimas décadas do século XIX, à medida que os trabalhadores rurais migraram para a cidade em busca de novas oportunidades de trabalho, ocuparam os terrenos inativos e pantanosos do vale. Naquela época, a cidade havia sofrido vários ataques de grandes epidemias de malária e febre amarela, e a burguesia agrícola e industrial, que tinha recursos financeiros, ocupou os terrenos mais altos, mais secos e mais saudáveis. Sob a pressão de construir mais habitações, os solos do vale foram drenados, os córregos foram enterrados sob ruas, e os trabalhadores foram continuamente forçados a ocupar a periferia ou outros terrenos de baixa altitude com risco mais alto de inundação. Em um dado momento, todas as colinas e vales estavam tomados por empreendimentos de valor de mercado, enquanto a periferia recebia os trabalhadores da classe baixa e os migrantes em assentamentos sem água potável, saneamento nem infraestrutura[8].

Muita coisa já foi feita para abordar os problemas hídricos de São Paulo durante a última metade do século. Algumas medidas estão no local original, como a construção de várias

MUNICÍPIO DE SÃO PAULO

Sheet 12-5 of the 1957 Levantamento Aerofotogramétrico, executed by VASP Aerofotogrametria.

Página 12-5 do Levantamento aerofotogramétrico de 1957, realizado pela VASP Aerofotogrametria.

potable water.[9] These projects come with an enormous price tag. City and state governments have invested more than US$3 billion to correct the flooding and contamination problems and add sanitation infrastructure.[10] Additional measures include a program to monitor leaks and illegal connections, and efforts to improve the overall efficiency of the system. New measures are also being introduced that require each parcel of land to manage stormwater within its boundaries.[11] But there is no silver bullet. Diversifying the strategies for eliminating flooding, pollution, and efficiency of water use across scales of intervention and funding will ultimately yield a more resilient system in the face of increasing environmental risk. This will require cross-sectorial communication and organization across different layers of governance. But more importantly, city officials should avoid "problem solving" for water issues in isolation from other variables, and see the inter-relatedness of things in urbanized environments. Water provision and its quality are directly related to planting and conserving healthy forests, to soil conservation, to green public spaces across scales, housing, and transportation and its infrastructure, to name a few.

In his essay, "The Necessity for Ruins," J. B. Jackson argues that intervals of neglect in the built environment—which he defines as moments of discontinuity—are important because they provide an incentive to rediscover a lost order.[12] Ruins, in other words, are both a necessary precondition and an opportunity to redirect the course of history as we reconstruct, remediate, and reconnect. In the heart of São Paulo, in what

grandes plantas de tratamento e coleta de águas residuais, além de 42 reservatórios de detenção de água. Outras medidas estão bem mais distantes, conforme mencionado, nas bacias adjacentes e, embora tenham ampliado a pegada hidrológica da cidade, esses reservatórios entre as bacias também fornecem água potável[9]. Esses projetos têm custo alto. Os governos municipais e estaduais investiram mais de US$ 3 bilhões para corrigir os problemas das cheias e contaminações, além de incluir infraestrutura sanitária[10]. Dentre as medidas adicionais estão um programa para monitorar os vazamentos e as conexões ilegais, além de esforços para melhorar a eficiência geral do sistema. Também estão sendo implementadas novas medidas, que exigem que cada terreno gerencie as águas pluviais dentro dos seus limites geográficos[11]. Porém, não existe solução imediata. A diversificação das estratégias para eliminar as inundações, a poluição e a eficiência do uso da água entre as escalas de intervenção e os financiamentos levarão, em última instância, a um sistema mais resiliente diante dos crescentes riscos ambientais. Para tanto, será necessário haver comunicação interssetorial e organização entre os níveis governamentais. Porém, é mais importante que as autoridades municipais evitem a "solução de problemas" das questões hídricas de forma isolada das demais variáveis e observem a inter-relação das coisas nos ambientes urbanizados. O fornecimento de água e sua qualidade estão diretamente relacionados ao plantio e à conservação de florestas saudáveis, à conservação do solo, aos espaços públicos verdes entre as escalas, à habitação, ao transporte e à infraestrutura, para citar alguns.

68

Sheet 13-4 of the 1957 Levantamento Aerofotogramétrico, executed by VASP Aerofotogrametria.

Página 13-4 do Levantamento aerofotogramétrico de 1957, realizado pela VASP Aerofotogrametria.

is known as the Arco Tietê, lies a giant 60-square-kilometer ruin. Here are the vast post-industrial lands left vacant by industries that are no longer productive. Their proximity to the center makes them the most expensive real estate in the city. Yet (and here is the challenge), the Arco Tietê cannot all go to development if, in Jackson's terms, the city takes this moment to construct a new order, to redirect the course of history, and redefine its relationship to the river.

Once again, conflicting pressures will act upon this giant swath of empty land. On the one hand, there is ample space for the restoration of the river and its floodplain in large segments of the corridor. This would entail recalibrating and reorganizing portions of the marginal—the adjacent highways— to allow wetlands to play a role both in flood control and in the remediation of water and soil contaminants. Compared to other engineering feats the city and state have undertaken in the past, such as reversing the flow of the Pinheiros River, this task should be fairly easy and inexpensive to accomplish. On the other hand, the fact that these lands, adjacent to downtown, are the most expensive real estate in the city, will present inordinate pressures for development. To think that this land is too expensive to go to floodplain and parkland is to oversimplify the potential of this site, and to ignore the aggregate beneficial effects that a multi-pronged approach to the development of these lands would bring to the city. Nevertheless, habits of decision making at the intersection of economics and politics acquire an inertia that cannot be underestimated. The idea that there is enough space for both development and hydrological

Em seu artigo "The Necessity for Ruins", J. B. Jackson argumenta que os intervalos de negligência com o ambiente construído, que ele define como momentos de descontinuidade, são importantes porque incentivam a redescoberta da ordem perdida[12]. As ruínas, em outras palavras, são tanto uma pré-condição necessária como uma oportunidade para redirecionar o curso da história enquanto reconstruímos, remediamos e reconectamos. No coração de São Paulo, na região conhecida como Arco Tietê, há uma ruína gigante de 60 km². Nela, estão os extensos terrenos pós-industriais abandonados por indústrias inativas. Sua proximidade com o centro faz com que sejam os espaços imobiliários mais caros da cidade. Ainda assim (e aqui está o desafio), o Arco Tietê não pode ser todo usado em novos empreendimentos se, nos termos de Jackson, a cidade usar este momento para construir uma nova ordem, para redirecionar o curso da história e redefinir sua relação com o rio.

Mais uma vez, as pressões conflitantes agirão sobre essa imensa faixa de terrenos vazios. Por outro lado, há muito espaço para a restauração do rio e sua planície fluvial em amplos segmentos do corredor, o que envolveria recalibrar e reorganizar partes das marginais, para permitir que os pântanos tenham seu papel tanto no controle das cheias como na remediação dos contaminantes da água e do solo. Em comparação a outros feitos de engenharia executados pelo município e pelo estado, como inverter o fluxo do Rio Pinheiros, essa tarefa seria bastante fácil e econômica. Por outro lado, o fato de que esses terrenos próximos à região central são os espaços imobiliários mais caros da cidade trará excessivas pressões ao empreendimento. Pensar

Aerial view of the Tietê River near the Ponte da Casa Verde, ca. 1970.   Vista aérea do Rio Tietê, nas proximidades da Ponte da Casa Verde, por volta de 1970.

processes to coexist is counter to all the decisions that have been made thus far in the history of the city. Privatizing and instrumentalizing the ground and its water have led the city and its rivers to their present state of decay.

The Arco Tietê is São Paulo's great conceptual frontier. Compared to the effort involved in the construction of the hydroelectric plants, dams, reservoirs, and the highways that link the highland plateau to the port at Santos, reclaiming the space for the Tietê will be relatively easy, but it will require different priorities, a broader set of design and planning strategies and criteria, and different leadership commitments. Moreover, if framed appropriately, the Arco Tietê project could have a positive impact on other parts of the city. For example, it presents the possibility of redistributing densities such that

que essa área é muito cara para se tornar planície fluvial e parque é simplificar demais o potencial do local e ignorar os efeitos benéficos agregados que a abordagem de múltiplas vertentes ao desenvolvimento desses terrenos traria à cidade. Contudo, os hábitos de decisões tomadas na interseção dos âmbitos político e econômico geram inércia, que não pode ser subestimada. A ideia de que há espaço suficiente tanto para o desenvolvimento como para os processos hidrológicos coexistirem vai contra todas as decisões tomadas até o momento na história da cidade. A privatização e a operacionalização do terreno e seus recursos hídricos levaram a cidade e seus rios ao atual estado de decadência em que estão.

O Arco Tietê é a grande fronteira conceitual de São Paulo. Em comparação ao esforço envolvido na construção de

more land could be opened for water along the other rivers or reservoirs, further working toward the goal of flood reduction and water quality management. The value that ecosystem services would bring when reclaiming the space for water, wetlands, and forests also needs to be considered as one of the planning criteria and tools through which to better evaluate the performance of living systems in the city.[13] The Arco Tietê project is São Paulo's last opportunity to demonstrate how urbanism can negotiate with geography, rather than erase its logic.

Beyond actual design, governance of the Tietê would also need to be reconsidered. Corridors are difficult to protect, especially when they are as long as the Tietê River. Because they typically pass through many municipalities—35 in São Paulo for instance—it becomes very difficult to maintain environmental standards inside and along their margins in a consistent way. This condition is even more complicated in São Paulo because the city's water, as a resource, is federalized and falls under the purview of the state of São Paulo. Here, a new form of governance that puts less emphasis on allocating water as hydropower and more on advocating for the river itself—as ecosystem, recreation, identity, public resource, and protecting its boundaries as well as its areas of influence—would be necessary to reconceptualize the river. The Tietê should have its own governance along its entire length, and eventually so should all the other rivers in the city.[14] These are all tall orders, but the city's efforts thus far suggest such aspirations would be entirely achievable. Were it to succeed, São Paulo would become a global leader in designing a hydrologically negotiated city that rebalances the relationship between the city, its geography, its economy, and its communities.

plantas hidrelétricas, barragens, reservatórios e rodovias que ligam o planalto montanhoso ao porto de Santos, recuperar espaços para o Tietê será relativamente fácil, mas demandará prioridades diferentes, estratégias e critérios de projeto mais amplos e comprometimento por parte de diferentes lideranças. Ainda, se estruturado adequadamente, o projeto do Arco Tietê poderá causar impacto positivo sobre outras partes da cidade. Por exemplo, ele apresenta a possibilidade de redistribuir as densidades, de modo que mais terrenos possam ser abertos para a água ao longo dos outros rios ou reservatórios, contribuindo com a meta de reduzir as enchentes e de gestão da qualidade da água. O valor trazido pelos serviços do ecossistema ao recuperar espaço para a água, os pântanos e as florestas também precisa ser considerado como um dos critérios de planejamento e como ferramenta pela qual se avaliará melhor o desempenho dos sistemas vivos da cidade[13]. O projeto do Arco Tietê é a última oportunidade para que São Paulo demonstre como o urbanismo pode negociar com a geografia, em vez de eliminar sua lógica.

Além do projeto atual, a governabilidade do Tietê também precisaria ser reconsiderada. É difícil proteger os corredores, especialmente quando são tão extensos quanto o Rio Tietê. Em função de atravessarem muitos municípios, 35 em São Paulo, por exemplo, torna-se muito difícil manter padrões ambientais dentro e ao longo de suas margens de maneira constante. Essa situação é ainda mais complicada, em São Paulo, uma vez que a água do município, como recurso, é governada pelas leis do estado de São Paulo. Aqui, uma nova forma de governo, com menos ênfase na alocação da água como energia hidrelétrica e mais na defesa do rio, como ecossistema, lazer, identidade, recurso público e proteção de fronteiras, bem como suas áreas de influência, seria necessária para mudar o conceito do rio. O Tietê deveria ter sua própria governabilidade, ao longo de toda a sua extensão e, finalmente, o mesmo deveria acontecer com todos os rios da cidade[14]. São todas tarefas difíceis, mas os esforços da cidade até aqui sugerem que essas aspirações seriam totalmente possíveis. Caso fossem bem-sucedidas, São Paulo se tornaria líder mundial na criação de uma cidade negociada em termos hidrológicos, reequilibrando a relação entre a cidade, sua geografia, sua economia e suas comunidades.

A

1   For a history of São Paulo, see Janes Jorge, *Cidades Paulistas: estudos de história ambiental urbana* (São Paulo, SP: Alameda, 2015). For a history of the Tietê River see Janes Jorge, *Tietê, o rio que a cidade perdeu: São Paulo 1890–1940*.

2   Richard P. Momsen, Jr., "Routes Over the Serra do Mar: The Evolution of Transportation in the Highlands of Rio de Janeiro and São Paulo," *Revista Geográfica* 32, no. 58, (1963): pp. 5–167.

3   There are many reports on the pollution of the rivers in São Paulo in the press. See, for example, "The Silvery Tietê. Cleaning up an open sewer," *The Economist* (October 22, 2011).

4   Evelien Lambrechts, Michaël Stas, Benjamin Vanbrabant, and Matthias Vanhoutteghem, *Urban Design Strategies of Deviation. Towards a Resilient Tietê Valley, São Paulo*, Thesis submitted to obtain degree of Master in Engineering in Architecture, KU Leuven, 2014. https://issuu.com/matthias.vh/docs/thesis_gemeenschappelijk_designstra.

5   B.P.F. Braga, M.F.A. Porto, and R.T. Silva, "Water Management in Metropolitan São Paulo," *International Journal of Water Resources Development* 22, no. 2 (2006): 337–52.

6   São Paulo, Conselho Estadual de Recursos Hídricos, *Plano Estadual de Recursos Hídricos: 2004 / 2007 Resumo* (São Paulo, DAEE, 2006), Table 13, p. 45. http://www.daee.sp.gov.br/acervoepesquisa/perh2204_2207/perh01.pdf.

7   Braga, et al.: 341–342.

8   For a study of informal settlements in São Paulo in the overall context of the evolution of the city and its economy see Mariana Fix, Pedro Arantes, and Giselle Tanaka, "Urban Slums Report: The Case of São Paulo, Brazil," in *Understanding Slums: Case Studies for the Global Report on Human Settlements* (London: University College, 2003). This is part of the UN-Habitat Global Report on Human Settlements, United Nations Human Settlements Programme, *The Challenge of Slums: Global Report on Human Settlements, 2003* (London: Earthscan Publications Ltd, 2003). A summary is in Part IV: "Summary of City Case Studies," pp. 226–227.

9   Braga et al.: 341–342.

10 Financing for these projects has come from city and state governments and from international agencies such as the Inter-American Development Bank (Project BR-L1166: Tietê River Cleanup Program, Stage III). Summary available at https://www.iadb.org/en/project/br-l1166. Full report: CCLIP: Programa de Inversiones de SABESP y Primera Operación del CCLIP: Programa de Descontaminación del Río Tietê Etapa III. http://idbdocs.iadb.org/wsdocs/getdocument.aspx?docnum=1521992, and the Japan International Cooperation Agency, (Cooperação com o Brasil. Programa Integrado de Melhoria Ambiental na Área de Mananciais da Represa Billings [SP]). Summary available at https://www.jica.go.jp/brazil/portuguese/office/activities/brazil01_02.html).

11 Braga et al.: 346.

12 J.B. Jackson, "The Necessity for Ruins," in *The Necessity for Ruins and Other Topics* (Amherst: The University of Massachusetts Press, 1980), 89–102.

13 Examples of ecosystem services include flood control, filtration, and absorption of pollutants in wetlands, reduction of heat-island effects, and thermal regulation provided by urban forests, supporting habitat for pollinator species, and carbon storage.

14 An interesting precedent is the Charles River in Boston, which is managed by the Charles River Watershed Association (www.crwa.org). For flood control measures in the Charles River watershed under the jurisdiction of the US Army Corps of Engineers, a federal agency, see "Charles River Natural Valley Storage Area." http://www.nae.usace.army.mil/Missions/Civil-Works/Flood-Risk-Management/Massachusetts/Charles-River-NVS/.

1   Para saber mais sobre a história de São Paulo, leia *Cidades Paulistas: estudos de história ambiental urbana* (São Paulo, SP: Alameda, 2015), de Janes Jorge. Para saber mais sobre a história do Rio Tietê, leia *Tietê, o rio que a cidade perdeu: São Paulo 1890–1940*, de Janes Jorge.

2   Richard P. Momsen, Jr., "Routes Over the Serra do Mar: The Evolution of Transportation in the Highlands of Rio de Janeiro and São Paulo", *Revista Geográfica* 32, nº 58, (1963): pp. 5–167.

3   Há muitos relatos na imprensa sobre a poluição dos rios de São Paulo. Por exemplo, o artigo "The Silvery Tietê. Cleaning up an open sewer" (O prateado Tietê – limpeza do esgoto aberto), *The Economist* (22 de outubro de 2011).

4   Evelien Lambrechts, Michaël Stas, Benjamin Vanbrabant e Matthias Vanhoutteghem, *Urban Design Strategies of Deviation. Towards a Resilient Tietê Valley, São Paulo*, dissertação para obtenção do grau de Mestre em Engenharia e Arquitetura, KU Leuven, 2014. https://issuu.com/matthias.vh/docs/thesis_gemeenschappelijk_designstra.

5   B.P.F. Braga, M.F.A. Porto e R.T. Silva, "Water Management in Metropolitan São Paulo", *International Journal of Water Resources Development* 22, nº 2 (2006): 337–52.

6   São Paulo, Conselho Estadual de Recursos Hídricos, *Plano Estadual de Recursos Hídricos: 2004/2007 Resumo* (São Paulo, DAEE, 2006), tabela 13, p. 45. http://www.daee.sp.gov.br/acervoepesquisa/perh2204_2207/perh01.pdf.

7   Braga, et al.: 341–342.

8   Para ler um estudo dos assentamentos informais em São Paulo, no contexto geral da evolução e da economia da cidade, consulte o texto de Mariana Fix, Pedro Arantes e Giselle Tanaka, "Urban Slums Report: The Case of São Paulo, Brazil", em *Understanding Slums: Case Studies for the Global Report on Human Settlements* (Londres: University College, 2003). O texto faz parte do Relatório Global da ONU-Habitat sobre Assentamentos Humanos, Programa das Nações Unidas para os Assentamentos Humanos, *The Challenge of Slums: Global Report on Human Settlements, 2003* (Londres: Earthscan Publications Ltd, 2003). Há um resumo na parte IV: "Summary of City Case Studies", pp. 226–227.

9   Braga et al.: 341–342.

10 O financiamento desses projetos veio dos governos municipal e estadual e de agências internacionais como o Banco Interamericano de Desenvolvimento (Projeto BR-L1166: Programa de limpeza do rio Tietê, estágio III). Resumo disponível no site https://www.iadb.org/en/project/br-l1166. Relatório na íntegra: CCLIP: Programa de Inversiones de SABESP y Primera Operación del CCLIP: Programa de Descontaminación del Río Tietê Etapa III. http://idbdocs.iadb.org/wsdocs/getdocument.aspx?docnum=1521992, e a Agência de Cooperação Internacional do Japão, (Cooperação com o Brasil. Programa Integrado de Melhoria Ambiental na Área de Mananciais da Represa Billings (SP)). Resumo disponível no site https://www.jica.go.jp/brazil/portuguese/office/activities/brazil01_02.html).

11 Braga et al.: 346.

12 J.B. Jackson, "The Necessity for Ruins", em *The Necessity for Ruins and Other Topics* (Amherst: The University of Massachusetts Press, 1980), 89–102.

13 Dentre os exemplos dos serviços dos ecossistemas estão o controle das cheias, a filtração e a absorção de poluentes nas regiões pantanosas, a redução dos efeitos de ilha de calor e a regulação térmica, fornecidos pelas florestas urbanas, o apoio aos habitats para as espécies polinizadoras e o armazenamento de carbono.

14 Um precedente interessante é o Rio Charles, em Boston, que é administrado pela Charles River Watershed Association (www.crwa.org). Para saber mais sobre as medidas de controle de inundações na bacia do Rio Charles, sob a jurisdição do Corpo de Engenheiros do Exército dos Estados Unidos (US Army Corps of Engineers), uma agência federal, consulte "Charles River Natural Valley Storage Area". http://www.nae.usace.army.mil/Missions/Civil-Works/Flood-Risk-Management/Massachusetts/Charles-River-NVS/.

City of Points

Cidade de pontos

Thin and tall skyscrapers, colloquially known as "pencil towers," have proliferated in the midtown Manhattan area of New York City. The city's ability to attract global capital—mostly from foreign investors willing to pay a premium for expansive city views—paired with new construction and elevator technologies have allowed for the construction of extreme vertical buildings on small parcels of land. This peppering of towers has defined an emergent Manhattan typology, that of the slim, "supertall" skyscraper. While the tall building type has been made slimmer and taller in New York and popularized in that city's skyline, one can trace a direct lineage between the Manhattan "pencil tower" and the history of the Paulista skyscraper—a form that aimed for additional leanness and height throughout the twentieth century, becoming a preeminent typology in the urban landscape of São Paulo. Today, a quick glance of São Paulo from the air reveals an endless landscape of point towers as far as the eye can see. "City of Points" examines a sampling of the most important skyscrapers built in São Paulo from the twentieth and twenty-first centuries, and explores how the skyscraper typology could evolve in São Paulo to establish a better relationship between building and city.

The amalgamation of agricultural and industrial capital in São Paulo during the first two decades of the twentieth century marks the genesis of the city's vertical growth. As the city center evolved into the heart of commercial and business activities for the state, new business models required innovative offices both in spatial configuration and image; the skyscraper as a typology satisfied both of these requirements. Between 1912 and 1929, three buildings set the stage for the vertical development of the city center. In 1912, the Catalan architect Hyppolito Gustavo Pujol, along with his Brazilian counterpart, Augusto de Toledo, designed the Edifício Guinle. Inaugurated in 1912 and fully finished in 1916, this seven-story structure housed the enterprises of the Guinle family, and became a pioneer in reinforced concrete construction for

Arranha-céus finos e altos, informalmente conhecidos como "torres de lápis", se multiplicaram na região central de Manhattan, em Nova York. A capacidade da cidade de atrair capital global, principalmente de investidores estrangeiros dispostos a pagar mais por amplas vistas da cidade, somada às novas tecnologias de construção e elevadores, permitiram a construção de edifícios mais altos em pequenos terrenos. Essa infinidade de torres definiu uma tipologia emergente em Manhattan, a de arranha-céus delgados e superaltos. Enquanto o edifício alto ficou mais delgado e mais alto, em Nova York, além de popular no horizonte da cidade, pode-se traçar um paralelo direto entre a "torre de lápis" de Manhattan e a história dos arranha-céus paulistanos: uma forma que tinha como objetivo edifícios mais esguios e mais altos, ao longo do século XX, tornando-se uma tipologia proeminente na paisagem urbana de São Paulo. A cidade de São Paulo, hoje, rapidamente vista do alto revela a paisagem infinita de pontos de torres até onde o olho humano é capaz de enxergar. "Cidade de pontos" analisa algumas amostras dos mais importantes arranha-céus construídos em São Paulo, nos séculos XX e XXI, e explora como a tipologia dos arranha-céus poderia evoluir, a fim de estabelecer melhor relação entre os edifícios e a cidade.

A fusão do capital agrícola e industrial, em São Paulo, durante as duas primeiras décadas do século XX, marca a gênese do crescimento vertical da cidade. À medida que a região central evoluiu para ser o núcleo das atividades comerciais e empresariais do estado, os novos modelos de negócios exigiram escritórios inovadores, tanto em configuração espacial quanto em imagem. O arranha-céu como tipologia atendeu a ambos os requisitos. Entre 1912 e 1929, três edifícios deram início ao desenvolvimento vertical da região central da cidade. Em 1912, o arquiteto catalão Hyppolito Gustavo Pujol e seu colega brasileiro, Augusto de Toledo, projetaram o Edifício Guinle. Inaugurado em 1912 e totalmente concluído em 1916, esta estrutura de sete andares abrigou as empresas da família Guinle e se tornou pioneira nas construções de concreto armado, em

São Paulo, serving as key point of reference for tall building projects that followed. Measuring 36 meters in height, the structure cannot technically be considered a skyscraper, yet Guinle broke away from the highly regulated three-to-four story fabric that defined the city center at the time, paving the way for other, much taller structures to populate the center shortly after the building was approved and completed. Edifício Sampaio Moreira followed shortly thereafter. Designed in 1924 by Samuel das Neves and inaugurated five years later, this 12-story reinforced concrete building is widely considered to be the first skyscraper of São Paulo. Edifício Martinelli, also designed in 1924, is the third pioneer in the evolution of the Paulista skyscraper. Built by the Italian-Brazilian businessman Giuseppe Martinelli with architect Vilmos Fillinger, the project was met with much skepticism by Paulistas, and Martinelli struggled both in the municipal approval processes and financially throughout its construction. Yet, in 1929, shortly after Sampaio Moreira opened, Martinelli's building was inaugurated, crowning the skyline of São Paulo at 105 meters in height and becoming the tallest building in South America until the 1935 construction of the Edificio Kavanagh, standing high in Buenos Aires at 135 meters. While the city continued to sprout towers in the following decades, it is these three building that set the regulatory, financial, and technological frameworks for the proliferation of the skyscraper in the city.

While the development of vertical office buildings had an earlier start, it is only in the 1940s and 1950s that residential towers became prominent in the city. Given the abundance of space and the temperate climate, single-family villas and row houses with porous connections between interior and exterior were the most common and most desirable residential typologies. As the city became more cosmopolitan, Paulistas enthusiastically adopted the modernist ethos of vertical collective living and pursued a reinvention of the city's domestic space. While there is an abundance of exceptional mid-century apartment towers in São Paulo, two pieces stand out for the way in which they construct new relationships between interior domestic space and the city. One is Edifícios Pauliceia e São Carlos do Pinhal, more commonly known as Edifício Pauliceia, and the other is Edifício Copan (a project extensively covered by Sol Camacho in this volume). In the case of Pauliceia, designed in 1958 by Gian Carlo Gasperini and Jacques Pilon, shared circulation space and collective amenities within the building are reduced to the bare minimum. In a similar

São Paulo, servindo, posteriormente, como ponto de referência fundamental para projetos de edifícios altos. Com 36 m de altura, a estrutura, tecnicamente, não pode ser considerada um arranha-céu. No entanto, Guinle se distanciou do modelo altamente regulamentado de três a quatro andares que definia o centro da cidade na época, preparando o caminho para outras estruturas muito mais altas, para povoar o centro, logo após o acordo ter sido aprovado e concluído. O edifício Sampaio Moreira veio logo em seguida. Projetado em 1924, por Samuel das Neves, e inaugurado cinco anos depois, este edifício de concreto armado de 12 andares é amplamente considerado o primeiro arranha-céu da cidade de São Paulo. O edifício Martinelli, também projetado em 1924, é o terceiro pioneiro na evolução dos arranha-céus paulistanos. Construído pelo empresário ítalo-brasileiro, Giuseppe Martinelli, com o arquiteto Vilmos Fillinger, o projeto foi encarado com muito ceticismo pelos paulistanos, e Martinelli lutou tanto nos processos de aprovação municipal quanto financeiramente, durante a construção. No entanto, em 1929, pouco depois da abertura do Sampaio Moreira, o edifício Martinelli foi inaugurado, coroando o horizonte de São Paulo com 105 m de altura e se tornando o prédio mais alto da América do Sul, até 1935, quando foi construído o Edifício Kavanagh, em Buenos Aires, com 135 m. Enquanto a cidade continuou a surgir nas décadas seguintes, esses três edifícios estabeleceram a estrutura regulatória, financeira e tecnológica para a multiplicação dos arranha-céus na cidade.

Embora a construção de edifícios comerciais tenha começado cedo, foi somente nas décadas de 1940 e 1950 que as torres residenciais se tornaram proeminentes na cidade. Devido à abundância de espaço e ao clima temperado, as vilas compostas por residências unifamiliares e as casas enfileiradas, com conexões porosas entre as partes interna e externa, eram as tipologias residenciais mais comuns e desejáveis. À medida que a cidade se tornou mais cosmopolita, os paulistanos adotaram com entusiasmo a crença modernista da vida coletiva vertical e buscaram a reinvenção do espaço doméstico da cidade. Embora existam inúmeros edifícios residenciais excelentes de meados do século, em São Paulo, dois deles se destacam pela forma como constroem novas relações entre o espaço doméstico interior e a cidade. Um deles é o edifício Pauliceia e São Carlos do Pinhal, mais conhecido como Edifício Pauliceia, e o outro é o Edifício Copan (um projeto amplamente mencionado por Sol Camacho neste volume). No caso do edifício

manner to Mies van der Rohe's Lake Shore Drive apartments in Chicago, the main objective of the circulation space in Pauliceia is to efficiently connect the units with their primary collective space, the ground floor plaza and the street. The two towers, set back toward the interior of the block, endow the project with a sense of collective monumentality and heighten the importance of the ground floor as a critical interface between public and private space. Designed in 1952 by Oscar Niemeyer, the Copan building presents an opposite view of collective building from Pauliceia. Niemeyer, influenced by Le Corbusier's Unité d'habitation, here explores the idea of the city within a building and makes of Copan a social condenser that contains multiple uses and residential units of varying dimensions. In Copan, collective living means the provision of smaller residential units in exchange for a myriad of shared amenities ranging from a roof terrace to restaurants and office spaces on the lower floors. The density and diversity of uses within Copan are so extreme that the Brazilian post office has assigned the building its very own postal code. Both Pauliceia and Copan share a strong urban aspiration, being extremely successful in how their respective ground floors meet the city and engage their immediate contexts. These buildings have served as paradigmatic examples of what vertical urban living can be in São Paulo.

In the last four decades, the metropolitan region has seen the greatest number of skyscrapers built in its history. Yet, the most recent history of residential towers has seen a shift away from vertical mixed-use urban buildings in favor of vertical gated communities. Projects like Ruy Ohtake's 1986 Portal da Cidade or Isay Weinfeld's recently finished Edifício 360° exemplify this trend. While developments such as these continue to explore new ways of organizing domestic spaces in vertical forms, they tend to be much more privatized and therefore detached from the urban life of the city.

Paulistas must continue to explore how new models of inner-city housing can occupy large portions of post-industrial land, and in doing so work to alleviate the housing crisis that today afflicts the lower socio-economic sectors in the city. In this process, it is essential for designers, developers, and city administrators to carefully examine the long and successful history of vertical urban development present in São Paulo. Embedded in this history are the clues for new emergent typologies that can accommodate the mixed-use and mixed-income residential models for the twenty-first century.

Pauliceia, projetado em 1958, por Gian Carlo Gasperini e Jacques Pilon, o espaço de circulação compartilhado e as comodidades coletivas dentro do prédio foram minimamente explorados. De forma semelhante aos apartamentos da via expressa Lake Shore Drive, de Mies van der Rohe, em Chicago, o objetivo principal do espaço de circulação no edifício Pauliceia é conectar eficientemente as unidades com seu espaço coletivo principal, a praça do piso térreo e a rua. As duas torres, voltadas para a parte interna do bloco, dotam o projeto de uma sensação de monumentalidade coletiva e aumentam a importância do térreo como interface crítica entre o espaço público e o particular. Projetado em 1952, por Oscar Niemeyer, o edifício Copan apresenta visão oposta de construção coletiva se comparado com o edifício Pauliceia. Influenciado pela "Unité d'habitation", de Le Corbusier, Niemeyer explora a ideia de cidade dentro do edifício e faz do Copan um condensador social, que contém inúmeros usos e unidades residenciais de variadas dimensões. No Copan, habitação coletiva significa morar em unidades residenciais menores, em troca de inúmeras comodidades compartilhadas, desde um terraço na cobertura até restaurantes e escritórios nos andares mais baixos. A densidade e a diversidade de usos no edifício Copan são tão extremas que os Correios concederam a ele o seu próprio CEP. Tanto o Pauliceia quanto o Copan compartilham fortes aspirações urbanas, sendo extremamente bem-sucedidos na forma como seus respectivos andares térreos se encontram com a cidade e se engajam em seus contextos imediatos. Esses edifícios são paradigmas do que pode ser a vida urbana vertical em São Paulo.

Nas últimas quatro décadas, a região metropolitana viu o maior número de arranha-céus construídos em sua história. No entanto, a história mais recente de torres residenciais testemunhou a mudança de edifícios de utilidades mistas, em favor de comunidades verticais fechadas. Projetos como o Portal da Cidade, de 1986, de Ruy Ohtake, ou o recém-concluído Edifício 360°, de Isay Weinfeld, exemplificam essa tendência. Embora empreendimentos como esses continuem a explorar novas maneiras de organizar verticalmente os espaços domésticos, eles tendem a ser mais privados e, portanto, separados da vida urbana da cidade.

Os paulistanos devem continuar a explorar como os novos modelos de habitação da região central podem ocupar vários terrenos pós-industriais e, assim, trabalhar para aliviar a crise habitacional que hoje aflige os setores socioeconômicos mais baixos

da cidade. Nesse processo, é essencial que projetistas empreendedores e administradores da cidade analisem cuidadosamente a longa e bem-sucedida história de desenvolvimento urbano vertical presente na cidade de São Paulo. Em meio a essa história, estão as pistas para as novas tipologias emergentes, que podem organizar os modelos residenciais de variados usos e poderes aquisitivos do século XXI.

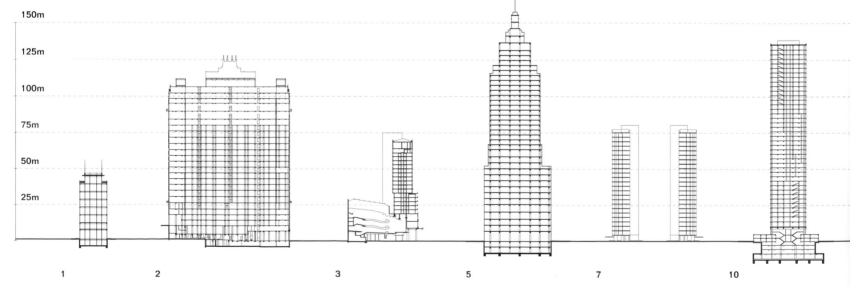

Composite section of key vertical buildings in São Paulo.

Composição dos principais edifícios verticais de São Paulo.

Aerial view of downtown São Paulo, ca 1940.　　　Vista aérea do centro de São Paulo, cerca de 1940.

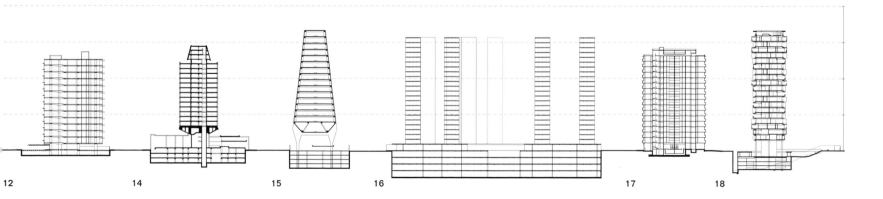

12　　　　　14　　　　　15　　　　16　　　　　　　　　17　　　18

Photograph of Avenida Paulista looking toward Rua da Consolação, ca. 1905.

Foto da Avenida Paulista com vista para a Rua da Consolação por volta de 1905.

79   A

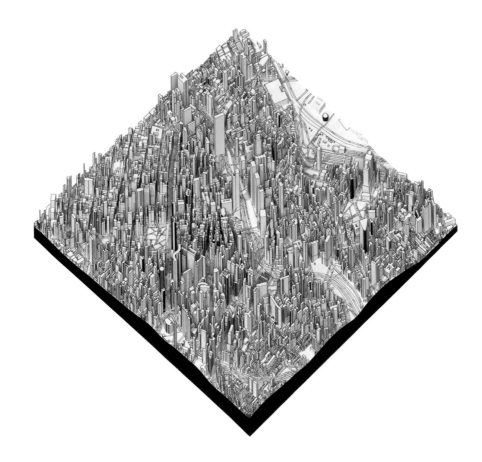

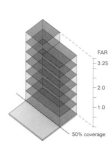

Models of vertical development and associated densities: downtown.
Average FAR: 3.25 / Development: 1920s–1950s

Modelos de desenvolvimento vertical e densidades associadas: centro.
Média da proporção de área construída: 3,25 / Desenvolvimento: décadas de 1920 a 1950

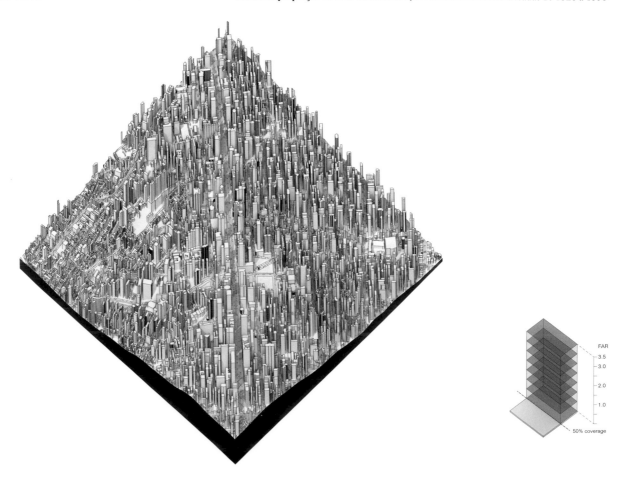

Models of vertical development and associated densities: Avenida Paulista.
Average FAR: 3.5 / Development: 1960s–1970s

Modelos de desenvolvimento vertical e densidades associadas: Avenida Paulista.
Média da proporção de área construída: 3,5 / Desenvolvimento: décadas de 1960 a 1970

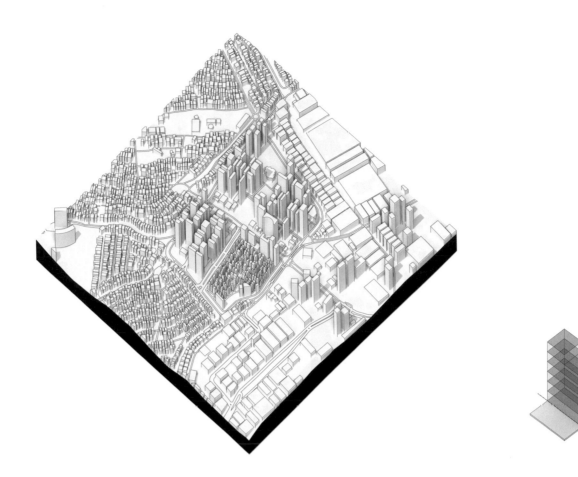

Models of vertical development and associated densities: Alphaville.
Average FAR: 2.75 / Development: 1970s

Modelos de desenvolvimento vertical e densidades associadas: Alphaville.
Média da proporção de área construída: 2,75 / Desenvolvimento: década de 1970

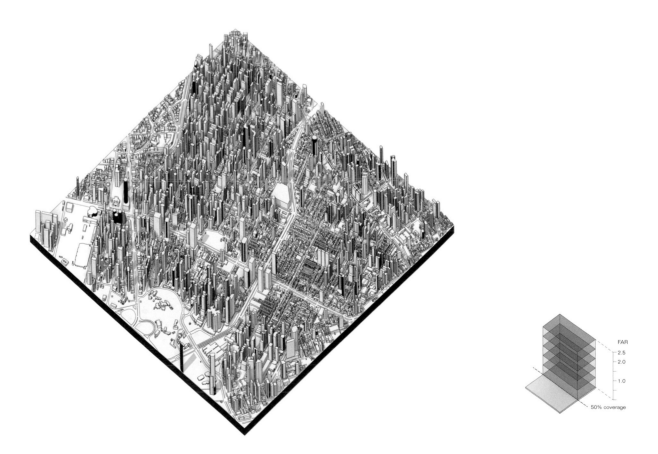

Models of vertical development and associated densities: Faria Lima.
Average FAR: 2.5 / Development: 1990s–present

Modelos de desenvolvimento vertical e densidades associadas: Faria Lima.
Média da proporção de área construída: 2,5 / Desenvolvimento: Década de 1990–presente

81   A

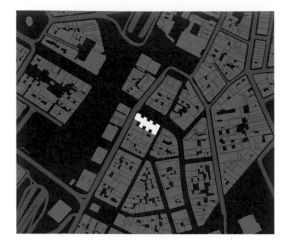

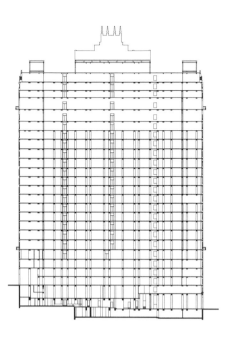

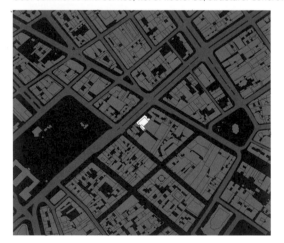

0 5m 10m 20m   0 5m 20m

Edifício Martinelli, William Fillinger, 1929.
Use: commerce and service, no. of floors: 30, structure: concrete

Edifício Martinelli, William Fillinger, 1929.
Uso: comércio e serviços; nº de andares: 30; estrutura: concreto

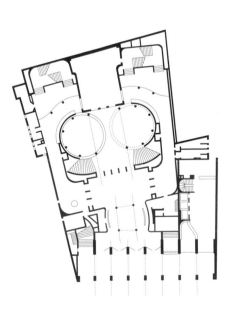

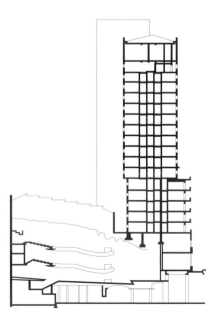

0 5m 10m 20m   0 5m 10m 20m

Cine Ipiranga e Hotel Excelsior, Rino Levi, 1941.
Use: cinema and hotel, no. of floors: 20, structure: concrete

Cine Ipiranga e Hotel Excelsior, Rino Levi, 1941.
Uso: cinema e hotel; nº de andares: 20; estrutura: concreto

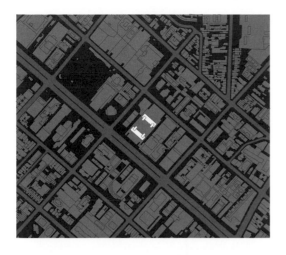

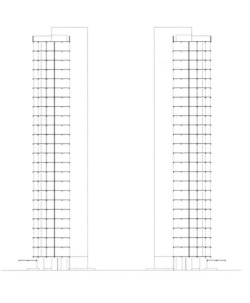

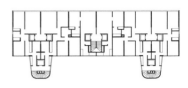

Edifícios Pauliceia e São Carlos do Pinhal, Gian Carlo Gasperini e Jacques Pilon, 1958.
Use: residential, no. of floors: 23, structure: concrete

Edifícios Pauliceia e São Carlos do Pinhal, Gian Carlo Gasperini e Jacques Pilon, 1958.
Uso: residencial; nº de andares: 23; estrutura: concreto

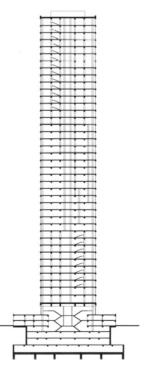

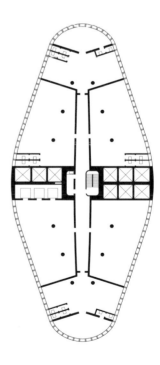

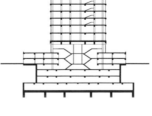

Edifício Itália (Circolo Itáliano), Franz Heep, 1960.
Use: commerce and service, no. of floors: 46, structure: concrete

Edifício Itália (Circolo Italiano), Franz Heep, 1960.
Uso: comércio e serviços; nº de andares: 46; estrutura: concreto

83   A

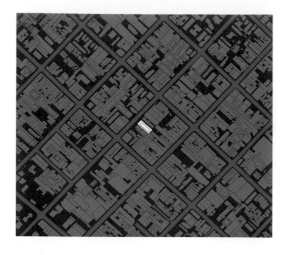

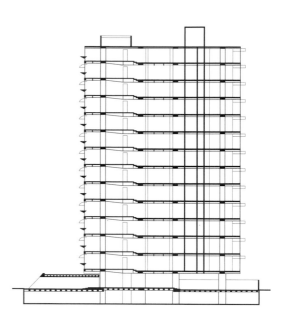

Edifício Guaimbê, Paulo Mendes da Rocha e João de Gennaro, 1962.
Use: residential, no. of floors: 13, structure: concrete

Edifício Guaimbê, Paulo Mendes da Rocha e João de Gennaro, 1962.
Uso: residencial; nº de andares: 13; estrutura: concreto

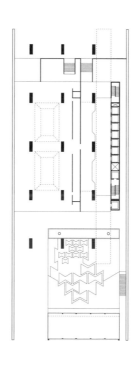

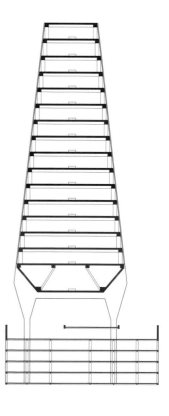

Edifício FIESP, Rino Levi, 1979.
Use: offices, no. of floors: 20, structure: concrete

Edifício FIESP, Rino Levi, 1979.
Uso: comercial; nº de andares: 20; estrutura: concreto

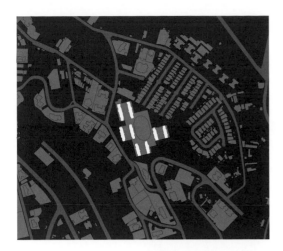

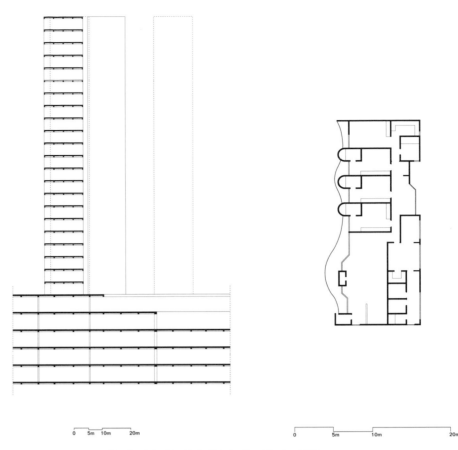

Condomínio Portal da Cidade, Ruy Ohtake, 1986.
Use: residential, no. of floors: 23, structure: concrete

Condomínio, Portal da Cidade, Ruy Ohtake, 1986.
Uso: residencial; nº de andares: 23; estrutura: concreto

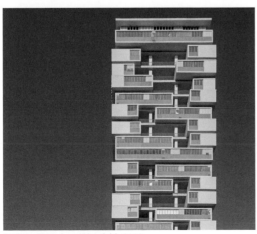

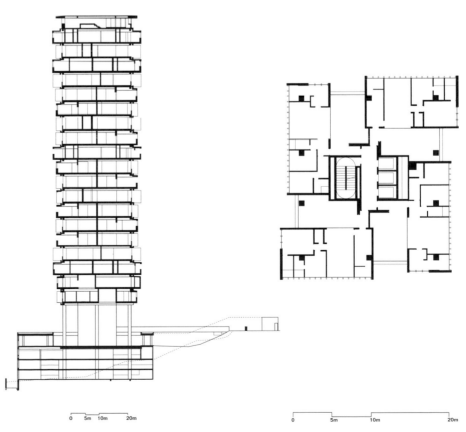

Edifício 360°, Isay Weinfeld, 2013.
Use: residential, no. of floors: 20, structure: concrete

Edifício 360°, Isay Weinfeld, 2013.
Uso: residencial; nº de andares: 20; estrutura: concreto

A

Contemporary view of Avenida Paulista.

Vista contemporânea da Avenida Paulista.

87 A

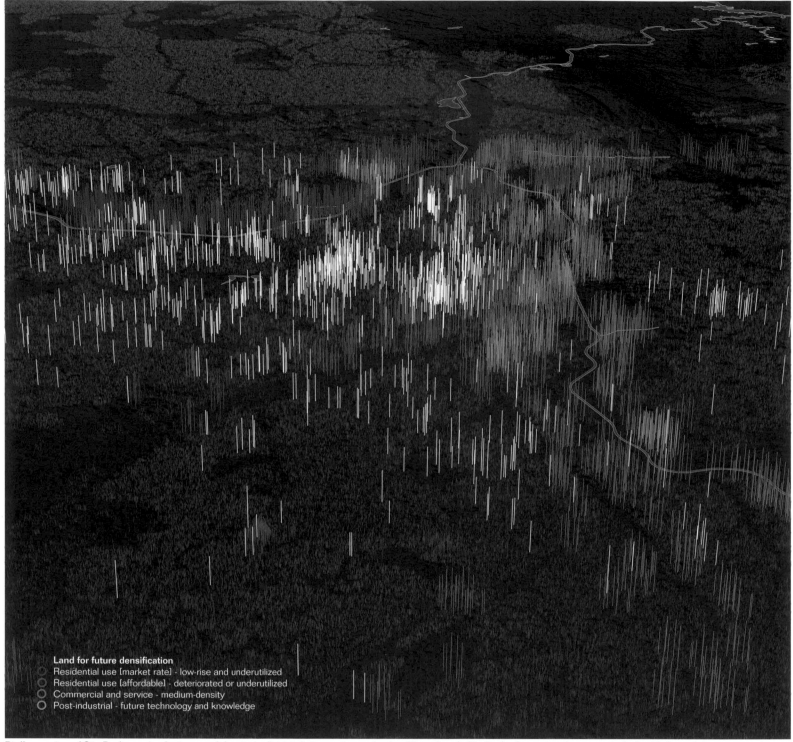

Land for future densification
○ Residential use [market rate] - low-rise and underutilized
○ Residential use [affordable] - deteriorated or underutilized
○ Commercial and service - medium-density
○ Post-industrial - future technology and knowledge

Bird's-eye view of São Paulo arguing for increased density in districts between river and rail.

Vista aérea de São Paulo, demonstrando o aumento da densidade nos bairros entre o rio e a ferrovia.

Land Use: Inventory and Prospect for the Future of São Paulo
Robert Gerard Pietrusko

Uso do solo: levantamento e prospecção para o futuro de São Paulo
Robert Gerard Pietrusko

INVENTORY

Common land use classification schemes are a form of *inventory*—they are designed to catalog the amount of land devoted to currently existing uses. They describe the city with simple categories: residential, commercial, industrial, agricultural, forest, and others. Taken at face value, these categories and their varying degrees of intensity are the only information presently captured by such classification systems. Nowhere is a parcel's material history or the evolution of its land use taken into account. To manage urban lands employing present land use alone neglects the specificity of place from which future organizations of the city may be imagined while treating dynamic urban processes as static and predictable quantities. In cities like São Paulo, with long histories of mono-functional zoning, the necessity for new forms of urban analysis and speculation is especially pressing.

Though land use categories are static, temporality is not entirely absent from the application of the data. Observations made at constant intervals represent changing land uses as independent and static time slices. It would seem that the evolution of a city's land use is easily captured and studied in this way. However, the relationship between changing land use states, or the underlying qualities that make such changes possible, are not addressed—only their relative proportions are studied. These approaches lead to teleological projections and proposals where land uses evolve in predictable ways. For instance, agricultural and other rural land uses may only transition to more intense or more urban forms. Likewise, urban land uses may only be allowed to grow in intensity. To move in the opposite direction, by returning parts of a city to a rural use, for instance, is inconceivable, or at least a provocative proposal. In each case, increased development is the climax condition and no other futures can be positively imagined.

The assumptions of intensifying land use arise from the way land use categories were historically defined. Classification schemes use common language for categories that appear to us as obvious descriptions for how land is used. But, the basis for these terms is hidden. Land use categories do not record simple human activity, only economic productivity. In a foundational 1965 study of land use information,[1] agricultural economist Marion Clawson clarified this economic foundation: "The first concept is that of man's activities on, under, or over the land…in each case, a productive use has been made of the land; in each case, production is not really complete unless or until the goods or services produced are or can be consumed."[2] Limited to only those uses deemed productive, land use classification neglects many of the ways land might potentially be used by humans.

Furthermore, land use categories, as officially defined, might not be readily apparent to the casual observer and may

LEVANTAMENTO

Os esquemas de classificação de uso do solo em terrenos públicos são uma forma de *levantamento*, criados para catalogar a quantidade de solo em uso. Eles descrevem a cidade em categorias simples: residencial, comercial, industrial, agrícola, florestal e outras. O valor nominal dessas categorias e os seus graus de intensidade são as únicas informações atualmente capturadas por esses sistemas de classificação. Em nenhum lugar é levada em consideração a importância histórica dos terrenos ou a evolução do uso de seu solo. Gerenciar solos urbanos, considerando apenas o seu uso atual, negligencia a especificidade do local, a partir do qual as futuras organizações da cidade podem ser imaginadas ao tratar os processos urbanos dinâmicos como quantidades estáticas e previsíveis. Em cidades como São Paulo, com longos históricos de zoneamento monofuncional, a necessidade de novas formas de análise urbana e especulação é especialmente urgente.

Embora as categorias de uso do solo sejam estáticas, a temporalidade não está totalmente ausente do uso desses dados. As observações feitas em intervalos constantes representam a mudança de uso do solo como fatias de tempo independentes e estáticas. Tem-se a impressão de que a evolução do uso do solo de uma cidade é facilmente capturada e estudada dessa maneira. No entanto, a relação entre a mudança dos estados de uso do solo ou as qualidades subjacentes que possibilitam essas mudanças não são abordadas, somente se estudam as suas proporções relativas. Essas abordagens levam a projeções teleológicas e propostas em que o uso do solo evolui de maneira previsível. Por exemplo, os usos agrícolas e outros usos do solo rural apenas podem mudar para formas mais intensas ou mais urbanas. Do mesmo modo, o uso do solo urbano somente pode crescer em intensidade. No sentido oposto, devolver partes de uma cidade ao uso rural, por exemplo, é inconcebível, ou pelo menos uma proposta ousada. Em todo caso, o aumento do desenvolvimento é a condição máxima, e nenhum outro futuro pode ser imaginado como sendo positivo.

As hipóteses de intensificação do uso do solo surgem da forma como as categorias de uso dos terrenos foram historicamente definidas. Os esquemas de classificação usam linguagem comum para as categorias que parecem descrições óbvias de como o solo é usado. Porém, a base desses termos está oculta. As categorias de uso do solo não registram atividades humanas simples, apenas produtividade econômica. Em um estudo fundacional de 1965 com informações sobre o uso do solo[1], o economista agrícola Marion Clawson esclareceu esse fundamento econômico: "O primeiro conceito é o das atividades do homem no, sob ou sobre o solo… em todo caso, foi feito uso produtivo do mesmo; em todas as situações, a produção não está de fato concluída, a menos ou até que os bens ou serviços produzidos estejam ou possam ser consumidos"[2]. Limitado

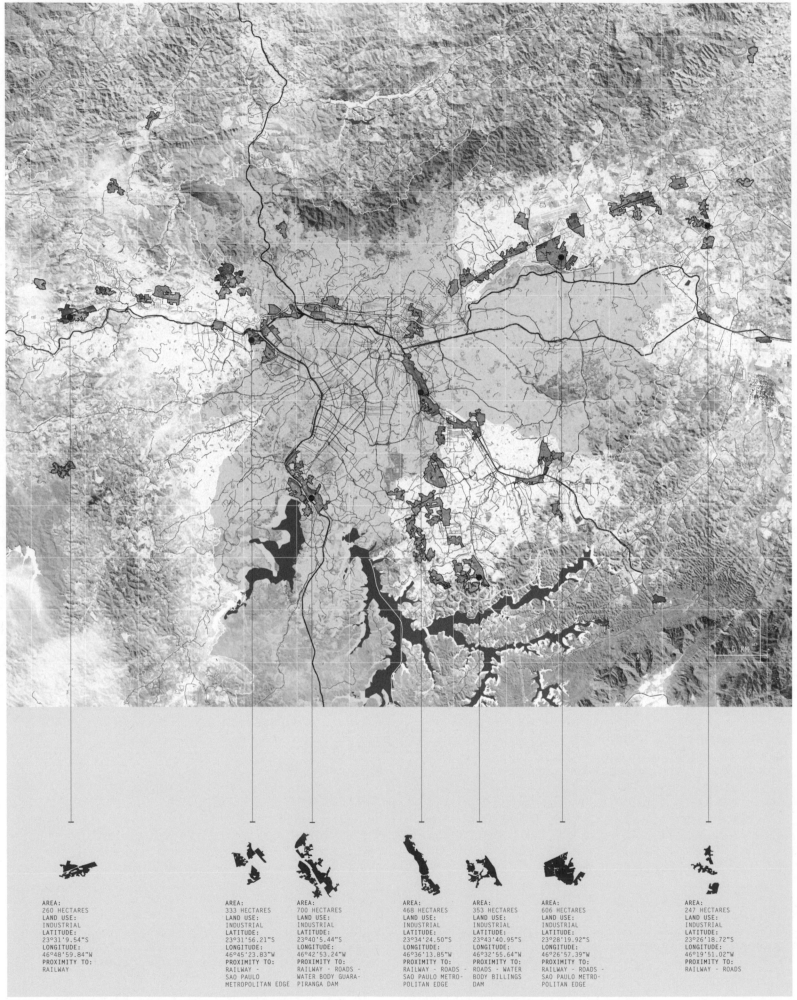

AREA:
260 HECTARES
LAND USE:
INDUSTRIAL
LATITUDE:
23°31'9.54"S
LONGITUDE:
46°48'59.84"W
PROXIMITY TO:
RAILWAY

AREA:
333 HECTARES
LAND USE:
INDUSTRIAL
LATITUDE:
23°31'56.21"S
LONGITUDE:
46°45'23.83"W
PROXIMITY TO:
RAILWAY -
SAO PAULO
METROPOLITAN EDGE

AREA:
700 HECTARES
LAND USE:
INDUSTRIAL
LATITUDE:
23°40'5.44"S
LONGITUDE:
46°42'53.24"W
PROXIMITY TO:
RAILWAY - ROADS -
WATER BODY GUARA-
PIRANGA DAM

AREA:
468 HECTARES
LAND USE:
INDUSTRIAL
LATITUDE:
23°34'24.50"S
LONGITUDE:
46°36'13.85"W
PROXIMITY TO:
RAILWAY - ROADS -
SAO PAULO METRO-
POLITAN EDGE

AREA:
353 HECTARES
LAND USE:
INDUSTRIAL
LATITUDE:
23°43'40.95"S
LONGITUDE:
46°32'55.64"W
PROXIMITY TO:
ROADS - WATER
BODY BILLINGS
DAM

AREA:
606 HECTARES
LAND USE:
INDUSTRIAL
LATITUDE:
23°28'19.92"S
LONGITUDE:
46°26'57.39"W
PROXIMITY TO:
RAILWAY - ROADS -
SAO PAULO METRO-
POLITAN EDGE

AREA:
247 HECTARES
LAND USE:
INDUSTRIAL
LATITUDE:
23°26'18.72"S
LONGITUDE:
46°19'51.02"W
PROXIMITY TO:
RAILWAY - ROADS

São Paulo's industrial land use parcels and their crucial adjacencies.

Terrenos industriais de São Paulo e seus arredores críticos.

even violate basic intuition. As an example, Clawson cites a confusion between "activity" and "vegetative cover": "All land covered with trees…has sometimes been classified as Forest….But certainly not all this land is used for Forestry, in an activity sense of the word, or in the sense of purposeful activity directed toward a desired end."[3] Here, common language obscures the highly standardized terminology of land use. Of the numerous ways in which the relationship between humans and their environment may be projected onto these categories, it is the interpretation that associates human activity with economic productivity that is currently used.

But what does it mean to assume that all definitions of land use are economic? For mid-century thinkers like Clawson, to use land at all meant to transform it in the service of purposeful human activity, to improve it. "Land in a completely natural state," he wrote, "has very little use to modern man [sic]."[4] All uses rework the land's materials in a fashion that makes certain activities more efficient or productive. At one extreme, Clawson uses the example of walking through a natural landscape: the repeated footfalls transform land into a path, making the use of recreation increasingly easier over time. At the other extreme, humans might consolidate capital and coordinate their activities to irrigate soil for crop production. Or, they might level the ground and establish infrastructure in the form of sewers, roadbeds, and electrical connections. In each of these activities, human labor is transformed into material reconfigurations of the land that make its use easier, and more intensive. If the financing of such transformations assumes that economic benefits will ultimately be reaped, Clawson reasons, land use tends toward the production of value.[5]

The economic foundation of land use was widely assumed by those who managed cities. In the same year that Clawson published his study, his colleagues and collaborators in the US Urban Renewal Administration adopted a land use classification scheme along the same lines. The Standard Land Use Coding Manual,[6] or SLUC, contained over 700 categories that approached the topic from an economic perspective. The designers of the scheme attempted to match the categories and descriptions from the Standardized Industrial Classification System (SIC)[7]—a dense set of categories used by the Bureau of Labor Statistics and the Internal Revenue Service to track the various industrial activities in the US economy. From the point of view of the US federal government, land uses were, first and foremost, activities that were economically productive.

If we look at land use through the lens of production, rather than as a mere description of *what* activities occur *where*, we can understand how certain changes in land use were anticipated and in some ways preordained. Transforming the ground through usage prepares it to function more efficiently for that use. In the logic of economic growth assumed by planners and economists, the only seemingly viable direction for land use change was toward greater intensity. To consider other patterns or other directions went against this logic and was not conceivable as a positive evolution of the city. Despite this implied value judgment in land use management, transitions in the other direction do often occur but are still viewed negatively: there is a competing tendency to de-intensify, and indeed cease all productive economic activity. In these cases, land use becomes "idle," or "vacant."

At the time of Clawson's study, land use idleness was difficult to pin down. USDA geographer, James R. Anderson, was concerned by the opacity of land use categories like

apenas aos usos considerados produtivos, a classificação do uso do solo negligencia muitas das maneiras pelas quais o solo pode ser usado pelo homem.

Além disso, as categorias de uso do solo, como definidas oficialmente, podem não estar prontamente evidentes para o observador casual e ainda podem violar a intuição básica. Como exemplo, Marion Clawson menciona a confusão entre "atividade" e "cobertura vegetal": "Todo solo coberto com árvores… foi, em algum momento, classificado como floresta. Mas, certamente, não foi todo usado para a silvicultura, no sentido da atividade da palavra, ou no sentido de atividade intencional voltada para o fim desejado"[3]. Aqui, a linguagem comum obscurece a terminologia altamente padronizada do uso do solo. Das inúmeras maneiras pelas quais a relação entre os seres humanos e o ambiente pode ser projetada nessas categorias, é a interpretação que associa a atividade humana à produtividade econômica atualmente utilizada.

Mas o que significa presumir que todas as definições de uso do solo são econômicas? Para pensadores da metade do século como Marion Clawson, usar o solo significava transformá-lo a serviço da atividade humana intencional, a fim de melhorá-lo. "Solos em estado totalmente natural", escreveu ele, "têm bem pouco uso para o homem moderno [sic]"[4]. Todos os usos retrabalham as substâncias do solo de forma que torne certas atividades mais eficientes ou produtivas. Em um extremo, Clawson usa o exemplo de caminhar em uma paisagem natural: os repetidos passos transformam o solo em caminho, facilitando o lazer cada vez mais ao longo do tempo. No outro extremo, o homem poderia consolidar o capital e coordenar suas atividades para irrigar o solo para a produção de culturas. Ou poderia nivelá-lo e criar infraestrutura sob a forma de esgotos, estradas e redes elétricas. Em cada uma dessas atividades, o trabalho humano é transformado em reconfigurações significativas do solo, facilitando e intensificando o seu uso. Se o financiamento de tais transformações presumir que os benefícios econômicos serão finalmente colhidos, raciocina Clawson, o uso do solo tenderá à produção de valor[5].

O fundamento econômico do uso do solo foi amplamente presumido por aqueles que gerenciavam as cidades. No mesmo ano em que Clawson publicou o estudo, seus colegas e colaboradores da Administração da renovação urbana dos EUA (US Urban Renewal Administration) adotaram um esquema de classificação do uso do solo na mesma linha. O Manual Padronizado de Codificação de Uso do Solo[6], (The Standard Land Use Coding Manual, SLUC), continha mais de 700 categorias, que abordavam o tópico a partir da perspectiva econômica. Os criadores do esquema tentaram combinar as categorias e as descrições do Sistema Padrão de Classificação Industrial (Standardized Industrial Classification, SIC)[7], um conjunto denso de categorias usadas pelo Gabinete de Estatísticas de Trabalho (Bureau of Labor Statistics) e pelo Departamento da Receita Federal dos EUA (Internal Revenue Service) para rastrear as diversas atividades industriais da economia dos EUA. Do ponto de vista do governo federal dos Estados Unidos, os usos do solo eram, em primeiro lugar, atividades economicamente produtivas.

Se observarmos a utilização do solo pelas lentes da produção, em vez de mera descrição de *quais* atividades acontecem *onde*, será possível entender como determinadas mudanças no uso do solo foram previstas e, de algum modo, preordenadas. Transformar o solo, através do uso, o prepara para funcionar de forma mais eficiente. Na lógica do crescimento econômico

"other," and "miscellaneous," and attempted to define idleness more precisely in economic terms[8] where idleness was often said to be the result of "reduced economic demand" for the products of the land.[9] In effect, once the productive activity moved out, the land remained idle, or vacant, for "lack of opportunity for productive use."[10] Similarly, the National Inventory of Soil and Water Conservancy Needs[11] performed by the USDA in the early 1960s attempted to identify the location and causes of idle land but could not come up with a workable definition of idleness or vacancy beyond the lack of "income-yielding" activities.[12] Though it may still contain structures and operational infrastructure, idle land is no longer competitively placed, spatially or economically. Cities like São Paulo saw the abandonment of whole urban areas that were once thriving centers of industrial production. From the logic of capital accumulation, these areas could no longer produce value and fell into disuse. Thus, the classification of land as idle had negative associations. Where economists viewed a tendency toward land use intensification as positive, idleness was equated with blight.

One may, however, interpret idleness differently. In his analysis of the topic, Anderson offered a more nuanced set of categories. Idleness, he argued, was not a monolithic state: "The condition of idleness can best be stated in terms of an area's last, or most obvious, productive use. A subsequent return to economic productivity may be within the previous category of use, although frequently a state of idleness may merely represent a transition period during which a change from one major use to another is occurring."[13] For Anderson, the infrastructure and improvements on an idle parcel would likely drive it back to its previous usage. Therefore, an idle residential block and an idle industrial location should be classified differently. More importantly, however, Anderson argued that idleness offers a possibility of transition to other land uses, therefore, "the physical characteristics of idle land must be recognized."[14] Anderson's concept of idleness, or vacancy, acknowledged the persistent presence of previous land use improvements in the form of infrastructure and buildings, but also suggested that these features were no longer viable from a purely economic perspective. In this misalignment one can begin to identify the motive force for new urban programs and forms. Idleness here ironically points to the type of dynamic activity that defines contemporary urbanism, and yet somehow slips through the cracks of our datasets.

PROSPECT

The category of idleness may allow designers and planners to harness the urban processes outside of standard land use models—processes that create transitions to new and valuable urban forms. Such a mindset would acknowledge that urbanism is dynamic and always evolving. From this point of view, the design of a site would include the multiple ways that it may continue to evolve. Contemporary datasets could make this dynamism explicit by depicting the numerous possible futures that a site may have independent of any single land use. Designers and planners could orient data away from mere land use *inventory*, and toward new urban *prospecting*.

How might this be done practically? Prospect, or the possibility of land use, was, in fact, at the heart of Clawson's

presumida pelos planejadores e economistas, a única direção aparentemente viável para a mudança do uso do solo foi no sentido de mais intensidade. Considerar outros padrões ou outras direções ia contra essa lógica e não era concebível como evolução positiva da cidade. Apesar desse juízo de valor implícito no gerenciamento do uso do solo, as transições no sentido contrário ocorrem frequentemente, e ainda são vistas como negativas: há uma tendência conflitiva de desintensificar e, de fato, cessar toda a atividade econômica produtiva. Nesses casos, o uso do solo torna-se "ocioso" ou "inativo".

Na época do estudo de Clawson, era difícil identificar a ociosidade do uso do solo. O geógrafo do Departamento de Agricultura dos EUA (USDA), James R. Anderson, estava preocupado com a opacidade das categorias de uso do solo como "outros" e "variados", e tentou definir a ociosidade mais precisamente, em termos econômicos[8], pois acreditava-se que ela seria o resultado de "demanda econômica reduzida" para os produtos do solo[9]. Na verdade, uma vez que a atividade produtiva se deslocou, o solo permaneceu ocioso ou inativo, por "falta de oportunidade de uso produtivo"[10]. Da mesma forma, o levantamento nacional das necessidades de conservação do solo e da água[11], conduzido pelo USDA, no início da década de 1960, buscou identificar a localização e as causas do solo ocioso, mas não chegou a uma definição viável de ociosidade ou inatividade, além da falta de atividades "geradoras de renda"[12]. Embora ainda possa conter estruturas e infraestruturas operacionais, o solo ocioso não é mais competitivo, espacial ou economicamente falando. Cidades como São Paulo viram o abandono de áreas urbanas inteiras, que um dia foram prósperos centros de produção industrial. Da lógica da acumulação de capital, essas áreas já não podiam produzir valor e caíram em desuso. Assim, a classificação do solo como ocioso teve associações negativas. Onde os economistas consideravam positiva a tendência para a intensificação do uso do solo, a ociosidade era equiparada à ruína.

No entanto, pode-se interpretar a ociosidade de forma diferente. Em sua análise do tema, Anderson ofereceu um conjunto de categorias mais variadas. A ociosidade, argumentou, não era um estado monolítico: "A condição de ociosidade pode ser mais bem definida em termos do último ou mais óbvio uso produtivo de uma área. Um retorno subsequente à produtividade econômica pode fazer parte da categoria anterior de uso, embora, frequentemente, o estado de ociosidade possa representar apenas um período de transição, durante o qual a mudança de um uso importante para outro esteja ocorrendo"[13]. Para Anderson, a infraestrutura e as melhorias em um terreno inativo, provavelmente, o levarão de volta ao seu uso anterior. Portanto, um bloco residencial e um ponto industrial ociosos devem ser classificados de formas diferentes. Mais importante ainda, no entanto, Anderson argumentou que a ociosidade oferece a possibilidade de transição para outros usos do solo. Portanto, "as características físicas do solo ocioso devem ser reconhecidas"[14]. O conceito de ociosidade ou inatividade, de Anderson, reconheceu a presença persistente de melhorias anteriores no uso do solo, sob a forma de infraestrutura e edifícios, mas também sugeriu que essas características não eram mais viáveis a partir de perspectivas puramente econômicas. No âmbito desse desalinhamento, pode-se começar a identificar a força motriz de novos programas e formas urbanas. A ociosidade aqui, ironicamente, aponta para o tipo de atividade dinâmica que define o urbanismo contemporâneo e, de alguma forma, desliza pelas rachaduras dos dados.

1965 study. There, he acknowledged a general and important criticism of standard land use categories: "It might be argued that the classifier is, or should be, more interested in those characteristics of land which lead to specific activities, *or which might do so*, than in the activities themselves (italics mine)."[15] From this perspective, the urban data collector would study the soil, geology, slope, vegetative cover, and proximity to water in an attempt to gauge why certain land uses appeared where they did. Clawson agreed that this information would be useful but discussed the difficulty of data collection: "The natural qualities of land are many, indeed almost infinite if one includes variations in magnitudes, as well as differences in character."[16] Furthermore, Clawson argued that there is much outside of the land itself that locates urban programs and that many of these causes are irrational.[17] His rebuttal to studying underlying causes highlights a latent mid-century assumption: such a study would need to establish strict determination between land features and land use. As such, Clawson was correct that this approach would be hotly debated. He did not, however, need to assume determinism outright, as a more agile understanding of the relationship between land and its possible use would have highlighted many urban processes that fall outside of the trajectories of growth and intensification.

With a more contemporary mindset, a prospecting urban data collector would avoid the determinism between land and usage that was assumed, and discounted, by Clawson. Instead, one could establish this relationship in a more speculative fashion by employing the concept of *functional affordances*. Developed by psychologist J.J. Gibson contemporaneously with Clawson's land use research, *affordances* map the relationship between features in the physical world and the activities in which humans wish to engage. According to Gibson, humans detect how the constant properties of objects in the world may be harnessed to achieve particular goals: "What things furnish, for good or ill. What they afford the observer, after all, depends on their properties…he [*sic*] learns what objects can be used as the means to obtain a goal, or to make other desirable objects."[18] Viewed this way, the particular features of a parcel would afford certain land use activities more readily than others, including uses not yet imagined. In addition to the natural features of the land, improvements embedded in a parcel by previous uses would comprise its properties: grading changes, various infrastructures, building stock. These characteristics may not fully determine the future establishment of any particular land use, but they would certainly afford them. By slightly rethinking what our land use datasets measure, we could invoke multiple future land uses, each with varying probability, based on the land's capacity to support that activity. A dataset such as this would retain the idea of urban dynamism, uncertainty, and experimentation.

A "Land Use Prospect" dataset may seem like a radical departure from the current regimes of data production and usage but it is already embedded in our current practices as evidenced by Clawson's 1965 study. Given the variety of ways in which a single parcel of land could be put to use, Clawson acknowledged that it would be difficult to observe land use directly. Instead, one would infer it by studying the various improvements made to land:

> If one sets out to make a land use survey in some city, for instance, he is likely to establish as one land use class, "single family dwellings"; but this is in turn dependent upon a particular type of improvement on the land. Or one may

PROSPECÇÃO

A categoria de ociosidade pode permitir que projetistas e planejadores aproveitem os processos urbanos fora dos modelos padrão de uso do solo – processos que criam transições para novas e importantes formas urbanas. Essa mentalidade reconheceria que o urbanismo é dinâmico e evolui sempre. Desse ponto de vista, o projeto de um local incluiria as múltiplas formas pelas quais poderia continuar evoluindo. Conjuntos de dados contemporâneos poderiam explicitar esse dinamismo, ao descrever as inúmeras possibilidades que um local pode ter independentemente do uso do solo. Projetistas e planejadores poderiam conduzir as informações para que não sejam meros *levantamentos* de uso do solo, mas novas *prospeções* urbanas.

Como se faz isso de forma prática? A prospecção ou a possibilidade de uso do solo, estava, de fato, no coração do estudo de Clawson em 1965. No estudo, ele reconheceu uma crítica geral e importante das categorias padrão de uso do solo: "Pode-se argumentar que o classificador está ou deveria estar mais interessado nas características do solo que levem a atividades específicas, *ou que poderiam levar*, do que nas atividades em si (grifo meu)"[15]. A partir dessa perspectiva, aquele que coleta dados urbanos estudaria o solo, a geologia, a inclinação, a cobertura vegetal e a proximidade da água, na tentativa de avaliar por que certos usos do solo apareceram onde apareceram. Clawson concordou que essas informações seriam úteis, mas discutiu a dificuldade da coleta de dados: "As qualidades naturais do solo são muitas, de fato, quase infinitas, se forem incluídas as variações de magnitude, bem como as diferenças de caráter"[16]. Além disso, ele argumentou que há muito fora do próprio solo que localiza programas urbanos, e que muitas dessas causas são irracionais[17]. Sua refutação para estudar causas subjacentes destaca uma suposição latente da metade do século: esse estudo precisaria estabelecer determinação rígida entre os recursos e o uso do solo. Como tal, Clawson estava certo de que essa abordagem seria muito debatida. No entanto, ele não precisou presumir abertamente o determinismo, uma vez que a compreensão mais ágil da relação entre o solo e seu possível uso teria destacado muitos processos urbanos que ficam fora das trajetórias de crescimento e intensificação.

Com mentalidade mais contemporânea, aquele que coleta dados urbanos de prospecção evitaria o determinismo entre o solo e o uso que lhe foi presumido e desconsiderado por Clawson. Em vez disso, essa relação poderia ser estabelecida de forma mais especulativa, empregando o conceito de *reconhecimento funcional*. Desenvolvido pelo psicólogo J.J. Gibson, contemporaneamente à pesquisa de uso do solo, de Clawson, o *reconhecimento* mapeia a relação entre as características no mundo físico e as atividades nas quais o homem deseja se envolver. De acordo com Gibson, os seres humanos identificam como as propriedades constantes dos objetos do mundo podem ser aproveitadas para alcançar objetivos específicos: "O que as coisas fornecem, para o bem ou para o mal. O que elas oferecem ao observador, afinal, depende das suas propriedades... ele [*sic*] aprende quais objetos podem ser usados como meios para atingir um objetivo ou para criar outros objetos desejáveis"[18]. Vistas dessa maneira, as características particulares de um terreno proporcionariam certos usos do solo mais facilmente do que outros, incluindo usos ainda não imaginados. Além das características naturais do solo, as melhorias incorporadas a um terreno por usos anteriores compreenderiam suas propriedades: mudanças de

delineate commercial areas separately, and these, too, have improvements of identifiable types...often one notes the kind of improvement and infers the use that accords with it.[19]

Buildings, infrastructure, and terrain all give evidence as to present land use, and more importantly, to the various future forms that it may take on. The evidence used to create present land use inventories could also be used to speculate on land use possibility. Land use data that recognized the persistent dynamism of urbanity would treat every idle plot as a potential, and every vacancy as a transition.

The formerly industrial landscape of São Paulo might provide an ideal laboratory for testing the efficacy of "prospective" approaches to land use planning and urban design. The transition from an industrial economy to finance and service is already accelerating the dynamics of São Paulo's land use requirements. Imagining at each stage of development how the current configuration of structure, infrastructure, and land features could give rise to numerous and unanticipated land uses will provide new lessons for planners and urban designers. Our datasets could reflect our evolving understanding of how forms of urbanism emerge, adapt, and persist.

classificação, variadas infraestruturas e estoque de construção. Essas características podem não definir completamente o futuro estabelecimento de determinado uso do solo, mas certamente o permitiria. Ao repensar ligeiramente o que os dados de uso do solo medem, seria possível invocar múltiplos usos, cada um com probabilidades variáveis, com base na capacidade do solo para apoiar essa atividade. Um conjunto de dados como esse manteria a ideia de dinamismo urbano, incerteza e experimentação.

Um conjunto de dados de "prospecção de uso do solo" pode parecer uma saída radical dos regimes atuais de produção e uso de dados, mas já está incorporado nas práticas atuais, conforme evidenciado pelo estudo de Clawson em 1965. Dada a variedade de maneiras pelas quais um único terreno poderia ser usado, Clawson reconheceu que seria difícil observar diretamente o uso do solo. Em vez disso, poderia ser inferido pelo estudo das várias melhorias feitas nele:

> se alguém se propuser a fazer uma pesquisa de uso do solo em uma cidade, por exemplo, provavelmente estabelecerá como uma das categorias de uso do solo as "residências unifamiliares". Mas isso, por sua vez, dependerá de um tipo particular de melhoria do solo. Ou seria possível delinear áreas comerciais separadamente, e essas também receberem melhorias de tipos identificáveis...muitas vezes, nota-se o tipo de melhoria e infere-se o uso que está de acordo com ele[19].

Os edifícios, a infraestrutura e o terreno evidenciam o uso atual do solo e, mais importante, as várias formas futuras que poderão assumir. A evidência utilizada para criar os levantamentos atuais de uso do solo também poderia ser usada para especular sobre a possibilidade de uso do solo. Os dados de uso do solo que reconheceram o dinamismo persistente da urbanidade tratariam todo terreno ocioso como uma possibilidade, e toda inatividade como transição.

A antiga paisagem industrial de São Paulo poderia fornecer um laboratório ideal para testar a eficácia das abordagens "prospectivas" para o planejamento do uso do solo e o projeto urbano. A transição da economia industrial para finanças e serviços já está acelerando a dinâmica dos requisitos de uso do solo de São Paulo. Imaginar, em cada estágio de desenvolvimento, como a configuração atual de estrutura, infraestrutura e recursos do solo poderia dar origem a inúmeros e imprevistos usos do solo oferecerá novos aprendizados a planejadores e projetistas urbanos. Os conjuntos de dados podem refletir a evolução da compreensão de como as formas de urbanismo emergem, se adaptam e persistem.

1 Marion Clawson, with Charles Stewart, *Land Use Information: A Critical Survey of U.S. Statistics Including Possibilities for Greater Uniformity* (Baltimore: The Johns Hopkins Press, 1965).
2 Clawson, *Land Use Information*, 14.
3 Ibid., 17.
4 Ibid., 18.
5 Ibid., 18–20.
6 US Urban Renewal Administration, US Bureau of Public Roads, Standard Land Use Coding Manual: A Standard System for Identifying and Coding Land Use Activities (Washington DC: US Government Printing Office, 1965).
7 Isidore Bogdanoff, 1958 Census Of Manufactures: Numerical List Of Manufactured Products, 1958 Census Products Coded To The 1957 Standard Industrial Classification System (Washington DC: US Government Printing Office, 1960).
8 James R. Anderson, "The Dilemma of Idle Land in Mapping Land Use," *The Professional Geographer* 14, no. 3 (1962): 16–18.
9 Clawson, *Land Use Information*, 23.
10 Ibid.
11 USDA Conservation Needs Inventory Committee, Basic Statistics of the National Inventory of Soil and Water Conservation Needs (Washington DC: US Department of Agriculture, 1962), 9–10.
12 Anderson, "Dilemma of Idle Land," 17.
13 Ibid., 18.
14 Ibid.
15 Clawson, *Land Use Information*, 15.
16 Ibid.,16.
17 Ibid.,17.
18 James J. Gibson, *The Senses Considered as Perceptual Systems* (Boston: Houghton Mifflin, 1967), 285.
19 Clawson, *Land Use Information*, 20–21.

1 Marion Clawson, com Charles Stewart, *Land Use Information: A Critical Survey of U.S. Statistics Including Possibilities for Greater Uniformity* (Baltimore: The Johns Hopkins Press, 1965).
2 Clawson, *Land Use Information*, 14.
3 Ibid., 17.
4 Ibid., 18.
5 Ibid., 18–20.
6 Administração da renovação urbana dos EUA, Gabinete de vias públicas dos EUA (US Bureau of Public Roads), Standard Land Use Coding Manual: A Standard System for Identifying and Coding Land Use Activities (Washington DC: Gabinete de Imprensa do Governo dos EUA, 1965).
7 Isidore Bogdanoff, 1958 Census Of Manufactures: Numerical List Of Manufactured Products, 1958 Census Products Coded To The 1957 Standard Industrial Classification System (Washington DC: Gabinete de Imprensa do Governo dos EUA, 1960).
8 James R. Anderson, "The Dilemma of Idle Land in Mapping Land Use," *The Professional Geographer* 14, nº 3 (1962): 16–18.
9 Clawson, *Land Use Information*, 23.
10 Ibid.
11 Comitê de levantamento das necessidades de conservação do USDA, Basic Statistics of the National Inventory of Soil and Water Conservation Needs (Washington DC: Departamento de Agricultura dos EUA, 1962), 9–10.
12 Anderson, "Dilemma of Idle Land," 17.
13 Ibid., 18.
14 Ibid.
15 Clawson, *Land Use Information*, 15.
16 Ibid.,16.
17 Ibid.,17.
18 James J. Gibson, *The Senses Considered as Perceptual Systems* (Boston: Houghton Mifflin, 1967), 285.
19 Clawson, *Land Use Information*, 20–21.

City of Spreads and Densities

Cidade de expansões e densidades

"City of Spreads and Densities" describes the post-World War II roadways and mobility infrastructure networks that have shaped the São Paulo metropolitan region and its connections with both the interior of the state and the coast. It visualizes the scalar incongruences between regional and metropolitan corridors and the different urban grids that make up the city fabric—a discrepancy resulting from the city's condition as a node between the resource-rich regions in the state's interior and the port of Santos, Brazil's major gateway to economic markets. Further, this subsection examines key urban projects in the city that have successfully mediated between large-scale mobility corridors and the scale of the city block, a geographic unit that continues to be of great importance for the São Paulo metropolitan region.

The urbanization of São Paulo following World War II cannot be explained without examining the broader urban transformation of the state of São Paulo. More specifically, one must consider the transformation of the southern Paraná River from a free-flowing floodplain into a constellation of dams and reservoirs, tasked with providing a steady source of electricity to a city destined to become the manufacturing capital of Latin America. Running on a platform that targeted four specific areas—energy, transportation, agriculture, and industry—President Juscelino Kubitschek (1956–1961) saw in the state of São Paulo the ideal setting to test the objectives of his flagship plan. In doing so, he transformed a sleepy agricultural hinterland into a new working landscape directly connected to the economic enterprises of the city of São Paulo. Today, the territorial morphology of the state directly reflects this mid-century national agenda. A laminate of highways, rail lines, channelized rivers, dams, reservoirs, electricity lines, and agro-industrial complexes make up the territory west of São Paulo. Moreover, many of these infrastructures—mainly highways and rail lines cut across São Paulo as they continue towards the port city of Santos—inscribe a territorial scale within the boundaries of São Paulo

"Cidade de expansões e densidades" descreve as rodovias após a Segunda Guerra Mundial e as redes de infraestrutura de mobilidade que moldaram a região metropolitana de São Paulo e suas conexões com o interior do estado e o litoral. O texto visualiza as incongruências escalares entre os corredores regionais e metropolitanos e as diferentes redes urbanas que compõem o tecido da cidade: uma discrepância resultante da condição da cidade como um nó entre as regiões ricas em recursos do interior do estado e o Porto de Santos, o principal portal de entrada do Brasil para os mercados econômicos. Além disso, analisa os principais projetos urbanos da cidade, que foram mediados com êxito entre os corredores de mobilidade de grande porte e a escala do quarteirão da cidade, uma unidade geográfica que continua a ser de grande importância para a região metropolitana de São Paulo.

A urbanização de São Paulo após a Segunda Guerra Mundial não pode ser explicada sem que se examine a mais ampla transformação urbana do estado de São Paulo. Mais especificamente, deve-se considerar a transformação do rio Paraná do sul, de uma planície de fluxo livre para uma constelação de represas e reservatórios, com a incumbência de ser fonte constante de eletricidade para uma cidade destinada a se tornar a capital da manufatura da América Latina. Concorrendo em uma plataforma que tinha como objetivo quatro áreas específicas: energia, transporte, agricultura e indústria, o presidente Juscelino Kubitschek (1956–1961) viu no estado de São Paulo o cenário ideal para testar os objetivos de seu plano emblemático. Ao fazê-lo, transformou o pacato interior agrícola em nova paisagem trabalhadora, diretamente ligada aos empreendimentos econômicos da cidade de São Paulo. Hoje, a morfologia territorial do estado reflete diretamente essa agenda nacional do meio do século. Um conjunto de rodovias, linhas ferroviárias, rios canalizados, barragens, reservatórios, linhas elétricas e complexos agroindustriais constituem o território a oeste de São Paulo. Além disso, muitas dessas infraestruturas, principalmente as rodovias e as linhas

proper and its metropolitan region. Many roads that in their origin circumscribed or bypassed the city are today part of its hyper-center, establishing connections at a regional scale, yet creating major divides at the scale of the city.

The footprint of large-scale mobility infrastructures in the city brings many significant challenges to São Paulo, of which three are most salient. One, is the persistence of small urban districts that stand as islands circumscribed by overdimensioned roads. While coherent in themselves, these isolated neighborhoods lack broader pedestrian connectivity. Two, is the formation of large mobility spines that accommodate most of the city's traffic regardless of speed and distance traveled. As they exist today, these corridors cannot rely on the advantages of a more distributed, gridded network, becoming a major source of traffic jams in the metropolitan area. Three, the city's wider roads have followed the path of least resistance, which in most cases coincides with the city's floodplain. Therefore, rivers have been hijacked by postwar single-use mobility infrastructures and rendered completely utilitarian, as in the case of the Pinheiros, Tamanduateí, and Tietê rivers, whose collective presence as a body of water is invisible in the present-day city. Today, as many of these infrastructures are reaching their built-in expiration dates, the moment is ripe for the city to conceive a new attitude towards mobility and hydrology concurrently. It is necessary here to rethink the city's mobility network less as an autonomous and mono-functional system, and more as the backbone of a larger urban project where mobility, hydrology, open space, and urban density come together to improve the quality of city life. In this system, rivers can serve as amenities rather than highway depots.

While the scale of the general mobility network in São Paulo sits at odds with other urban elements, one can still find punctual design interventions within the city that provide valuable clues on how mobility infrastructure can be better integrated with other aspects of city life. The Estádio Municipal Paulo Machado de Carvalho (Pacaembu), the Museu de Arte de São Paulo sitting above the Nove de Julho tunnel, and the Centro Cultural São Paulo all achieve a successful synthesis between mobility infrastructure, urban programs, and public space.

Designed and implemented in the 1930s by F. P. Ramos de Azevedo on land donated by the City of São Paulo Improvements and Freehold Land Company Limited (Cia City), the proposal for the Estádio Paulo Machado leverages the

ferroviárias que atravessam São Paulo, em sua rota em direção à cidade portuária de Santos, inscrevem uma escala territorial dentro dos limites de São Paulo e sua região metropolitana. Muitas vias que, em sua origem, circunscreveram ou ultrapassaram a cidade, hoje, fazem parte do seu hipercentro, estabelecendo conexões de escala regional, criando ainda divisões importantes na dimensão da cidade.

A pegada ecológica das infraestruturas de mobilidade de grande porte na cidade impõe muitos desafios importantes para São Paulo, entre os quais três se destacam. O primeiro deles é a persistência dos pequenos bairros urbanos, que se mantêm como ilhas circunscritas por vias superdimensionadas. Embora coerentes em si, esses bairros isolados não têm ampla conectividade para pedestres. O segundo é a formação de grandes espinhas dorsais de mobilidade, que atendem à maior parte do tráfego da cidade, independentemente da velocidade e da distância percorrida. Da forma como existem hoje, esses corredores não podem contar com as vantagens de uma rede mais distribuída, tornando-se uma importante causa de engarrafamentos na área metropolitana. O terceiro: as vias mais largas da cidade seguiram o caminho de menos resistência que, na maioria dos casos, coincide com a planície aluvial da cidade. Portanto, alguns rios foram sequestrados pelas infraestruturas de mobilidade de uso único após a guerra e tornaram-se completamente utilitários, como no caso dos rios Pinheiros, Tamanduateí e Tietê, cuja presença coletiva como um corpo de água é invisível na atual cidade. Hoje, como muitas dessas infraestruturas estão atingindo seus prazos de validade intrínsecos, o momento é adequado para que a cidade conceba nova atitude em relação à mobilidade e à hidrologia simultaneamente. É necessário refletir sobre a rede de mobilidade da cidade, menos como um sistema autônomo e monofuncional e mais como a espinha dorsal de um projeto urbano mais amplo, onde a mobilidade, a hidrologia, o espaço aberto e a densidade urbana se unem para melhorar a qualidade da vida na cidade. Nesse sistema, os rios funcionam como comodidades em vez de terminais rodoviários.

Embora a dimensão da rede de mobilidade geral em São Paulo esteja em desacordo com outros elementos urbanos, ainda se pode encontrar intervenções de design pontuais na cidade, que fornecem pistas valiosas sobre como a infraestrutura de mobilidade pode ser mais bem integrada aos demais aspectos da vida da cidade. O Estádio Municipal Paulo Machado de Carvalho (Pacaembu), o Museu de Arte de São Paulo, localizado acima do

area's steep topography into cascading strategy where the stadium seating follows the contour of the land. Occupying the middle ground between Paulo Passaláqua and Itápolis streets, the project introduces a monumental space that ties together both sides of the Pacaembu neighborhood. Conceived as an urban amenity that would raise the value of adjacent land owned by Cia City, the project seamlessly brings together road, open space, and civic form.

The urban ensemble formed by the Túnel Nove de Julho (1938), the Parque Trianon (1915, with its original belvedere), and the Museu de Arte de São Paulo (1968) effectively links the scale of the car to the pedestrian scale while also introducing high-quality public spaces. The tunnel, designed by engineer Domingos Marchetti, established an efficient connection between the Bela Vista and Jardins neighborhoods, two parts of the city that had been previously disconnected by extreme topography. Further, it created an astonishing forced perspective from the belvedere above. Designed by F. P. Ramos de Azevedo, the belvedere gained an impressive view of Bela Vista through the right of way of the avenue, becoming an iconic point in a city that was rapidly embracing the age of the car. This iconographic quality is further accentuated by Lina Bo Bardi's art museum, which replaced parts of the belvedere. By lifting the building from the ground, Bo Bardi preserved the public space on top of the hill and further accentuated the impressive view of Bela Vista from Paulista Avenue. Though today many of these pieces require restoration—particularly the open spaces that surround the museum—the ensemble continues to work effectively as both a mobility corridor and an important public space for Paulistas.

Capitalizing on space created by leftover geometries from heavyweight mobility infrastructure projects such as the construction of a metro line and the expansion of Avenida 23 de Maio, the Centro Cultural São Paulo (CCSP) demonstrates how architecture can construct a high-quality collective urban space by delivering formal and programmatic definition to residual urban sites. Designed by Eurico Prado Lopes and Luiz Telles, and built in the late 1970s, the CCSP is today one of the most important multicultural centers in the city. Notably influenced by the Centre Pompidou in Paris—both in its technological dimension and in its ability to democratize public space through iconic architecture—the CCSP was conceived as a large urban artifact that negotiates an extreme sectional

túnel Nove de Julho, e o Centro Cultural São Paulo, todos atingem uma síntese bem-sucedida entre a infraestrutura de mobilidade, os programas urbanos e o espaço público.

Projetado e implementado na década de 1930, por F. P. Ramos de Azevedo, em terras doadas pela City of São Paulo Improvements e Freehold Land Company Limited (Cia City), a proposta para o Estádio Paulo Machado aproveita a topografia íngreme da região em estratégia de cascata, em que os assentos do estádio seguem o contorno do terreno. Ocupando o meio termo entre as ruas Paulo Passaláqua e Itápolis, o projeto apresenta um espaço monumental, que une os dois lados do bairro Pacaembu. Concebido como uma comodidade urbana que elevaria o valor dos terrenos adjacentes, pertencentes à Cia City, o projeto reúne perfeitamente a rua, o espaço aberto e a forma cívica.

O conjunto urbano formado pelo Túnel Nove de Julho (1938), o Parque Trianon (1915, com o seu belvedere original) e o Museu de Arte de São Paulo (1968), efetivamente, liga a escala do carro à do pedestre, enquanto também acrescenta espaços públicos de alta qualidade. O túnel, projetado pelo engenheiro Domingos Marchetti, estabeleceu uma conexão eficiente entre os bairros Bela Vista e Jardins, duas partes da cidade que anteriormente estavam desconectadas pela topografia extrema. Além disso, criou uma surpreendente perspectiva forçada a partir do belvedere acima. Projetado por F. P. Ramos de Azevedo, o belvedere ganhou uma visão impressionante da Bela Vista através do percurso da direita da avenida, tornando-se um ponto icônico em uma cidade que estava rapidamente adotando a era dos automóveis. Essa qualidade iconográfica é ainda mais acentuada pelo museu de arte de Lina Bo Bardi, que substituiu partes do belvedere. Ao tirar o prédio do chão, Bo Bardi preservou o espaço público e acentuou ainda mais a impressionante visão da Bela Vista a partir da Avenida Paulista. Embora hoje muitas dessas peças requeiram restauração, particularmente o vão livre que cerca o museu, o conjunto continua a funcionar efetivamente, tanto como um corredor de mobilidade como um importante espaço público para os paulistanos.

Capitalizando o espaço deixado por geometrias de projetos de infraestrutura de mobilidade pesada, como a construção de uma linha de metrô e a expansão da Avenida 23 de Maio, o Centro Cultural São Paulo (CCSP) demonstra como a arquitetura pode criar espaços urbanos coletivos de alta qualidade, por meio de definições formais e

difference in elevation, and gives spatial definition to the leftover spaces from two mobility corridors and an underground metro line. At once an object and an integral component of the infrastructural landscape, the CCSP is one of the most inventive pieces of architecture in the Americas—a vital concourse at the confluence of mobility infrastructure and collective space.

Today, as the city confronts an aging twentieth-century mobility infrastructure, there are many sites in the city that could learn from the projects described above. Chief among them is the Parque Dom Pedro II. Originally an important public space adjacent to the Tamanduateí River, it is now largely obscured by bus stations and flying ramps. In re-examining the role of mobility in São Paulo, the city should consider relocating the bus station outside of the city center, reducing the scale of roads adjacent to the park, and giving the space back to the river and to the people of São Paulo. Parque Dom Pedro II is an ideal place to spearhead a project that brings together mobility, hydrology, and public space, and serve as the springboard for a larger and more systematic reorganization of mobility infrastructure in the city.

programáticas de pontos urbanos residuais. Projetado por Eurico Prado Lopes e Luiz Telles e construído no final da década de 1970, o CCSP é hoje um dos centros multiculturais mais importantes da cidade. Especialmente influenciado pelo Centro Pompidou de Paris, tanto na sua dimensão tecnológica como na sua capacidade de democratizar espaços públicos por meio da arquitetura icônica, o CCSP foi concebido como um grande artefato urbano que negocia uma extrema diferença seccional em elevação e concede uma definição espacial aos espaços que sobram de dois corredores de mobilidade e uma linha de metrô subterrânea. Ao mesmo tempo, um objeto e um componente integral da paisagem infraestrutural, o CCSP é uma das peças arquitetônicas mais inventivas das Américas: um espaço público vital na confluência da infraestrutura de mobilidade e do espaço coletivo.

Atualmente, à medida que a cidade enfrenta a antiga infraestrutura de mobilidade do século XX, existem muitos locais na cidade que poderiam aprender com os projetos descritos. O principal deles é o Parque Dom Pedro II. Originalmente, um importante espaço público adjacente ao rio Tamanduateí, que hoje está obscurecido, em grande parte, por estações de ônibus e rampas suspensas. Ao reexaminar o papel da mobilidade em São Paulo, a cidade deveria considerar retirar as rodoviárias do centro da cidade, reduzindo a escala de vias adjacentes ao parque e devolvendo o espaço ao rio e à população de São Paulo. O Parque Dom Pedro II é o lugar ideal para liderar um projeto que reúna mobilidade, hidrologia e espaço público, além de servir de trampolim para reorganizar, de forma mais ampla e mais sistemática, a infraestrutura de mobilidade da cidade.

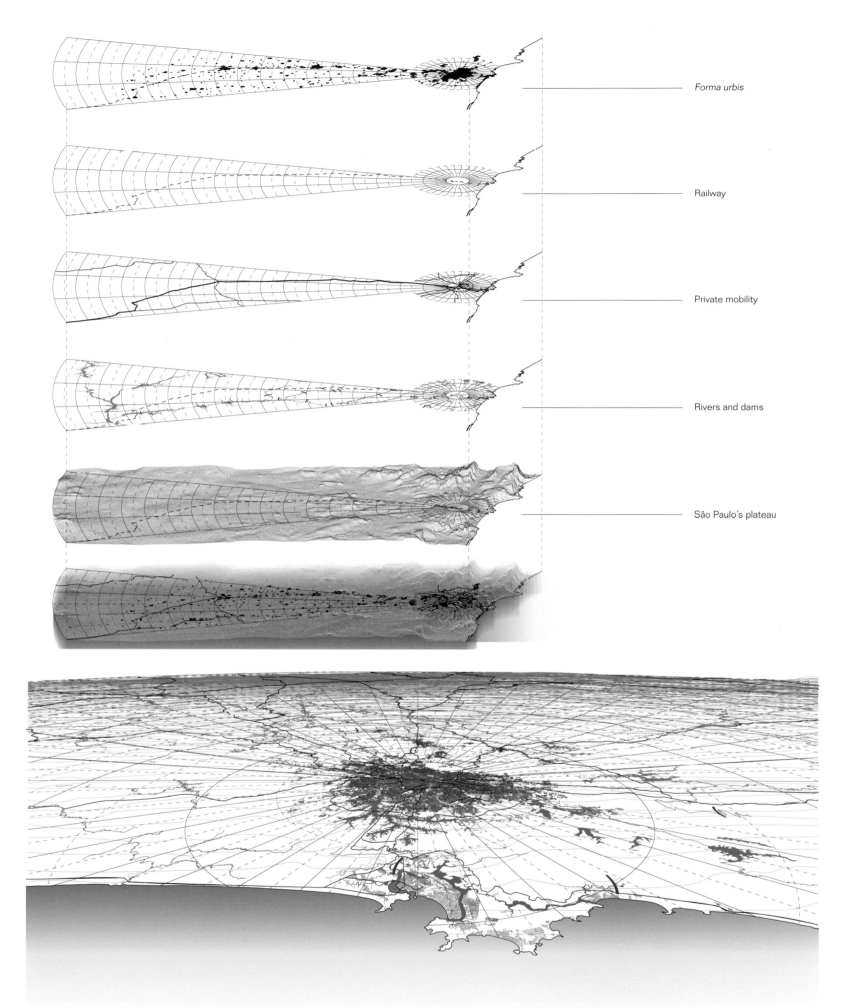

Forma urbis

Railway

Private mobility

Rivers and dams

São Paulo's plateau

Layered analysis of mobility networks that cross São Paulo, connecting Santos with the interior.

Análises sobrepostas das redes de mobilidade que cruzam São Paulo, conectando Santos e o interior.

A

Aerial view of Avenida 23 de Maio showing the future site of the Centro Cultural São Paulo (lower right).

Vista aérea da Avenida 23 de Maio, mostrando o futuro local do Centro Cultural São Paulo (em baixo, à direita).

103   A

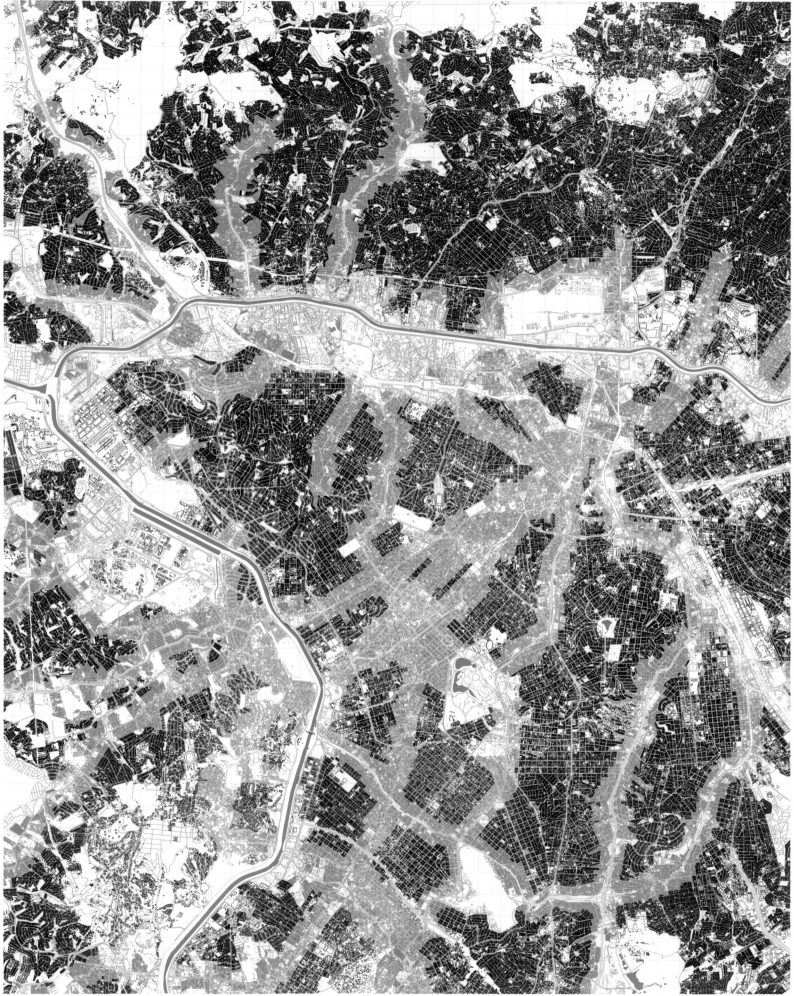

Plan showing the urban fragments created by major mobility corridors that cut through the city.

Plano que mostra os fragmentos urbanos criados pelos principais corredores de mobilidade que cortam a cidade.

Layered plan and sections showing the relationships between topography, mobility, and the city's main rivers.

Plano e partes sobrepostos, mostrando as relações entre a topografia, a mobilidade e os principais rios da cidade.

A

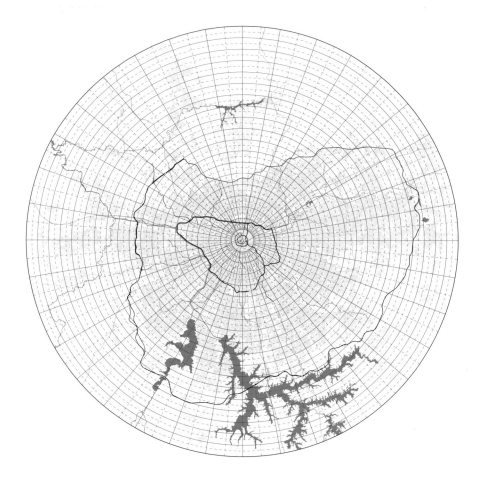

Radial analysis at a metropolitan scale showing the scalar discrepancies between the inner ring road and the outer ring road.

Análise radial em escala metropolitana, mostrando as discrepâncias escalares entre o anel interno e o externo.

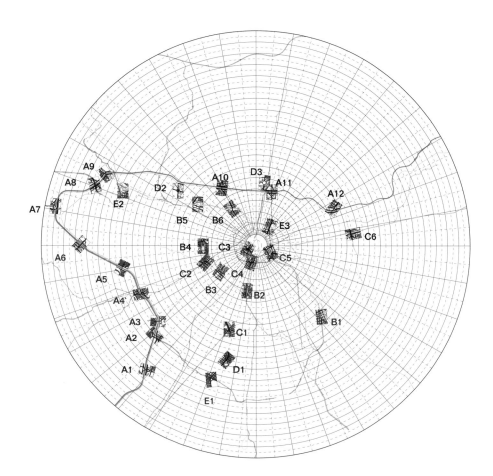

A Adjacent to river
B Infill between infrastructure
C Complex intersections
D Simple intersections
E Underutilized spaces

Radial analysis showing the geometries of mobility infrastructure at key intersections.

Análise radial, mostrando as geometrias da infraestrutura de mobilidade nas principais interseções.

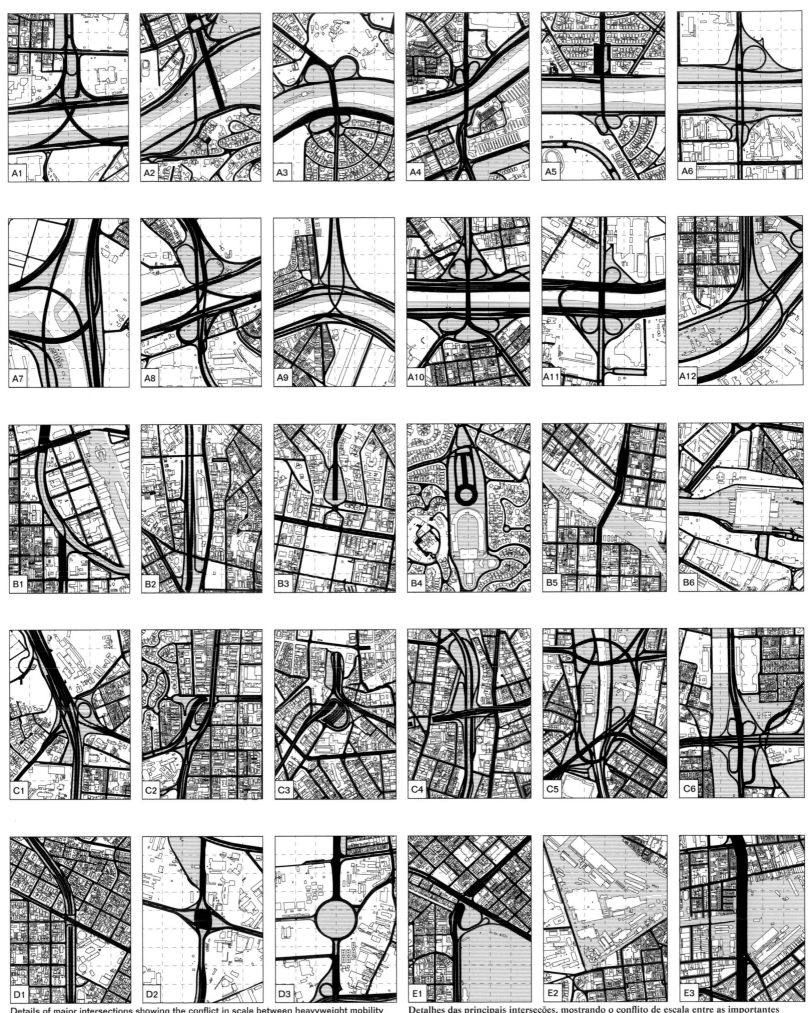

Details of major intersections showing the conflict in scale between heavyweight mobility networks and city fabric.

Detalhes das principais interseções, mostrando o conflito de escala entre as importantes redes de mobilidade e o tecido urbano.

Estádio Municipal Paulo Machado de Carvalho.

Dom Pedro II Park.

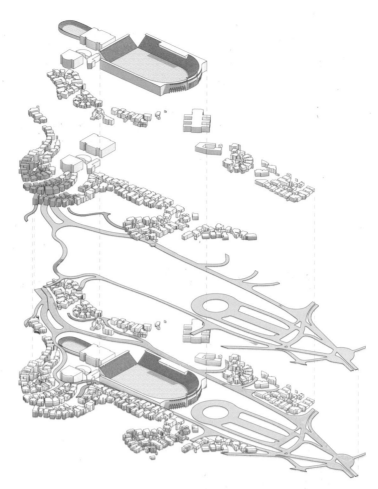

Estádio Municipal Paulo Machado de Carvalho.

Estádio Municipal

Rua Maj. Natanael

Praça Charles Miller

Avenida Pacaembu

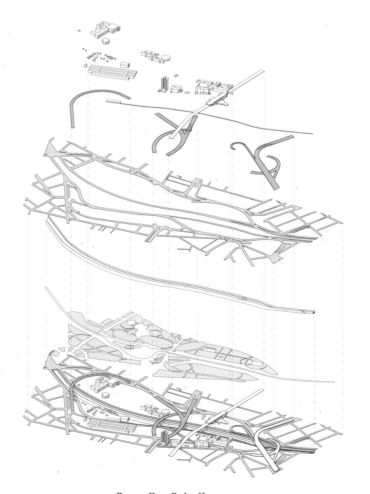

Parque Dom Pedro II.

Terminal Parque
Dom Pedro II

Metrô L3

Viaduto Diário Popular

Viaduto Antônio Nakashima

Viaduto Vinte e
Cinco de Março

Ligação Leste-Oeste

Tamanduateí River

Parque Dom Pedro II
1930s plan

Museu de Arte de São Paulo.

Centro Cultural São Paulo.

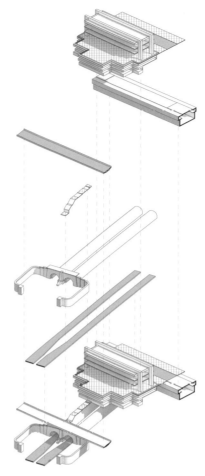

Avenida Paulista

MASP

Metrô L2

Viaduto Professor
Bernardino Tranchesi

Túnel Daher Elias Cutait

Avenida Nove de Julho

Museu de Arte de São Paulo.

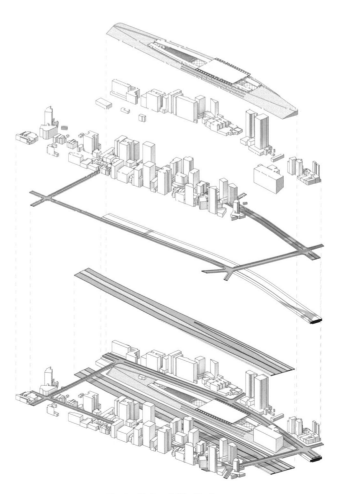

Centro Cultural São Paulo

Rua Vergueiro

Rua Maestro Cardim

Metrô L1

Avenida Vinte e
Três de Maio

Centro Cultural São Paulo.

Contemporary view of Avenida 23 de Maio.

Vista contemporânea da Avenida 23 de Maio.

A

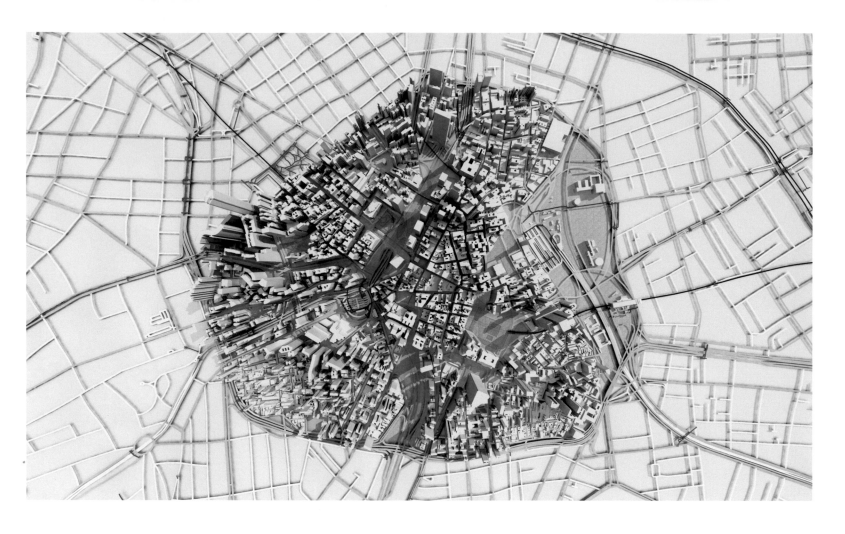

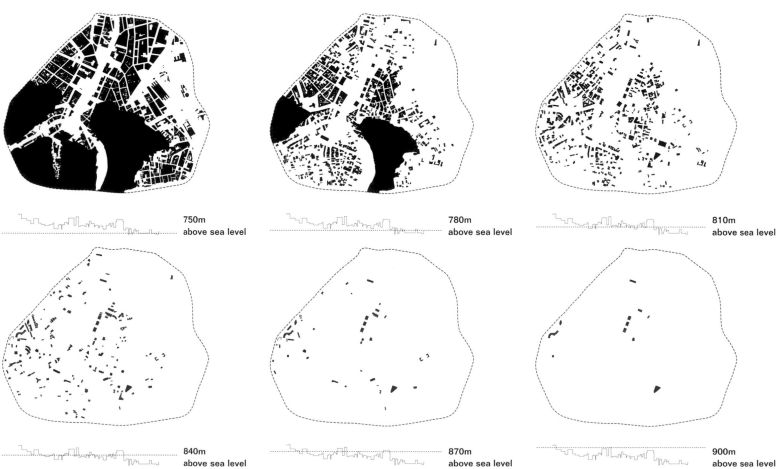

750m above sea level	780m above sea level	810m above sea level
840m above sea level	870m above sea level	900m above sea level

Top-down view of the city center showing the layering of topography, mobility infrastructure, open space, and vertical building stock.

Vista de cima para baixo do centro da cidade, mostrando as camadas da topografia, a infraestrutura de mobilidade, o espaço aberto e os edifícios.

The Art of the Collective Construction of Space
Alexandre Delijaicov

1   São Paulo: shapes and actions. City of dispersal and density.

Currently all the rivers and creeks of the metropolitan region of São Paulo are open sewage channels, confined by urban highways, either covered by streets and avenues or adjacent to precarious housing built by its residents, in areas prone to flooding (with sewage-contaminated water) during the periods of intense rain or flash storms. Over two-thirds of the urban fabric of the São Paulo metropolis are self-made neighborhoods in areas subject to flooding or mudslides (areas close to creek springs). The urban river environment and the urban river landscape of the region are completely degraded, unhealthy, and inhospitable; they are fruits of an extremely highway- and business-centric "urbanism" that is subject to the savagery of primitive capitalism, itself a consequence of the disastrous and persistent colonization process from which Brazil suffers. The problem of urban rivers is not hydraulic or technical; it's a social and political problem rooted in mindsets and imaginations.

2   In defense of interaction among different modes of transportation

Boats, bicycles, and trams. The right to the city is a right of all human beings to the urban infrastructure of environmental sanitation, urban mobility, and public transportation. The problem of the urban watercourses is intrinsically linked to the problem of urban residue (rethink, reduce, reuse, and recycle). The right to the city is also the right to live close to work and to municipal public institutions related to education, culture, sports, leisure, social services, and health. Individual and social well-being both depend on the quality of the urban environment structures (quality of the built environment) and of the integrated public transportation systems: walkways, bike lanes, urban trails, urban waterways, urban river transport, river neighborhoods, lake neighborhoods, and neighborhoods by the springs of the river city.

[TOPIC 1] Walkways

3   Accessible, lit, and tree-lined sidewalks

To walk for twenty or thirty minutes from home to school or work on sidewalks that are wide, tree-lined, and lit, paved with resistant material, smooth, not slippery, and free of steps. Pretty and safe sidewalks. To live close to school, work, the bakery, and the market. More importantly, to live close to municipal public institutions of education, culture, sports, leisure, social services, and health. Sidewalks are the fundamental and main urban mobility infrastructures for a city

---

A arte da construção coletiva do lugar
Alexandre Delijaicov

1   São Paulo: formas e ações. Cidade de dispersões e densidades.

Atualmente todos os rios e córregos da Região Metropolitana de São Paulo são canais de esgoto a céu aberto, confinados por rodovias urbanas, ou cobertos por ruas e avenidas, ou margeados por conjuntos de casas precárias construídas pelos próprios moradores, em áreas com alto risco de inundações (por águas contaminadas por esgoto) durante os períodos de chuvas intensas ou tempestades repentinas. Mais de dois terços do tecido urbano da Metrópole de São Paulo são bairros autoconstruídos em áreas sujeitas a inundações ou a deslizamentos de terra (áreas próximas às nascentes dos córregos). O ambiente fluvial urbano e a paisagem fluvial urbana da Região Metropolitana de São Paulo estão totalmente degradados, insalubres e inóspitos, fruto do "urbanismo" extremamente "rodoviarista" e mercantilista, que está submetido à selvageria do capitalismo primitivo, que é consequência do desastre do persistente processo de colonização que o Brasil sofre. O problema dos rios urbanos não é de hidráulica nem técnico, e sim um problema social e político, que está na raiz das infraestruturas das mentalidades e do imaginário.

2   Defesa da interface entre diferentes modos de transporte

Barcos, bicicletas e bondes. O direito à cidade é o direito de todos os seres humanos à infraestrutura urbana de saneamento ambiental, mobilidade urbana e transporte público. O problema das águas urbanas está visceralmente ligado ao problema dos resíduos urbanos (repensar, reduzir, reutilizar e reciclar). O direito à cidade é também o direito de morar perto do trabalho e dos equipamentos públicos municipais de educação, cultura, esportes, lazer, assistência social e saúde. O bem-estar individual e o bem-estar social dependem da qualidade das estruturas ambientais urbanas (qualidade do ambiente construído) e dos sistemas integrados de transporte público: pistas de caminhada, ciclovias, trilhos urbanos, hidrovias urbanas, transporte fluvial urbano, bairros fluviais, bairros lacustres e bairros das nascentes da metrópole fluvial.

[TÓPICO 1] Pistas de caminhada

3   Calçadas acessíveis, iluminadas e arborizadas

Caminhar durante vinte ou trinta minutos de casa para a escola ou trabalho em calçadas largas, arborizadas e iluminadas, pavimentadas com pisos resistentes, lisos, antiderrapantes e sem degraus. Calçadas bonitas e seguras. Morar perto da escola, do trabalho, da padaria e do mercado. Morar perto, principalmente, dos equipamentos públicos municipais de educação, cultura, esportes, lazer, assistência social e saúde. As calçadas são as primordiais e principais infraestruturas de mobilidade urbana para uma cidade estruturada na escala do pedestre, da comunidade e do bairro. Caminhar faz bem para a saúde física

planned at the pedestrian, community, and neighborhood level. Walking is good for one's physical and mental health and for the city's community and environmental health.

4   Corners with pedestrian crosswalks and lights

At the corners, lit pedestrian crosswalks with no steps, well-paved, smooth, and not slippery, with lights on a timer that allows for three-year-old children to cross the street or avenue holding hands with a ninety-year-old woman (using a cane), in a dignified and calm manner, slowly, without having to be rushed or intimidated, without fear of being run over. Before every crosswalk, motorized and non-motorized vehicles pass over a rumble strip and speed bump that shakes the steering wheel or handlebar, so that vehicles will slow down and stop.

5   Bridges with sidewalks and bike lanes

Urban bridges with sidewalks, bicycle lanes, and traffic lights, without beltways, designed for the same speed and acceleration of walking slowly along a tree-lined and lit sidewalk in the neighborhood, city, and metropolis. A walkable city with living streets that don't kill, with wide sidewalks, with roadways paved with a rough surface to discourage high speed and sudden acceleration by motorized vehicles. Cultural corners, a place to meet, socialize, and trust in the different people who walk through the city.

[TOPIC 2] Bicycle lanes

6   Lanes shared with non-motorized urban vehicles

Non-motorized bicycles are the best urban vehicle. They are good for physical and mental health and do not pollute the city air. To pedal for twenty or thirty minutes from home to school or work, in a right-hand lane of the roadway, next to the sidewalk, in bike lanes that are tree-lined, lit, well signaled and paved, smooth, and not slippery, with no steps, holes, or covers for inspecting underground tunnels. Well designed, built, and maintained curbs and shoulders, without sharp edges or dangerous angles for pedestrians or bicyclists in the case of falls. No bridges or overpasses for cyclists and pedestrians, which are concepts from the perverse highway-focused urbanism that isolates pedestrians and cyclists from the living street.

7   Bicycle lanes

A city that is bikeable every day, from home to work and school. Twenty or thirty minutes pedaling slowly, children and the elderly, calmly, without fear of being run over by a motor vehicle. Bicycle racks in all municipal, state, and federal public spaces for education, culture, sports, leisure, social services, and health. Bicycle storage and repair shops at all subway, train, tram, and bus stations. Renovation and replacement of highway bridges with "urban bridges," without beltways and with traffic lights at each end, bridges with inclines that work for elderly and disabled pedestrians and for cyclists, horizontal and straight, with wide, lit sidewalks and bicycle lanes on both sides.

8   Urban bicycle lanes

The days and nights on the neighborhood and city streets of the metropolis are lively, joyous, and safe, with people walking and pedaling from home to school and work on their non-motorized bicycles and cargo tricycles. It's slow urban

e mental das pessoas e para a saúde comunitária e ambiental da cidade.

4   Esquinas com faixas e semáforos para travessia de pedestres

Nas esquinas, faixas de travessias de pedestres iluminadas, sem degraus, bem pavimentadas, com pisos lisos e antiderrapantes, com o tempo dos semáforos programados para crianças de três anos de mãos dadas com uma senhora de noventa anos (com bengala) atravessarem a rua ou avenida, com dignidade e calma, lentamente, sem ter de ficar aflitas e acuadas, com medo de serem atropeladas. Antes de todas as travessias, os veículos motorizados e não motorizados passam por uma faixa de piso rugoso e lombada, que faz vibrar o volante e o guidão, para desacelerar e parar os veículos.

5   Pontes com calçadas e ciclovias

Pontes urbanas com calçadas e ciclovias, sem alças rodoviárias e com semáforos, na mesma velocidade e aceleração do caminhar vagarosamente pelas calçadas arborizadas e iluminadas do bairro, da cidade e da metrópole. Cidade caminhável e ruas vivas, que não matam, com calçadas largas, leito carroçável pavimentado com piso rugoso, para desestimular a velocidade alta e a aceleração brusca dos veículos motorizados. Esquinas culturais, lugar de encontro, convivência e confiança nas pessoas diferentes que caminham pela cidade.

[TÓPICO 2] Ciclovias

6   Faixas compartilhadas com veículos urbanos não motorizados

A bicicleta não motorizada é o melhor veículo urbano. Faz bem à saúde física e mental das pessoas e não polui o ar da cidade. Pedalar durante vinte ou trinta minutos de casa para a escola ou trabalho, na faixa da direita do leito carroçável de ruas e avenidas, ao lado da calçada, em ciclofaixas arborizadas, iluminadas, sinalizadas e bem pavimentadas, com piso liso e antiderrapante, sem degraus, buracos e tampas de inspeção de galerias subterrâneas. Guias e sarjetas bem desenhadas, construídas e mantidas, sem cantos e arestas perigosas para os ciclistas e pedestres em eventuais quedas. Sem pontes e passarelas para ciclistas e pedestres que são conceitos do perverso urbanismo rodoviarista, que isola o pedestre e o ciclista da rua viva.

7   Ciclofaixas

Cidade ciclável no dia a dia, de casa para a escola e o trabalho. Vinte ou trinta minutos pedalando vagarosamente, crianças e idosos, tranquilamente, sem medo de serem atropelados por um veículo motorizado. Bicicletários em todos os equipamentos públicos municipais, estaduais e federais de educação, cultura, esportes, lazer, assistência social e saúde. Bicicletários e bicicletarias em todas as estações de metrô, trem, bonde e ônibus. Reforma e substituição das pontes rodoviárias por "pontes urbanas", sem alças viárias e com semáforos nas cabeceiras, pontes com declividade adequada para pedestres idosos, cadeirantes e ciclistas, horizontais e planas, com calçadas e ciclovias largas e iluminadas nos dois lados da ponte.

living, with a maximum speed of six miles per hour for motor vehicles on local streets and eighteen miles per hour on other streets and avenues. The current valley bottom avenues, urban highways bordering on the rivers and creeks of the metropolis, which are crowded and subject to traffic jams, will be transformed into "river boulevards" with wide sidewalks and bicycle lanes, tree-lined and lit, with traffic lights every 200 yards for pedestrian and bicycle crosswalks, along the urban river parks and ports.

[TOPIC 3] Urban trails

9 Electric trams

Electric trams, accessible and comfortable, with low-floor access and air conditioning, circulating slowly on urban tracks, integrated in a manner that is respectful of and receptive to public walkways, bicycle lanes, and bicycle paths along tree-lined streets and avenues of the metropolis's neighborhoods—these comprise the desirable capillary networks of neighborhood trams interconnected to train and subway stations. As part of interconnected chains, the trams form the integrated systems of urban tracks for low, middle, and high-capacity public transportation for polycentric São Paulo. These light and wheeled (electrical) vehicles complement the capillary nature of the urban track networks.

10 Underground trams and subway

The tunnels of the underground track network for the metropolitan public transportation system are shallow and cut-and-cover, so their roofs are the avenue undersides; this allows for simple, discreet, and direct access from the sidewalk to the train platforms, without any mezzanines.

11 Elevated trams and trains

The paving stones and network structures of the elevated tracks of the metropolitan public transportation system are discreet, delicate, low, and wide enough to cover the central avenue sidewalks and thus protect pedestrians from rain and sun during their walks. Meanwhile, the trees on the lateral sidewalks modulate light, shade, and darkness on the public walkway, improving the quality of the urban environment. The elevated stations have comfortable, simple, discreet, and direct access points from the sidewalks that are covered by the elevated tram tracks.

[TOPIC 4] Urban waterways

12 Navigable canals on the Tietê, Lower Pinheiros, and Upper Pinheiros Rivers

Urban waterways are navigable canals and lakes, located in the city or metropolitan region, that transport cargo and people through a network of ports located in urban areas. The Waterway System of the Metropolitan Region of São Paulo (RMSP) is located at the Drainage Basin of the Upper Tietê (BHAT) and is made up of canals from the Tietê and Pinheiros Rivers, in addition to the Guarapiranga and Billings Reservoirs. The five urban waterways are separated by four dams without locks. River transport of passengers does not use locks, but cargo transport needs locks connected to the urban waterways. The current pollution of the three canals does not impede

8 Ciclovias urbanas

Os dias e as noites nas ruas dos bairros e das cidades da metrópole ficam vivas, alegres e seguras com as pessoas caminhando e pedalando de casa para a escola e trabalho em suas bicicletas e triciclos cargueiros não motorizados. Urbanismo lento, com velocidade máxima para os veículos motorizados de 10 km/h nas ruas locais e 30 km/h nas demais ruas e avenidas. As atuais avenidas de fundo de vale, rodovias urbanas marginais dos rios e córregos da metrópole, com trânsito intenso e congestionado são transformadas em "bulevares fluviais", com calçadas e ciclovias largas, arborizadas e iluminadas, com semáforos a cada duzentos metros para a travessia dos pedestres e ciclistas ao longo dos parques e portos fluviais urbanos.

[TÓPICO 3] Trilhos urbanos

9 Bondes elétricos

Bondes elétricos, acessíveis e confortáveis, com piso baixo e ar-condicionado, que circulam lentamente sobre os trilhos urbanos, respeitosa e amigavelmente integrados aos passeios públicos, às ciclofaixas e ciclovias de ruas e avenidas arborizadas dos bairros da metrópole, constituem as desejáveis redes capilares de bondes de bairro interligadas às estações de trem e metrô. Como elos de correntes interligadas, formam os sistemas integrados de trilhos urbanos de baixa, média e alta capacidade de transporte público de passageiros da São Paulo policêntrica. Os veículos (elétricos) leves sobre pneus complementam a capilaridade das redes infraestruturais de trilhos urbanos.

10 Bondes e metrô subterrâneos

Os túneis da rede de trilhos subterrâneos do sistema metropolitano de transporte público são rasos, com método construtivo *cut and cover*, em que o teto do túnel é o piso da avenida, com acesso simples, discreto e direto da calçada para a plataforma de embarque e desembarque, sem mezaninos.

11 Bondes e metrô elevados

As lajes e estruturas da rede de trilhos elevados do sistema metropolitano de transporte público são discretas, delicadas, baixas e largas o suficiente para cobrirem as calçadas centrais das avenidas, de modo a proteger o pedestre da chuva e do sol durante a caminhada, assim como a arborização das calçadas laterais modulam luz, sombra e penumbra do passeio público visando à qualidade da estrutura ambiental urbana. As estações elevadas têm acessos confortáveis, simples, discretos e diretos, a partir da calçada coberta pelos trilhos elevados de bondes elétricos.

[TÓPICO 4] Hidrovias urbanas

12 Canais navegáveis dos rios Tietê, Pinheiros Inferior e Pinheiros Superior

Hidrovias urbanas são canais e lagos navegáveis, localizados na cidade ou região metropolitana, que transportam cargas e pessoas, a partir de uma rede de portos de origem e destino, localizados na área urbanizada. O Sistema Hidroviário da Região Metropolitana de São Paulo (RMSP) está localizado na Bacia Hidrográfica do Alto Tietê (BHAT) e é constituído pelos canais dos rios Tietê e Pinheiros, além dos reservatórios Guarapiranga e Billings. As cinco hidrovias urbanas estão separadas por

navigation. Navigating the canal's polluted waters by boat is safe both environmentally and health-wise.

13   Navigable lakes of the Guarapiranga and Billings Dams
The two lake waterways in São Paulo are the Guarapiranga and Billings Reservoirs, located at the southern tip of the metropolis. The lakes are crossed in environmentally safe boats. Public cargo transportation contributes to the recovery of the lakes' drainage basins. Fresh produce transportation fosters the recovery of the produce belt, urban agriculture, and urban agro-forests. The urban river ports for passengers and cargo, located at the end of the arms and tips of peninsulas are eco-ports that foster environmental education and the preservation of these water reservoirs.

14   Eastern lake channels, Billings-Tamanduateí Canal, Billings-Taiaçupeba Canal
The Tietê waterway, upstream from the Penha lock, is formed by three navigable lake canals up to the Taiaçupeba River falls, in the town of Mogi das Cruzes. The lake canals in the east are lakes for retaining and regulating river overflow, and they are part of the macro-drainage system of the Upper Tietê Basin. The Tamanduateí River waterway and the Billings-Tamanduateí canal make up the inner ring, and the Billings-Taiaçupeba canal serves as the outer ring of the São Paulo metropolitan waterway.

[TOPIC 5] Urban river transport

15   Urban passenger river transport
Urban passenger river transport on the canals of the Tietê and Pinheiros Rivers and on the lakes of the Guarapiranga and Billings Dams is carried out with urban passenger boats (BUP)—self-propelled electric boats with enclosed cabins—which can carry 50, 100, and 200 passengers. The urban passenger river ports have bicycle racks and repair shops, and are located on the canals, alongside the tributary falls, bridges, and train, subway, tram, and bus stations; on the lakes they are located at the end of the peninsula arms (together with the stations) and tips. This type of transport does not require locks at the dams because passengers can change waterways at the ports.

16   Urban public cargo river transport
Urban public cargo river transport occurs in urban cargo boats (BUC), which are self-propelled electric container boats with double hulls, capable of transporting 50, 100 and 200 tons. Public cargo consists of sediment from the canal and lake dredging, sludge from the water and sewage treatment stations, and recyclable and non-recyclable solid waste (trash, debris, and soil). The ports of origin are 120 eco-ports and 30 trans-ports; the destination ports are three tri-ports that recycle and transform public cargo into raw material and supplies. Locks at the dams are needed for connecting the urban waterways.

quatro barragens sem eclusas. O transporte fluvial urbano de passageiros não utiliza eclusas, mas o transporte fluvial de cargas necessita das eclusas de interligação às hidrovias urbanas. A poluição atual dos três canais não inviabiliza a navegação. As embarcações são ambiental e sanitariamente seguras para navegar nas águas poluídas dos canais.

13   Lagos navegáveis das represas Guarapiranga e Billings
Os reservatórios Guarapiranga e Billings, localizados no extremo sul da Metrópole, são as duas hidrovias lacustres do sistema de hidrovias urbanas de São Paulo. As travessias lacustres são realizadas em embarcações ambientalmente seguras. O sistema de transporte fluvial urbano de cargas públicas contribui para a recuperação das bacias hidrográficas desses lagos. O sistema de transporte fluvial urbano de cargas hortifruti fomenta a recuperação do cinturão hortifruti, da agricultura urbana e das agroflorestas urbanas. Os portos fluviais urbanos de passageiros e de cargas, localizados nos fundos dos braços e pontas das penínsulas, são ecoportos que fomentam a educação ambiental e a preservação desses reservatórios de abastecimento de água.

14   Lagos-canais da Zona Leste, Canal Billings-Tamanduateí, Canal Billings-Taiaçupeba
A hidrovia do Tietê, à montante da eclusa da Penha, é formada por três lagos-canais navegáveis até a foz do rio Taiaçupeba, no município de Mogi das Cruzes. Os lagos-canais da Zona Leste são lagos de retenção e regulação das vazões dos rios e integram o sistema de macrodrenagem da Bacia do Alto Tietê. A hidrovia do rio Tamanduateí e o canal Billings-Tamanduateí formam o hidroanel interior, e o canal Billings-Taiaçupeba forma o hidroanel exterior do sistema hidroviário metropolitano de São Paulo.

[TÓPICO 5] Transporte fluvial urbano

15   Transporte Fluvial Urbano de Passageiros
O transporte fluvial urbano de passageiros nos canais dos rios Tietê e Pinheiros e nos lagos das represas Guarapiranga e Billings é realizado em Barcos Urbanos de Passageiros (BUP) – barcos fluviais autopropelidos, elétricos, com cabine fechada – para transportar 50, 100 e 200 passageiros. Os portos fluviais urbanos de passageiros têm bicicletários e bicicletarias e estão localizados nos canais, junto à foz dos afluentes, às pontes e estações de metrô, trem, bonde e ônibus; e nos lagos estão localizados no fundo dos braços (junto às estações) e pontas das penínsulas. O transporte fluvial urbano de passageiros não necessita de eclusas nas barragens: os passageiros trocam de hidrovias nos portos localizados nas barragens.

16
Transporte fluvial urbano de cargas públicas
O transporte fluvial urbano de cargas públicas é realizado em Barcos Urbanos de Carga (BUC) – barcos fluviais autopropelidos, elétricos, de casco duplo e porta-contêineres – para transportar 50, 100 e 200 toneladas. As cargas públicas são os sedimentos de dragagem de canais e lagos, lodos das estações de tratamento de água e esgoto, resíduos sólidos urbanos recicláveis e não recicláveis (lixo, entulho e terra). Os portos de origem são os 120 ecoportos e os 30 transportos; e os portos de destino são os três triportos (que reciclam e transformam

17　Urban commercial cargo river transport – fresh produce

Urban river transport of commercial cargo (and fresh produce) occurs in BUCs (container boats). The ports of origin for commercial cargo are tri-ports (raw materials, supplies, and general cargo) and trans-ports (general cargo and fresh produce). Ports of destination are trans-ports (general cargo) and eco-ports (fresh produce). General cargo transport is integrated with São Paulo's urban cargo distribution system, while fresh produce transport is integrated with the distribution system for urban agricultural production and urban agro-forests (urban edible river forests).

[TOPIC 6] River neighborhoods

18　River neighborhoods of the Tamanduateí River

River neighborhoods are neighborhoods located in the floodplains of the alluvial rivers of the Upper Tietê Drainage Basin, in the metropolitan region of São Paulo. Many of them replace former industrial districts, which were built in the floodplains and are currently underused. River neighborhoods are structured by interconnected systems of canals and lakes, urban river parks and ports, river boulevards, tree-lined and well-lit avenues and streets, and electric tram tracks, bicycle lanes, and wide and accessible sidewalks. River neighborhoods are river archipelagos formed by networks of lateral canals and artificial deltas from the falls of the alluvial rivers. Blocks either float or sit atop stilts, with flood underground areas, and have a lower level (lower dock) for machines and equipment, and an upper level (upper dock) for people. The river neighborhoods of the Tamanduateí River are formed by three lakes at Anhangabaú falls—Pari, Carmo, and Glicério—and by artificial deltas, river archipelagos, and lakes from the falls of the Ipiranga, Mooca, Moinho Velho, Meninos, and Oratório creeks. The upper level covers the train track, transforming it into a subway.

19　River neighborhoods on the Tietê River

The river neighborhoods of the Tietê River, like the ones of the Tamanduateí River, are neighborhoods of mixed use, with high demographic density, and no verticalization; they are places for walking and cycling, structured by integrated subway, train, tram, bus, boat, and bicycle systems. They are located in the floodplains of the Tietê River, in underused former industrial districts, from Penha in the east to Lapa in the west. The river neighborhoods on the western edge of São Paulo, located upstream of the Penha lock, are formed by the deltas and lakes of the falls of the tributary creeks of the Tietê River. The Jacu, Itaquera, Lajeado, Itaim, and Três Pontes creeks, in Jardim Helena, part of São Miguel Paulista, form the river archipelago, where the current ground level is transformed into a flood underground area and the current first level is transformed into ground level.

20　River neighborhoods of the Pinheiros River

The river neighborhoods of the Pinheiros River are mixed use, with high demographic density, no verticalization; they are places where one can walk and bike, structured by integrated subway, train, tram, bus, boat, and bicycle systems. They are located in the floodplains of the Pinheiros River, in underused former industrial districts. On the lower canal of the Pinheiros River, the river neighborhoods are: Delta do córrego Jaguaré, Baixada Presidente Altino, CEAGESP, Cidade Universitária

as cargas públicas em matéria-prima e insumos). O transporte fluvial urbano de cargas necessita de eclusas nas barragens para interligar as hidrovias urbanas.

17　Transporte fluvial urbano de cargas comerciais – hortifruti

O transporte fluvial urbano de cargas comerciais (e hortifruti) é realizado em BUCs (barcos portacontêineres). Os portos de origem das cargas comerciais são os triportos (matérias-primas, insumos e cargas gerais) e os transportos (cargas gerais e hortifruti). E os portos de destino são os transportos (cargas gerais) e os ecoportos (hortifruti). O transporte fluvial urbano de cargas gerais está integrado ao sistema de distribuição urbana de cargas gerais da macrometrópole Paulista. E o transporte fluvial urbano de hortifruti está integrado ao sistema de distribuição da produção de agricultura urbana e agroflorestas urbanas (florestas fluviais urbanas comestíveis).

[TÓPICO 6] Bairros fluviais

18　Bairros fluviais do rio Tamanduateí

Bairros fluviais são bairros localizados no leito maior (planície de inundação) dos rios de planície sedimentar da Bacia Hidrográfica do Alto Tietê, na Região Metropolitana de São Paulo. Vários bairros fluviais substituem os ex-distritos industriais, atualmente subutilizados, construídos no leito maior dos rios. Bairros fluviais são estruturados por sistemas integrados de canais e lagos, parques e portos fluviais urbanos, bulevares fluviais, avenidas e ruas densamente arborizadas e iluminadas, com trilhos de bonde elétrico, ciclovias, calçadas largas e acessíveis. Bairros fluviais são arquipélagos fluviais formados por redes de canais laterais e deltas artificiais da foz dos afluentes dos rios de planície sedimentar. Os quarteirões são flutuantes ou elevados sobre palafitas, com porão técnico inundável, e formam o térreo inferior (cais baixo), de máquinas e equipamentos, e o térreo superior (cais alto) das pessoas. Os bairros fluviais do rio Tamanduateí são formados pelos deltas artificiais e lagos da foz dos afluentes e da foz do Tamanduateí no Tietê, que são os três lagos do porto geral da colina histórica, na foz do Anhangabaú, o Pari, o Carmo e o Glicério, e os deltas artificiais, os arquipélagos fluviais e os lagos da foz dos córregos do Ipiranga, Mooca, Moinho Velho, Meninos e Oratório. O térreo superior cobre a ferrovia transformada em metrô subterrâneo.

19　Bairros fluviais do rio Tietê

Os bairros fluviais do rio Tietê, assim como os bairros fluviais do Tamanduateí, são bairros de uso misto, de alta densidade demográfica, sem verticalização, onde se pode caminhar e andar de bicicleta e estruturados por sistemas integrados de metrô, trem, bonde, ônibus, barco e bicicleta. Os bairros fluviais estão localizados no leito maior (planície de inundação) do rio Tietê, onde estão os ex-distritos industriais, atualmente subutilizados, da Penha, na zona leste, à Lapa, na zona oeste. Os bairros fluviais do extremo leste de São Paulo, localizados à montante da eclusa da Penha, são formados pelos deltas e lagos da foz dos córregos afluentes do rio Tietê. Os córregos Jacu, Itaquera, Lajeado, Itaim e Três Pontes, no Jardim Helena, em São Miguel Paulista, formam o arquipélago fluvial, onde o atual térreo é transformado em porão técnico inundável, e o atual primeiro pavimento é transformado em pavimento térreo.

and Parque Fluvial do Jóquei Clube. On the upper canal of the Pinheiros River, the river neighborhoods are: the river archipelago of the Guarapiranga falls canal, Veleiros, and Jurubatuba. The current urban highways (running along the water) are transformed into river boulevards (avenues with traffic lights and wide tree-lined pedestrian walkways). The new upper ground level covers the expressways and train track, the latter of which is transformed into a subway system. This shifts the horizontal (pedestrian) bridges and is devoid of beltways, compatible with slow urban life, living streets, cultural corners, and a walkable and bikeable city. Just like with the Tietê and Tamanduateí Rivers, the river boulevard on the upper dock is a scenic overlook, while the upper dock features a promenade.

[TOPIC 7] Lake neighborhoods

21 Guarapiranga Dam neighborhoods

The lake neighborhoods are located on the margins of the navigable lakes of the RMSP reservoirs, along tributary creek falls, at the bottom of the arms, and in the peninsulas, in areas that had belonged to the reservoir and were invaded, landfilled, and occupied in a precarious manner. The lake neighborhoods are tributary falls neighborhoods, and their boundaries correspond with the micro-drainage basin divides. The eco-ports serve as structural centers for the lake neighborhoods. In addition to being ports for passengers, recyclable cargo, and fresh produce, the eco-ports are public service parks, architectural projects that combine municipal public facilities for education, culture, sports, leisure, social services, and health. The eco-ports have micro-sewage and river-water treatment plants (METEs and METAPs, respectively), biodigesters, filtering lakes, an environmental education center, a municipal school for canoeing, rowing, and sailing, a shipyard school (naval carpentry), a city beach, and a floating laboratory. At the park on the port, a farmer's market and flea market run on alternate days. The lake neighborhoods of the Guarapiranga Dam are located at the falls of the eleven main tributaries and are interconnected by the eco-ports.

22 Billings Dam neighborhoods

The Billings Dam lake neighborhoods are interconnected by passenger, public cargo, commercial cargo, and fresh produce transport systems. Their ports, used for lake crossings, are located at the end of the peninsula arms and tips. The eco-ports of the main river neighborhoods are located at the end of the arms of the Cocaia, Bororé, Taquacetuba, Krukutu, Riacho Grande, Alvarenga, and Guacuri Rivers. The Krukutu eco-port is located on the FUNAI Indian Reservation, which is about forty thousand acres and has two villages. The eco-port is near Cratera da Colônia, in the sub-district of Parelheiros, at the southern edge of the metropolis, in the Environmental Protection Area (APA) Capivari-Monos and along the drainage divides of the rivers running into the sea, in the Serra do Mar.

23 Tributary spring neighborhoods

The tributary spring neighborhoods are located along the springs of the tributaries of the RMSP water reservoirs. The drainage divides of the micro-drainage basin are the boundaries of the neighborhoods. The planning and integrated management unit is the micro-drainage basin. The spring neighborhoods are restructured around the spring parks, which

20 Bairros fluviais do rio Pinheiros

Os bairros fluviais do rio Pinheiros são bairros de uso misto, de alta densidade demográfica, sem verticalização, onde se pode caminhar e andar de bicicleta e estruturados por sistemas integrados de metrô, trem, bonde, ônibus, barco e bicicleta. Os bairros fluviais estão localizados no leito maior do rio Pinheiros, onde estão os ex-distritos industriais, atualmente subutilizados. Os bairros fluviais do canal inferior do rio Pinheiros são: Delta do córrego Jaguaré, Baixada Pres. Altino, CEAGESP, Cidade Universitária e Parque Fluvial do Jóquei Clube. Os bairros fluviais do canal superior do rio Pinheiros são: arquipélago fluvial da foz do canal Guarapiranga, Veleiros e Jurubatuba. As atuais rodovias urbanas (as marginais) são transformadas em bulevares fluviais (avenida com semáforos e largos passeios públicos arborizados). O novo térreo superior cobre as avenidas expressas e a ferrovia, que é transformada em metrô subterrâneo e reorganiza as pontes urbanas (humanas) horizontais, sem alças rodoviárias, amigáveis ao urbanismo lento, rua viva, esquinas culturais e à cidade onde se pode caminhar e andar de bicicleta. Assim como no Tietê e no Tamanduateí, o bulevar fluvial do cais alto é o mirante e a promenade do parque fluvial do Pinheiros, no cais baixo.

[TÓPICO 7] Bairros lacustres

21 Bairros da represa Guarapiranga

Os bairros lacustres estão localizados nas margens dos lagos navegáveis dos reservatórios de água da RMSP, ao longo da foz dos córregos tributários, no fundo dos braços e nas penínsulas, em áreas que eram dos reservatórios e que foram invadidas, aterradas e ocupadas de modo precário. Os bairros lacustres são os bairros da foz dos tributários. Seus limites são os divisores de águas da microbacia hidrográfica. O centro de estruturação urbana dos bairros lacustres são os ecoportos. Além de portos fluviais urbanos de passageiros e cargas recicláveis e hortifruti, os ecoportos são Praças de Equipamentos Sociais, conjuntos arquitetônicos que abrigam conjuntos de equipamentos públicos municipais de educação, cultura, esportes, lazer, assistência social e saúde. Os ecoportos são formados pelas microestações de tratamento de esgoto (METEs), microestações de tratamento de águas pluviais (METAPs), biodigestores, lagos filtrantes, centro de educação ambiental, escola municipal de canoagem remo e vela, estaleiro-escola (carpintaria naval), balneário municipal e laboratório flutuante. Na praça do cais do porto acontecem, em dias alternados, as feiras de hortifruti e de trocas (*flea market*). Os bairros lacustres da represa Guarapiranga estão localizados na foz dos onze principais tributários e estão interligados pelos ecoportos.

22 Bairros da represa Billings

Os bairros lacustres da represa Billings estão interligados pelos sistemas de transporte fluvial urbano de passageiros, cargas públicas e cargas comerciais, além de hortifruti. Os portos fluviais urbanos, para travessias lacustres, estão localizados nos fundos dos braços e pontas de penínsulas. Os ecoportos dos principais bairros fluviais estão localizados no fundo dos braços Cocaia, Bororé, Taquacetuba, Krukutu, Riacho Grande, Alvarenga, Guacuri. O ecoporto Krukutu está localizado na reserva indígena da FUNAI, de 16 mil hectares, com duas aldeias, próximo da Cratera da Colônia, na subprefeitura de Parelheiros, no extremo sul da Metrópole, na Área de Proteção

are formed around the spring lakes built along the recovered downstream springs. The systems of spring lakes, confluence lakes, and falls lakes from tributary creeks of the water reservoirs structure the spring river parks and are alternatives to stepped spillways. Sewage, stormwater, and recyclable and non-recyclable solid waste are captured and treated at the METEs, METAPS, biodigesters, and eco-ports located around the parks. Each spring is an environmental education center. For mobility purposes, these neighborhoods include inclined planes and funiculars next to staircases. The São Paulo metropolis is built on the Upper Tietê drainage basin, a segment of the headwaters of the Tietê River. The amount of water is insufficient for the amount of people. The urban infrastructures of these spring neighborhoods aim to recover and preserve the river metropolis's springs.

[CONCLUSION]

24 Idealized and imagined infrastructures

In its primordial sense, architecture is the collective construction of place: the collective construction of social space. Likewise, rivers are the primordial avenues of humanity. The main goal of the imagined "São Paulo as a river metropolis" is to transform the city, the current situation, from an improvised (and precarious) encampment into an open and inconclusive work of art, in continuous transformation, with collective authorship; a place of encounters, shared experiences, and trust in differences; a social space, an ever-changing place.

Ambiental (APA) Capivari-Monos e no divisor de águas dos rios de vertente marítima, na Serra do Mar.

23 Bairros das nascentes (da metrópole fluvial)

Os bairros das nascentes estão localizados junto às nascentes dos tributários dos reservatórios de água da RMSP. Os divisores de água da microbacia hidrográfica são os limites dos bairros das nascentes dos córregos tributários dos reservatórios. A microbacia hidrográfica é a unidade de planejamento e gestão integrada. Os bairros das nascentes são reestruturados em torno dos parques das nascentes, que são formados em torno dos lagos das nascentes, que são lagos de retenção construídos à jusante dos olhos d'água recuperados. Os sistemas de lagos das nascentes, das confluências e das foz dos córregos tributários dos reservatórios de água, estruturam os sistemas de parques fluviais urbanos das nascentes, alternativas às escadas hidráulicas. O esgoto, as águas pluviais e os resíduos sólidos recicláveis e não recicláveis são interceptados e tratados nas METEs, METAPs, nos biodigestores e ecopontos, localizados em torno dos parques das nascentes, das confluências e da foz. Cada nascente é um centro de educação ambiental. A mobilidade desses bairros de cachoeiras e ladeiras inclui o plano inclinado e o funicular ao lado das escadarias urbanas. A metrópole de São Paulo está construída sobre a bacia hidrográfica do alto Tietê, trecho das cabeceiras do rio Tietê. Pouca água para muitas pessoas. As infraestruturas urbanas dos bairros das nascentes visam recuperar e preservar os olhos d'água da metrópole fluvial.

[CONCLUSÃO]

24 As infraestruturas das mentalidades e do imaginário

A primordial arquitetura é a construção coletiva do lugar: a construção coletiva do espaço social. O primordial logradouro público da humanidade são os rios. O objetivo principal do imaginário da "São Paulo como uma metrópole fluvial" é transformar a cidade, da situação atual, de acampamento improvisado (e precário), em uma obra de arte aberta e inconclusa, em contínua transformação, de autoria coletiva, em lugar de encontro, convivência e confiança das diferenças, em espaço social, lugar do devir.

A

City of Voids

Cidade de vazios

Open spaces are always a point of contestation in any city. In São Paulo, this debate is inordinately heated and it is not uncommon to hear Paulistas complaining about the lack of public space or the quality of what is available. "City of Voids" examines the form, scale, and location of the most dominant types of open space available in the São Paulo metropolitan region. Through analytical drawings, this subsection shows that while the city contains an ample number of open spaces, inequities exist in their distribution throughout the city and with respect to who ultimately has access to them. Additionally, the drawings examine how urban voids, or unbuilt spaces within the city, could be activated in a coordinated program for public space that might gradually correct the distributional imbalance currently present in the city.

A survey of São Paulo's urban voids yields a mosaic of complex geometries with a range of spaces that present a varying degree of quality and definition. From this patchwork, eight types of open space—conservation areas, urban parks, cemeteries, campuses, fine-grain open spaces, privately-owned collective spaces, temporary public spaces, and residual spaces—can be identified as the most predominant throughout the metropolitan region. The text below expands on a few of these categories.

São Paulo has a strong tradition of designating large tracts of land as conservation areas, generally in the form of state parks. On the one hand, these areas have served as de facto urban boundaries in a metropolis that has seen uncurbed urban growth. On the other hand, the designation of conservation lands was also tied to the city's water policy. Their designation as state parks was also a way to protect areas that provide significant amounts of potable water to the city. A case in point is the Cantareira State Park to the north of the São Paulo. In addition to being an important ecological and recreational amenity in the city, the park also protects the Serra da Cantareira, which is a main source of tap water for the metropolitan

Os espaços abertos, invariavelmente, são pontos de controvérsia em qualquer cidade. Em São Paulo, esse debate é excessivamente aquecido, não sendo incomum ouvir os paulistanos reclamarem da falta de espaços públicos ou da qualidade do que está disponível. "Cidade de vazios" analisa a forma, a escala e a localização dos tipos mais dominantes de espaços abertos disponíveis na região metropolitana de São Paulo. Por meio de desenhos analíticos, demonstra-se que, enquanto a cidade tem grande número de espaços abertos, existem desigualdades em sua distribuição e em relação a quem, essencialmente, tem acesso a eles. Além disso, os desenhos analisam como os vazios urbanos ou os espaços sem área construída poderiam ser ativados em um programa coordenado de espaços públicos que, gradualmente, possibilitaria a correção do atual desequilíbrio presente na cidade.

Uma pesquisa sobre os vazios urbanos de São Paulo demonstra um mosaico de geometrias complexas, com vários espaços que denotam variados graus de qualidade e definição. Dessa colcha de retalhos, oito tipos de espaços abertos (áreas de conservação, parques urbanos, cemitérios, campi, espaços abertos de pequena escala, espaços coletivos de propriedade privada, espaços públicos temporários e espaços residuais) podem ser identificados como os mais predominantes na região metropolitana. O texto a seguir fala mais sobre algumas dessas categorias.

São Paulo tem sólida tradição de definir grandes terrenos como áreas de conservação, geralmente, na forma de parques estaduais. Por um lado, essas áreas funcionam, de fato, como limites urbanos em uma metrópole que testemunhou o crescimento urbano sem restrições. Por outro lado, a designação de áreas de conservação também estava ligada à política hídrica da cidade. A designação dessas áreas como parques estaduais também era uma maneira de proteger áreas que forneciam quantidade significativa de água potável à cidade. Um exemplo relevante é o Parque Estadual da Cantareira, ao norte de São Paulo. Além de ser uma comodidade ecológica e

121 A

region. In contrast to the success seen in the north of the city, many of the conservation areas to the south have not fared well. There, in the absence of a larger management strategy, strict laws that prohibit urban development have proven unable to curb extensive illegal settlements invading many protected zones.

A quick glance at the drawings in this subsection reveals that São Paulo possesses a considerable number of urban parks. The incredibly popular Ibirapuera Park and its famous six-hundred-meter-long veranda—designed in the 1950s by Brazilian architect Oscar Niemeyer—exemplifies the importance of intermediate and large-scale inner-city parks in the life of Paulistas. Yet, the drawings also reveal that the vast majority of these parks are located within the hyper-center and generally coincide with high per capita income areas. Urban parks are far sparser around the city's less wealthy peripheral belt and there is very limited access to public parks in lower-income neighborhoods which generally occupy more mountainous topographies. Those parks that do exist in these areas tend to have fewer amenities and are not as well maintained. While retrofitting large urban parks into the consolidated urban periphery of São Paulo could be a daunting task, the drawings in this subsection reveal a possible alternative as the lower-income, mostly residential belt that surrounds the hyper-center also has the greatest amount of residual space in the metro area. This abundance is due largely to the area's extreme topography and the haphazard manner in which the city has grown. An inventive appropriation and requalification of these spaces could gradually construct important open space networks that would radically improve the urban periphery. While similar initiatives already exist, like Cantinho do Céu to the south of the city, these programs have to be implemented in a more systematic way across multiple areas simultaneously in order to achieve an important and long-lasting effect in the quantity and quality of the city's open space. And, while the general tendency has been to find and repurpose residual spaces in the periphery of the city, it is important to note that the inner city also has a significant number of residual spaces that could be requalified and made part of the public space system. The latter are often leftover spaces or byproducts of the complex geometries of heavyweight mobility infrastructures. Parque Dom Pedro II, for example, was once an important and central public space in the city,

de lazer importante na cidade, o parque também protege a Serra da Cantareira, que é a principal fonte de água encanada da região metropolitana. Em contraste ao sucesso observado na zona norte da cidade, muitas das áreas de conservação ao sul não foram bem-sucedidas. Ali, na ausência de estratégias de gestão mais amplas, as rígidas leis que proíbem o desenvolvimento urbano se mostraram ineficazes para impedir que os extensos assentamentos ilegais invadissem muitas zonas protegidas.

Uma rápida observação dos desenhos revela que São Paulo tem um número considerável de parques urbanos. O Parque Ibirapuera, incrivelmente popular, e sua famosa marquise de 600 m, projetada pelo arquiteto brasileiro Oscar Niemeyer, na década de 1950, exemplifica a importância de parques de médio e grande porte na vida dos paulistanos. No entanto, os desenhos também revelam que a vasta maioria desses parques estão localizados na região do hipercentro, coincidindo, geralmente, com regiões de alta renda per capita. Os parques urbanos são bem mais escassos na região periférica menos abastada da cidade, além do acesso muito limitado a parques públicos em bairros de renda mais baixa que, geralmente, ocupam áreas mais montanhosas. Os parques que existem nessas regiões tendem a ter menos comodidades e não são tão bem-cuidados. Embora a modernização de grandes parques urbanos na periferia consolidada de São Paulo pudesse ser assustadora, os desenhos aqui revelam uma possível alternativa, uma vez que a região de renda mais baixa e majoritariamente residencial que circunda o hipercentro também tem a maior quantidade de espaço residual da região metropolitana. Essa abundância se deve, em sua maior parte, à topografia extrema da região e ao crescimento desordenado da cidade. A apropriação e a requalificação criativas desses espaços poderia, gradualmente, construir importantes redes de espaços abertos que melhorariam drasticamente a periferia urbana. Embora já existam iniciativas semelhantes, como o Cantinho do Céu, na zona sul da cidade, esses programas precisam ser implantados de forma mais sistemática em várias áreas, simultaneamente, a fim de alcançar importante efeito de longo prazo sobre a quantidade e a qualidade dos espaços abertos da cidade. Enquanto a tendência geral tem sido encontrar e dar novo propósito aos espaços residuais da periferia, é importante observar que a região central da cidade também tem número significativo de espaços residuais que poderiam ser requalificados e transformados em parte do sistema de espaços públicos. Esses últimos são, frequentemente,

but has since been mutilated by large roads and flyovers. Positioned in the heart of the city, the remnants of that space are too critical to neglect.

Made up mostly of academic and institutional campuses, privately-owned collective space is also an important category of open space in São Paulo. Speckled throughout the city, they host opportunities for gathering and exercise. A case in point is the University of São Paulo (USP) and its university city campus built in the 1960s. While the campus is completely overdimensioned for the number of buildings it holds, its grounds are constantly being used for biking and recreation. Free and open to the public, the USP campus doubles as an important urban park in the city. The Serviço Social do Comércio (SESC), or the Social Service of Commerce Association, is another important example. Conceived in the 1940s as an association to provide cultural and recreational services to members affiliated with any sort of commerce in the state, the SESC system provides a wide host of cultural and recreational programs and now serves upwards of 1.5 million members. While SESC Pompeia is perhaps the most well-known of the SESC facilities in the architecture community due to the prominence of Lina Bo Bardi's vertical gym, the overall program comprises more than 36 campuses statewide, most of which are within the São Paulo metropolitan region.

Recently, the creation of temporary pedestrian spaces through seasonal road closures has become an important means of providing refuge and public amenity in an otherwise built-out city center. The closing on Sundays of Elevado Costa e Silva and Avenida Paulista, among others, to vehicular traffic gives mobility infrastructure a provisional new use, inviting people to occupy it in alternative ways and experience these spaces through a different vantage point. The number of users and the diversity of uses one can find on these roads on any given Sunday is emblematic of the overall success of these initiatives. Further, it also shows that urban infrastructures can have a multiplicity of uses, and that this plurality should be taken into consideration when conceptualizing new infrastructures for the city.

Moving forward, the creation of new open space could be a useful way to reactivate São Paulo's post-industrial grounds, particularly those north of the city center. Such a move would involve the clearing of urban fabric and the remediation of soil in select blocks to establish residential development hotspots. These critical areas could

espaços remanescentes ou subprodutos da complexa geometria das importantes infraestruturas de mobilidade. O parque Dom Pedro II, por exemplo, já foi um espaço público importante e central da cidade, porém foi mutilado por grandes avenidas e viadutos. Localizado no coração da cidade, os vestígios desse espaço são muito críticos para serem negligenciados.

Composto majoritariamente por campi universitários e institucionais, os espaços coletivos de propriedade privada também são uma importante categoria dos espaços abertos de São Paulo. Espalhados pela cidade, eles abrigam oportunidades de socialização e atividades físicas. Um exemplo é a Universidade de São Paulo (USP) e seu campus cidade universitária, construído na década de 1960. Embora seja totalmente superdimensionado para a quantidade de edifícios que abriga, sua área é constantemente usada para ciclismo e lazer. Gratuito e aberto ao público, o campus da USP acaba tendo função dupla e sendo também um importante parque urbano na cidade. O Serviço Social do Comércio (SESC) é outro exemplo importante. Criado na década de 1940 como uma associação para oferecer serviços culturais e de lazer para os associados com algum tipo de comércio no estado, o SESC oferece ampla programação cultural e de atividades de lazer e, hoje, atende mais de 1,5 milhão de associados. Embora o SESC Pompeia seja, talvez, a unidade mais conhecida pela comunidade da arquitetura, devido à importância da academia vertical de Lina Bo Bardi, o programa abrange mais de 36 unidades em todo o estado, estando a maioria delas na região metropolitana de São Paulo.

Recentemente, a criação de espaços temporários para pedestres, por meio dos fechamentos sazonais de ruas e avenidas, se tornou um importante meio de oferecer refúgio e comodidades públicas em áreas que, normalmente, seriam os centros desenvolvidos das cidades. O fechamento do Elevado Costa e Silva e da Avenida Paulista, aos domingos, entre outros espaços, para o tráfego de veículos, fornece à infraestrutura de mobilidade novo uso temporário, convidando a população a ocupar esses espaços de formas alternativas e viver neles experiências por meio de um ponto de vantagem diferente. O número de usuários, assim como a diversidade de usos que essas vias chegam a ter em qualquer domingo é emblemático do sucesso dessas iniciativas. Além disso, também mostra que as infraestruturas urbanas podem ter inúmeros usos, e que essa pluralidade deveria ser levada em consideração quando se conceitualizam novas infraestruturas para a cidade.

then be reinforced through the implementation of a clear transfer of development rights policy and compelling landscape design strategies.

No futuro, a criação de novos espaços abertos poderia ser uma forma útil de reativar a região pós-industrial de São Paulo, particularmente aquela ao norte do centro da cidade. Essa movimentação envolveria a limpeza do tecido urbano e a remediação do solo por partes, para estabelecer pontos de desenvolvimento residencial. Essas áreas críticas poderiam, então, ser reforçadas pela implantação de transferências claras de políticas de direitos de desenvolvimento e estratégias interessantes de paisagismo.

Conservation / Reservation Areas
Urban Parks
Cemeteries
Campuses
Fine-Grain Open Space
Privately Owned Collective Spaces
Temporary Public Spaces
Residual Spaces

Synthesis of open-space typologies throughout São Paulo.

Síntese dos tipos de espaços abertos em São Paulo.

125   A

Aerial view of Parque Ibirapuera, ca. 1950.

Vista aérea do Parque Ibirapuera, por volta de 1950.

A

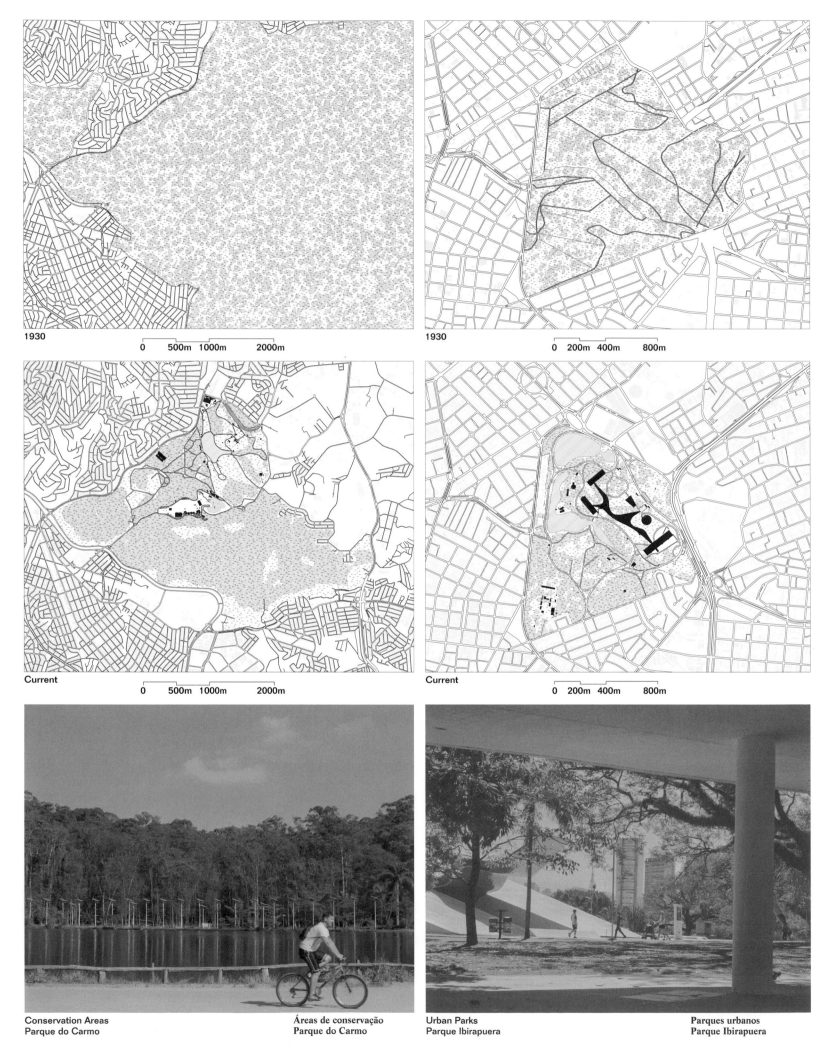

1930

0   500m 1000m   2000m

1930

0   200m 400m   800m

Current

0   500m 1000m   2000m

Current

0   200m 400m   800m

Conservation Areas
Parque do Carmo

Áreas de conservação
Parque do Carmo

Urban Parks
Parque Ibirapuera

Parques urbanos
Parque Ibirapuera

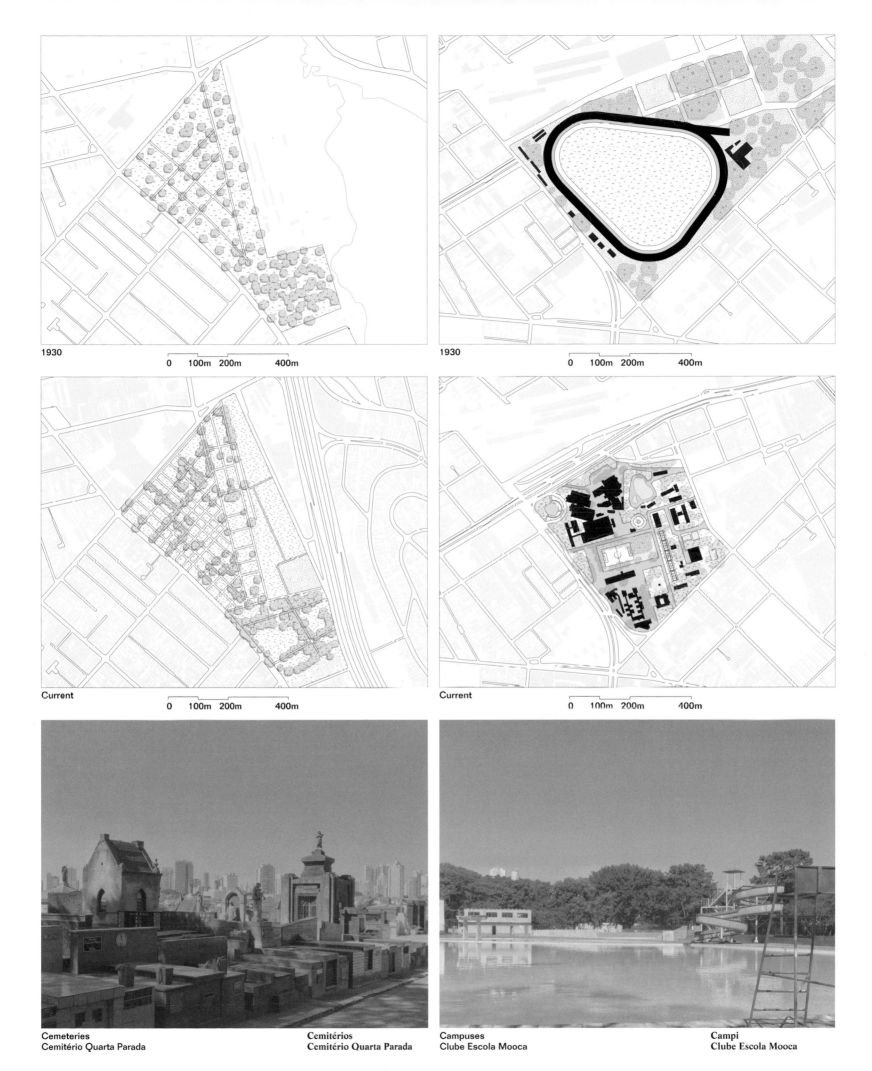

1930

0   100m 200m   400m

1930

0   100m 200m   400m

Current

0   100m 200m   400m

Current

0   100m 200m   400m

Cemeteries
Cemitério Quarta Parada

Cemitérios
Cemitério Quarta Parada

Campuses
Clube Escola Mooca

Campi
Clube Escola Mooca

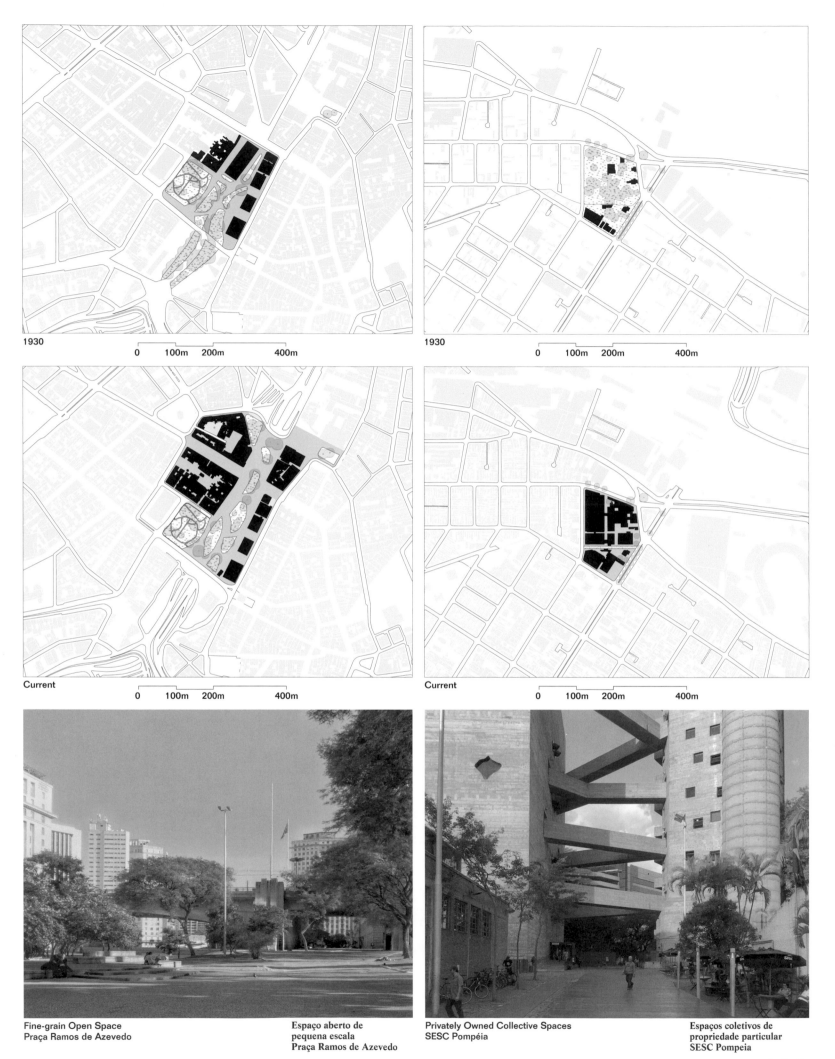

1930

0 100m 200m 400m

1930

0 100m 200m 400m

Current

0 100m 200m 400m

Current

0 100m 200m 400m

Fine-grain Open Space
Praça Ramos de Azevedo

**Espaço aberto de
pequena escala**
Praça Ramos de Azevedo

Privately Owned Collective Spaces
SESC Pompéia

**Espaços coletivos de
propriedade particular**
SESC Pompeia

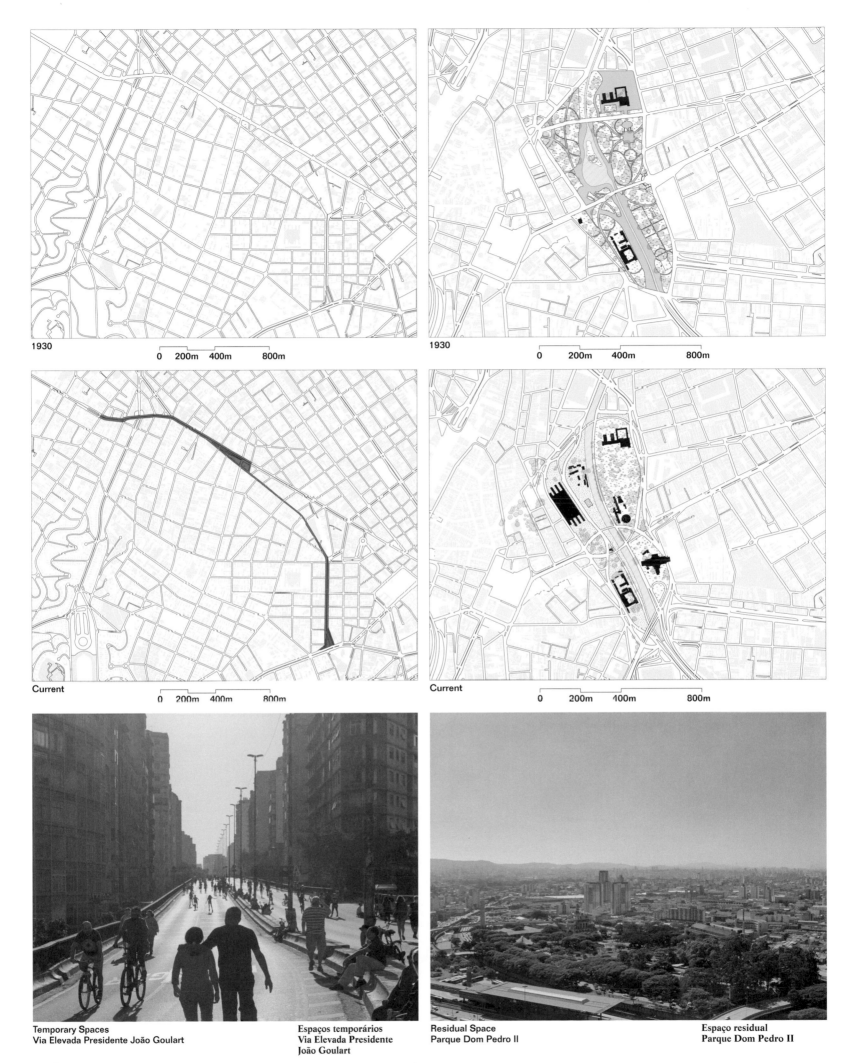

1930

0　200m　400m　800m

1930

0　200m　400m　800m

Current

0　200m　400m　800m

Current

0　200m　400m　800m

Temporary Spaces
Via Elevada Presidente João Goulart

Espaços temporários
Via Elevada Presidente
João Goulart

Residual Space
Parque Dom Pedro II

Espaço residual
Parque Dom Pedro II

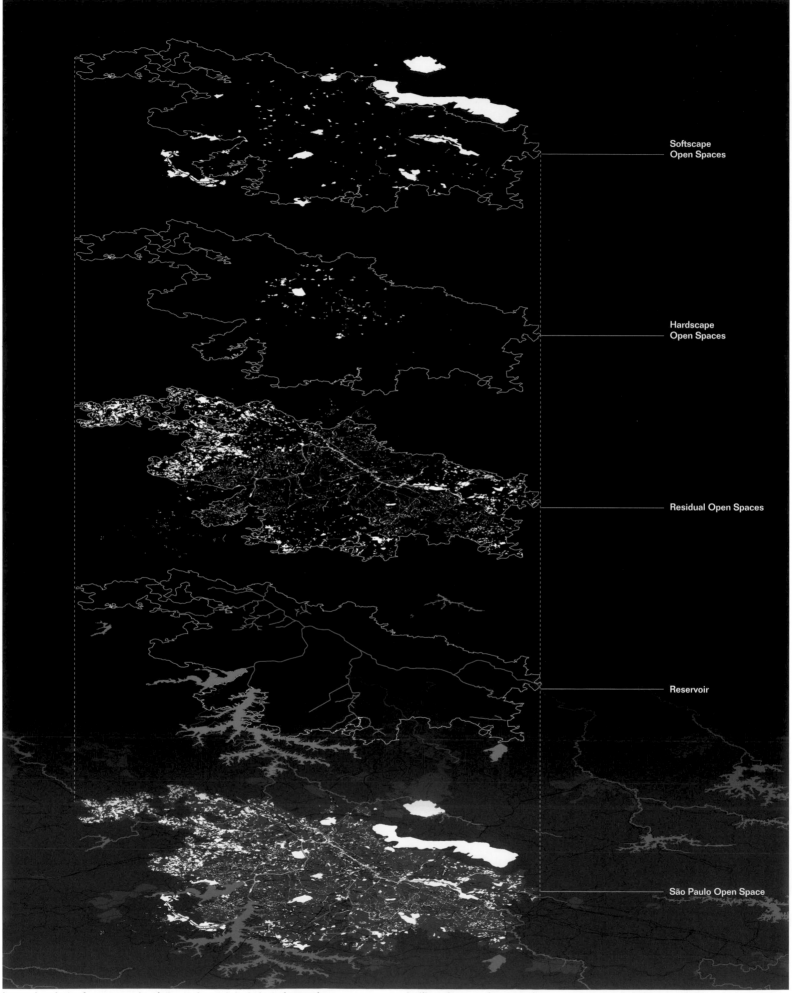

Softscape
Open Spaces

Hardscape
Open Spaces

Residual Open Spaces

Reservoir

São Paulo Open Space

Layered analysis of open space in relation to the city's hydrological network.
Análise sobreposta do espaço aberto em relação à rede hídrica da cidade.

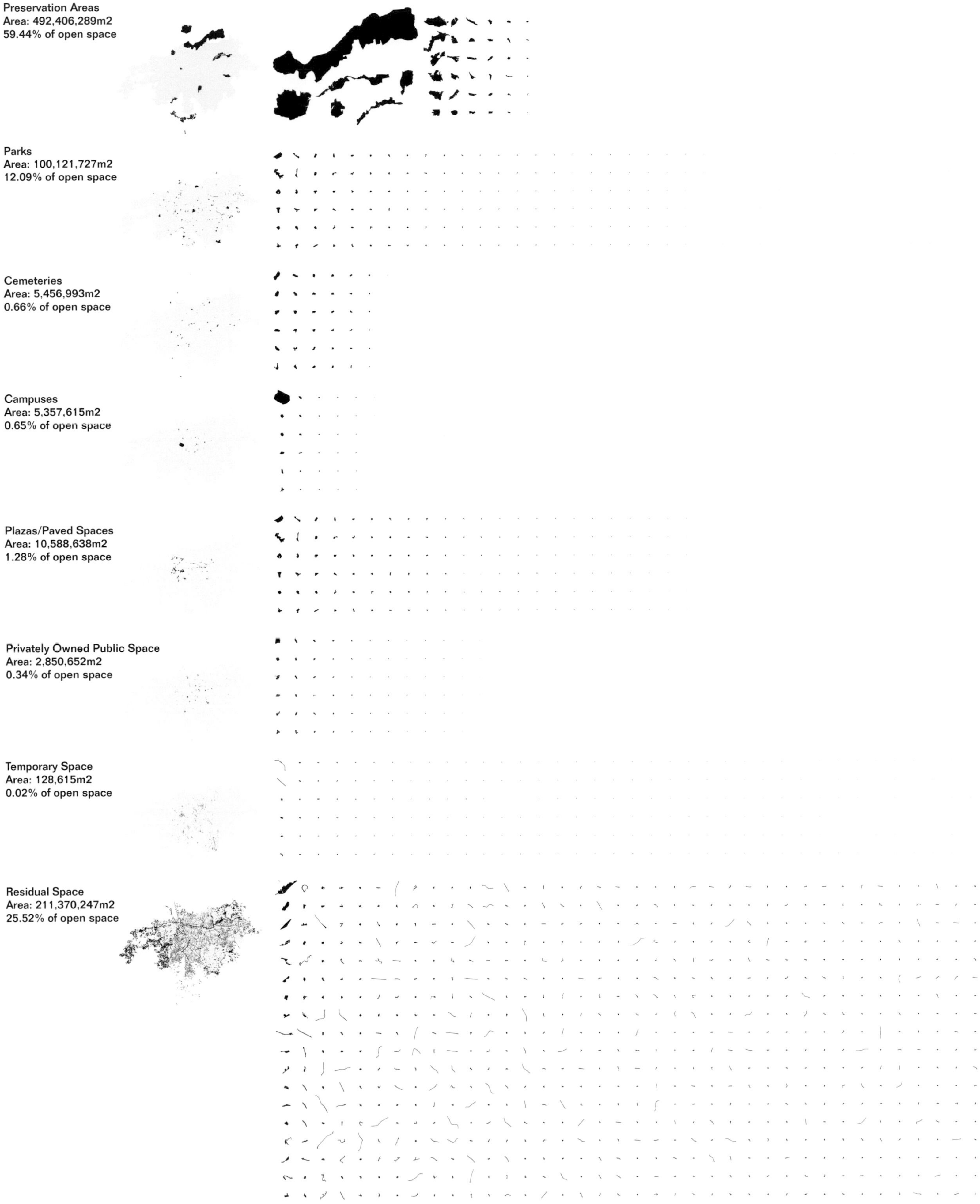

Preservation Areas
Area: 492,406,289m2
59.44% of open space

Parks
Area: 100,121,727m2
12.09% of open space

Cemeteries
Area: 5,456,993m2
0.66% of open space

Campuses
Area: 5,357,615m2
0.65% of open space

Plazas/Paved Spaces
Area: 10,588,638m2
1.28% of open space

Privately Owned Public Space
Area: 2,850,652m2
0.34% of open space

Temporary Space
Area: 128,615m2
0.02% of open space

Residual Space
Area: 211,370,247m2
25.52% of open space

Figures of open space.

Figuras de espaços abertos.

133   A

Contemporary view of Ibirapuera Park.

Vista contemporânea do Parque Ibiraquera.

A

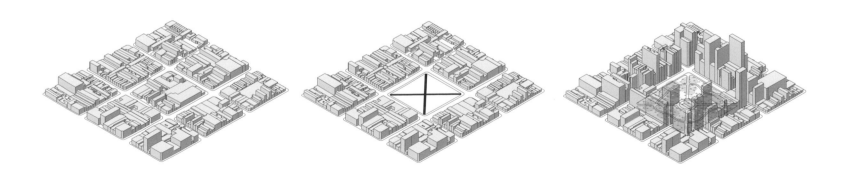

A new scale of fine-grain open space and higher-density neighborhoods can be achieved through a mechanism that transfers development rights along the edges of the newly created open spaces.

Pode-se obter uma nova escala de espaços abertos de pequena escala e bairros de densidade mais alta, por meio de um mecanismo que transfere direitos de desenvolvimento ao longo das extremidades dos espaços abertos recém-criados.

Health Challenges and Opportunities in the Urban Space
Marcia C. Castro

In 2008, the history of the human race reached a milestone: for the first time, more than half of the world's population was living in urban areas.[1] Yet, this unprecedented urban growth has created cities that face contrasting realities. On the one hand, cities are culturally vibrant hubs for development that offer better access to education and health services, a diversity of employment choices, and an array of opportunities for community engagement. On the other, rapid urban expansion unaccompanied by proper planning or the provision of basic infrastructure creates areas where the population lives in extremely precarious conditions, vulnerable to disaster and to a range of diseases, and often exposed to the harmful consequences of air pollution and violence. These realities occur side-by-side and render a scenario of profound inequality, which can be further exacerbated by equally contrasting human behaviors and lifestyles (e.g., stress, diet, physical activity, smoking).

The city of São Paulo, with its almost 21.3 million people (about 10 percent of the total Brazilian population), is the fifth most populous in the world, the largest in the Americas, and the economic heart of Brazil. Its contrasting realities are marked by modern skyscrapers and slums, streets with high-fashion stores and neighborhoods lacking regular access to piped water, and air-conditioned houses near shacks with no sanitation. Here, striking inequalities create heterogeneities in health access and outcomes. These inequalities also generate ideal conditions for the triple burden of diseases: a backlog of infectious diseases, a rise in non-communicable diseases, and a growing number of injuries.

In medieval times, cities were ravaged by the scourge of infectious diseases and their populations saw much lower life expectancy at birth compared to those in rural areas.[2] Demographic and epidemiologic transitions marked critical turning points. Here one sees declines in mortality and fertility, major medical discoveries and the improvement of overall health conditions, and the shift of the mortality burden from infectious to non-communicable diseases. Why, then, do contemporary cities still face the burden of infectious diseases?

Consider, for example, diseases transmitted by the *Aedes aegypti* mosquito, such as dengue, zika, and chikungunya. Lack of or unreliable access to piped water leads people to store water in their homes in tanks, jugs, and other containers, often not covered. Precarious garbage collection creates piles of trash where water can accumulate. Both provide ideal conditions for mosquito breeding. In fact, *Aedes aegypti* is extraordinarily well-adapted to the urban landscape, and currently more than half of the global population lives in areas with risk of dengue transmission.[3] In addition, rats (that transmit leptospirosis through the urine) are often found in areas with accumulated trash, and are commonly present in slums. Here, too, overcrowded conditions often increase the risk of tuberculosis infection.

Desafios de saúde e oportunidades no espaço urbano
Marcia C. Castro

Em 2008, a história da humanidade atingiu um marco: pela primeira vez, mais da metade da população mundial estava morando na zona urbana[1]. No entanto, esse crescimento urbano sem precedentes deu origem a cidades que enfrentam realidades contrastantes. Por um lado, elas são centros vibrantes de cultura para o desenvolvimento, oferecendo acesso melhor aos serviços de educação e saúde, variedade de empregos e inúmeras oportunidades de participação comunitária. Por outro, a rápida expansão urbana sem planejamento adequado nem infraestrutura básica cria áreas em que a população vive em condições extremamente precárias, sujeita a desastres naturais e a uma série de doenças, além de estar frequentemente exposta às consequências prejudiciais da poluição do ar e da violência. Essas realidades concomitantes revelam um cenário de profunda desigualdade, que pode ser intensificado por comportamentos e estilos de vida humanos igualmente contrastantes (por exemplo, estresse, dietas, atividades físicas e tabagismo).

A cidade de São Paulo, com seus quase 21,3 milhões de habitantes (cerca de 10% da população total do Brasil), é a quinta mais populosa do mundo, a maior das Américas e o centro financeiro do Brasil. Suas realidades contrastantes são marcadas por modernos arranha-céus e favelas, ruas com lojas de alta costura e bairros sem acesso normal à água potável, além de casas com ar-condicionado próximas a barracos sem saneamento básico. Aqui, as desigualdades impressionantes criam heterogeneidades no acesso à saúde e nos respectivos resultados dessa área. Essas desigualdades também criam condições ideais para a carga tripla de doenças: inúmeras doenças infecciosas, o aumento das doenças não transmissíveis e o crescente número de mortes por causas externas.

Na era medieval, as cidades foram assoladas pelo flagelo das doenças infecciosas, e suas populações testemunharam expectativas de vida ao nascer mais baixas do que as zonas rurais[2]. As transições demográfica e epidemiológica marcaram momentos decisivos cruciais. Vê-se, hoje, o declínio da mortalidade e da fertilidade, grandes descobertas médicas e a melhora das condições gerais de saúde, além da maior participação de doenças não transmissíveis como causa de morte. Por que, então, as cidades contemporâneas ainda enfrentam o ônus das doenças infecciosas?

Considere, por exemplo, as doenças transmitidas pelo mosquito *Aedes aegypti*, como a dengue, o vírus da zika e a chicungunha. O acesso irregular ou inexistente a água potável leva as pessoas a armazenarem água em casa, em reservatórios, jarras e outros recipientes, frequentemente sem tampa. A coleta precária de resíduos gera pilhas de lixo em locais onde a água pode se acumular. Ambas as situações fornecem condições ideais para a reprodução de mosquitos. Na verdade, o *Aedes aegypti* está excepcionalmente bem-adaptado à paisagem urbana e, atualmente, mais da metade da população global mora em áreas com risco de transmissão da dengue[3]. Além disso, os ratos (que

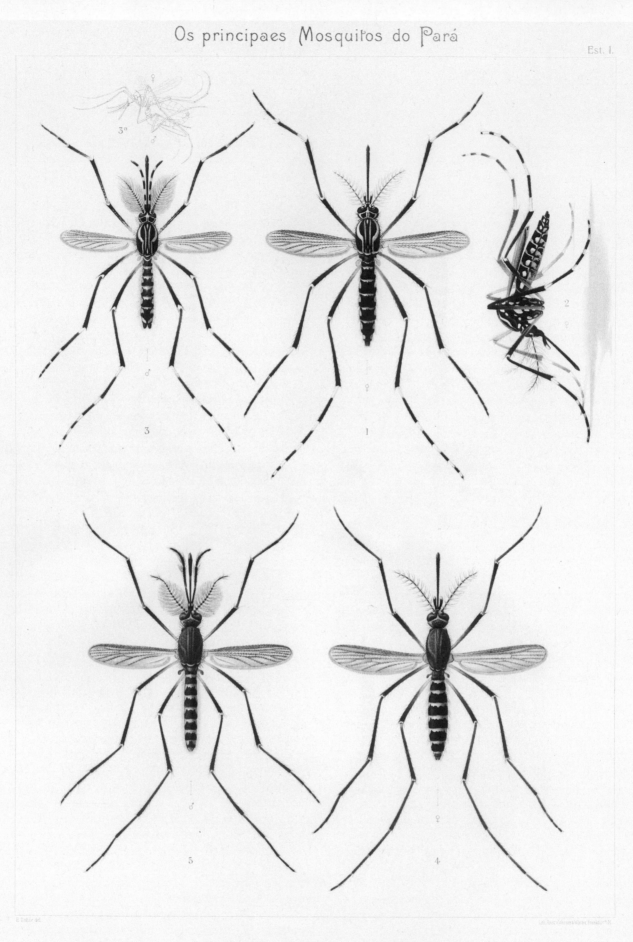

Fig. 1 **Stegomyia fasciata** ♀ (femea)
Fig. 2 **Stegomyia fasciata** ♀ (femea, vista do lado, em posiçaõ de repouso)
Fig. 3 **Stegomyia fasciata** ♂ (macho da mesma)

Fig. 3ª **Stegomyia fasciata** ♂ e ♀ (casal em copula, voando)
Fig. 4 **Culex fatigans** ♀ (femea)
Fig. 5 **Culex fatigans** ♂ (macho da mesma)

Print of Émil August Goeldi's 1905 illustration of the yellow fever mosquito, *Aedes aegypti*.

Reprodução da ilustração de Émil August Goeldi, de 1905, do mosquito da febre amarela, o *Aedes aegypti*.

According to the 2010 Population Census, slum-dwellers make up about 11.4 percent of the population in São Paulo, more than double the national indicator (5.6 percent).[4] Vector control in such areas is an insurmountable task if not supplemented by infrastructure improvement. Yet, water, sanitation, and garbage management are not public works within the jurisdiction of the Ministry of Health, and they require initial funding for execution and time for construction. Collaboration between different governmental sectors is imperative to overcome urban challenges to health. In a scenario of limited resources, where actions are implemented in response to problems rather than with an aim toward their prevention, such collaboration is unlikely to succeed. However, good examples do exist. Historically, the sanitation policies implemented in Brazil during the early 1900s were a major turning point for public health.[5] Recently, programs to improve child health and development implemented in Sobral (in Ceará state) and in the city of São Paulo exemplify the importance of intersectoral collaboration.[6,7]

The burden of infectious diseases can be exacerbated by extreme weather events. The severe drought that started in the state of São Paulo in 2014, and which exposed critical problems in reservoir management, left millions of people without regular access to water. In the following year, several municipalities of the state recorded the most severe dengue epidemic in their histories.[8] The connection between irregular access to water, the storing of water at home, and dengue transmission was straightforward. Flooding is also an issue, and it disproportionally affects the poor.

Turning to non-communicable diseases, they are responsible for about 68 percent of the deaths in Brazil. Their burden on cities is a multifaceted phenomenon. First, urban lifestyle can have major impacts on health outcomes. Unbalanced diet (excess of calories, heavy on saturated fat and sugar, inadequate fruit and vegetable intake), lack of physical activity, smoking, alcohol use, and an overall stressful working routine are problems usually found in cities. And, so are the health consequences: cardiovascular diseases (the major cause of death in Brazil), cancer, diabetes, high blood pressure, obesity, and mental illness. Indeed, an overweight and obesity epidemic is ongoing in Brazil. In the city of São Paulo in 2016, 53.9 percent of the adults aged 18 or older were overweight (body mass index – BMI ≥ 25 kg/m2), 18.1 percent were obese (BMI ≥ 30 kg/m2), and 25.9 percent reported hypertension problems.[9] In recent years, these numbers have been increasing across capital cities in Brazil. Combating this rise demands efforts that favor all urban residents and are thus capable of reducing health inequalities. It becomes critical to promote and sustain urban spaces that encourage physical activity (e.g., bike lanes, green areas, open gym in public spaces), and to develop partnerships with industry that promote healthy diets for children, adults, and the elderly.

Second, Brazil has experienced a rapid demographic transition, and currently the total fertility rate is below replacement level. While the population is still growing given the age structure, the percentage of people above 65 is nevertheless increasing, and in São Paulo, 8.8 percent of the population was above 65 years in 2015 (against 7.9 percent in the entire country). This age group in particular suffers more from non-communicable diseases and demands more inpatient care for longer periods of time. Also, urban spaces are not

transmitem a leptospirose através da urina) são frequentemente encontrados em áreas com lixo acumulado e estão, geralmente, presentes em favelas. Aqui, também, a superpopulação frequentemente aumenta o risco de infecção por tuberculose.

De acordo com o Censo Demográfico de 2010, os moradores de favelas representam cerca de 11,4% da população de São Paulo, mais do que o dobro do indicador nacional (5,6%)[4]. O controle de vetores nessas regiões é uma tarefa impossível, caso não seja acompanhada por melhorias na infraestrutura. Ainda assim, o gerenciamento hídrico, sanitário e de resíduos não são serviços públicos sob a jurisdição do Ministério da Saúde, e demandam recursos iniciais para execução, além de tempo para a construção. É necessária a colaboração entre diferentes setores governamentais para superar os desafios urbanos à saúde. Em um cenário de recursos limitados, em que as ações são implementadas como resposta aos problemas e não como medidas preventivas, é improvável que essa colaboração seja bem-sucedida. Existem, no entanto, bons exemplos. Historicamente, as políticas de saneamento implantadas no Brasil durante o início dos anos 1900 foram um marco para a saúde pública[5]. Recentemente, programas que melhoram a saúde e o desenvolvimento infantil implementados em Sobral (Ceará) e na cidade de São Paulo exemplificam a importância da colaboração intersetorial[6,7].

A carga das doenças infecciosas pode ser intensificada por eventos climáticos extremos. A grave seca que começou em 2014, no estado de São Paulo, e que expôs problemas críticos na gestão dos reservatórios, deixou milhões de pessoas sem acesso regular à água. No ano seguinte, vários municípios do estado registraram a mais grave epidemia de dengue da história[8]. A ligação entre o acesso irregular à água, o armazenamento de água em casa e a transmissão da dengue estava clara. As inundações também são um problema que afeta, desproporcionalmente, os pobres.

Com relação as doenças não transmissíveis, elas são responsáveis por cerca de 68% das mortes no Brasil. Sua importância nas cidades é um fenômeno de muitas facetas. Primeiramente, o estilo de vida urbano pode ter grande impacto sobre os números na área da saúde. A alimentação desequilibrada (o excesso de calorias, com muita gordura saturada e açúcar, o consumo inadequado de frutas e legumes), a falta de atividade física, o tabagismo, o consumo de álcool e a rotina de trabalho estressante, em geral, são problemas comumente identificados nas cidades. Assim como também são as consequências para a saúde: as doenças cardiovasculares (a principal causa de morte no Brasil), o câncer, o diabetes, a hipertensão, a obesidade e as doenças mentais. De fato, há, hoje, no Brasil, uma epidemia de sobrepeso e obesidade. Em 2016, na cidade de São Paulo, 53,9% dos adultos com 18 anos ou mais estavam com sobrepeso (índice de massa corporal, IMC, ≥ 25 kg/m²), 18,1% estavam obesos (IMC ≥ 30 kg/m²) e 25,9% relataram problemas de hipertensão[9]. Nos últimos anos, esses números vêm crescendo nas capitais brasileiras. Combater esse aumento exige esforços que favorecem todos os moradores das zonas urbanas e que são capazes de reduzir as desigualdades de saúde. Torna-se essencial promover e manter espaços urbanos que estimulem atividades físicas (por exemplo, ciclovias, áreas verdes, academias abertas em espaços públicos) e desenvolver parcerias com os setores que promovem dietas saudáveis para crianças, adultos e idosos.

Em segundo lugar, o Brasil passou por rápida transição demográfica e, atualmente, o índice total de fertilidade está abaixo do nível de reposição. Apesar de a população continuar

A 1904 postcard of the Jardim da Luz III, showing a modern type of open space hinting at a metropolis in the making.

Cartão postal de 1904 do Jardim da Luz III, apresentando um tipo moderno de espaço aberto, sugerindo uma metrópole em construção.

necessarily friendly to the elderly, often lacking sidewalks with ramps or elevators/escalators in train/subway stations.

Third, large cities frequently suffer from environmental problems such as air pollution (with transportation being its main source), causing varied illness, hospitalizations, and premature deaths. If the city of São Paulo could reduce the Particulate Matter (PM) with an aerodynamic diameter < 2.5 μm (PM 2.5) to standard levels accepted by the World Health Organization, it is estimated that about five thousand premature deaths could be avoided, and approximately US$15 billion saved annually.[10] Therefore, efforts to reduce air pollution should be advocated as a major investment; they save money and human lives.

The final component of the triple burden of diseases—the growing number of injuries—includes road traffic accidents, self-inflicted injuries, slip-and-fall injuries, and violence (homicide, and domestic and child abuse). Violence, in particular, is increasing at alarming rates in Brazil.[11] Homicide is now the main cause of death of non-white males, aged 15–29, living in the periphery of large cities. Violence hampers school attendance, limits the work of family health agents and vector control personnel in certain areas, is associated with depression, and creates large economic losses. Violence alters the dynamic of cities by limiting the widespread use of public spaces.

It is estimated that by 2030, 6 out of 10 people will live in cities. As the world becomes more urban, so too does the face of inequality. However, urban challenges are paralleled by even

a crescer, devido à estrutura etária, a porcentagem de pessoas com mais de 65 anos continua a crescer e, em São Paulo, 8,8% da população tinha mais de 65 anos em 2015 (contra 7,9% em todo o país). Essa faixa etária, em particular, sofre mais com as doenças não transmissíveis e requer mais tratamentos ambulatoriais por períodos mais longos. Os espaços urbanos também não são, necessariamente, favoráveis aos idosos, frequentemente com calçadas sem rampas ou sem elevadores e escadas rolantes nas estações de trem e de metrô.

Em terceiro lugar, as cidades grandes, frequentemente, sofrem com problemas ambientais como a poluição do ar (sendo os meios de transporte a principal causa), provocando inúmeras doenças, hospitalizações e mortes prematuras. Se a cidade de São Paulo pudesse reduzir o material particulado com diâmetro aerodinâmico < 2,5 μm (PM 2,5) para níveis padronizados aceitos pela Organização Mundial da Saúde, estima-se que cerca de 5.000 mortes prematuras poderiam ser evitadas e, aproximadamente, US$ 15 bilhões seriam economizados por ano[10]. Portanto, os esforços para reduzir a poluição do ar deveriam ser defendidos como principal investimento, uma vez que economizam dinheiro e salvam vidas humanas.

O componente final da carga tripla das doenças, o crescente número de mortes por causas externas, inclui acidentes rodoviários, lesões autoimpostas, lesões por escorregões e quedas, e violência (homicídios, violência doméstica e infantil). A violência, em particular, cresce em níveis alarmantes no Brasil[11]. Os homicídios são, hoje, a principal causa de morte de homens não caucasianos, com idade entre 15 e 29 anos,

greater opportunities. The 2030 agenda of the Sustainable Development Goals (SDGs), agreed upon by 193 countries and launched in September of 2015 at the United Nations, is a platform to pursue improvements. Of the 17 goals, SDG-11 (sustainable cities and communities) states that "better urban planning and management are needed to make the world's urban spaces more inclusive, safe, resilient and sustainable."[12] Its 10 targets address the core of urban problems, such as infrastructure, land use, air quality, waste management, safety, green and public spaces, resource-efficient buildings, and the mitigation of climate change. Progress in achieving the targets will not only contribute to sustainable and resilient cities, but also to a much healthier space for the population.

Successful examples do exist, and serve as an inspiration. In São Paulo, during the administration of Mayor Fernando Haddad, the requalification of public spaces and open streets in Largo São Francisco and Largo do Paissandu encouraged new activities that contributed to a healthier life, such as an increase in cultural and physical activities, a larger number of children playing in public spaces, better walking quality, and reduced jaywalking. In New York City, the Gardens for Healthy Communities (GHC) was a public gardening program aimed at reducing obesity and serves as an example of how community gardens can provide fresh produce while also promoting exercise, all with community engagement.[13]

The knowledge and technology needed to improve urban health and to reduce inequalities already exist. Local initiatives to promote a healthier urban space abound—composting, recycling, renewable energy, organic farming, bike lanes, green spaces, etc.—and should continue to expand. But how? Doing so demands the political will to maintain successful programs across administrations so that the long-term benefits of urban interventions are not compromised by election cycle leadership changes. It also requires collaborative effort among different governmental sectors. The most effective interventions are those that approach the promotion of a healthier urban space as a multi-sectoral challenge requiring the combined and integrated expertise from the fields of urban planning, health, education, transportation, infrastructure, agriculture, and public safety. Additionally, efforts toward urban health need community participation. Having citizen approval and support before any project is implemented is critical, and empowering residents to take ownership of new projects facilitates their maintenance and sustainability. Such efforts also benefit from leveraging of public-private cooperation—partnerships with the real estate community to promote buildings that are energy efficient and have lower carbon emissions, and the use of SMART technologies in municipal finances, the management of public services and municipal infrastructure, and transparency and accountability[14]. Finally, it is necessary to challenge the negative influence of big corporations that promote unhealthy behaviors. The food and beverage industry has long shaped the diet of billions in the developing world, and not always in the most positive ways. Efforts that work to promote healthier diets in schools and in the workplace are critical steps toward change.

The task is daunting, but possible. The time is now. Earth and its almost 4 billion urban residents are waiting.

que moram nas periferias das grandes cidades. A violência, que dificulta a frequência escolar, limita o trabalho de agentes da saúde familiar e dos grupos de controle de vetores em determinadas áreas, está associada à depressão e gera grandes perdas econômicas. Ela altera a dinâmica das cidades, limitando o uso difundido dos espaços públicos.

Estima-se que, até 2030, seis de cada dez pessoas serão moradoras da zona urbana. À medida que o mundo se torna mais urbano, o mesmo acontece com a imagem da desigualdade. No entanto, os desafios urbanos seguem lado a lado com oportunidades ainda maiores. A agenda de 2030 dos Objetivos de Desenvolvimento Sustentável (ODS), aprovada por 193 países e lançada em setembro de 2015, nas Nações Unidas, é uma plataforma de busca de melhorias. Dos 17 objetivos, o ODS-11 (cidades e comunidades sustentáveis) declara que "melhor planejamento e gestão urbana são necessários para fazer com que os espaços urbanos do mundo sejam mais inclusivos, seguros, resilientes e sustentáveis"[12]. Suas dez metas abordam os principais problemas urbanos, como infraestrutura, uso do solo, qualidade do ar, gestão de resíduos, segurança, espaços verdes e públicos, edifícios com eficiência de uso de recursos e mitigação das mudanças climáticas. O progresso que se fizer ao atingir os objetivos não apenas contribuirá para cidades mais sustentáveis e resilientes, como também para espaços mais saudáveis para a população.

Exemplos de sucesso existem e são fontes de inspiração. Em São Paulo, durante a administração do Prefeito Fernando Haddad, a requalificação dos espaços públicos e ruas abertas no Largo São Francisco e Largo do Paissandu estimularam novas atividades que contribuíram para vidas mais saudáveis, como o aumento das atividades culturais e físicas, mais crianças brincando em espaços públicos, melhor qualidade das vias para pedestres e menos travessias de pedestres fora da faixa de segurança. Na cidade de Nova York, os Jardins para Comunidades Saudáveis (Gardens for Healthy Communities, GHC) faziam parte de um programa público de jardinagem, que tinha como objetivo reduzir a obesidade. É um exemplo de como os jardins comunitários podem fornecer produtos hortifrutícolas frescos, enquanto estimulam a atividade física, tudo com o engajamento da comunidade[13].

O conhecimento e a tecnologia necessários para melhorar a saúde urbana e reduzir as desigualdades já existem. As iniciativas locais para promover espaços urbanos mais saudáveis são abundantes e deveriam expandir cada vez mais: compostagem, reciclagem, energia renovável, agricultura orgânica, ciclovias, espaços verdes, etc. Mas como? Essa expansão requer vontade política para manter programas bem-sucedidos de uma administração para a outra, de modo que os benefícios de longo prazo das intervenções urbanas não sejam comprometidos por mudanças de liderança dos ciclos eleitorais. Requer também esforço de colaboração entre os setores governamentais. As intervenções mais eficazes são aquelas que promovem espaços urbanos mais saudáveis como desafio multissetorial, exigindo conhecimento conjunto e integrando áreas de planejamento urbano, saúde, educação, transporte, infraestrutura, agricultura e segurança pública. Além disso, os esforços em relação à saúde urbana precisam da participação da comunidade. Ter a aprovação e o apoio dos cidadãos antes da implementação de projetos é essencial, e empoderar os moradores para que se sintam donos dos novos projetos facilita a manutenção e a sustentabilidade. Esses esforços também se beneficiam das vantagens da cooperação público-privada: parcerias com a

comunidade imobiliária para promover edifícios com eficiência de energia e menor emissão de carbono, além do uso de tecnologias SMART nas finanças municipais, na gestão dos serviços públicos e da infraestrutura municipal, assim como transparência e responsabilidade[14]. Finalmente, é necessário desafiar as influências negativas das grandes empresas que estimulam comportamentos não saudáveis. A indústria de alimentos e bebidas vem, há muito, moldando a alimentação de bilhões de pessoas no mundo subdesenvolvido, nem sempre de maneira positiva. Os esforços para estimular alimentação mais saudável nas escolas e nos ambientes de trabalho são etapas fundamentais para alcançar essa mudança.

A tarefa intimida, mas é possível. A hora é agora. A Terra e seus quase quatro bilhões de moradores das zonas urbanas estão esperando.

1   UNFPA, "State of world population 2007," *Unleashing the Potential of Urban Growth* (New York, NY: United Nations Population Fund, 2007).

2   DA Leon, "Cities, urbanization and health," *International Journal of Epidemiology* 37, no. 1 (2008): 4–8, doi: 10.1093/ije/dym271.

3   MC Castro, ME Wilson, DE Bloom, "Disease and economic burdens of dengue," *The Lancet Infectious Diseases* 17, no. 3 (2017): e70-e8, doi: 10.1016/S1473-3099(16)30545-X.

4   S Pasternak, C D'Ottaviano, "Favelas no Brasil e em São Paulo: avanços nas análises a partir da Leitura Territorial do Censo de 2010," *Cadernos Metrópole* no. 18 (2016): 75–100.

5   G Hochman, *A era do saneamento: as bases da política de saúde pública no Brasil / The sanitation era: the grounds of the public health policy in Brazil* (São Paulo, SP: Hucitec/Anpocs, 1998), 261.

6   AE Haddad, *São Paulo Carinhosa: O que grandes cidades e políticas intersetoriais podem fazer pela primeira infância* (São Paulo, SP: Secretaria Municipal de Cultura, 2016), 600.

7   MC Araujo, F López-Boo, JM Puyana, *Overview of Early Childhood Development Services in Latin America and the Caribbean* (New York, NY: Social Protection and Health Division, Inter-American Development Bank, 2013).

8   R Lowe, CAS Coelho, C Barcellos, MS Carvalho, RDC Catão, GE Coelho, et al., "Evaluating probabilistic dengue risk forecasts from a prototype early warning system for Brazil," *eLife* (February 2016), doi: 10.7554/eLife.11285.

9   Brasil, Ministério da Saúde, Secretaria de Vigilância em Saúde, Departamento de Vigilância de Doenças e Agravos não Transmissíveis e Promoção da Saúde, *Vigitel Brasil 2016: vigilância de fatores de risco e proteção para doenças crônicas por inquérito telefônico. Estimativas sobre frequência e distribuição sociodemográfica de fatores de risco e proteção para doenças crônicas nas capitais dos 26 estados brasileiros e no Distrito Federal em 2016* (Brasília: Ministério da Saúde, Secretaria de Vigilância em Saúde, Departamento de Vigilância de Doenças e Agravos não Transmissíveis e Promoção da Saúde, 2017).

10   KC Abe, SGEK Miraglia, "Health Impact Assessment of Air Pollution in São Paulo, Brazil," *International Journal of Environmental Research and Public Health* 13, no. 7 (2016): 694, doi: 10.3390/ijerph13070694. PubMed PMID: PMC4962235.

11   Fórum Brasileiro de Segurança Pública, *Anuário Brasileiro de Segurança Pública 2017* (São Paulo, SP: Fórum Brasileiro de Segurança Pública, 2017).

12   United Nations, *Sustainable Development Goals: 17 goals to transform our world* (2017), http://www.un.org/sustainabledevelopment/sustainable-development-goals/.

13   Y Gonzalez, M Potteiger, A Bellows, E Weissman, C Mees, "A Case Study: Advancing Public Health through Gardens for Healthy Communities (GHC) in New York City: The Role of Anti-obesity Objectives in Urban Agriculture Policy," in: E Hodges Snyder, K McIvor, S Brown, eds. *Sowing Seeds in the City: Human Dimensions* (Dordrecht: Springer Netherlands, 2016), 107–18.

14   Uraia, UN-Habitat, FMDV, *Public-Private Partnerships for SMART City Management. Recommendations for local governments to prepare and implement SMART PPPs* (Uraia, UN-Habitat, FMDV, 2015).

1   UNFPA, "State of world population 2007", *Unleashing the Potential of Urban Growth* (New York, NY: United Nations Population Fund, 2007).

2   DA Leon, "Cities, urbanization and health", *International Journal of Epidemiology* 37, nº 1 (2008): 4–8, doi: 10.1093/ije/dym271.

3   MC Castro, ME Wilson, DE Bloom, "Disease and economic burdens of dengue", *The Lancet Infectious Diseases* 17, nº 3 (2017): e70-e8, doi: 10.1016/S1473-3099(16)30545-X.

4   S Pasternak, C D'Ottaviano, "Favelas no Brasil e em São Paulo: avanços nas análises a partir da Leitura Territorial do Censo de 2010", *Cadernos Metrópole* nº 18 (2016): 75–100.

5   G Hochman, *A era do saneamento: as bases da política de saúde pública no Brasil / The sanitation era: the grounds of the public health policy in Brazil* (São Paulo, SP: Hucitec/Anpocs, 1998), 261.

6   AE Haddad, *São Paulo Carinhosa: O que grandes cidades e políticas intersetoriais podem fazer pela primeira infância* (São Paulo, SP: Secretaria Municipal de Cultura, 2016), 600.

7   MC Araujo, F López-Boo, JM Puyana, *Overview of Early Childhood Development Services in Latin America and the Caribbean* (New York, NY: Social Protection and Health Division, Inter-American Development Bank, 2013).

8   R Lowe, CAS Coelho, C Barcellos, MS Carvalho, RDC Catão, GE Coelho, et al., "Evaluating probabilistic dengue risk forecasts from a prototype early warning system for Brazil", *eLife* (fevereiro de 2016), doi: 10.7554/eLife.11285.

9   Brasil, Ministério da Saúde, Secretaria de Vigilância em Saúde, Departamento de Vigilância de Doenças e Agravos não Transmissíveis e Promoção da Saúde, *Vigitel Brasil 2016: vigilância de fatores de risco e proteção para doenças crônicas por inquérito telefônico. Estimativas sobre frequência e distribuição sociodemográfica de fatores de risco e proteção para doenças crônicas nas capitais dos 26 estados brasileiros e no Distrito Federal em 2016* (Brasília: Ministério da Saúde, Secretaria de Vigilância em Saúde, Departamento de Vigilância de Doenças e Agravos não Transmissíveis e Promoção da Saúde, 2017).

10   KC Abe, SGEK Miraglia, "Health Impact Assessment of Air Pollution in São Paulo, Brazil", *International Journal of Environmental Research and Public Health* 13, nº 7 (2016): 694, doi: 10.3390/ijerph13070694. PubMed PMID: PMC4962235.

11   Fórum Brasileiro de Segurança Pública, *Anuário Brasileiro de Segurança Pública 2017* (São Paulo, SP: Fórum Brasileiro de Segurança Pública, 2017).

12   United Nations, *Sustainable Development Goals: 17 goals to transform our world* (2017), http://www.un.org/sustainabledevelopment/sustainable-development-goals/.

13   Y Gonzalez, M Potteiger, A Bellows, E Weissman, C Mees, "A Case Study: Advancing Public Health through Gardens for Healthy Communities (GHC) in New York City: The Role of Anti-obesity Objectives in Urban Agriculture Policy", em: E Hodges Snyder, K McIvor, S Brown, eds. *Sowing Seeds in the City: Human Dimensions* (Dordrecht: Springer Netherlands, 2016), 107–18.

14   Uraia, UN-Habitat, FMDV, *Public-Private Partnerships for SMART City Management. Recommendations for local governments to prepare and implement SMART PPPs* (Uraia, UN-Habitat, FMDV, 2015).

City of Collective Living

Cidade de habitações coletivas

São Paulo's fast-paced growth over the course of the twentieth century has rendered it an unprecedented site for architectural experimentation. Here, a prosperous economy in need of a new urban identity collided with different strains of architectural modernism—coming mostly from France and Italy— to give birth to an expansive collection of innovative architectural works. These projects brought to São Paulo a new cosmopolitanism appropriate to the cultural, financial, and industrial boom of the time. And, as the design of domestic space emerged as an important avenue to convey the aspirations of a rapidly evolving city, housing and the introduction of new models of collective living would become one of the central preoccupations of the mid-century Paulista architecture community. "City of Collective Living" constructs a comparative overview of the most significant collective housing projects in the city. It examines both affordable housing and market rate residential buildings and charts how housing significantly contributed to the shaping of the metropolis. The pages that follow provide a general inventory of the most significant examples of collective housing in São Paulo and showcase a diversity of approaches towards the residential unit and domestic life.

While a complete history of collective housing in São Paulo is beyond the scope of this subsection, it is important to note the most effective attitudes and policies that encouraged the invention of new models of collective living in the city. In addition to the *vilas operárias*, or company towns, widely implemented in the first few decades of the twentieth century (covered in the "City of Warehouses" subsection), two key programs served as the platform for the production of new types of affordable housing in the city. The first is the Industrial Employees' Retirement and Pension Fund (IAPI), implemented in 1943 during the dictatorship of Getúlio Vargas. IAPI catered to a select group of people largely drawn from the new industrial working class, and left out many other social groups including rural migrants and

O crescimento acelerado de São Paulo, durante o século XX, fez da cidade um lugar sem precedentes para experimentos arquitetônicos. A economia próspera, que precisava de nova identidade urbana, se chocou com as diferentes demandas do modernismo arquitetônico, vindas, principalmente, da França e da Itália, para criar uma ampla coleção de projetos arquitetônicos inovadores. Esses projetos trouxeram a São Paulo novo aspecto cosmopolita adequado à explosão cultural, financeira e industrial da época. À medida que o design do espaço doméstico se destacou como uma forma importante de veicular as aspirações da cidade, que crescia rapidamente, a moradia e a criação de novos modelos de habitação coletiva se tornaria uma das principais preocupações da comunidade arquitetônica paulistana da metade do século. "Cidade de habitações coletivas" constrói uma visão comparativa dos mais importantes projetos de habitação coletiva da cidade. O texto analisa tanto a habitação a preços acessíveis como os edifícios residenciais com valor de mercado e descreve como a habitação contribuiu significativamente para a formação da metrópole. As páginas que se seguem fornecem um inventário geral dos exemplos mais significativos de habitação coletiva na cidade e mostram a diversidade de abordagens da unidade residencial e da vida doméstica.

Embora a história completa da habitação coletiva em São Paulo esteja além do escopo desta reflexão, é importante observar as atitudes e políticas mais efetivas que incentivaram a invenção de novos modelos de vida coletiva na cidade. Além das vilas ou cidades operárias, largamente implantadas nas primeiras décadas do século XX (descritas em "Cidade de armazéns"), dois programas principais serviram como plataforma para a produção de novos tipos de habitações com preços acessíveis na cidade. O primeiro foi o Instituto de Aposentadoria e Pensões dos Industriários (IAPI), implantado em 1943, durante a ditadura de Getúlio Vargas. O IAPI atendia a um seleto grupo de pessoas, em grande parte, da nova classe trabalhadora industrial, e excluiu muitos outros grupos sociais, inclusive os

the informal workforce which at the time were in dire need of mass housing solutions. Yet, for the small group that it did address, the IAPI was able to deliver a broad range of innovative residential configurations to the city center. The second was the Fundaçao da Casa Popular (FCP). Established in 1945, and more focused on low-rise complexes outside of the city center, the FCP was formed as an agency that could unify a collection of social security institutions and redirect resources towards universal housing needs. Architects Ruben Porto and Frederico Ferreira were instrumental in shaping the FCP, making design a central preoccupation of the agency. Despite their rudimentary structure and limited reach, the IAPI and FCP were the two main mid-century agencies in São Paulo concerned with affordability in housing and would remain so until Brazil instituted a national housing policy in 1965. Between 1937 and 1964 the two agencies provided approximately 150,000 units at a time when major Brazilian cities had received over 25 million new inhabitants. While the housing solutions provided by both agencies were successful in the provision of new architectural models, they proved to be very limited in their scope and scale.

Conjunto Residencial da Várzea do Carmo by Attilio Correa Lima (1938), Edifício Anchieta by MMM Roberto (1941), Edifício Japurá by E. Kneese de Mello (1942), and Conjunto Mooca by P. Annes Ribeiro (1953) are some of the most compelling mid-century affordable housing projects built by IAPI. With units that range from 18m2 to 119m2 these buildings catered to a broad spectrum of incomes and lifestyles on a sliding scale of affordability. Their designs claimed modern housing as an essential ingredient in the urban life of the city center. Japurá stands out as an exceptional exercise in infill housing. Conceived as an eighteen-story slab tower, the building is placed along the center of the site, allowing it to read as an object that gets ample natural light on all sides, a condition that allowed the designers to drastically increase the height of the building in order to provide greater density. The ground plane here is resolved through the introduction of a sunken garden, designed in collaboration with Brazilian landscape architect Roberto Burle Marx. Organized as duplex apartments, the unit plan allows for a skip-stop elevator and reduced circulation space, bringing the number of units to 288—an effective increase of 36 apartments over the number that could be obtained using a conventional single floor unit type. The introduction of nine light and ventilation shafts

migrantes rurais e a força de trabalho informal que, à época, precisava desesperadamente de soluções de habitação em massa. Ainda assim, o IAPI conseguiu oferecer ao pequeno grupo ao qual se dedicava ampla gama de configurações residenciais inovadoras no centro da cidade. O segundo foi a Fundação da Casa Popular (FCP). Criada em 1945, mais concentrada em complexos de baixa elevação fora do centro da cidade, a FCP foi constituída como uma agência que poderia unificar um conjunto de institutos de previdência social e redirecionar os recursos para as necessidades universais de habitação. Os arquitetos Ruben Porto e Frederico Ferreira foram fundamentais na formação da FCP, fazendo com que o design fosse a preocupação central da agência. Apesar da estrutura rudimentar e do alcance limitado, o IAPI e a FCP foram as duas principais agências de meados do século, em São Paulo, preocupadas com a habitação a preços acessíveis, que permaneceriam assim até 1965, quando o Brasil instituiria a política nacional de habitação. Entre 1937 e 1964, as duas agências disponibilizaram cerca de 150 mil unidades, em uma época em que as grandes cidades brasileiras receberam mais de 25 milhões de novos habitantes. Embora as soluções de habitação fornecidas por ambas as agências tenham sido bem-sucedidas ao oferecerem novos modelos arquitetônicos, elas se mostraram muito limitadas em abrangência e escala.

O Conjunto Residencial da Várzea do Carmo, projetado por Attilio Correa Lima (1938), o Edifício Anchieta, projetado pelo escritório MMM Roberto (1941), o Edifício Japurá, projetado por E. Kneese de Mello (1942) e o Conjunto Mooca, projetado por P. Annes Ribeiro (1953) são alguns dos mais interessantes projetos habitacionais de econômicos de meados do século criados pelo IAPI. Com unidades de 18 m² a 119 m², esses edifícios atendiam a diferentes poderes aquisitivos e estilos de vida por meio de ampla variação de preços. Seus projetos reivindicavam habitação moderna como ingrediente essencial na vida urbana do centro da cidade. O Japurá se destaca como um exercício excepcional de reutilização de espaço para novas habitações. Concebido como um edifício de 18 andares, estruturado por um conjunto de pilotis, fica no centro do terreno, permitindo que funcione com um claro objetivo: o de receber ampla luz natural de todos os lados, condição que permitiu aos projetistas aumentarem drasticamente sua altura, a fim de viabilizar mais densidade. O plano horizontal foi convertido em um jardim abaixo do nível da rua, projetado em colaboração com o arquiteto paisagista brasileiro, Roberto Burle Marx. Disposta

allowed for a double-loaded corridor configuration, an interesting variation from the project's main reference, Le Corbusier's Unité d'habitation. The spirit of new affordable cosmopolitan living captured so well by de Mello in Japurá was present in most projects by IAPI. Today, despite the fact that many of these projects have aged poorly and are in dire need of renovation, one can still see in them the social aspirations of their original designs.

As the built fabric in more affluent neighborhoods gradually transformed from single-family villas into vertical condominiums, the production of market rate housing also became an important site for architectural experimentation. Districts like Higienópolis—which today is considered a mid-century modernist showcase—became home to more than forty residential buildings of architectural importance. The correlation between service and served spaces, the thresholds between interior and exterior, the relationship between private units and collective areas, and the role of landscape in defining how buildings meet the ground and street were just some of the central preoccupations shared by most of the buildings that populated the neighborhood. Edifício Louveira by João Batista Vilanova Artigas exemplifies many of these points. Built in 1949, the project is composed of two bar buildings that define the northeast and southeast edges of the site. Long and linear, the two bars are ideally dimensioned for cross ventilation in a hot and humid climate, and also provide each apartment with views to the street and inner garden. An access ramp defines the entrance to both towers while also serving as a topographic device that hides the ground-level parking from the front garden. In Louveira, a simple geometry evolves into an exceptional piece of architecture through the careful articulation of how a building meets the ground.

The development of post-war company and industrial complexes in the outskirts of the city offers another example of twentieth century experimental housing design. Newer and more corporate versions of the traditional vilas operárias, these projects also relied on housing as an integral component of their institutional presence. Two housing schemes are worth mentioning in this context. The first is Reno Levi's 1951 housing plan for Fazenda Santana, designed in collaboration with Burle Marx. Though never realized, this proposal is an exceptional exercise in expanding the threshold between the private domain of the home and the collective spaces of the corporate campus. The project is made up of double-loaded single-story linear

em apartamentos duplex, a planta da unidade inclui um elevador do tipo serviço alternado (não para em todos os andares) e espaço de circulação reduzido, elevando o número de unidades para 288, um aumento efetivo de 36 apartamentos em relação ao número que poderia ter, se usasse o tipo de unidade convencional de andar único. O uso de nove sistemas de iluminação e ventilação permitiu a configuração de corredor com apartamentos dos dois lados, uma variação interessante da referência principal do projeto, a Unité d'habitation, de Le Corbusier. O espírito da nova vida cosmopolita acessível, tão bem capturado por E. Kneese de Mello, no Edifício Japurá, esteve presente na maioria dos projetos do IAPI. Atualmente, apesar do fato de que muitos desses projetos tenham se deteriorado e requeiram reformas urgentes, ainda se podem ver neles as aspirações sociais de seus projetos originais.

À medida que as construções nos bairros mais abastados foram transformadas, gradativamente, de residências a condomínios verticais, a produção de habitações com valor de mercado também se tornou uma importante oportunidade de experimentos arquitetônicos. Bairros como o Higienópolis que, hoje, é considerado uma exibição modernista da metade do século, se transformaram em reduto de mais de 40 edifícios residenciais de importância arquitetônica. A correlação entre os serviços e os espaços atendidos, os limiares entre o interior e o exterior, a relação entre as unidades particulares e as áreas coletivas, e o papel do paisagismo na definição de como os edifícios encontram o solo e a rua foram apenas algumas das principais preocupações compartilhadas pela maioria dos edifícios que constituíram o bairro. O Edifício Louveira, projetado por João Batista Vilanova Artigas, exemplifica muitos desses aspectos. Construído em 1949, o projeto é composto por duas lâminas paralelas que definem os limites nordeste e sudeste do local. Longas e lineares, elas foram idealmente dimensionadas para receber ventilação cruzada em clima quente e úmido, além de oferecer a cada apartamento vistas para a rua e para o jardim interno. Uma rampa de acesso define a entrada para ambas as torres, ao mesmo tempo em que funciona como aparato topográfico que oculta o estacionamento térreo do jardim frontal. No Louveira, a geometria simples evolui para a arquitetura excepcional, por meio da articulação cuidadosa de como um edifício encontra o solo.

O desenvolvimento de empresas e complexos industriais pós-guerra nos arredores da cidade oferece outro exemplo de projeto habitacional experimental do século XX. Versões mais novas

housing strips where the private gardens become the access points to the units and provide a buffer zone between living quarters and the grounds of the industrial campus. The second project is Oscar Niemeyer's Centro Técnico de Aeronáutica housing project, where a clever strategy in section produces a set of buildings capable of addressing the need of individuality in each residential unit while also providing a singular institutional identity.

In the last decade, São Paulo has witnessed the development of new affordable housing projects spearheaded by the municipality. Projects like Jardim Edite by MMBB Arquitetos and H+F Arquitetos and Conjunto Heliópolis by Gleba G / Biselli + Katchborian Arquitetos, among many others, exemplify the transformative power that a well-designed intermediate scale housing project can have when placed in centrally located sites with access to urban services. Yet, as with previous housing efforts, the challenge remains one of scaling up design quality to meet the contemporary demand for affordable dwellings in the inner city.

Among the many lessons one can extract from São Paulo, the careful construction of residential space as an integral component of the city's fabric is certainly one of the most valuable. Especially today, when the city is once again choosing to emphasize the importance of well-located inner-city housing and the improvements to overall quality of life such developments can achieve, the projects documented in the pages that follow offer crucial clues on how the design of domestic spaces can better respond to twenty-first century demands.

e corporativas das tradicionais vilas operárias, esses projetos também contavam com habitações, sendo um componente integral de sua presença institucional. Vale mencionar dois projetos habitacionais nesse contexto. O primeiro é o plano habitacional de 1951, de Reno Levi, para a Fazenda Santana, projetado em colaboração com Burle Marx. Embora nunca tenha sido realizada, essa proposta foi um exercício excepcional de ampliação do limiar entre o domínio privado residencial e os espaços coletivos da área corporativa. O projeto é composto por faixas habitacionais lineares de um andar, com apartamentos dos dois lados, em que jardins particulares se tornam os pontos de acesso às unidades e proporcionam uma zona neutra entre a parte residencial e a industrial. O segundo é o projeto habitacional do Centro Técnico de Aeronáutica, de Oscar Niemeyer, onde uma estratégia inteligente produz um conjunto de edifícios capazes de atender à necessidade de individualidade de cada unidade residencial, além de proporcionar identidade institucional única.

Na última década, São Paulo testemunhou o desenvolvimento de novos projetos habitacionais econômicos de iniciativa do município. Projetos como o Jardim Edite, dos escritórios MMBB Arquitetos e H+F Arquitetos, e o Conjunto Heliópolis, por Gleba G / Biselli e Katchborian Arquitetos, entre muitos outros, exemplificam o poder transformador que um projeto habitacional bem-projetado de escala intermediária pode ter, quando localizados em regiões centrais, com acesso aos serviços urbanos. No entanto, assim como aconteceu com os esforços habitacionais anteriores, o desafio continua sendo elevar a qualidade dos projetos, para atender à demanda contemporânea por habitações econômicas na região central da cidade.

Entre as muitas lições que se pode extrair de São Paulo, a cuidadosa construção do espaço residencial como componente integral do tecido da cidade é, certamente, uma das mais valiosas. Especialmente hoje, quando a cidade está novamente escolhendo enfatizar a importância da habitação bem-localizada nas regiões centrais e as melhorias na qualidade de vida geral que esses empreendimentos podem alcançar, os projetos documentados a seguir oferecem pistas fundamentais sobre como a projeção dos espaços domésticos pode reagir melhor às demandas do século XXI.

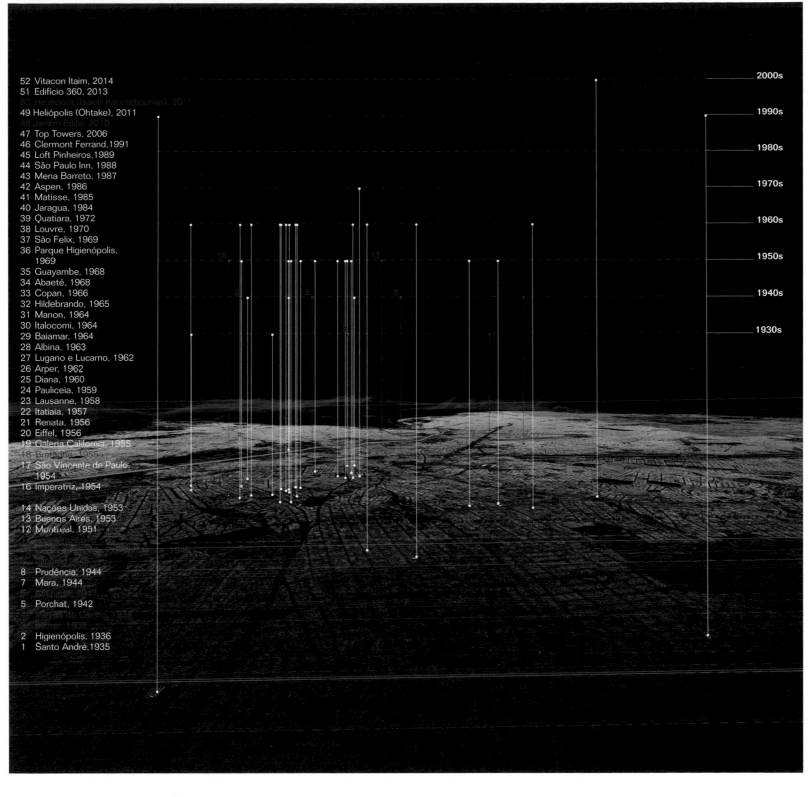

52 Vitacon Itaim, 2014
51 Edifício 360, 2013
50 Heliópolis (Biselli Katcheborian), 2011
49 Heliópolis (Ohtake), 2011
48 Jardim Edite, 2010
47 Top Towers, 2006
46 Clermont Ferrand, 1991
45 Loft Pinheiros, 1989
44 São Paulo Inn, 1988
43 Mena Barreto, 1987
42 Aspen, 1986
41 Matisse, 1985
40 Jaragua, 1984
39 Quatiara, 1972
38 Louvre, 1970
37 São Felix, 1969
36 Parque Higienópolis, 1969
35 Guayambe, 1968
34 Abaeté, 1968
33 Copan, 1966
32 Hildebrando, 1965
31 Manon, 1964
30 Italocomi, 1964
29 Baiamar, 1964
28 Albina, 1963
27 Lugano e Lucarno, 1962
26 Arper, 1962
25 Diana, 1960
24 Pauliceia, 1959
23 Lausanne, 1958
22 Itatiaia, 1957
21 Renata, 1956
20 Eiffel, 1956
19 Galeria Califórnia, 1955
18 Bretagne, 1955
17 São Vincente de Paulo, 1954
16 Imperatriz, 1954

14 Nações Unidas, 1953
13 Buenos Aires, 1953
12 Montreal, 1951

8 Prudência, 1944
7 Mara, 1944

5 Porchat, 1942

2 Higienópolis, 1936
1 Santo André, 1935

2000s
1990s
1980s
1970s
1960s
1950s
1940s
1930s

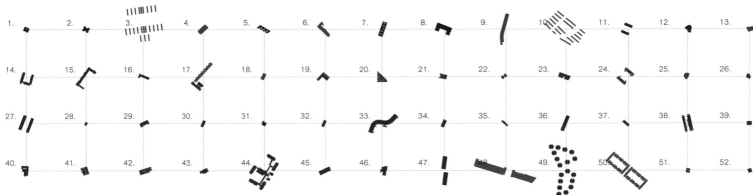

A selection of notable affordable and market rate collective housing projects in São Paulo, organized by decade.

Compilação de notáveis projetos de habitação coletiva de preços acessíveis e valor de mercado em São Paulo, organizada por década.

An aerial view of the city center from 1970 with the roof of Edifício Japurá visible in the foreground.

Vista aérea do centro da cidade, em 1970, com o topo do Edifício Japurá visível em primeiro plano.

Unit Layout

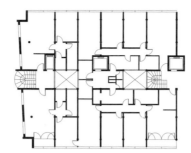

Service versus Served Spaces

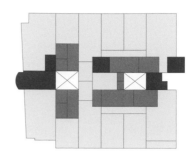

0   5m   10m   20m

Building Site Plan

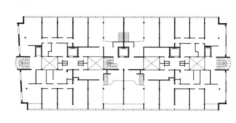

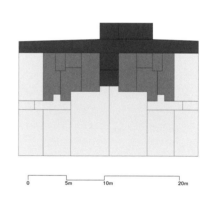

0   5m 10m   20m

Edifício Esther, Álvaro Vital Brazil, 1938.

Edifício Esther, Álvaro Vital Brasil, 1938.

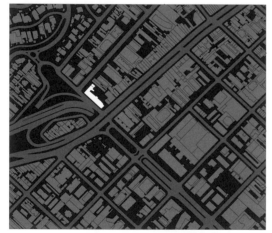

Unit Layout

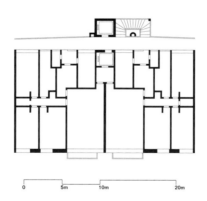

Service versus Served Spaces

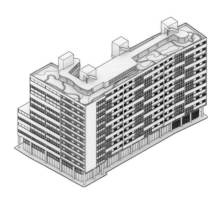

0   5m   10m   20m

0   5m   10m   20m

Building Site Plan

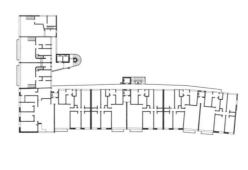

0   5m 10m   20m

Edifício Anchieta, Marcelo and Milton Roberto, 1941.

Edifício Anchieta, Marcelo e Milton Roberto, 1941.

CITY OF COLLECTIVE LIVING

CIDADE DE HABITAÇÕES COLETIVAS

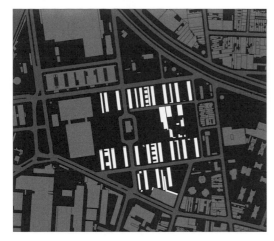

Service versus Served Spaces

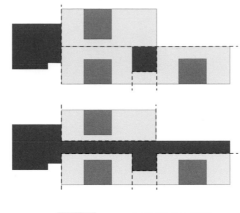

Unit Layout

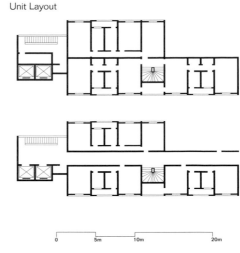

Building Site Plan

Conjunto Residencial da Várzea do Carmo, Attilio Corrêa Lima, Hélio Lage Uchoa Cavalcanti, José Theodulo da Silva, Alberto de Mello Flores, 1941.

Conjunto Residencial da Várzea do Carmo, Attilio Corrêa Lima, Hélio Lage Uchoa Cavalcanti, José Theodulo da Silva, Alberto de Mello Flores, 1941.

Service versus Served Spaces

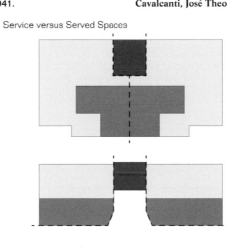

Unit Layout

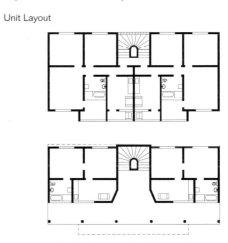

Building Site Plan

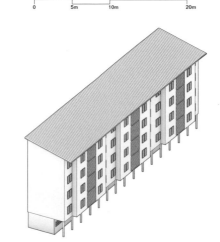

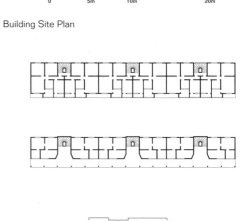

Conjunto Residencial da Mooca, Paulo Antunes Ribeiro, 1946.

Conjunto Residencial da Mooca, Paulo Antunes Ribeiro, 1946.

Unit Layout

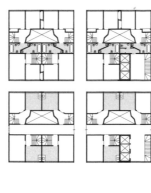

Service versus Served Spaces

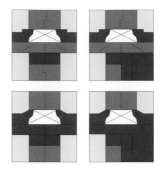

Building Site Plan

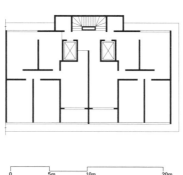

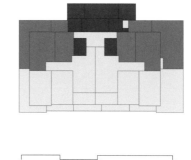

Edifício Japurá, Eduardo Kneese de Mello, 1945.

Edifício Japurá, Eduardo Kneese de Mello, 1945.

Unit Layout

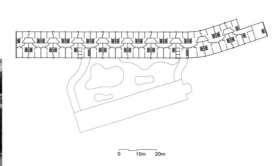

Service versus Served Spaces

Building Site Plan

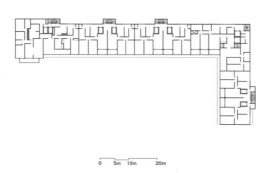

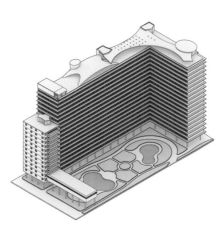

Edifício Bretagne, Artacho Jurado, 1958.

Edifício Bretagne, Artacho Jurado, 1958.

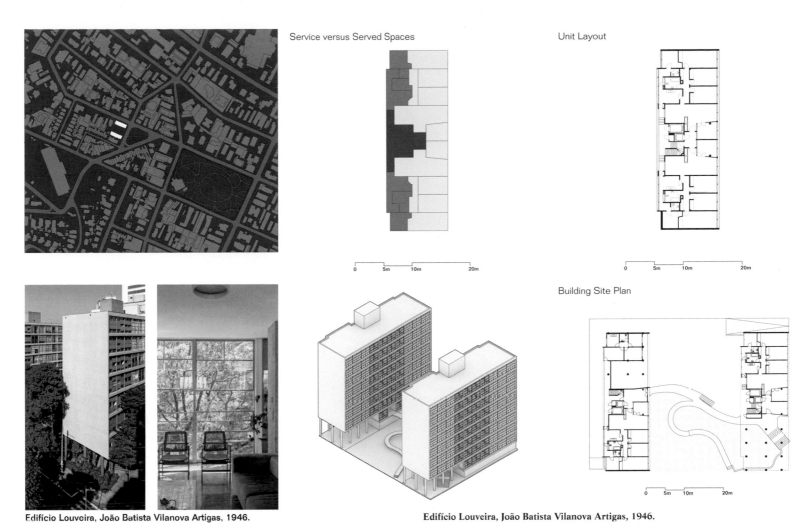

Service versus Served Spaces

Unit Layout

Building Site Plan

Edifício Louveira, João Batista Vilanova Artigas, 1946.

Edifício Louveira, João Batista Vilanova Artigas, 1946.

0   5m   10m   20m

Service versus Served Spaces

Unit Layout

1:1000

Building Site Plan

Edifício Ícaro, Remo Capobianco, 1954.

Edifício Ícaro, Remo Capobianco, 1954.

0   5m   10m   20m

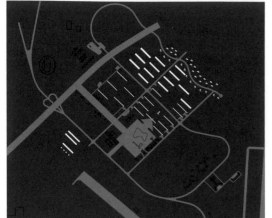

Unit Layout

Service versus Served Spaces

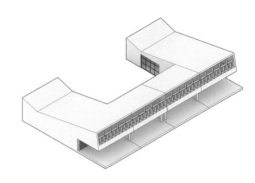

Building Site Plan

Centro Técnico de Aeronáutica housing complex, Oscar Niemeyer, 1949–50.

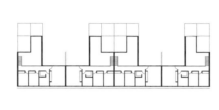

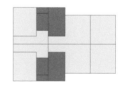

Centro Técnico de Aeronáutica, Oscar Niemeyer, 1949–50.

0 5m 10m 20m

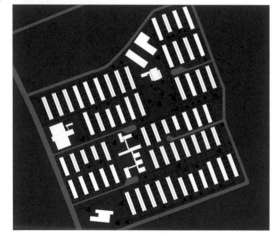

Unit Layout

Service versus Served Spaces

0 5m 10m 20m

Building Site Plan

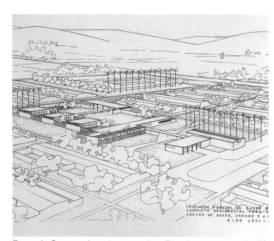

Fazenda Santana housing complex, Rino Levi, 1954 (unbuilt).

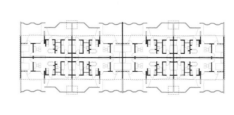

0 5m 10m 20m

Fazenda Santana, Rino Levi, 1954 (não construída).

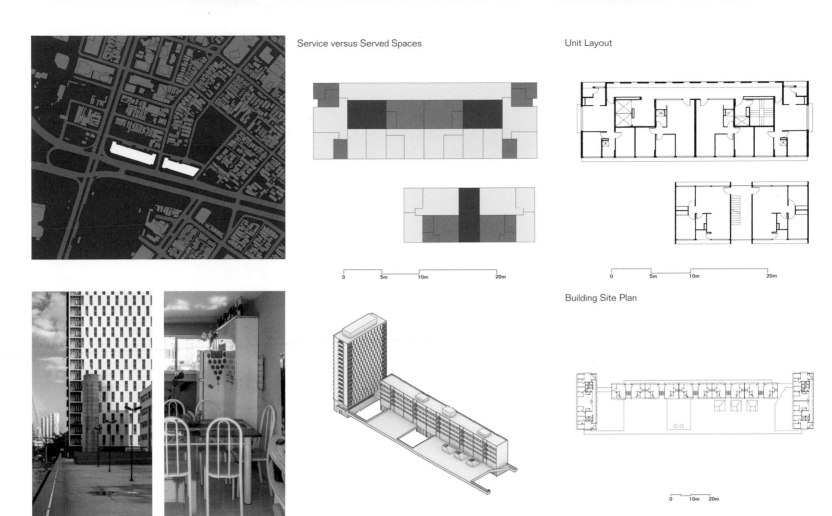

Service versus Served Spaces

Unit Layout

0   5m   10m   20m

Building Site Plan

0   10m   20m

Conjunto Habitacional Jardim Edite, MMBB Arquitetos and H+F Arquitetos, 2010.

Conjunto Habitacional Jardim Edite, MMBB Arquitetos e H+F Arquitetos, 2010.

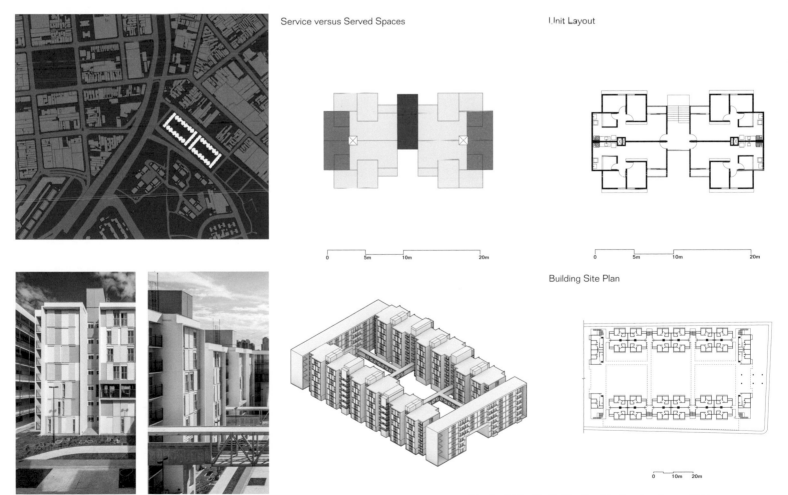

Service versus Served Spaces

Unit Layout

0   5m   10m   20m

0   5m   10m   20m

Building Site Plan

0   10m   20m

Conjunto Heliópolis, Gleba G, Biselli + Katchborian Arquitetos, 2011.

Conjunto Heliópolis, Gleba G, Biselli + Katchborian Arquitetos, 2011.

Contemporary view of the city center with Edifício Japurá in the center.

Vista contemporânea do centro da cidade com o Edifício Japurá no centro.

159
A

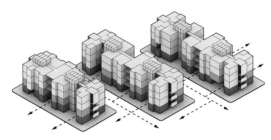

Recent Brazilian affordable housing initiatives have promoted a low-density, low-rise solution to a housing shortage. More diverse housing typologies that incorporate mixed uses and expanded services could increase density in the urban core.

Iniciativas recentes de habitações acessíveis no Brasil fomentaram uma solução de edifícios baixos e de baixa densidade para a escassez residencial. Tipologias mais diversificadas de habitações, que incorporam usos variados e mais oferta de serviços, poderiam aumentar a densidade no núcleo urbano.

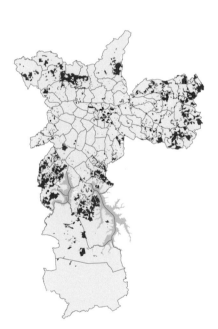

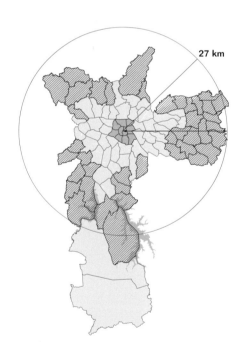

27 km

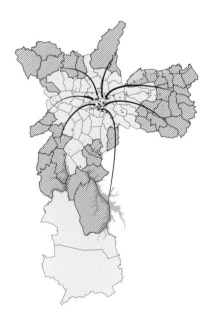

An increase in density leveraged through the transformation of underutilized properties to create affordable housing opportunities for people who work in the city center.

Aumento da densidade aproveitado pela transformação de propriedades subutilizadas, para criar oportunidades de moradia acessível para quem trabalha no centro da cidade.

Copan Today: A True Metropolitan Building
Sol Camacho

Copan: hoje, um verdadeiro edifício metropolitano
Sol Camacho

The first skyscrapers of São Paulo were erected in the city's center in 1920, when the population reached half a million. A twelve-story building named Sampaio Moreira signaled the city's move to vertical construction, and in years to come this type of residential project became one of the solutions to the city's growing housing deficit problem.[1]

Modernist discourse, combined with minimal living models[2] and the regulation of building height and floor area ratios, drove the dissemination of various housing types.[3] The sense of experimentation in real estate aimed at the newly created "São Paulo middle class" also ushered in a variety of mixed-use buildings that housed residential apartments along with offices and business establishments. "Apartment living" soon established itself as the new dynamic and modern way of life in the state capital.[4]

At that point, the main promoter of São Paulo housing became the National Construction Industry Company (CNI), which was affiliated with the National Real Estate Bank (BNI). Strategically, CNI attempted to connect with renowned professionals of the time, such as Prestes Maia and Oscar Niemeyer, ensuring not just technical and financial viability for the buildings, but also increased publicity.[5]

Thus, the first residential project for CNI, in partnership with Niemeyer, was the Montreal building, located on the corner of Ipiranga and Cásper Líbero Avenues. Finished in 1954, Montreal opened amidst the festivities for the city's four hundredth anniversary. Both Niemeyer and Prestes Maia attended.[6] The building's design included retail space on the ground level and twenty-four residential floors, for a total of 260 studio apartments. Another corner building, situated between São Luís Avenue and Marquês de Itu Street, and entitled Eiffel, was designed in 1952 and finished in 1955. Unlike most of the other São Paulo work by Niemeyer, comprised of small apartments, the Eiffel has different types of duplex residences.

In 1952, Niemeyer would also design the Copan building.

It is important to write about the Copan building, not only because it depicts so well the era in which it was built and the uses found for the project, but also because in all likelihood no other São Paulo building has consolidated as many and such variable ways of living—and for as many decades—as this one.

Originally commissioned by the Pan-American Hotel and Tourism Company, whose acronym in Portuguese gave rise to the name Copan, the design contemplated several uses in addition to residences: 100 stores, a cinema, a theater, public spaces, and even a hotel. Ambitious, the project was dubbed the "Rockefeller Center of São Paulo,"[7] in reference to the famous New York complex built in the 1930s.

After the project was presented in 1952, construction began. At this point, because of the distance between the site and Niemeyer's Rio de Janeiro office, and after Niemeyer was called to work on planning the city of Brasília, Carlos Lemos

Quando, em 1920, São Paulo atingiu meio milhão de habitantes, os primeiros "arranha-céus" foram erguidos no centro da cidade. O prédio Sampaio Moreira, com seus 12 andares, inaugurou o processo de verticalização, que caracterizaria os anos seguintes, durante os quais a produção habitacional vertical seria uma das soluções encontradas para os *deficits* crescentes de moradia na cidade[1].

O discurso modernista, aliado aos modelos de moradia mínima[2] e à regulamentação de gabaritos e coeficientes de aproveitamento, impulsionou a disseminação das tipologias habitacionais[3]. O cenário de experimentação da produção imobiliária destinada à recém-consolidada "classe média paulistana" trouxe também uma multiplicidade de edifícios de uso misto, que contemplavam não somente apartamentos residenciais, mas também escritórios e estabelecimentos comerciais. Consolidado, o "morar em apartamento" caracterizou o novo dinâmico e moderno estilo de vida da capital paulista[4].

Nesse momento, a Companhia Nacional Imobiliária (CNI), filiada ao Banco Nacional Imobiliário (BNI), tornou-se um dos principais agentes promotores da habitação paulista. Estrategicamente, a CNI procurou associar-se a profissionais de renome naquele período, como Prestes Maia e Oscar Niemeyer, garantindo não somente a viabilidade técnica e financeira dos empreendimentos, mas também sua publicidade[5].

Assim, o primeiro dos projetos residenciais da CNI, em parceria com Niemeyer, seria o edifício Montreal, localizado na esquina das Avenidas Ipiranga e Cásper Líbero. Entregue no ano de 1954, o Montreal foi inaugurado em meio às festividades do IV Centenário de São Paulo, com a presença de Niemeyer e Prestes Maia[6]. Seu programa contempla um térreo comercial e 24 pavimentos residenciais, somando 260 *kitchenettes*. Também em um lote de esquina, entre a Avenida São Luís e a Rua Marquês de Itu, o Eiffel foi projetado em 1952 e concluído em 1955. Diferentemente dos demais exemplares da produção paulista de Niemeyer, que são marcados, predominantemente, por pequenos apartamentos, o Eiffel tem diferentes tipologias habitacionais duplex.

No mesmo ano de 1952, Niemeyer também projetaria o edifício Copan.

Falar sobre o edifício Copan não é apenas importante pelo retrato que o projeto traz da época em que foi construído, nem tampouco apenas pelos usos ali encontrados, pois, provavelmente, nenhum outro edifício paulistano consolide tantos modos de viver, durante tantas décadas e com tanta representatividade.

Originalmente encomendado pela Companhia Pan-Americana de Hotéis e Turismo, que deu origem ao nome "Copan", o programa considerava, além das unidades habitacionais, um complexo de usos: 100 lojas, escritórios, cinema, teatro, equipamentos públicos e até mesmo um hotel.

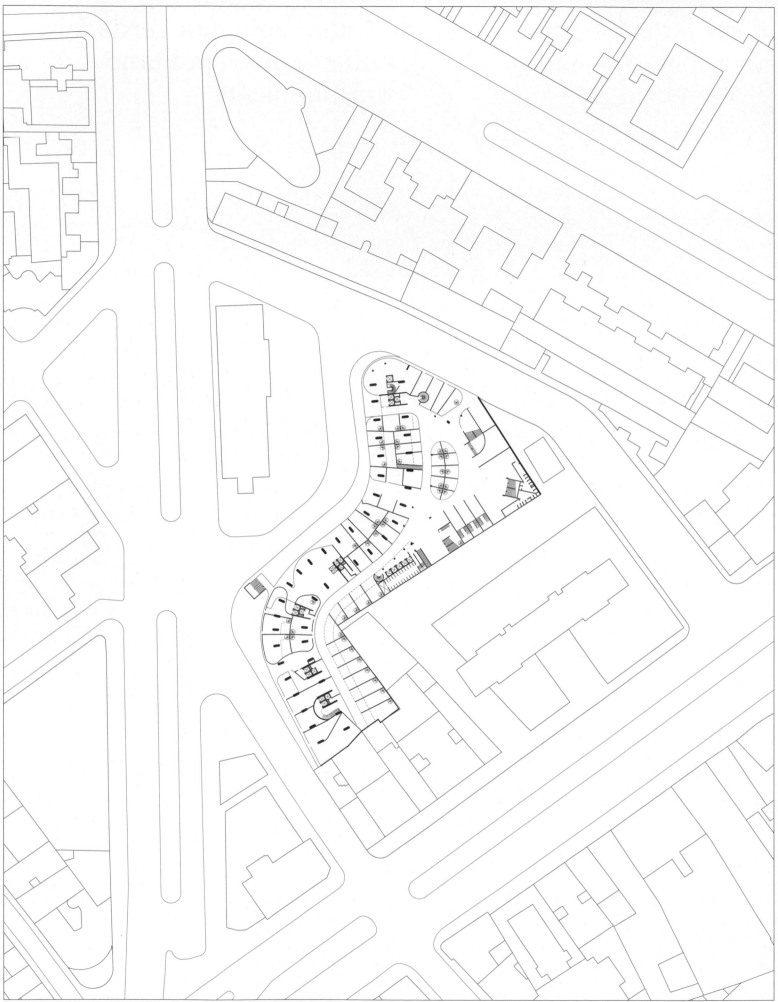

Ground floor plan of the Copan Building in the context of downtown São Paulo.

Projeto do térreo do Edifício Copan, no contexto do centro de São Paulo.

162

Panorama of downtown São Paulo with the Copan Building in the foreground, ca. 1970.

Panorama do centro de São Paulo, com o Edifício Copan em primeiro plano, por volta de 1970.

assumed responsibility for all decision-making and projects related to Copan.

The challenges, which included everything from structural to financial problems, led to involvement by Bradesco Bank in 1957, changing the initial project considerably. By the time it was built, the Copan Building included 1,160 residential apartments, a cinema, eighty-two stores, and two underground parking levels. The semi-public-use projects for intermediary floors were canceled, and the theater and its connector passageways that Niemeyer envisioned were never executed.[8]

Carlos Lemos said, "In my opinion, Copan was just a big dream that never came to fruition. Separate dreams that Roxo Loureiro and Oscar Niemeyer had. Dreams that were actually incompatible with the pragmatism of the financial developers, faced with the facts that took place when the original project was abandoned."

Nevertheless, these facts do not diminish the importance of Copan in the discussion of collective living in the city of São Paulo. In addition to the multitude of uses already mentioned, the plurality of housing types makes the curved building unique. Comprised of four structural blocks, the residential floors are sub-divided into six organizational blocks that include everything from studio apartments (270 square feet) to three-bedroom dwellings (183 square feet).

The strategic placement of Copan in the New Center area of São Paulo, a cultural and political hotspot in the city, attracted as its first residents artists and investors interested in the new residential unit and its possibilities for profit. At the same time, the presence of colleges nearby made the location appealing to students and young, single graduates. While it officially opened in 1966, Copan's first decade was one of transition: the first residents were arriving as the project was still under construction.

By the 1980s and 1990s, Copan already had several structural problems. This fact, combined with the decline of the city center, significantly reduced the value of Copan's properties as compared to real estate in other areas of the city. At this point the building's residents were also quite diversified.[9]

In debt, the condominium could not cover its minimal employment and building maintenance expenses,[10] and residents continued to leave—at one point 20% of the

Ambicioso, o projeto era anunciado como o "Rockefeller Center de São Paulo"[7], remetendo ao complexo implementado na década de 1930, em Nova York, nos Estados Unidos.

A apresentação do projeto, em 1952, deu início às obras. Nesse período, a distância entre a obra e o escritório de Oscar Niemeyer, no Rio de Janeiro, trouxe à tona o nome do arquiteto Carlos Lemos que, após a cessão de Niemeyer, ao ser chamado a Brasília, assumiu a responsabilidade por todas as decisões e projetos do Copan.

Os percalços, que foram desde problemas estruturais até os problemas financeiros, culminaram na entrada do Banco Brasileiro de Descontos (Bradesco), em 1957, o que mudou consideravelmente o projeto inicial do arquiteto carioca. Ao fim, o que hoje conhecemos como Edifício Copan, foi entregue com 1.160 apartamentos residenciais, um cinema, 82 lojas e dois subsolos de estacionamento. Os usos semipúblicos dos andares intermediários foram cancelados; o teatro e as suas conexões via passarelas, previstos por Niemeyer na concepção projetual, nunca foram concretizados[8].

"Para mim, o Copan não passou de um grande sonho não acontecido. Digamos, sonhos de Roxo Loureiro e de Oscar Niemeyer, cada qual com o seu. Sonhos, na verdade, incompatíveis com o pragmatismo dos financistas incorporadores, diante de fatos consumados com o abandono do programa original", afirma Carlos Lemos.

Todavia, tais fatos não ofuscam a importância do Copan no cenário de discussão da habitação coletiva na capital paulista. Além da multiplicidade de usos já mencionada, a pluralidade de tipologias habitacionais torna o edifício curvilíneo um exemplar único. Constituído por quatro blocos estruturais, os pavimentos residenciais são subdivididos em seis blocos organizacionais, os quais incluem desde *kitchenettes* (25 m²) até unidades de três dormitórios (17 m²).

A implantação estratégica do Copan no Centro Novo de São Paulo, local da efervescência cultural e política paulistana, trouxe como primeiros moradores do edifício artistas e investidores interessados na nova unidade habitacional e suas possibilidades de lucro. Ao mesmo tempo, as faculdades localizadas em suas proximidades atraíram estudantes e jovens solteiros recém-formados. Oficialmente inaugurado em 1966, o Copan passou sua primeira década em transição: enquanto a obra era finalizada, chegavam também seus primeiros moradores.

Contemporary aerial photographs showing the front and back of the Copan building in the context of downtown Sao Paulo, 2014.

Fotografias aéreas contemporâneas, apresentando a frente e a parte de trás do Edifício Copan, no contexto do centro de São Paulo, 2014.

apartments were vacant.[11] In 1992 a new administrator took over and Copan went through intense restructuring. Today the building is debt-free and managed by the same person, Affonso Celso Prazeres de Oliveira, along with a financial board comprised of eleven residents.

Even though Copan is a notably large complex in the city, there is no consensus as to its number of occupants. According to data from the official national census in 2010 (carried out by IBGE, the Brazilian Institute of Geography and Statistics), its residents total 1,453, which is an average of 1.29 people per apartment[12] and 2,235 residents per hectare.[13] In addition to that survey, the last demographic analysis carried out by Copan management in 2016 estimated the total to be 2,300 people, which is a density of 3,538 people per hectare. As a point of comparison, the population density of São Paulo is less than 100 inhabitants/hectare,[14] illustrating the uniqueness of this city icon.

Now that we've introduced the concept and history of Copan, we need to address its collective life in another manner, and how this life evolved over the years while not becoming obsolete. In 1940 only 2.1% of the São Paulo residences were apartments;[15] in 2010 this figure was almost 30%.[16] Vertical buildings dominate the city's skyline. Apartments became the standard housing type built in the second half of the twentieth century, and today they represent the residential model with the highest growth in São Paulo.[17]

The reasons for choosing to live in a vertical complex in 1960 were different than those in 2017; many people who moved into the first Copan units did not know exactly what it would mean to live in a structure shared by thousands of people. Without any training manuals, the building and its residents evolved, creating and establishing a unique way of life. One example of this uniqueness is the fact that a significant number of people both live and work in the Copan. Their commute is expense-free and involves simply pressing an elevator button—a rare and unknown reality for many São Paulo residents. Even more impressive is the idea that until 1990, those who lived there could simply descend to the ground floor for entertainment at the Copan cinema, or walk a few feet for other attractions. At the time, that area of the city was a hotspot for leisure activities, filled with cinemas, theaters, and galleries.

As one can imagine, its location is still the Copan's most important appeal for dwellers. Today, even though the cultural attractions are not as centralized, demand for apartments in the building is high and there is rarely availability. One reason for this is the building's proximity to public transportation. In a sample of dozens of interviewees, only two said they used cars as daily transport. Of the 1,160 apartments, less than 250 owners have their own parking spot in the garage. Certainly, easy access to the subway system and multiple bus routes is a fundamental reason for choosing the Copan as a place to live.

Moreover, the contemporary nature of the Copan is present in its urban relationships. Inserted in its surroundings like few others, the building preceded important architectural and urbanism concepts emphasized by the city's strategic planning director since 2014, such as ground-level retail, mixed use, and public spaces. When you add these factors to the proximity of public transportation, Niemeyer's project acts almost like a prototype, demonstrating the possibilities for relationships between people and the city, between architecture and the urban environment. The openness and fluidity of these

Ao aproximar-se das décadas de 1980 e 1990, o Copan já enfrentava diversos problemas infraestruturais. Esse fato, somado à desvalorização da área central, abaixou consideravelmente o valor dos imóveis do Copan, se comparados com imóveis em outras regiões de São Paulo, possibilitando que, já nesse momento, a população do edifício fosse muito diversificada[9].

Endividado, o condomínio não conseguia cobrir os gastos mínimos com funcionários e manutenção predial[10], além da evasão crescente de moradores, que chegou a atingir mais de 20% dos apartamentos[11]. Em 1992, com a entrada de um novo síndico, o Copan passou por uma intensa reestruturação. Hoje, sem dívidas, o edifício é administrado pelo mesmo síndico, Affonso Celso Prazeres de Oliveira, e por um Conselho Fiscal, constituído por 11 moradores.

Embora o Copan seja notavelmente um grande conjunto na cidade, não existe consenso quanto à sua população. Os dados oficiais do CENSO 2010 (IBGE) apontam 1.453 pessoas ali vivendo, indicando a média de 1,29 pessoas por apartamento[12] e densidade de 2.235 habitantes/hectare[13]. Além desse levantamento, a última análise demográfica realizada pela própria administração do Copan, em 2016, estimou o total de 2.300 pessoas, ou melhor, densidade de 3.538 habitantes/hectare. Comparativamente, a densidade populacional da cidade de São Paulo não ultrapassa 100 habitantes/hectare[14], demonstrando a especificidade do ícone paulistano.

Passada a introdução conceitual-histórica do Copan, se faz necessário abordar, de outra maneira, sua vida coletiva, e como essa vida evoluiu ao longo desse período sem tornar-se obsoleta. Se, em 1940, apenas 2,1% dos domicílios paulistanos eram constituídos de apartamentos[15], em 2010, esse número passou a quase 30%[16]. Olhar o *skyline* de São Paulo é observar uma predominância de eixos verticais edificados. A tipologia habitacional instaurada no passar da segunda metade do século XX estabeleceu-se na cidade, de modo a representar hoje o modelo habitacional que mais cresce na capital[17].

Em 1960, a escolha por viver em um conjunto vertical, em São Paulo, se dava por motivos distintos daqueles que regem a escolha em 2017, afinal, muitos daqueles que chegaram às primeiras unidades do Copan ainda não sabiam ao certo o que seria viver em uma estrutura compartilhada entre milhares de pessoas. Sem manual de instruções, o Edifício e seus habitantes evoluíram, criando e estabelecendo um modo de vida particular. Dentre as especificidades do edifício: um número significativo de pessoas que moram e também trabalham no Copan. Seu deslocamento, o mais econômico possível, se dá apenas a um toque de elevador – fato raro e inédito para muitos paulistanos. Mais impressionante ainda é pensar que, até a década de 1990, também era uma rotina para aqueles que ali viviam ter seu entretenimento no térreo, no Cine Copan e, quando muito, a alguns metros de distância. Cabe lembrar que a região central de São Paulo, equipada com diversos cinemas, teatros e galerias era o principal atrativo de lazer na cidade.

Como podemos imaginar, justamente essa localização prevalece como importante atrativo para se viver no Copan. Hoje, embora os equipamentos culturais não estejam tão centralizados, um dos motivos pela busca contínua por apartamentos no Edifício, que raramente apresenta disponibilidade, é a proximidade à infraestrutura de transporte. Em uma amostra de dezenas de entrevistados, apenas duas pessoas disseram utilizar o carro como meio de deslocamento diário. É interessante ressaltar que, dos 1.160 apartamentos,

relationships are very unique and encompass not just those who live or work at the Copan, but also every São Paulo resident.

In addition to these physical and material relationships, the dynamics at the Copan today surpass the visual sphere. Physically connected from the very beginning, neighbors have evolved in terms of their relationships with each other by adding virtual contacts, opening up the social range of the building's residents, who no longer restrict their relationships to those on the same floor or in the same block. In addition to the usual door-to-door requests, today residents seek out other people with whom to share experiences, think of ways to improve community living, raise questions, and even create networks for exchanging goods and services, which range from small furniture pieces to communal internet usage.

In pondering what might be next for Copan, it is possible to imagine an even more democratic use of its public spaces—notably, one of its founder's dreams. Even though openness and accessibility are never questioned, residents often debate whether they and others should be able to occupy gallery and terrace spaces. Certainly, the possibility of sitting down to take a break, read a book, wait for a friend, contemplate the landscape, or reflect would add even more value to this powerful São Paulo icon, built "by Niemeyer's hands" and its developers.

This is but a brief chapter of the building's story, and I want to emphasize the remarkable importance of the memories and experiences of those who have built Copan and São Paulo itself. A rare example of architectural, urban, and social success, and located in a complex metropolis, the Copan building remains a unique experience for collective living and will certainly continue to be so in the future.

As Paulo Mendes da Rocha put it, "I think Copan is the most renowned symbol of universal housing for a metropolis."

menos de 250 proprietários têm sua própria vaga na garagem. Definitivamente, a localização junto do metrô e de diversas linhas de ônibus mostra-se fundamental ao escolher o Copan como moradia.

Ainda, a contemporaneidade do Copan está presente em suas relações urbanas. Inserido em seu entorno como poucos edifícios, o Edifício antecipa conceitos arquitetônicos e urbanísticos importantes previstos pelo Plano Diretor Estratégico do Município de São Paulo, vigente desde 2014, como fachada ativa, uso misto e fruição pública. Somados esses fatores à proximidade das infraestruturas de transporte, quase como um protótipo, o projeto de Oscar Niemeyer mostra como podem ser as relações entre as pessoas e a cidade: arquitetura e urbano. A permeabilidade e a fluidez como essas relações acontecem são muito particulares e atingem, não somente aqueles que moram ou trabalham no Copan, mas também todo e qualquer cidadão paulistano.

Para além dessas relações físicas e materiais, as dinâmicas existentes hoje no Copan ultrapassam o que é visual. Conectados fisicamente desde o momento zero, atualmente as relações entre os vizinhos evoluíram também para contatos virtuais, que possibilitaram também abrir o leque social dos que ali vivem, que não mais se restringe aos colegas de andar ou bloco. Além dos usuais pedidos de ajuda "porta-a-porta", os moradores buscam hoje com quem trocar experiências, pensam em maneiras de melhorar a convivência entre si, apontam questionamentos e aproveitam para criar uma rede de troca de bens e serviços, que vão desde pequenos móveis até o compartilhamento de redes de internet.

Talvez, antecipando alguns dos próximos passos da linha evolutiva do Copan, seja possível imaginar o uso ainda mais democrático de seus espaços públicos, – notavelmente um dos sonhos de seus idealizadores. Embora a permeabilidade e a acessibilidade sejam inquestionáveis, a permanência tanto na galeria quanto nos terraços do Edifício, seja de moradores ou usuários, é motivo de debate entre aqueles que ali vivem. Certamente, a possibilidade de sentar-se para descansar, conversar, ler um livro, esperar um colega, observar a paisagem ou refletir agregaria ainda mais qualidades a esse potente exemplar paulistano, construído "pelas mãos" de Niemeyer e seus incorporadores.

Certos de que descrevo apenas um breve capítulo desta história, enfatizo a notável importância das memórias e passagens daqueles que constroem tanto o Copan quanto São Paulo. Um raro exemplo de sucesso arquitetônico, urbanístico e social, inserido em uma complexa metrópole, o Edifício Copan persiste como uma experiência única do modo de viver coletivamente e, certamente, seguirá fazendo-o de maneira única.

"Eu acho que ele é, o Copan, por excelência, o símbolo da habitação popular de uma metrópole."
Paulo Mendes da Rocha.

1 Sampaio, Maria Ruth Amaral de. *Private Incentives for Affordable Housing and Modern Architecture 1930–1964*. São Carlos: RiMa, 2002.

2 The idea of "minimal living" considered that the needs of a residence could be complemented by a generous amount of public space, compensating for compact indoor spaces (BONDUKI, 2004).

3 Hiroyama, Edison Hitoshi. "The Urban Dimension of Modern Architecture in São Paulo: Collective housing and urban space 1938/1972." Master's thesis. Advisor: Regina Maria Prosperi Meyer. FAUUSP, 2010.

4 Hiroyama, Edison Hitoshi. "The Urban Dimension of Modern Architecture in São Paulo: Collective housing and urban space 1938/1972." Master's thesis. Advisor: Regina Maria Prosperi Meyer. FAUUSP, 2010.

5 Leal, Daniela Viana. "Oscar Niemeyer and the São Paulo Real Estate Market in the 1950s." Master's thesis. Advisor: Marco Antonio Alves do Valle. Unicamp, 2003.

6 At this point, Prestes Maia was the president of CNI (National Construction Industry Company), the company that took over the investments and ventures of BNI (National Real Estate Bank).

7 The Rockefeller Center was designed in the 1920s and finished in stages. The last one was completed in 1975. It is a 21-building complex with offices, company headquarters, stores, cafés, an auditorium, radio and TV studios, a theater and art center, and gardens and public spaces, designed by Associated Architects: Reinhard & Holmeister, Hood & Fouilhoux, and Corbett, Harrison & MacMurray.

8 Mendonça, Denise Xavier de. "Metropolitan Architecture: 1950s São Paulo." Master's thesis. São Carlos College of Engineering. Advisor: Carlos Alberto Ferreira Martins. São Carlos, 1999.

9 To this day stereotypes abound regarding Copan residents. In 1986, *VEJA* magazine published a story that described the different blocks as follows: "The same [thing] classifies residents of the building into blocks: Block A residents are middle-class business and white-collar professionals; Block B is the building's poorest area and has a bad reputation; Block C has the richest and most traditional residents of the building; Blocks E and F are occupied mostly by modest-income professionals who are single."

10 The minutes of a condominium meeting in June of 1992 list several unpaid bills: water and sewage since December 1991, electricity since March 1992, and employee transportation reimbursement. Money was also due for supplies and bank loans.

11 Information from Affonso Celso Prazeres de Oliveira, who carried out a survey when he took over as administrator of Copan.

12 The census considered 1,124 apartments and not all 1,160.

13 For calculation purposes, the building's total area is 69,804 square feet.

14 According to IBGE information, the 2010 census puts the population density of the municipality of São Paulo at about 2,856 inhabitants per square mile. Available at: https://cidades.ibge.gov.br/v4/brasil/sp/sao-paulo/panorama. Accessed in August 2017.

15 Caldeira, Teresa Pires do Rio. *City of Walls: Crime, segregation, and citizenship in São Paulo*. Berkeley: University of California Press, 2000.

16 IBGE, 2010 Census.

17 According to IBGE data (2010), the total number of São Paulo residences increased 19% between 2000 and 2010. Apartments had 35% growth, while houses increased only 14% during the same period.

1 Sampaio, Maria Ruth Amaral de. *A promoção privada de habitação econômica e a arquitetura moderna 1930–1964*. São Carlos: RiMa, 2002.

2 A ideia de "habitação mínima" considerou que as necessidades de uma residência poderiam ser complementadas por um espaço público generoso, compensando os compactos espaços projetados interiormente (BONDUKI, 2004).

3 Hiroyama, Edison Hitoshi. "A dimensão urbana da arquitetura moderna em São Paulo: Habitação coletiva e espaço urbano 1938/1972". Dissertação de Mestrado. Orientador: Regina Maria Prosperi Meyer. FAUUSP, 2010.

4 Hiroyama, Edison Hitoshi. "A dimensão urbana da arquitetura moderna em São Paulo: Habitação coletiva e espaço urbano 1938/1972". Dissertação de Mestrado. Orientador: Regina Maria Prosperi Meyer. FAUUSP, 2010.

5 Leal, Daniela Viana. "Oscar Niemeyer e o mercado imobiliário de São Paulo na década de 1950". Dissertação de Mestrado. Orientador: Marco Antonio Alves do Valle. Unicamp, 2003.

6 Neste momento, Prestes Maia era o presidente da CNI (Companhia Nacional da Indústria da Construção), empresa que sucederia o BNI (Banco Nacional Imobiliário) em seus investimentos e empreendimentos.

7 O Rockefeller Center foi idealizado nos anos de 1920, e sua conclusão ocorreu em etapas, sendo a última inaugurada em 1975. O projeto consiste de um complexo de 21 edifícios, que contempla salas de escritório, sedes de empresas, lojas, cafés, auditório, estúdios de rádio e de televisão, teatro e centro de artes, somados a jardins e espaços públicos, projetados por um conjunto de arquitetos, os Arquitetos Associados: Reinhard & Holmeister, Hood & Fouilhoux, e Corbett, Harrison & MacMurray.

8 Mendonça, Denise Xavier de. "Arquitetura Metropolitana: São Paulo Década de 50". Dissertação de Mestrado. Escola de Engenharia de São Carlos. Orientador: Carlos Alberto Ferreira Martins. São Carlos, 1999.

9 Até hoje perduram boatos de possíveis estereótipos para os moradores do Copan. Em 1986, a Revista *VEJA* publicou uma matéria se referindo aos blocos da seguinte maneira: "A mesma matéria classifica os moradores do edifício em blocos: Bloco A é habitado por executivos e profissionais liberais de renda média; Bloco B é o setor mais pobre do prédio, tem má fama; Bloco C abriga moradores de maior poder aquisitivo do prédio e também os mais tradicionais; Blocos E e F: são uma ala habitada sobretudo por profissionais de renda modesta e solteiros".

10 Em ata de reunião do condomínio, em junho de 1992, são apontados o não pagamento de contas de água e esgoto desde dezembro de 1991, conta de energia a partir de março de 1992 e a ausência de pagamento de vale transporte aos funcionários do Edifício; dentre outras dívidas, a fornecedores e referentes a empréstimos bancários.

11 Dados de Affonso Celso Prazeres de Oliveira, que realizou um levantamento ao assumir a gestão do Copan.

12 O CENSO considerou o total de 1.124 apartamentos e não a totalidade dos 1.160.

13 Para o cálculo, a referência de área é a totalidade da projeção do edifício, de 6.485 m².

14 Segundo informações do IBGE, a densidade populacional do Município de São Paulo é de 7.398,26 habitantes/km², a partir do CENSO 2010. Disponível em: https://cidades.ibge.gov.br/v4/brasil/sp/sao-paulo/panorama. Acesso em agosto de 2017.

15 Caldeira, Teresa Pires do Rio. *City of walls: crime, segregation, and citizenship in São Paulo*. Berkeley: University of California Press, 2000.

16 IBGE, Censo 2010.

17 Segundo dados do IBGE (2010), o número total de domicílios paulistanos aumentou em 19% entre 2000 e 2010. A tipologia de apartamentos representou o crescimento de 35 %, enquanto a de casas ampliou apenas 14% no mesmo período.

City of Warehouses

"City of Warehouses" examines the multiple urban enclaves that developed adjacent to the main rail lines in the city—projects that grew in tandem with the gradual channelization and rectification of the once-expansive floodplain of the São Paulo plateau. In the late nineteenth and early twentieth centuries, the confluence of rail infrastructure, immigrant housing, and industrial facilities unleashed the eastward growth of São Paulo along the floodplain of the Tietê and Tamanduateí rivers. While the more established Paulista aristocracy shifted their attention towards Higienópolis and the higher grounds west of downtown São Paulo, the lowlands to the east became the setting for working-class neighborhoods made up of mostly European immigrants working in coffee production and emerging manufacturing industries. The resulting environment was a rich amalgam of social and physical elements shaped by the demands of mobility infrastructure, flooding concerns, and the emergence of new cultural mores. This subsection constructs a visual profile of the most dominant urban types that emerged along the city's main rail lines. Through detailed exploded axonometric drawings and historical maps, "City of Warehouses" examines the morphology and cultural legacy of the urban fabric as associated with industry and rail.

While São Paulo gradually consolidated its city center throughout most of the nineteenth century, it was only with the advent of rail—the inauguration of the Santos–São Paulo–Jundiaí line in 1866, and a few years later the São Paulo–Rio de Janeiro line—that the city expanded beyond its center. Investment in rail not only provided a faster and more reliable connection between the interior and the coast, it also offered an image of progress that attracted investment and labor to the city. As in other cities beholden to a prominent topography, rail in São Paulo followed the path of least resistance, charting its way through the flattest available land, generally contiguous to the rivers. This infrastructure served as the backbone for a collection of settlements that, from the 1890s until the 1930s, shaped many of the

Cidade de armazéns

"Cidade de armazéns" analisa os múltiplos territórios urbanos isolados que se desenvolveram nas adjacências das principais linhas ferroviárias da cidade: projetos que cresceram com gradual canalização e retificação daquela que um dia foi uma extensa planície aluvial do planalto de São Paulo. No final do século XIX e início do século XX, a confluência da infraestrutura ferroviária, as residências de imigrantes e as instalações industriais desencadearam o crescimento em direção ao leste de São Paulo, ao longo da planície aluvial dos rios Tietê e Tamanduateí. Enquanto a aristocracia paulistana mais estabelecida desviou sua atenção para Higienópolis e os terrenos mais altos, a oeste do centro de São Paulo, as planícies do leste tornaram-se o cenário dos bairros da classe trabalhadora, compostos, principalmente, por imigrantes europeus que trabalhavam na produção cafeeira e nas indústrias manufatureiras emergentes. O ambiente resultante foi uma rica fusão de elementos sociais e físicos, moldada pelas demandas de infraestrutura de mobilidade, pelas preocupações com as enchentes e pelo surgimento de novos costumes culturais. Este texto constrói um perfil visual dos tipos urbanos mais dominantes, que surgiram ao longo das principais linhas ferroviárias da cidade. Através de desenhos axonométricos esquemáticos e mapas históricos, o texto "Cidade de armazéns" examina a morfologia e o legado cultural do tecido urbano, conforme sua ligação com a indústria e as ferrovias.

Embora São Paulo tenha, gradualmente, consolidado o centro da cidade, durante a maior parte do século XIX, foi apenas com o advento das ferrovias – a inauguração da linha Santos–São Paulo–Jundiaí, em 1866, e alguns anos depois, da linha São Paulo–Rio de Janeiro, que a cidade cresceu para além do centro. O investimento no transporte ferroviário não apenas proporcionou uma ligação mais rápida e confiável entre o interior e o litoral como ofereceu uma imagem de progresso que atraiu investimentos e mão de obra para a cidade. Como em outras cidades comprometidas pelas topografias proeminentes, as ferrovias paulistas seguiram o

working-class neighborhoods in the city east of the Tamanduateí, particularly around the Bras Station, where the two main rail stations crossed. The Immigrant Hotel, the industrial village (vila operária), and the warehouse cluster became the three most dominant urban typologies neighboring the tracks.

A few blocks south of the Bras railway station, one finds the Museú da Imigração de São Paulo. The building that today houses the museum was originally built as the main immigrant hostel for the city, and served as the linchpin of the Sociedade Promotora da Imigração. Established by coffee grower elites and local politicians, and funded by the coffers of the state, the Sociedade was a non-profit agency tasked with finding immigrant labor, primarily for the burgeoning coffee industry. The formation of the agency coincided with the abolition of slavery (1888) and the formation of the Brazilian Republic (1889), and its mission exemplified a new ethos of order and progress for São Paulo. In addition to promoting employment in São Paulo overseas, the agency was tasked with subsidizing travel to Brazil and managing the arrival of immigrant families to the city. Seen as São Paulo's Ellis Island, the hostel designed by architect Matheus Häussler was a monumental institutional building envisioned as a city within a city. It was an impressive structure that housed immigrants for about a week before they were legally employed and transported to coffee plantations and other labor venues. In addition to fields of beds in large open rooms, the building also included medical facilities, kitchen and dining services, laundry facilities, a post and telegraph office, and most importantly, an in-house employment placement agency. Organized around an internal courtyard, the building became known as the "gateway" to São Paulo. In its almost ninety years of existence, it is estimated that close to three million immigrants passed through its doors, representing more than half of the total influx of immigrants to Brazil during that period.

The proliferation of immigrants, the wealth brought by the coffee industry, and the advantages of a working railway that connected the interior to the port, made São Paulo a new epicenter of manufacturing in the first three decades of the twentieth century. The shift from coffee to product manufacturing created an even greater demand for housing in the area and made the vila operária a compelling typology in its capacity to simultaneously address the demand for dwelling and employment. Conceived as a housing cluster adjacent to a factory, the vilas provided basic housing for workers

percurso de menos resistência, trilhando o caminho pelo terreno mais plano disponível, geralmente margeando os rios. Essa infraestrutura serviu de espinha dorsal para inúmeros assentamentos que, da década de 1890 até a de 1930, moldaram muitos dos bairros da classe trabalhadora na cidade, a leste do Tamanduateí, particularmente ao redor da estação Brás, onde as duas principais estações ferroviárias se cruzavam. A Hospedaria dos Imigrantes, a vila industrial (vila operária) e o agrupamento de armazéns se tornaram as três tipologias urbanas dominantes avizinhando as ferrovias.

A alguns quarteirões ao sul da estação ferroviária do Brás, está o Museu da Imigração de São Paulo. O edifício onde hoje é o museu foi, originalmente, construído como o principal albergue de imigrantes da cidade e serviu como elemento principal da Sociedade Promotora de Imigração. Estabelecida pelas elites de cafeicultores e políticos locais e financiada pelos cofres estaduais, a Sociedade era uma agência sem fins lucrativos, encarregada de encontrar mão de obra imigrante, principalmente para a crescente indústria do café. A formação da agência coincidiu com a abolição da escravatura (1888) e a formação da República brasileira (1889), e sua missão exemplificou um novo sistema de ordem e progresso para São Paulo. Além de promover, no exterior, empregos em São Paulo, a agência subsidiava viagens ao Brasil e gerenciava a chegada de famílias imigrantes à cidade. Vista como a Ellis Island de São Paulo, o albergue, projetado pelo arquiteto Matheus Häussler, era um monumental edifício institucional, concebido como uma cidade dentro de uma cidade. Tratava-se de estrutura impressionante, que abrigava imigrantes por cerca de uma semana, antes de serem legalmente empregados e levados para as lavouras de café e outros locais de trabalho. Além dos "campos de camas" em grandes cômodos abertos, o edifício também tinha instalações médicas, refeitório, lavanderia, uma unidade de correios e telégrafos e, o mais importante, uma agência de empregos. Organizado em torno de um pátio interno, o edifício ficou conhecido como o "portal" de entrada para São Paulo. Nos seus quase noventa anos de existência, estima-se que quase três milhões de imigrantes passaram por suas portas, representando mais da metade do fluxo total de imigrantes no Brasil durante o período.

A multiplicação dos imigrantes, a riqueza trazida pela indústria cafeeira e as vantagens das vias ferroviárias que ligavam o interior ao porto fizeram de São Paulo o novo epicentro de manufatura nas três primeiras décadas do século XX. A mudança do

in close proximity to where they worked. Yet, the quality of housing within the vilas varied drastically. In general, the earlier ones, like Vila Suiça (1898), were more rudimentary, with standard 30m2 units that included a living room, a bedroom, and a kitchen. Bathrooms were considered a collective amenity and were placed in a central courtyard. Later iterations of the vila offered larger units and more amenities. One of the most important examples is Vila Maria Zélia (1911), pioneered by entrepreneur Jorge Street. Concerned with the well-being of laborers, Street built an enclave with units that ranged from 75m2 to 110m2 and provided many amenities in addition to basic utilities. A chapel, two schools, a gazebo, a square, playing fields, a party hall, and a medical clinic were among the many services that complemented the housing blocks. To this day, Maria Zélia remains an exemplary example of affordable housing and serves as an important historical reference in the area.

Another key example is the Vila Economizadora (1908). Built by the Sociedade Mútua Economizadora Paulista and Italian immigrant entrepreneur Antonio Cocchini, Economizadora also provided a new housing model for São Paulo. Conceived as a cooperative, the vila was not tied to a particular industry, functioning instead as a stand-alone neighborhood built for the Italian-Brazilian community. Organized in six urban blocks, the project was fully open and integrated with the city grid, establishing an urban enclave that could gradually grow over time. Characterized by the diversity of ornamentation along its facades, the 147 buildings—127 residential and 20 commercial—served as the basis for one of the most resilient urban fragments in all of São Paulo. Throughout the first half of the twentieth century, more than 25 vilas operárias were built in the area between the Tamanduateí and Tietê rivers, most of them clustered in proximity to the Brás station. Today, many of these vilas have been lost in the city fabric of a frenzied metropolis. Yet, when spotted, they continue to offer valuable lessons about the organization and scale of domestic space.

On a far larger scale, the industrial cluster is the third dominant typology to have developed adjacent to the main rail lines. By 1928, São Paulo accounted for nearly 40 percent of Brazil's total industrial production and was home to approximately 10,000 industrial establishments, employing over 150,000 people. While shipyards, basic machinery, and agricultural equipment were some of the first

café para a fabricação de produtos criou e aumentou ainda mais a demanda por habitações na região e fez da vila operária uma tipologia atraente pela sua capacidade de atender tanto à demanda de emprego como de habitação. Concebidas como conjuntos habitacionais adjacentes a fábricas, as vilas forneciam moradia básica aos trabalhadores nas proximidades de seus empregos. No entanto, a qualidade da moradia nas vilas variava drasticamente. Em geral, as mais antigas, como a Vila Suíça (1898), eram mais rudimentares, com unidades padronizadas de 30 m², que tinham sala, quarto e cozinha. Os banheiros eram considerados comodidades coletivas e ficavam em um pátio central. Mais tarde, outras vilas ofereceram unidades maiores e com mais comodidades. Um dos exemplos mais importantes é a Vila Maria Zélia (1911), criada pelo empreendedor Jorge Street. Preocupado com o bem-estar dos funcionários, Jorge construiu um bairro com unidades que variavam de 75 m² a 110 m² e ofereciam muitas comodidades, além dos serviços básicos. Uma capela, duas escolas, um coreto, uma praça, campos de práticas esportivas, um salão de festas e uma clínica médica estavam entre os muitos serviços que complementavam os blocos habitacionais. Até hoje, Maria Zélia continua a ser um exemplo típico de habitação econômica e serve como referência histórica importante na região.

Outro exemplo importante é a Vila Economizadora (1908). Construída pela Sociedade Mútua Economizadora Paulista e pelo empresário imigrante italiano Antonio Cocchini, a Economizadora também forneceu um novo modelo habitacional para São Paulo. Concebida como uma cooperativa, a vila não estava vinculada a uma determinada indústria, ao contrário, funcionava como bairro autônomo, construído para a comunidade ítalo-brasileira. Organizado em seis blocos urbanos, o projeto foi totalmente aberto e integrado com a rede elétrica da cidade, estabelecendo um enclave urbano que poderia crescer gradualmente. Caracterizados pela diversidade de ornamentos nas fachadas, os 147 edifícios, dos quais 127 eram residenciais e 20 comerciais, serviram de base para um dos fragmentos urbanos mais resilientes de toda a cidade de São Paulo. Durante a primeira metade do século XX, mais de 25 vilas operárias foram construídas na região entre os rios Tamanduateí e Tietê, a maioria agrupada nas proximidades da estação do Brás. Atualmente, muitas dessas vilas se perderam no tecido urbano de uma metrópole frenética. No entanto, quando identificadas, elas continuam a

industries to emerge, it was the automotive industry and its affiliated trades that drastically changed the urban landscape of Brás, Mooca, and Ipiringa districts. The opening of a Ford assembly factory in 1920, followed by a General Motors plant in 1925, set the stage for the development of large-scale mono-functional warehouse districts that are today in need of urban re-scaling. Areas such as the former Ford plant in Ipiranga are centrally located, yet derelict industrial zones that must be made part of the city again.

While a significant percentage of the areas around Brás and Luz stations are today made up of half-empty warehouses, the longer history of these neighborhoods is one of exchanges between industry, housing, and neighborhood identity. The drawings and historical plans in the pages that follow pick up on this intricate relationship among urban uses, and argue that only through the re-scaling of mobility infrastructure and the diversification of urban programs can these post-industrial zones be given a new lease on life that builds upon the traditional mixed-use qualities latent in the area.

oferecer lições importantes sobre a organização e a escala do espaço doméstico.

Em escala muito maior, a aglomeração industrial foi a terceira tipologia dominante que se desenvolveu adjacente às principais linhas ferroviárias. Em 1928, São Paulo representava quase 40% da produção industrial total do Brasil e abrigava cerca de 10 mil indústrias, empregando mais de 150 mil pessoas. Embora os estaleiros, o maquinário básico e os equipamentos agrícolas tenham sido algumas das primeiras indústrias a surgir, foram a indústria automotiva e seus negócios afiliados que mudaram drasticamente a paisagem urbana dos bairros do Brás, da Mooca e do Ipiranga. A abertura de uma fábrica de montagem da Ford, em 1920, seguida por outra da General Motors, em 1925, preparou o terreno para o desenvolvimento de bairros de armazéns monofuncionais de grande porte que hoje precisam ser redimensionados. Áreas como a antiga fábrica da Ford, no Ipiranga, são zonas industriais centralmente localizadas, embora abandonadas, que devem voltar a fazer parte da cidade.

Embora uma porcentagem significativa das áreas ao redor das estações do Brás e da Luz seja hoje constituída de armazéns semivazios, a história desses bairros é um dos intercâmbios entre a indústria, a moradia e a identidade de bairro. Os desenhos e as plantas históricas nas páginas a seguir abstraem essa complexa relação entre os usos urbanos e argumentam que, somente por meio do redimensionamento da infraestrutura de mobilidade e da diversificação dos programas urbanos, essas zonas pós-industriais poderão ser renovadas, com base nas tradicionais qualidades de uso diversificado latentes na região.

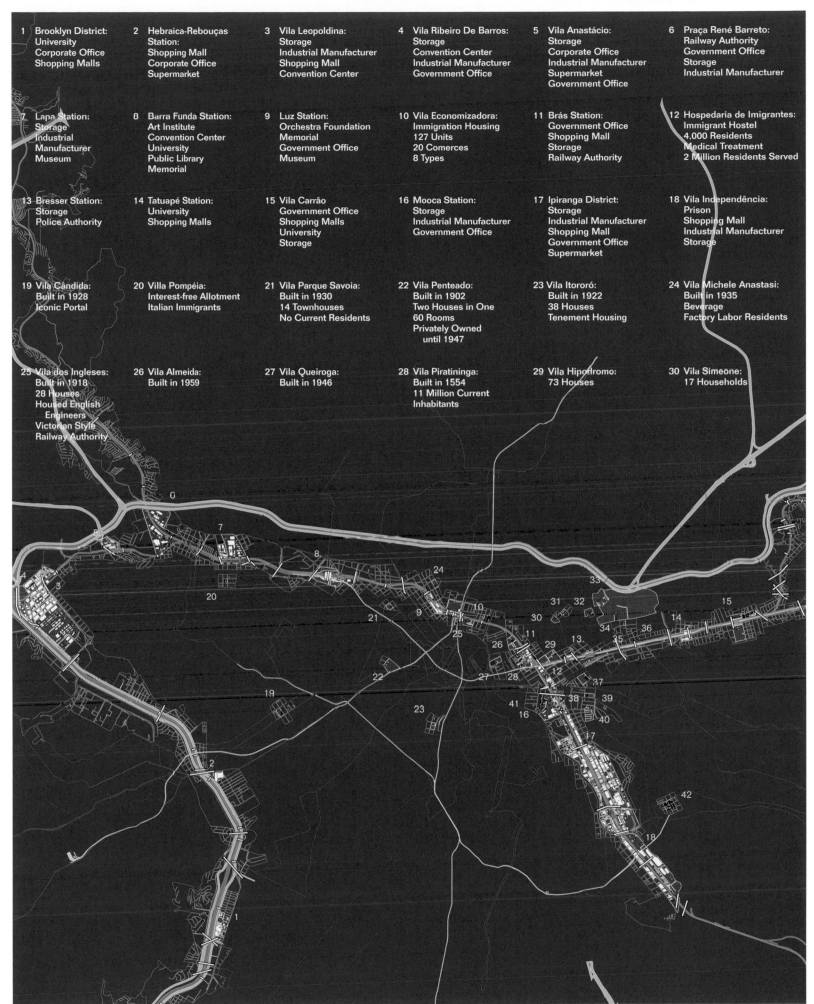

1 Brooklyn District:
University
Corporate Office
Shopping Malls

2 Hebraica-Rebouças
Station:
Shopping Mall
Corporate Office
Supermarket

3 Vila Leopoldina:
Storage
Industrial Manufacturer
Shopping Mall
Convention Center

4 Vila Ribeiro De Barros:
Storage
Convention Center
Industrial Manufacturer
Government Office

5 Vila Anastácio:
Storage
Corporate Office
Industrial Manufacturer
Supermarket
Government Office

6 Praça René Barreto:
Railway Authority
Government Office
Storage
Industrial Manufacturer

7 Lapa Station:
Storage
Industrial
Manufacturer
Museum

8 Barra Funda Station:
Art Institute
Convention Center
University
Public Library
Memorial

9 Luz Station:
Orchestra Foundation
Memorial
Government Office
Museum

10 Vila Economizadora:
Immigration Housing
127 Units
20 Comerces
8 Types

11 Brás Station:
Government Office
Shopping Mall
Storage
Railway Authority

12 Hospedaria de Imigrantes:
Immigrant Hostel
4,000 Residents
Medical Treatment
2 Million Residents Served

13 Bresser Station:
Storage
Police Authority

14 Tatuapé Station:
University
Shopping Malls

15 Vila Carrão
Government Office
Shopping Malls
University
Storage

16 Mooca Station:
Storage
Industrial Manufacturer
Government Office

17 Ipiranga District:
Storage
Industrial Manufacturer
Shopping Mall
Government Office
Supermarket

18 Vila Independência:
Prison
Shopping Mall
Industrial Manufacturer
Storage

19 Vila Cândida:
Built in 1928
Iconic Portal

20 Villa Pompéia:
Interest-free Allotment
Italian Immigrants

21 Vila Parque Savoia:
Built in 1930
14 Townhouses
No Current Residents

22 Vila Penteado:
Built in 1902
Two Houses in One
60 Rooms
Privately Owned
until 1947

23 Vila Itororó:
Built in 1922
38 Houses
Tenement Housing

24 Vila Michele Anastasi:
Built in 1935
Beverage
Factory Labor Residents

25 Vila dos Ingleses:
Built in 1918
28 Houses
Housed English
Engineers
Victorian Style
Railway Authority

26 Vila Almeida:
Built in 1959

27 Vila Queiroga:
Built in 1946

28 Vila Piratininga:
Built in 1554
11 Million Current
Inhabitants

29 Vila Hipodromo:
73 Houses

30 Vila Simeone:
17 Households

Historic urban fragments associated with industry and rail infrastructure overlaid with current mobility patterns.

Fragmentos urbanos históricos associados à infraestrutura industrial e ferroviária sobrepostos pelos padrões atuais de mobilidade.

173   A

Aerial view of the Cambuci Offices, ca. 1930.

Vista aérea dos escritórios do Cambuci por volta de 1930.

A

1 Post Office
2 Medical Screening
3 Storage
4 Dam
5 Hospital
6 Housing For Foreigners
7 Kitchen/Dining
8 Dormitory
9 Placement Agency
10 Administration,
   Maintenance
11 Baggage Room
12 Locker Room

13 Storage
14 Brás Station Entrance
15 Shopping Mall
16 Brás Bus Station
17 Brás Train Station
18 Tracks and Storage
19 Railway Storage
20 Railway Authority
21 Commercial & Retail
22 Government Agency
23 Industrial Manufacturer
24 Market
25 Industrial Warehouse

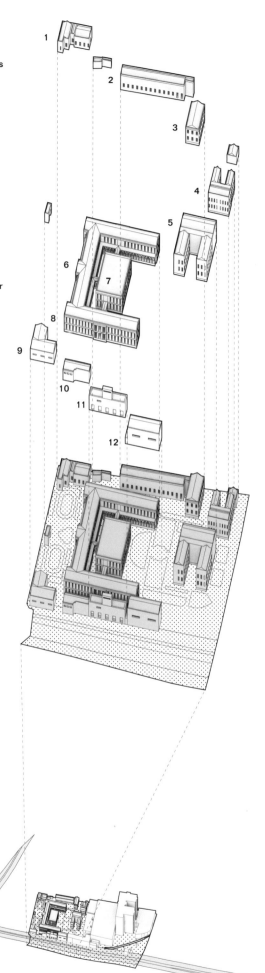

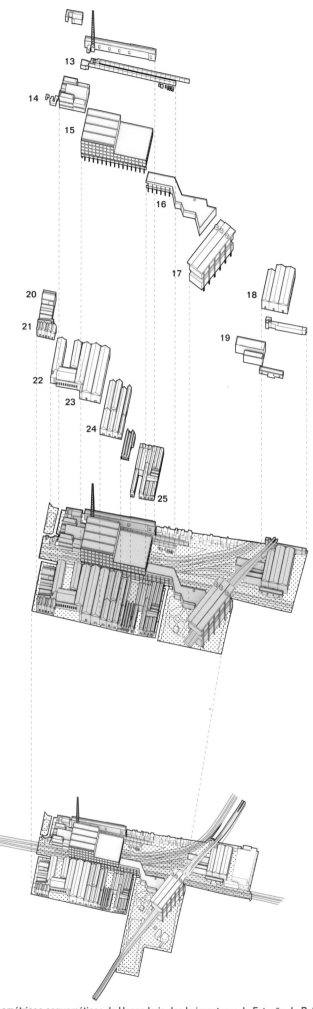

Exploded axonometric drawings of the Immigrants' Hostel and the Brás Station.

Desenhos axonométricos esquemáticos da Hospedaria dos Imigrantes e da Estação do Brás.

Sheet 52–6 of the Mapa Topográfico do Município de São Paulo showing the Immigrants' Hostel in the southwest corner, 1930.

Folha 52–6 do mapa topográfico do município de São Paulo, mostrando a Hospedaria dos Imigrantes, em 1930, no canto inferior esquerdo.

177 A

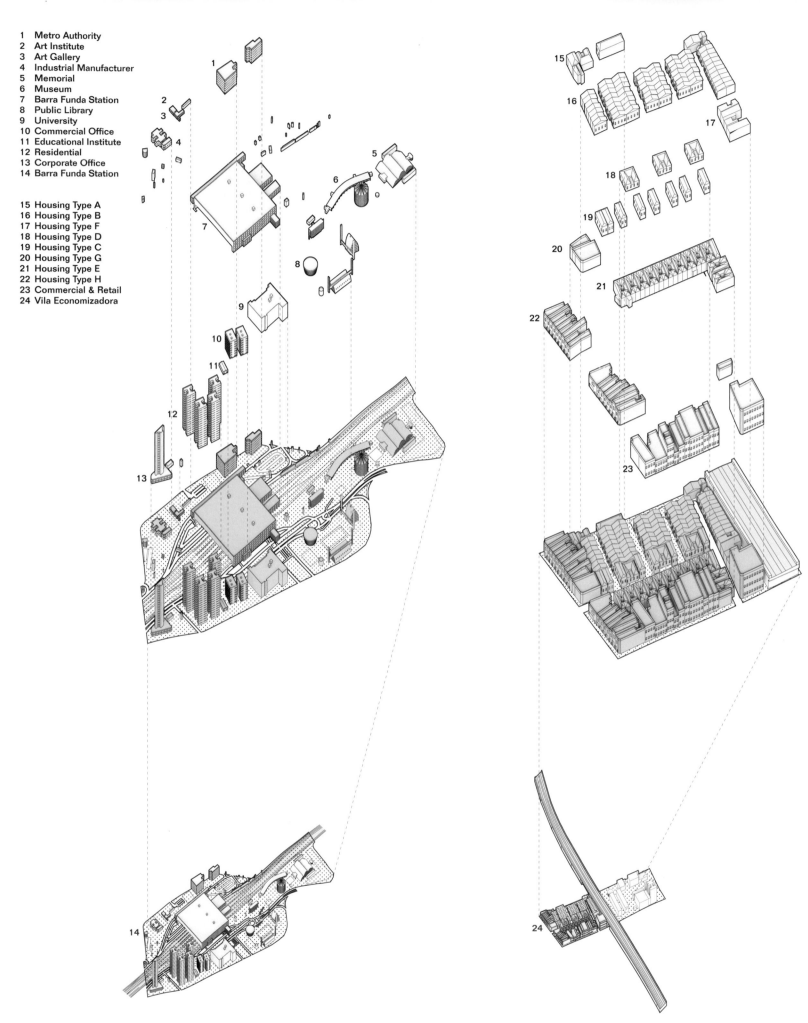

1 Metro Authority
2 Art Institute
3 Art Gallery
4 Industrial Manufacturer
5 Memorial
6 Museum
7 Barra Funda Station
8 Public Library
9 University
10 Commercial Office
11 Educational Institute
12 Residential
13 Corporate Office
14 Barra Funda Station

15 Housing Type A
16 Housing Type B
17 Housing Type F
18 Housing Type D
19 Housing Type C
20 Housing Type G
21 Housing Type E
22 Housing Type H
23 Commercial & Retail
24 Vila Economizadora

Exploded axonometric drawings of the Palmeiras-Barra Funda Terminal and the Vila Economizadora.

Desenhos axonométricos esquemáticos do Terminal Palmeiras-Barra Funda e da Vila Economizadora.

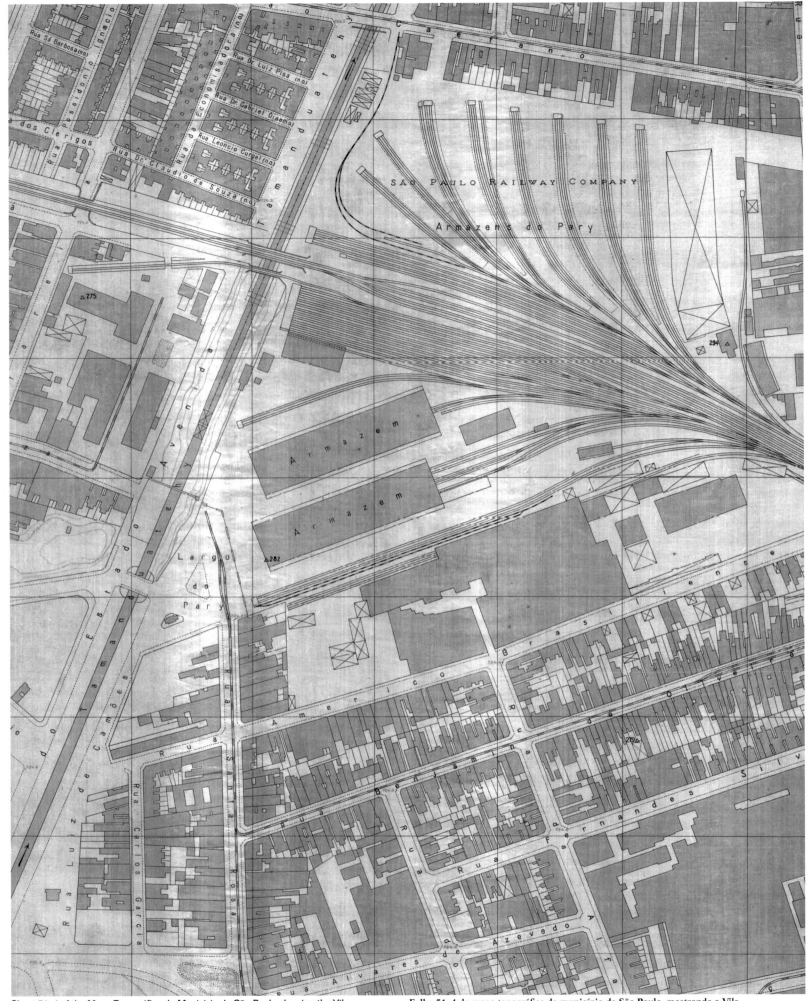

Sheet 51–4 of the Mapa Topográfico do Município de São Paulo showing the Vila Economizadora in the southwestern corner, 1930.

Folha 51–4 do mapa topográfico do município de São Paulo, mostrando a Vila Economizadora, em 1930, no canto inferior esquerdo.

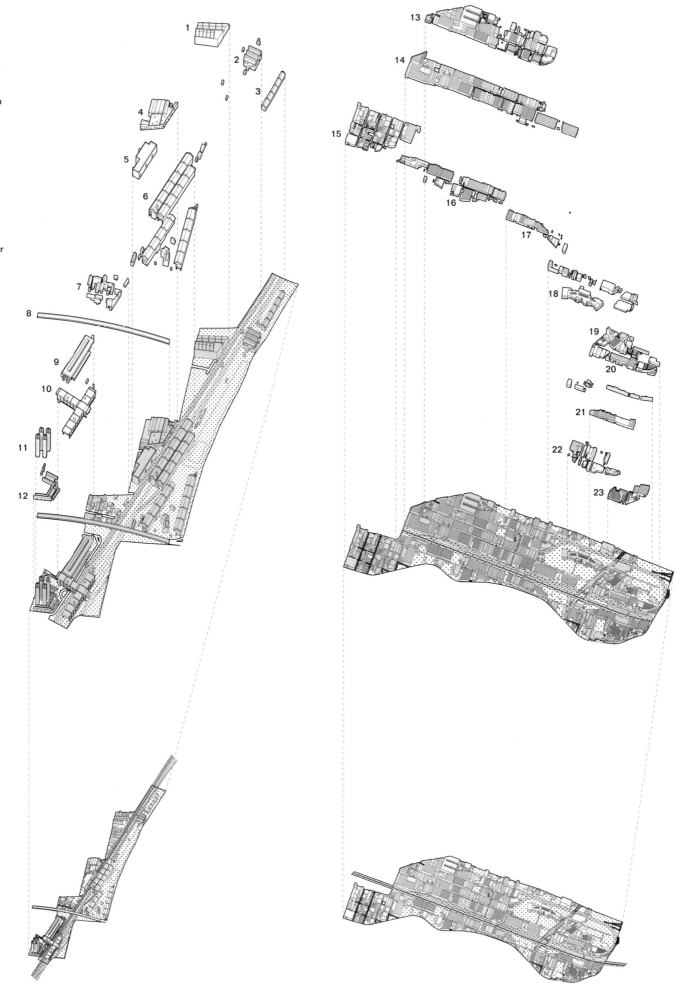

1 Wholesale Grocery
2 Metro Rail Authority
3 Railway House
4 Industrial Wholesale
5 Apartment Complex
6 Railway Warehouses
7 Industrial Warehouses
8 Bresser Overpass
9 Military Police Station
10 Bresser-Mooca Station
11 Residential
12 Industrial Warehouses

13 Commercial & Retail
14 Automobile Industry
15 Commercial & Retail
16 Industrial Wholesale
17 Industrial Warehouses
18 Shopping Complex
19 Ipiranga Station
20 Industrial Manufacturer
21 Industrial Warehouses
22 Industrial Metalwork
23 Industrial Warehouses

Exploded axonometric drawings of Bresser-Mooca Station and the Ipiranga District.

Desenhos axonométricos esquemáticos da Estação Bresser-Mooca e do bairro Ipiranga.

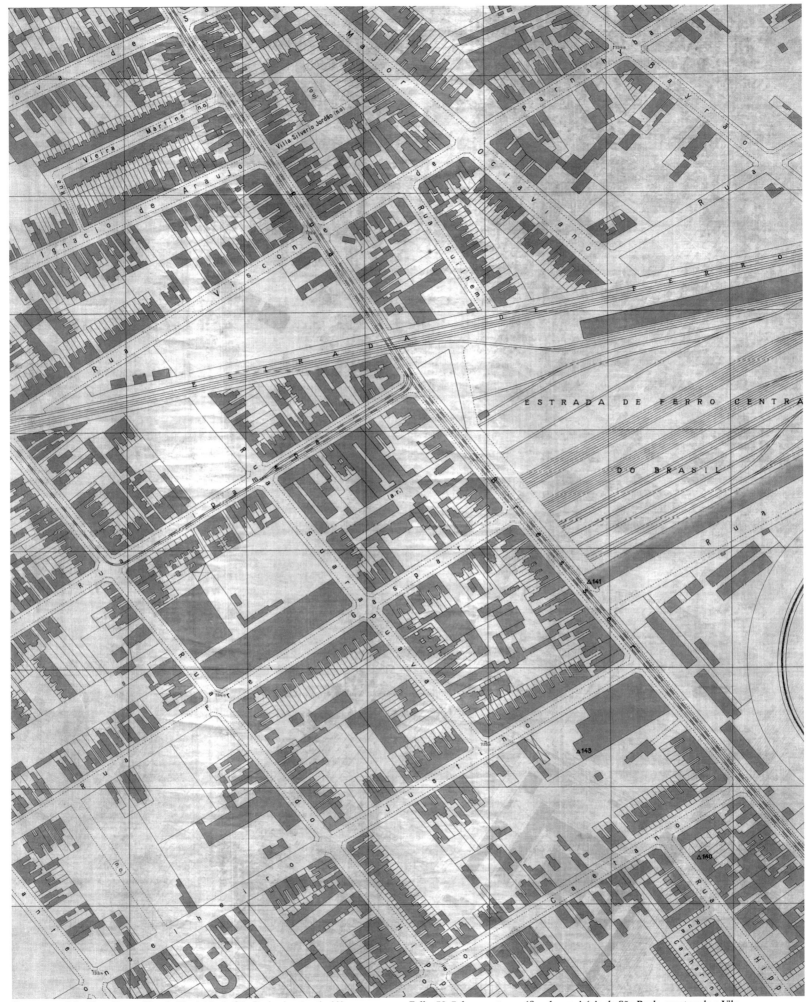

Sheet 52–7 of the Mapa Topográfico do Município de São Paulo showing the Vila Economizadora in the southwestern corner, 1930.

Folha 52–7 do mapa topográfico do município de São Paulo, mostrando a Vila Economizadora, em 1930, no canto inferior esquerdo.

A

Contemporary view of housing, high-rise buildings and warehouses adjacent to rail infrastructure.

Vista contemporânea de habitações, edifícios altos e armazéns próximos à ferrovia.

183   A

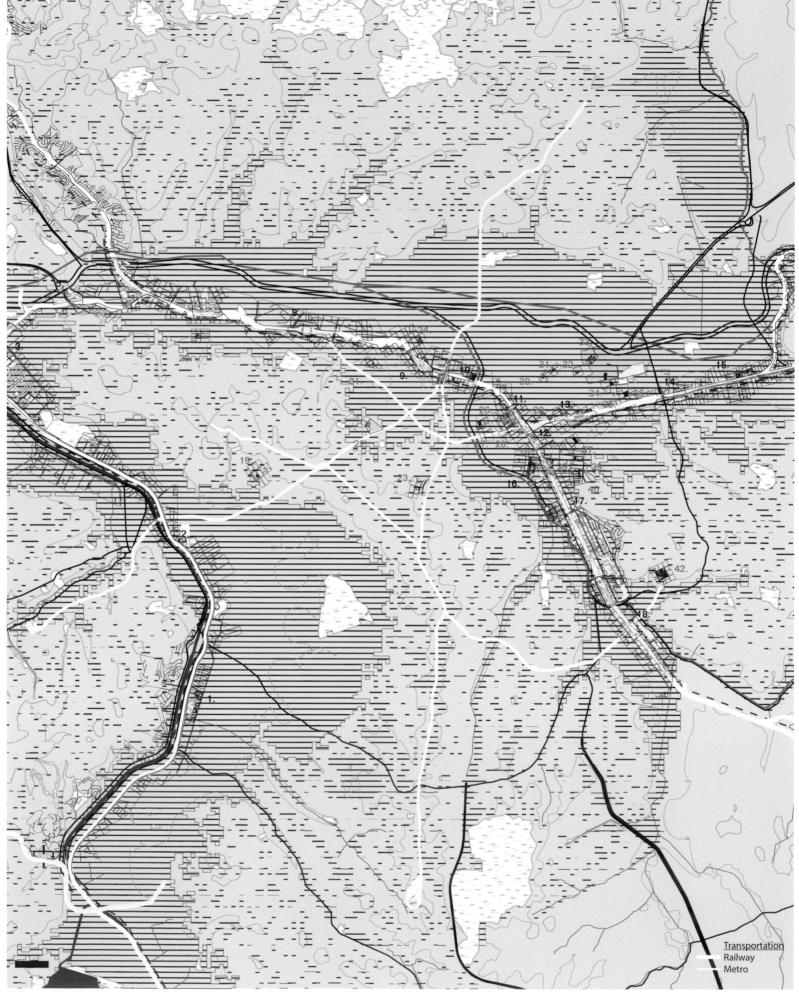

Buildings of historic importance along the rail lines in relation to the city's floodplain.

Edifícios de importância histórica ao longo da ferrovia em relação à planície da cidade.

Learning with São Paulo
Bruno Carvalho

São Paulo has been South America's major financial center throughout the twenty-first century. The movements of capital fuel the city's economy and have an outsized role in Brazil's national affairs. In 1917, the Latin phrase *non ducor duco* (I am not led, I lead) was adopted for the municipal coat of arms, evincing a place with a progress-driven ethos and eyes set on the future. Indeed, as São Paulo continues to become connected to international markets it might seem to resemble other leading "global" cities much more than a "traditional" Brazilian city. Development and progress, however, do not mean that São Paulo has overcome its history as an indigenous village, a Jesuit colonial settlement, a base for slave hunters, a coffee-driven city, an industrial powerhouse, or a hub for immigrants from Southern Europe, Asia, the Brazilian Northeast, and elsewhere. São Paulo's past is often commemorated in place names and monuments, but it also resurfaces in less obvious and more unwieldy ways, as in the urban fabric and the city's layered economies.

Compared to many other great cities, São Paulo's charms aren't immediately evident. What are its "authentic" or traditional dishes, dances, and music? The city's uniqueness might very well lie in its kaleidoscopic blend of characteristics that could be found elsewhere. Viewed through unidentified snapshots, São Paulo could perhaps be mistaken for a greater number of cities than any other in the world. From certain angles, it might look like New York; from others, New Delhi. Some corners look lush, sedate, like a small town. Others strike the passersby as mighty and fast-paced. A few neighborhoods house the wealthiest residents in luxurious mansions. Other neighborhoods have to deal with improvised infrastructures and inadequate services. The metropolitan area is intensely segregated by class, and to a large extent, race—a "city of walls," as the anthropologist Teresa Caldeira puts it. Yet, there are still places where various São Paulos converge. In several central downtown areas, for example, a dizzying array of aesthetic choices, modes of being, and urban forms might coexist in the same space. What can at first glance appear merely chaotic and disordered, in fact reveals São Paulo's richly layered realities and most exciting potentials.

The Swiss-born writer Blaise Cendrars picked up on that when he arrived at what was then one of the world's fastest-growing cities. When he first visited São Paulo in 1924, at the invitation of coffee magnate Paulo Prado, Cendrars was already regarded as one of his generation's most prominent and innovative poets. The writer had seen much of Europe and Asia, as well as other burgeoning urban centers of the Americas like Chicago, New York, Rio de Janeiro, and even the cities of California. In São Paulo, he sensed a different kind of energy.

Any European would have immediately identified São Paulo's monumental architecture as imitative. Luz Station, then the main railway entry point, reminded the poet of the station

Aprendendo com São Paulo
Bruno Carvalho

São Paulo é hoje o maior centro financeiro do continente. Os fluxos do capital alimentam a economia da cidade e adquiriram importância desproporcional em questões nacionais. Em 1917, a expressão em latim *non ducor duco* (não sou conduzido, conduzo) foi adotada no brasão municipal, manifestando um espírito de comprometimento com o progresso e olhos voltados para o futuro. À medida que se tornam cada vez mais conectadas à economia internacional, partes de São Paulo parecem se assemelhar mais às cidades ditas "globais" do que às cidades brasileiras "tradicionais". Desenvolvimento e progresso, no entanto, não significam que São Paulo tenha superado o seu passado como território indígena, aldeamento jesuíta, base de bandeirantes (em busca de riquezas minerais e escravos), núcleo do ciclo do café, potência industrial, ou destino de imigrantes (europeus, asiáticos, nordestinos, das mais variadas origens). A história de São Paulo é comemorada em topônimos e monumentos, mas também ressurge de maneiras menos óbvias e refratárias às narrativas oficiais, transparecendo no tecido urbano fragmentado e nas múltiplas camadas da sua economia.

Em comparação com outras grandes cidades, os encantos de São Paulo não são óbvios. Quais são seus pratos, danças ou músicas típicas ou "autênticas"? A singularidade da cidade parece estar justamente na mistura caleidoscópica de características que podem ser encontradas em outros lugares. Não é difícil imaginar que, vista por meio de fotografias não identificadas, São Paulo poderia ser confundida com número maior de cidades do que qualquer outro lugar do mundo. De determinados ângulos, talvez víssemos Nova York; de outros, Nova Delhi. Alguns de seus cantos são verdejantes e pacatos como os de uma cidade do interior. Outros impressionam pela imponência e ritmo acelerado. Certos bairros abrigam moradores abastados em mansões luxuosas. Outros tantos têm que lidar com infraestrutura precária e serviços inadequados. A região metropolitana é intensamente segregada por classe e, em grande parte, raça – uma "cidade de muros", na definição da antropóloga Teresa Caldeira. Ainda assim, há alguns locais onde as várias facetas de São Paulo convergem. Em áreas do centro da cidade, por exemplo, encontramos uma desnorteante variedade de estilos, modos de ser e formas urbanas coexistindo no mesmo espaço. O que pode, à primeira vista, parecer simplesmente caótico e desordenado, ao mesmo tempo revela uma rica sobreposição de realidades diversas, expressão dos potenciais mais arrebatadores e inestimáveis de São Paulo.

Em 1924, o poeta franco-suíço Blaise Cendrars chegou à cidade e logo captou esse aspecto. São Paulo era uma das cidades que mais cresciam no mundo. Em sua primeira visita, convidado por Paulo Prado, o moderno Cendrars já era considerado um dos escritores mais importantes da sua geração. Tinha viajado por boa parte da Europa, Ásia e das Américas, conhecendo outras cidades em ascensão como o Rio de Janeiro, Nova York, Chicago,

A postcard from 1904 showing the civic monumentality of the Luz Station, establishing it as the main gateway into the city at the time.

Cartão postal de 1904, mostrando a monumentalidade cívica da Estação da Luz, estabelecendo-a como a principal porta de entrada para a cidade na época.

at Nice or Charing Cross in London ("São Paulo").[1] Yet, he found the combinations to be stimulating. The streetscapes seemed fresh, teeming with life and activity. Signs for a Pension Milanese and a Casa Tokyo could be seen from the same window ("Landscape"). A man hawking newspapers in the middle of a square is compared to a ballet dancer, as his "guttural cries" join the sounds of traffic ("The City Wakes up"). There are mules, trolleys, cars, and "A black woman on a little terrace is frying tiny fish on a portable stove made out of an old cookie tin" ("Small Fry"). Cendrars was not interested in the celebration of a tropical idyll. Rather, he seemed attracted to the possibility of an alternative modernity, more open and plural. In São Paulo, "The joy of living and making money is expressed by the voice of horns and the backfiring of wide-open mufflers" ("Electric Horns"). Blaise Cendrars registered this cacophonic vitality with precision, and helped to open the eyes of a whole group of brilliant Brazilian modernists to how the city's mixtures made it singular and original.

Blaise Cendrars welcomed the indiscriminate nature of São Paulo's development, which might have been abhorred by intellectual elites: "No tradition here / No prejudice / Ancient or modern / All that matters is this furious appetite this absolute confidence this optimism this daring this work this labor this speculation which builds ten houses per hour in all styles ridiculous grotesque beautiful big small northern southern Egyptian Yankee cubist" ("São Paulo"). His São Paulo absorbed "All countries / All peoples" with such velocity that "blue tiles" were all that remained of the "old Portuguese

chegando até à Califórnia. Em São Paulo, ele percebeu uma energia diferente.

Qualquer europeu imediatamente identificaria a arquitetura monumental de São Paulo como imitativa. Para Cendrars, a Estação da Luz, na época o principal ponto de entrada ferroviário da cidade, lembrava as estações de Nice ou Charing Cross, em Londres ("São Paulo")[1]. Ainda assim, para o poeta, as combinações inusitadas eram estimulantes. O ambiente das ruas prendia sua atenção, borbulhando de atividade e vida. Da janela, viam-se anúncios da Casa Tokio e Pensione Milanese ("Paysage", "Paisagem"). Um vendedor de jornais no meio de uma praça é comparado a um bailarino, seus "gritos guturais" juntando-se aos sons do trânsito ("La ville se réveille", "A Cidade Acorda"). Cendrars via mulas, bondes, carros e como "a negra no pequeno terraço frita peixinhos no fogareiro feito de uma velha lata de biscoitos" ("Menu Fretin," "Peixinhos")[2]. Cendrars não estava interessado na celebração de um idílio tropical, mas se sentia atraído pela possiblidade de uma modernidade alternativa, mais aberta e plural. Em São Paulo, "a alegria de viver e ganhar dinheiro se exprime na voz das buzinas e na peidorrada dos carros de escapamento abertos" (""Klaxons Électriques", "Buzinas Elétricas")[3]. Blaise Cendrars registrou essa vitalidade cacofônica com precisão e ajudou a abrir os olhos da geração modernista para as misturas que faziam de São Paulo um lugar instigante e original.

Blaise Cendrars se abria para a natureza indiscriminada do desenvolvimento de São Paulo, um constrangimento para boa parte da elite intectual: "Aqui nenhuma tradição /

houses." In this poem, short and straigthforward lines alternate with verses unbounded by punctuation, as free from strict traditions as São Paulo itself. Reproducing in poetic form the irregularity and pace of city life, Cendrars captures the oscillations between bursts of speed and restful stops which mark its everyday experience.

Since Blaise Cendrars's first stay, São Paulo has evolved into a sprawling metropolis, at once more uneven and homogeneous. Brazilian urbanism invested early on in the automobile as a transportation mode. Cars were already a status symbol during Cendrars's time. In subsequent decades, city planning reconfigured São Paulo in order to serve the automobile. The city came to greatly depend on cars, buses, and trucks to move people and goods around. This process, which was consolidated during the military dictatorship (1964–1985), has recently undergone a quantitative leap. Between 2000 and 2010, the number of automobiles on the streets of Brazil doubled. In São Paulo, as elsewhere, nonexistent or precarious sidewalks, surface parking spaces, gated condos, elevated highways, and car-choked roads have eroded the vibrancy of street life. If Blaise Cendrars saw in the São Paulo of the 1920s the possibility of a place where all immigrants and go-getters could shape their futures on a level playing field, the city's actual development proved to be largely undemocratic, with the distribution of goods and services privileging the rich, and foreclosing opportunities for the poor.

Yet, when I take students and colleagues from US universities to see São Paulo for the first time, their surprise and fascination remind me of Blaise Cendrars's. Foreigners who are clued-in on Brazilian stereotypes expect a more "serious" city, where business gets done. Admittedly, I tend to lead visitors to places that have become increasingly exceptional and unrepresentative of the city as a whole, like public parks, cultural centers, and the pedestrian areas of downtown. The aesthetic mish-mash in building and clothing styles, and the ingenuity of vendors, street performers or artists, all impress upon visitors the idea that São Paulo is defined by diversity and spontaneity, and not just by economic prowess or abysmal inequality. To students, pausing to watch skateboarders take ownership of the Niemeyer-designed veranda in Ibirapuera Park—a modernist landmark—becomes a lesson in how the unforeseen is the rule rather than the exception in the history of planning. The unimaginable and the improbable happen often.

To my Brazilian colleagues, the perception that São Paulo is endowed with a rich public life can be puzzling, and rightfully so. After all, the country's social, economic, and political histories have been shaped much more by private interests than by concern for the public welfare. Personal relationships often govern the affairs of public institutions, skewing them away from democratic means and equitable ends. At the same time, however, Brazilian cultural history is inextricably tied to the openness and vibrancy of street life. The arts and culture in São Paulo might be more reliant on formal institutions like museums and universities than elsewhere in Brazil, but the city still conforms to general patterns found throughout the country. From religious festivals to musical practices; from Carnival to everyday forms of sociability, streets are a crucial component of culture in Brazil. And, despite the commonplace assertion that it lacks a culture of political manifestations, Brazil has a less visible but equally long and deep history of people taking to the streets to protest. The massive demonstrations that took over Brazilian streets in June of 2013 might have seemed like a new

Nenhum preconceito / Antigo ou moderno / Só contam este apetite furioso esta confiança absoluta este otimismo esta audácia este trabalho este labor esta especulação que fazem construir dez casas por hora de todos os estilos ridículos grotescos belos grandes pequenos norte sul egípcio ianque cubista" ("Saint-Paul", "São Paulo"). Essa São Paulo acolhia e absorvia "todos os países / todos os povos" com tal velocidade que azulejos azuis eram tudo o que restava das "velhas casas portuguesas". Neste poema, alternam-se frases curtas e diretas, com versos que abrem mão da pontuação, tão livres de qualquer convenção estrita quanto São Paulo. Reproduzindo através da forma poética a variabilidade e o ritmo da vida na cidade, Cendrars capta as oscilações entre a aceleração e o repouso, marcas do cotidiano urbano.

Já se vão várias décadas desde a estada de Blaise Cendrars e, de lá para cá, São Paulo se transformou numa metrópole muito mais espraiada, ao mesmo tempo mais desigual e homogênea. No Brasil, o planejamento urbano apostou cedo no automóvel como meio de transporte privilegiado. O carro já era um símbolo de status na época de Cendrars. Nas décadas seguintes, São Paulo passa a ser uma cidade configurada para atender aos automóveis e, hoje, a região metropolitana depende enormemente do transporte rodoviário para passageiros e carga. Esse processo se consolidou durante a ditadura militar (1964–1985) e deu um salto quantitativo nas últimas décadas. Entre 2000 e 2010, dobrou o número de automóveis nas ruas do país. Em São Paulo, como em outras cidades brasileiras, as calçadas frequentemente são estreitas, mal preservadas, ou nem sequer existem. A proliferação de condomínios fechados, vagas de estacionamento em vias públicas, vias elevadas e congestionamentos atrofiam a vitalidade das ruas. Se Blaise Cendrars viu na São Paulo da década de 1920 a possibilidade de um lugar onde imigrantes e pessoas de "apetite furioso" seriam capazes de correr atrás de um futuro melhor em pé de igualdade, o desenvolvimento urbano da cidade acabou sendo muito pouco democrático, com a distribuição de recursos favorecendo os mais ricos e excluindo oportunidades para os mais pobres.

Apesar de a realidade atual não se conformar à visão de Cendrars, ainda assim, já observei várias vezes em alunos e colegas de universidades norte-americanas, no primeiro contato com a cidade, algo da comoção e do fascínio do poeta. Estrangeiros a par dos estereótipos nacionais esperam uma cidade mais "fria" ou "séria", voltada para os negócios. É óbvio que costumo levar visitantes para locais pouco representativos da cidade como um todo – espaços descomunais como os melhores parques públicos, centros culturais e algumas das áreas do centro da cidade dominadas por pedestres. As misturas, confusões e confluências de diferentes valores estéticos, tanto nos edifícios quanto nos estilos de roupa, assim como a perspicácia de vendedores ambulantes e artistas de rua causam em certos visitantes a impressão de que São Paulo se define por sua diversidade e espontaneidade, e não só pela importância econômica ou pela desigualdade abismal. Circulando pela cidade com meus alunos, a parada para observar os patinadores e skatistas na marquise do Ibirapuera se converte numa lição sobre como o inesperado é a regra e não a exceção na história do planejamento. Oscar Niemeyer, evidentemende, não imaginava que seu marco modernista ganhasse essas funções. No planejamento urbano, o inimaginável e o improvável acontecem com frequência.

Para muitos dos meus colegas brasileiros, a percepção de que São Paulo é dotada de rica vida pública soa como um

Photo of a procession on Direita Street, ca. 1910.

Foto de procissão na Rua Direita, por volta de 1910.

and surprising phenomenon, but comparable social uprisings had in fact taken place in nearly every decade of the previous century. Activists from São Paulo's Free Fare Movement led the way in the 2013 protests, which had a bus fare increase as one of its catalysts. Paulistanos had already filled the city's streets in 1947 and 1958 over similar concerns.

São Paulo, like other Brazilian cities, has a longstanding and layered history of democratic occupation of public spaces. There is far less of a history of democratic (and republican) occupation of the public sphere, or formal institutional spaces. This is an important distinction, and it helps us to make sense of the often tense relationships between sophisticated street cultures and a lack of functional protocols. The latter expresses itself, for example, in the inability of city officials to accommodate unregulated activities (including street commerce), and of police forces to manage public protests, without resorting to brutality.

Much of what Blaise Cendrars and my students value in São Paulo's cityscapes might today be categorized as belonging to the "informal" city. Social scientists have used the term since at least the 1950s to differentiate between legal and extra-legal sectors of the economy. The inadequacy of informal as a descriptor should be clear to anyone attuned to the spatial qualities of urban life. Nothing in the built environment or in culture lacks form. Too often, the use of informal in urban discourse serves as a proxy for precarious, unregulated, irregular, incomplete, unofficial, unconventional, impermanent, or improvised. We might think of the adoption of "informality" in urbanism as a symptom of the inability to recognize certain shapeshifting and dynamic forms, and of how our language, legal frameworks, and conceptual tools need to be sharpened. To an economist or policymaker, street vendors might simply stand for the informal sector. Some perceive them as a nuisance or threat. To others, however, "informal" activities might be an outlet for entrepeneurship, a way to make a living or a home in the city. It can also represent a connection to the city of the past.

Blaise Cendrars and so many who immerse themselves in our sidewalks and public squares intuitively grasp that much of what constitutes the economic life of our cities is not immediately legible. What sorts of missed opportunities or biases are at play when we equate formality with legality, fixity, geometric regularity? As some activists, designers, and social scientists realize, formalization as a political instrument for enfranchisement has to be grounded in a recognition of the forms of the so-called informal. Today, 'informal' might be used to denote the absence of basic infrastructure, lack of state-sanctioned planning, self-built housing, or practices outside of regulatory frameworks. Let us not forget that though the descriptor invariably applies to poorer areas, upper-class condos often skirt regulations as well. And, it is important to remember that much of what we would consider informal today was widespread and unexceptional through most of urban history, and remains so in many places in the world, including parts of São Paulo.

If it is dangerous to romanticize the improvised, it is equally so to dismiss street cultures and unregulated activities as outdated, or as remnants of a past to be weeded out by the march of progress and modernization. William Faulkner's famous dictum provides a useful reminder: "The past is never dead. It's not even past." It is never just a matter of studying the past so that we learn from it to avoid repeating mistakes. It is also a matter of recognizing that we are always living the consequences of history. We inherit and inhabit a world that results from actions that precede us. To Blaise Cendrars, São Paulo's future seemed

disparate, por boas razões. Afinal, na história social, econômica e política do país, os interesses particulares predominam sobre a preocupação com o bem comum. Sabemos, dinâmicas pessoais e trocas de favores há muito moldam a atuação de instituições públicas, distorcendo suas funções democráticas e republicanas. Ao mesmo tempo, entretanto, a história cultural brasileira está inextricavelmente ligada à abertura e vivacidade das culturas de rua. É possível dizer que, em relação a outros lugares do Brasil, as artes e a cultura, em São Paulo, são mais dependentes de instituições oficiais como museus e universidades. Ainda assim, a cidade se enquadra em alguns padrões gerais da história cultural brasileira, onde as ruas tiveram papel essencial, de procissões religiosas ao carnaval, passando pela sociabilidade do dia a dia. E, apesar do lugar comum de que não há no Brasil tradição de protestos, o país tem, sim, longa história de manifestações de rua. Junho de 2013 pode ter parecido algo novo e surpreendente para muita gente, mas fenômenos comparáveis ocorreram em quase todas as décadas do século passado. Em 2013, ativistas do Movimento Passe Livre de São Paulo estiveram na liderança dos protestos iniciais, quando o aumento da tarifa de ônibus serviu como um dos catalisadores. Com preocupações semelhantes, os paulistanos já tinham tomado as ruas da cidade em 1947 e 1958, por exemplo.

São Paulo, assim como outras cidades brasileiras, tem uma rica e complexa tradição democrática de ocupação de espaços públicos. O que há menos é a tradição democrática (e republicana) de ocupação de esferas públicas, ou de espaços institucionais formais. Trata-se de uma distinção importante, que ajuda a esclarecer as relações frequentemente tensas entre culturas de rua sofisticadas e protocolos disfuncionais. A ausência de protocolos se expressa, por exemplo, na incapacidade do poder público de acomodar atividades não regulamentadas (incluindo o comércio de rua) e da polícia de administrar protestos sem recorrer à repressão violenta.

Muito daquilo que Blaise Cendrars e meus alunos estrangeiros valorizam na paisagem urbana de São Paulo poderia ser, hoje em dia, identificado com a categoria "informal". Cientistas sociais, principalmente em contextos anglófonos, adotam essa expressão desde a década de 1950, para diferenciar entre setores legais e extralegais da economia. O adjetivo está cada vez mais presente nos discursos sobre a cidade, frequentemente designando favelas e bairros de infraestrutura improvisada. Qualquer pessoa atenta a atributos espaciais logo percebe como "informal" é insuficiente para descrever a realidade urbana. No ambiente construído ou na cultura de uma cidade, afinal, tudo tem forma. O termo informal, na prática, serve como eufemismo para o que é precário, não regulamentado, irregular, incompleto, não oficial, inconvencional, instável, temporário ou improvisado. Podemos pensar na referência à "informalidade" no urbanismo como sintoma da inabilidade para reconhecer o dinamismo e a inconstância de certas formas. É sinal, também, de que nossa linguagem, nossas estruturas legais e nossas matrizes conceituais precisam ser aprimoradas. Para um economista ou tecnocrata, os vendedores ambulantes podem, simplesmente, representar o setor informal. Muitos os consideram uma competição desleal, um incômodo, ou algo a ser eliminado. Para outros, no entanto, as atividades "informais" podem proporcionar uma forma de ganhar a vida, de se embrenhar no empreendedorismo, ou de fazer da cidade uma extensão do lar. Essas práticas também podem representar uma conexão com o passado da cidade muito mais significativa do que qualquer placa comemorativa.

Photo of a street organ in Patriarca Square. Photo by Alice Brill, ca. 1953, in downtown São Paulo.

Foto de realejo na Praça do Patriarca, de Alice Brill, por volta de 1953, no centro de São Paulo.

wide open. Today, the city often appears to be mired in both familiar and unprecedented challenges. Legacies of slavery continue to shape socio-economic inequities. The difficulties of managing transportation, health, security, educational, and water systems accumulate in a metropolis with more residents than many countries. More often than not, São Paulo feels like it is catching up rather than leading.

It might seem counterintuitive, but perhaps the study of the past can serve as an antidote to the paralysis that

Blaise Cendrars e muitos dos que vivem com intensidade as nossas calçadas e praças entendem intuitivamente que boa parte do que constitui a vida econômica das nossas cidades não é imediatamente legível. Quais são as oportunidades perdidas, ou que preconceitos estão em jogo quando equiparamos "formalidade" com legalidade, fixidez, regularidade geométrica? Não é novidade para alguns ativistas, designers e cientistas sociais que os processos de "formalização", quando concebidos como instrumento político para a garantia de direitos, devem

contemporary challenges sometimes produce. If the scale of needed changes seems unviable, it might be encouraging to remember that unlikely transformations have happened before. Blaise Cendrars could never have anticipated São Paulo's future, and neither can we. In times of anxiety and pessimism, our dismal record as fortune tellers provides some consolation. We might even say that one of the tasks of those who study the past is to show how the present tends to be proof of the future's unpredictability. As the movements and speed of financial economies intensify, their workings remain opaque to most. São Paulo's most valuable asset is the diverse and "furious appetite" of its dwellers, manifested in a variety of places, forms, and actions. It might just be the case that looking back can teach us to recognize some of the vitality that surrounds us and doesn't necessarily register in our indicators. It might even, perhaps, inspire us to imagine more democratic, bolder, and brighter futures. And for that, given its layered multiplicity and dynamism, São Paulo is as good a place as any.

também ter capacidade para reconhecer as formas do dito informal. Hoje, informal pode ser usado para denotar a ausência de infraestrutura básica, a falta de planejamento sancionado pelo estado, habitações autoconstruídas, ou qualquer prática que exista fora dos marcos regulatórios. Não nos esqueçamos de que, embora a expressão invariavelmente faça referência a espaços de pobreza material, os condomínios de classe alta também burlam regulamentações oficiais. É importante lembrar que, muito do que hoje tacharíamos de informal, teria sido considerado corriqueiro e aceitável durante boa parte da história urbana e em vários lugares do mundo até hoje – inclusive em algumas partes de São Paulo.

Devemos sempre estar atentos para os riscos de romantizarmos o improviso, mas é também importante não rejeitarmos as culturas de rua e suas atividades não regulamentadas como se fossem ultrapassadas, remanescentes do passado a ser eliminado pelo desenvolvimento, progresso e pela modernização. Pensemos no que escreve William Faulkner: "O passado nunca está morto. Ele nem sequer passou". Nunca é apenas uma questão de estudar o passado para aprender com ele e evitar a repetição de erros. É sempre também uma questão de sermos capazes de reconhecer que vivemos as consequências da história. Herdamos e habitamos um mundo que resulta de ações que nos precedem. Para Blaise Cendrars, o futuro de São Paulo parecia aberto, indeterminado. Hoje, a cidade parece estar atolada em desafios, alguns familiares, outros inéditos. Os legados da escravidão continuam a dar forma às desigualdades socioeconômicas. As dificuldades de administrar sistemas de transporte, saúde, segurança, educação (etc.) acumulam em uma metrópole com mais habitantes do que muitos países. Hoje, apesar do seu lema, São Paulo parece estar com mais frequência correndo atrás do prejuízo do que conduzindo.

Por contraintuitivo que seja, talvez o estudo do passado possa servir como antídoto contra a paralisia que os desafios contemporâneos, às vezes, produzem. Se a escala das mudanças necessárias parece inviável, é útil lembrar que transformações improváveis já aconteceram antes. Blaise Cendrars jamais teria sido capaz de prever o futuro de São Paulo, e o mesmo vale para nós. Em tempos de pessimismo e ansiedade em relação a perspectivas de futuro, podemos encontrar algum consolo no histórico dos prognósticos da humanidade até aqui: raramente acertamos nossas previsões. Inclusive, quem estuda o passado ganha consciência do presente como prova irrefutável da imprevisibilidade do futuro. Atualmente, enquanto os movimentos e a velocidade do mercado financeiro se intensificam, os seus mecanismos de funcionamento permanecem opacos para a maioria. O patrimônio mais valioso de São Paulo continua sendo o "apetite furioso" e a diversidade dos seus habitantes, com os quais nos deparamos em tantas de suas esquinas, estilos e personagens. O exercício do olhar histórico pode nos ensinar a reconhecer melhor as múltiplas formas de vitalidade que permeiam nossas cidades, nem sempre computáveis. E, quem sabe, voltar as atenções para o passado pode até inspirar, com ousadia renovada, novos imaginários de futuros melhores e mais democráticos. Para tanto, dada a sua multiplicidade e dinamismo, é difícil pensar em lugar tão propício quanto São Paulo.

A

1   All poems are quoted from Blaise Cendrars, *Complete Poems*, translated by Ron Padgett (Berkeley, CA: University of California Press, 1993).

1   Os títulos dos poemas aparecem em parênteses, em francês e em tradução. Todos os poemas citados foram originalmente publicados em *Feuilles de route* (Paris: Au Sans Pareil, 1924).

2   Esta tradução consta no importante estudo de Alexandre Eulálio, *A aventura brasileira de Blaise Cendrars* (São Paulo: Edusp, 2001).

3   Esta tradução e as que seguem são de Teresa Thieriot, em *Antologia de textos de Blaise Cendrars*, orgs. Calil e Thieriot (São Paulo: Perspectiva/Secretaria de Estado da Cultura: 1976).

City of Layered Economies

Cidade de economias sobrepostas

Since the city's first major economic development leap, which emerged from its condition as a nodal point between coffee plantations and global markets, São Paulo has today become the economic heart of Brazil, and one of the strongest economies in the continent. Over the course of the last one hundred years, Paulistas have been prolific in transforming an economic base originally reliant on coffee and manufacturing into a diversified and layered economy. Ranging from financial services to local corner store enterprises, this robust economy has served as the main engine for São Paulo's urban growth in the metropolitan region throughout the last century. "City of Layered Economies" examines this growth as seen through the lens of the most dominant industries and services present in the city, and visualizes their effect on the *forma urbis* of São Paulo. Working through historical and contemporary data accrued by the São Paulo-based research office, Geografia de Mercado, the following pages present a series of drawings that document the city's urban growth over time, tracking the shifting movements of its economic hotspots as indicated by the location of its business services, retail stores, food depots, educational facilities, cultural hubs, and health services, among many other categories.

From the 1920s to the 1950s, the data shows a consolidation of the city center with a radical shift from residential to commercial uses. While suburban neighborhoods like Jardim América or the dotting of vilas along Avenida Paulista provided new residential lifestyles for well-to-do Paulistas, the city center became a new hotspot for innovative commercial uses. In 1924, with the construction of the Sampaio Moreira building, a city center that for decades had been defined by a continuous fabric with three- or four-story buildings suddenly became the epicenter of the Paulista skyscraper, an important symbol of progress and cosmopolitanism in the city, from the 1920s until today. Designed by architect Cristiano das Neves and sited adjacent to the Anhangabaú valley, the building stands 13 stories tall and 50 meters in height. Followed by Edifício Martinelli

Desde o primeiro grande salto de desenvolvimento econômico da cidade, que surgiu da sua condição de ponto de entrelaçamento entre as plantações de café e os mercados globais, São Paulo se tornou o centro econômico do Brasil e uma das economias mais sólidas do continente. No decorrer dos últimos cem anos, os paulistanos têm sido prolíficos ao transformar a base da economia, originalmente dependente do café e da manufatura, em economias diversificadas e sobrepostas. De serviços financeiros ao comércio de esquina, essa economia robusta tem sido o motor principal do crescimento urbano da cidade de São Paulo para a região metropolitana no último século. "Cidade de economias sobrepostas" analisa esse crescimento do ponto de vista das indústrias e serviços dominantes na cidade e observa seu efeito sobre a *forma urbis* de São Paulo. Ao analisar informações históricas e contemporâneas que a empresa Geografia de Mercado, sediada em São Paulo, tem em seus registros de pesquisa, as páginas a seguir apresentam uma série de desenhos que documentam o crescimento urbano da cidade, detalhando a mudança dos seus principais pontos econômicos, conforme indicado pela localização dos serviços, lojas varejistas, mercados, instituições educacionais, centros culturais e serviços médicos, entre várias outras categorias.

Da década de 1920 até a de 1950, as informações mostram a consolidação da região central com uma mudança drástica: de área residencial para comercial. Enquanto bairros como o Jardim América ou as inúmeras vilas ao longo da Avenida Paulista ofereciam novos estilos de vida residencial para a elite paulistana, o centro da cidade se tornou o novo ponto principal para o comércio inovador. Em 1924, com a construção do edifício Sampaio Moreira, o centro da cidade que, por décadas, havia sido definido como tecido contínuo, com edifícios de três ou quatro andares, de repente, se tornou o epicentro dos arranha-céus paulistanos, um importante símbolo do progresso e cosmopolitanismo da cidade, da década de 1920 até hoje. Localizado nas adjacências do Vale do Anhangabaú e projetado pelo arquiteto

in 1929 (a 30-story structure a few blocks away), along with many other skyscrapers in the 1940s and 1950s, Sampaio Moreira set the stage for the emergence of a new vertical landscape that densified and gave a modern identity to downtown São Paulo—a landscape that continues to define the experiential identity of the city's core.

The vertical extension of the city center by way of the skyscraper also occurred hand in hand with more horizontal developments in the construction of new city extensions beyond the original edges of the city center. From the 1950s to the 1970s these extensions consolidated into São Paulo's hyper-center. Much larger in scale than the downtown, the hyper-center is made up of the space between the city's two main rivers—the Pinheiros and the Tietê—and can be defined as a larger, inner-city area that serves as a centrality relative to the more expansive metropolitan region. The character of the hyper-center was originally defined by industrial warehouses, residential neighborhoods, and older townships that were gradually incorporated into São Paulo. Within this field of low-density fabric, a series of new commercial hubs emerged, pulling away economic activity from the old center and giving the city a more polynucleated model of urban development. A salient example is the transformation, in the second half of the twentieth century, of Avenida Paulista. An avenue originally lined with suburban villas, Avenida Paulista saw by the 1950s its houses torn down and quickly replaced with tall office buildings, making it the city's most important address for financial services. This process was soon repeated in Faria Lima and later became ubiquitous throughout the hyper-center, forming the model for the seemingly endless field of thin and tall towers in the city that we see today.

If in the 1950s and 1960s São Paulo experienced the rapid consolidation of a metropolitan hyper-center, the metropolitan region witnessed in the last three decades of the twentieth century large-scale real estate operations undertaken by private developers in many areas beyond the edges of the two rivers. This shift established new economic and residential poles outside the political boundaries of the city of São Paulo. Alphaville, a new commercial downtown accompanied by gated residential communities, is the most salient example. Sited about 15 miles away from the city center, Alphaville set the stage for urban development driven by uncurbed private capital. Conceived in the early 1970s by Albuquerque & Takaoka—a São Paulo-based real estate company later renamed

Cristiano das Neves, o edifício tem 13 andares e 50 m de altura. Seguido pelo Edifício Martinelli, em 1929, (uma estrutura de 30 andares a poucos quarteirões de distância) e por vários outros arranha-céus nas décadas de 1940 e 1950, o Sampaio Moreira abriu caminho para o surgimento da nova paisagem vertical, que compactou e modernizou a identidade do centro de São Paulo: paisagem que continua a definir a identidade experiencial do núcleo da cidade.

A amplitude vertical do centro da cidade pelos arranha-céus também aconteceu em paralelo com outros empreendimentos horizontais, na construção das novas extensões da cidade, além das margens originais da região central. Da década de 1950 para a de 1970, essas extensões se consolidaram no hipercentro de São Paulo. De escala muito maior do que o centro da cidade, o hipercentro é constituído do espaço entre os dois principais rios da cidade, o Pinheiros e o Tietê, e pode ser definido como uma área maior dentro da cidade, que funciona como região central, em relação à região metropolitana mais ampla. O caráter do hipercentro foi, primeiramente, definido por armazéns industriais, bairros residenciais e municípios mais antigos que foram, gradualmente, incorporados ao município de São Paulo. Dentro dessa área de tecido de baixa densidade, surgiram inúmeros outros centros comerciais, diminuindo a atividade econômica do centro velho e dando à cidade um modelo mais polinucleado de desenvolvimento urbano. A transformação da Avenida Paulista constitui um exemplo relevante, na segunda metade do século XX. Uma avenida inicialmente alinhada com as vilas, a Avenida Paulista, por volta da década de 1950, viu suas casas serem demolidas e, rapidamente, substituídas por altos edifícios comerciais, fazendo com que aquele se tornasse o mais importante centro financeiro da cidade. A Faria Lima logo passou pelo mesmo processo que, mais tarde, aconteceu em toda a região do hipercentro, criando o modelo para a aparente interminável área de edifícios estreitos e altos que a cidade de hoje tem.

Se, nas décadas de 1950 e 1960 São Paulo passou pela rápida consolidação de hipercentro metropolitano, a região metropolitana testemunhou, nas últimas três décadas do século XX, grandes operações imobiliárias executadas por empreendedores particulares em várias regiões, além das margens dos dois rios. Essas mudanças criaram novos pólos econômicos e residenciais fora das fronteiras políticas da cidade de São Paulo. Alphaville, uma nova região comercial com condomínios residenciais fechados, é o principal

Alphaville Urbanismo—the development in its origins mostly provided new office space with significant tax incentives to convince corporate tenants to move away from the city center. The development also included high-end, single-family residences. Today, Alphaville numbers approximately 2,300 businesses, along with schools, university campuses, and over 20,000 residences in 33 gated communities. Despite harsh criticisms which include the charge of social segregation through its use of gates and walls, and the privatization of public services, the Alphaville model expanded rapidly and was replicated in many Brazilian cities and exported to other geographies across the globe.

In addition to the private real estate operations, like Alphaville, that developed during the latter half of the twentieth century, the metropolitan region also experienced the consolidation and densification of municipalities adjacent to the city of São Paulo. Cities like Santo André, São Bernardo do Campo, São Caetano do Sul, and Diadema rapidly developed more self-sustaining urban economies. As these cities strengthened their urban character, they relied less on the old city center of São Paulo for their economic success, and contributed significantly to the growth of the metropolitan region.

While the material provided by Geografia de Mercado is quite precise in projecting the growth of the city and metropolitan centers, the data is also compelling with respect to the processes of urban growth that are omitted, namely the evolution of a self-built city that forms a peripheral ring around the hyper-center, and houses a large percentage of the Paulista workforce. Developed over the second half of the twentieth century, the self-built ring is diverse in its urban forms and in its models of land tenure. Today, the ring presents a rich depository of informal districts ranging from favelas in steep topography and with no access to basic services, all the way to burgeoning, self-built neighborhoods that have been legally incorporated and are now a key part of the urban life of the city. What most, if not all, of these areas have in common, however, is a lack of access to public transportation and extremely long commutes to the hyper-center, where most sources of employment are located. What will be critical in the upgrading of these areas is not only the introduction of better public transport—sometimes difficult due to the complexity of the topography—but also the diversification of local economies with a focus on developing sources of labor closer to home.

exemplo. Localizada a cerca de 24 km da região central, Alphaville preparou o terreno para o desenvolvimento urbano impulsionado pelo capital privado irrestrito. Idealizado, no início da década de 1970, pelo escritório Albuquerque & Takaoka, uma imobiliária de São Paulo, mais tarde renomeada para Alphaville Urbanismo, o empreendimento, inicialmente, era, em sua maioria, de salas comerciais com incentivos fiscais significativos, para convencer inquilinos corporativos a saírem do centro da cidade. O empreendimento também incluía residências de alto padrão. Atualmente, Alphaville tem cerca de 2.300 empresas, além de escolas, universidades e mais de 20.000 residências em 33 condomínios. Apesar das duras críticas, que incluem a acusação de segregação social pelo uso de muros e portões, e a privatização dos serviços públicos, o modelo de Alphaville se expandiu rapidamente e foi replicado em muitas cidades brasileiras, além de exportado para outros países.

Além das operações imobiliárias privadas, como Alphaville, que ocorreram durante a segunda metade do século XX, a região metropolitana também passou pela consolidação e compactação dos municípios próximos à cidade de São Paulo. Cidades como Santo André, São Bernardo do Campo, São Caetano do Sul e Diadema rapidamente desenvolveram economias urbanas autossustentáveis. À medida que essas cidades fortaleceram seu caráter urbano, passaram a contar menos com o antigo centro de São Paulo para o seu êxito econômico e contribuíram significativamente com o crescimento da região metropolitana.

Enquanto os dados fornecidos pela Geografia de Mercado são bastante precisos, em relação à projeção do crescimento da cidade e dos centros metropolitanos, também são convincentes no que diz respeito aos processos de crescimento urbano omitidos, mais especificamente a evolução de uma cidade autoconstruída, que forma uma periferia ao redor do hipercentro e abriga grande porcentagem da força de trabalho paulistana. Desenvolvido durante a segunda metade do século XX, o anel autoconstruído é diversificado em suas formas urbanas e em seus modelos de estabilidade do terreno. Hoje, é um rico depósito de bairros informais, que vão desde favelas em topografia íngreme e sem acesso aos serviços básicos, até emergentes bairros autoconstruídos que foram legalmente incorporados e agora fazem parte importante da vida urbana da cidade. O que a maioria, se não todas essas áreas, tem em comum, no entanto, é a falta de acesso ao transporte público e viagens extremamente longas até o hipercentro,

Furthermore, the drawings in the pages that follow also reveal the unique potential of the area between the rail tracks and the Tietê River to become a new urban frontier for inner-city urban development. If the land uses that shaped the river's edge throughout the twentieth century were mostly industrial and established a purely utilitarian relationship with the river, today, a new approach to the role of the river in the city can inaugurate an urban process allowing floodplain and city to harmoniously coexist.

onde a maior parte dos empregos está. Ao melhorar essas áreas, o ponto crítico não será apenas a criação de transporte público melhor, às vezes difícil, devido à complexidade da topografia, mas também a diversificação das economias locais, com foco no desenvolvimento de fontes de emprego mais perto de casa.

Além disso, os desenhos nas páginas a seguir revelam também o potencial único da área entre a ferrovia e o Rio Tietê de se tornar uma nova fronteira urbana para o desenvolvimento da cidade. Se os usos dos terrenos que moldaram as margens do rio durante o século XX foram principalmente industriais e estabeleceram relação puramente utilitária com o rio, hoje, a nova abordagem do papel do rio na cidade pode instaurar um processo urbano que permita que a planície fluvial e a cidade coexistam em harmonia.

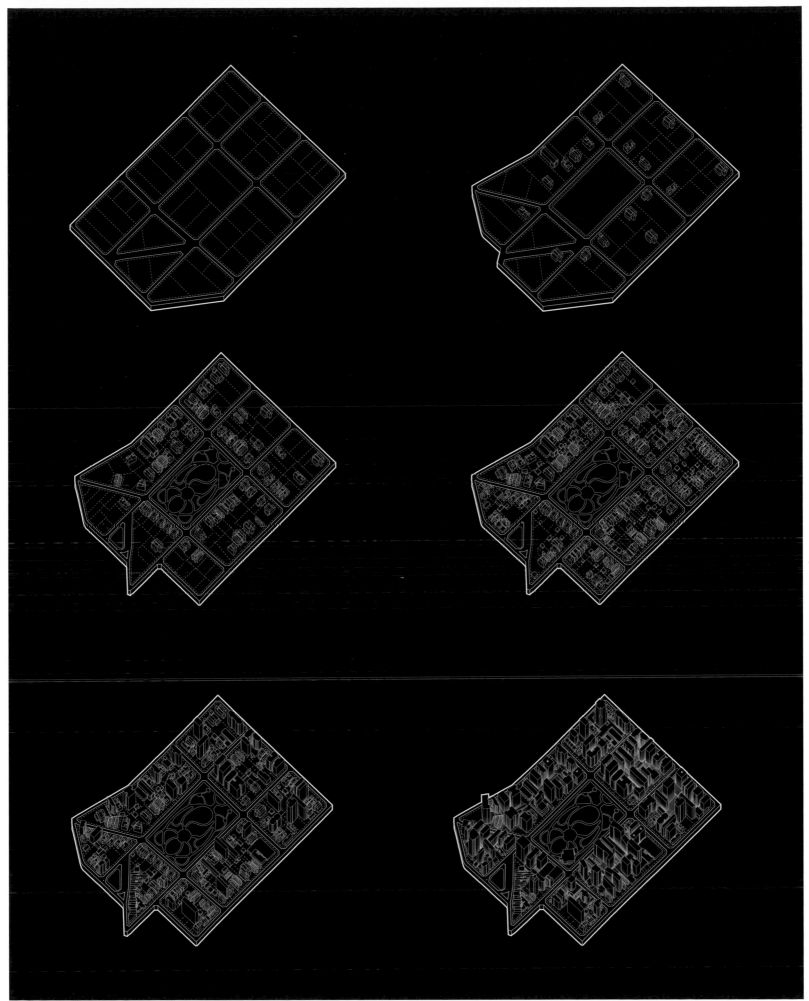

Typical process of gradual increase in density, common to many Paulista neighborhoods.   Processo típico do aumento gradual de densidade, comum a muitos bairros paulistanos.

Aerial view of Edifício Martinelli, ca. 1930.

Vista aérea do Edifício Martinelli por volta de 1930.

199   A

New Construction Projects:

Residential	Commercial
1930-1939	1930-1939
1940-1949	1940-1949
1950-1959	1950-1959
1960-1969	1960-1969
1970-1979	1970-1979
1980-1989	1980-1989
1990-1999	1990-1999
2000-2009	2000-2009
2010-2016	2010-2016

New commercial and residential construction by decade (1930–2016).

Novas construções comerciais e residenciais por década, de 1930 a 2016.

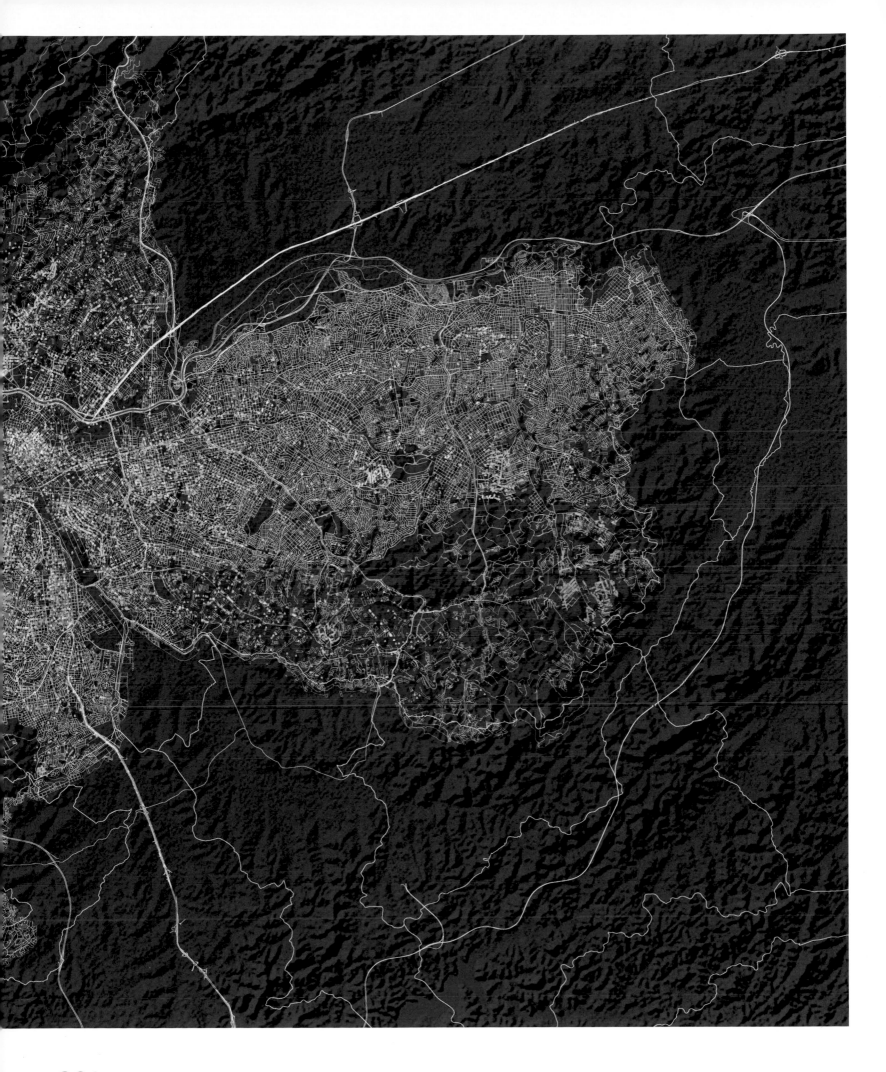

201

A

1. Finance
Bank Branch
ATM

2. Business
Retail
Service
Others

3. Retail
Associated Mall
Non-associated Mall
Independent Mall

4. Market
Galleria
Specialized Galleria
Supermarket 10-19 Checkouts
Supermarket 20+ Checkouts

5. Transportation
Bus Station
Subway Station
Train Station
Helipad
Airport

6. Education
Public University
Private University
Language School
Technical School
Public School
Private School
Child Care

7. Culture
Museum
Stadium
Convention Center

8. Healthcare
Public Hospital
Private Hospital
Franchise Pharmacy
Independent Pharmacy

New Construction Projects:

Residential	Commercial
1930-1939	1930-1939
1940-1949	1940-1949
1950-1959	1950-1959
1960-1969	1960-1969
1970-1979	1970-1979
1980-1989	1980-1989
1990-1999	1990-1999
2000-2009	2000-2009
2010-2016	2010-2016

New construction by decade in relation to diverse economic activities.

Novas construções por década, em relação à diversidade das atividades econômicas.

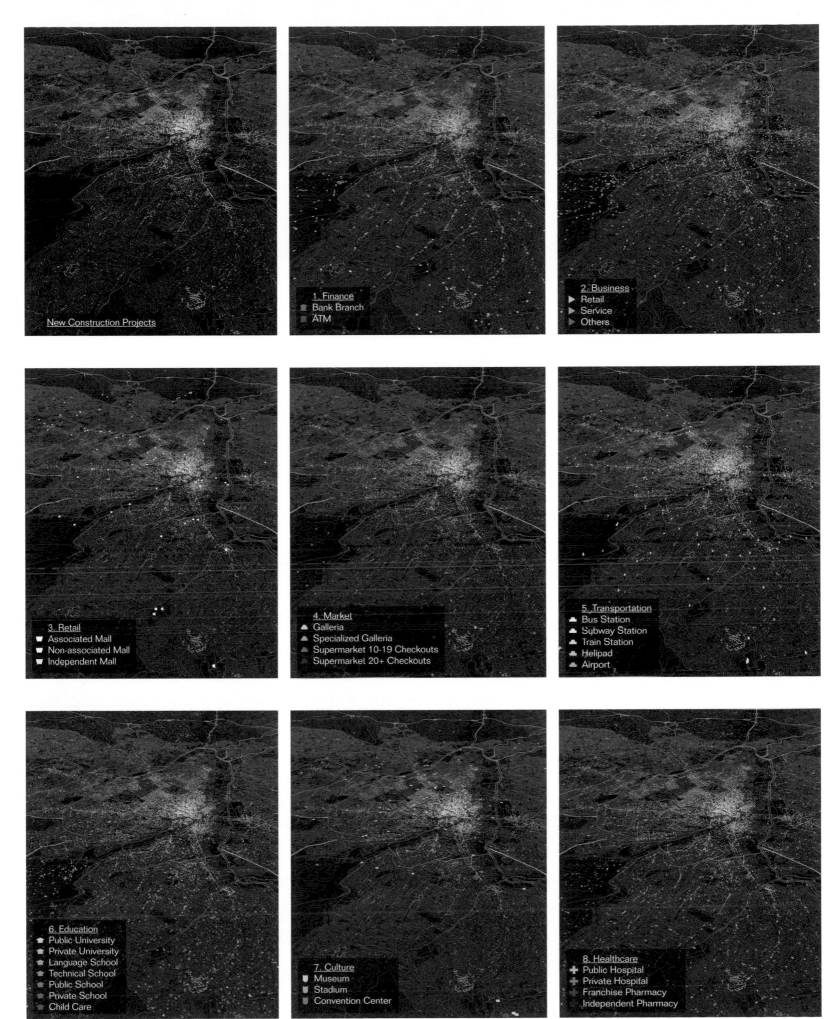

New Construction Projects

1. Finance
Bank Branch
ATM

2. Business
Retail
Service
Others

3. Retail
Associated Mall
Non-associated Mall
Independent Mall

4. Market
Galleria
Specialized Galleria
Supermarket 10-19 Checkouts
Supermarket 20+ Checkouts

5. Transportation
Bus Station
Subway Station
Train Station
Helipad
Airport

6. Education
Public University
Private University
Language School
Technical School
Public School
Private School
Child Care

7. Culture
Museum
Stadium
Convention Center

8. Healthcare
Public Hospital
Private Hospital
Franchise Pharmacy
Independent Pharmacy

New construction by decade in relation to specific economic sectors.

Novas construções por décadas, em relação a setores específicos da economia.

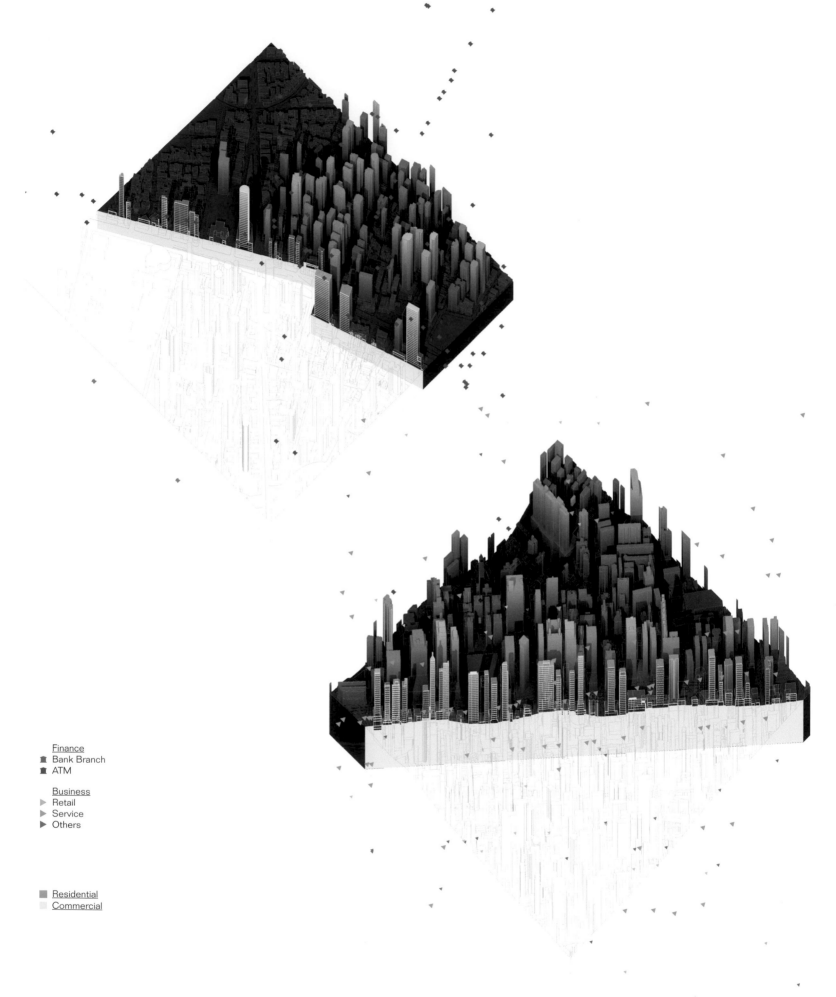

Finance
🏛 Bank Branch
🏛 ATM

Business
▶ Retail
▶ Service
▶ Others

◼ <u>Residential</u>
◻ <u>Commercial</u>

Faria Lima and Avenida Paulista areas: 1km × 1km analysis.

Regiões da Faria Lima e Avenida Paulista: análise de 1 km × 1 km.

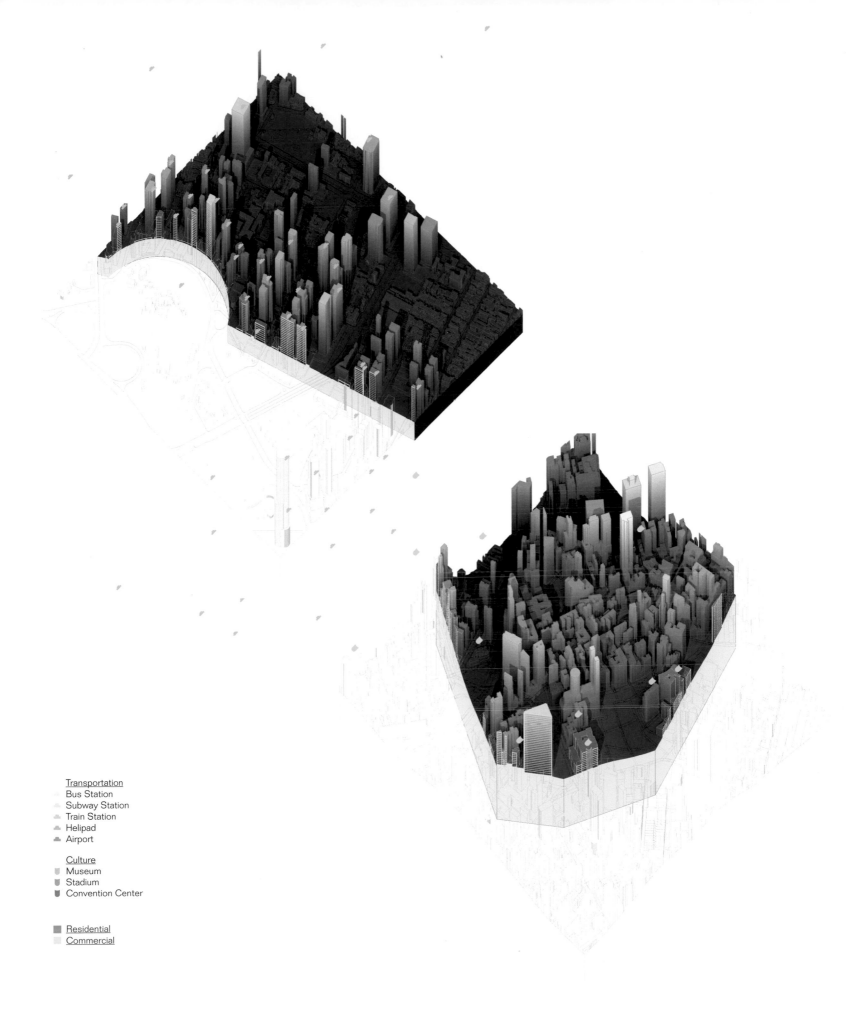

Itaim Bibi and city center areas: 1km × 1km analysis.

Itaim Bibi and city center areas: 1km × 1km analysis.

Regiões do Itaim Bibi e centro: análise de 1 km × 1 km.

Transportation
Bus Station
Subway Station
Train Station
Helipad
Airport

Culture
Museum
Stadium
Convention Center

Residential
Commercial

Current view of Edifício Martinelli.

Vista atual do Edifício Martinelli.

A

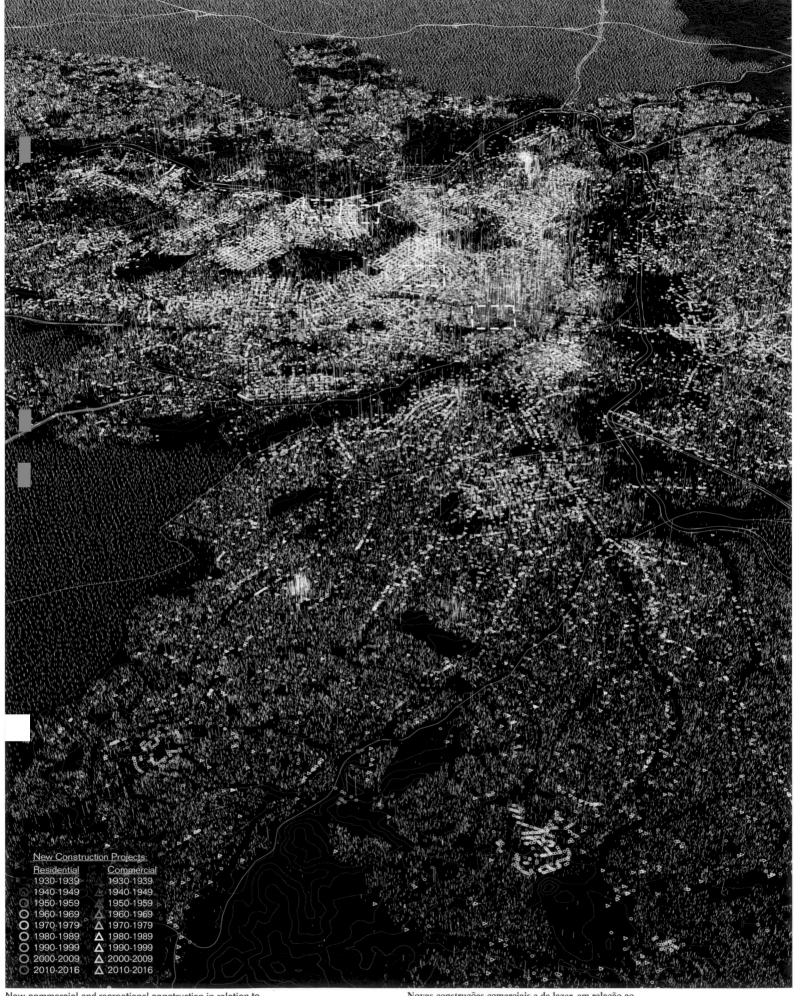

New Construction Projects:

Residential		Commercial	
1930-1939		1930-1939	
1940-1949		1940-1949	
1950-1959		1950-1959	
1960-1969		1960-1969	
1970-1979		1970-1979	
1980-1989		1980-1989	
1990-1999		1990-1999	
2000-2009		2000-2009	
2010-2016		2010-2016	

New commercial and recreational construction in relation to
vertical development.

Novas construções comerciais e de lazer, em relação ao
desenvolvimento vertical.

Introduction

São Paulo: Models of Urban Growth

Collective Living in South America: A Primer

Introdução

São Paulo: modelos de crescimento urbano

Habitações coletivas na América do Sul: guia introdutório

Introduction

São Paulo: Models of Urban Growth

Collective Living in South America: A Primer

Introdução

São Paulo: modelos de crescimento urbano

Habitações coletivas na América do Sul: guia introdutório

The evolution of a city's culture finds its richest expression in housing. From individual to collective, and from provisional to permanent, dwellings are the basic building blocks of a city. Their gradual accumulation gives form to urban life, and their spaces mediate between fundamental conditions of exterior and interior, and between the public and private realms. In the context of South America, the design of housing and the diverse models of domestic life it engenders has played a pivotal role in the physical and experiential identity of the post-war metropolis. Since a significant component of the present study focuses on the potential transformation of post-industrial districts into sites for new inner-city mixed-income housing developments, this chapter looks beyond the boundaries of São Paulo and brings together a set of the best collective living projects from across the region. In doing so, it showcases the rich methodological and instrumental diversity South American architects have brought to bear on the spatial challenges of domestic life in the region.

"Collective Living in South America: A Primer" provides an inventory of the most significant housing projects in the collective memory of the South American city. In redrawing and analyzing these case studies, the housing primer presented in this chapter examines the legacy of housing as an architectural and urbanistic project in post–World War II South America. Since the late 1940s, architects have tested and refined models of housing through experimental design projects, inscribing new forms of domestic space and urban life. From Carlos Raúl Villanueva's El Silencio in Caracas to Paulo Mendes da Rocha's Edifício Jaraguá in São Paulo, housing has been front and center in the architect's agenda.

This chapter presents ten canonical examples of residential buildings—both affordable and market rate projects—built in South America from the 1930s until the 1980s, the period of greatest growth in the South American city. The projects are presented in a graphically consistent manner—with plan, elevation, and exploded axonometric drawings—facilitating a comparative analysis of the diversity of approaches through which these forms have emerged. Additionally, the first and last drawings in the chapter present an overview of the most important residential buildings by city, showing the importance of the multifamily residential complex in shaping the urban lifestyle of the largest South American cities. The chapter highlights an architectural legacy and design expertise in the region that today is more relevant than ever as São Paulo, and many other cities in the continent, are revisiting inner-city housing as a driver for the restructuring of urban districts. While each project is presented with basic facts and figures (author, location, date of construction, etc.), the text below expands on the history and architectural importance of a few of the case studies.

Since the institutionalization of affordable housing in the 1930s, South America has maintained a strict physical and fiscal divide between affordable and market rate housing stock. The 1939 *Exposición Panamericana de la Vivienda Popular*, hosted in Buenos Aires, along with the construction of El Falansterio—a New Deal project built in Puerto Rico in 1939—set the stage for an entire century of government-sponsored experimental housing projects.[1] Generally seen as the responsibility of national and municipal governments, the provision of affordable housing has had a large and highly identifiable footprint in the form of the city and has played a central role in the shaping of the modern South American metropolis. Architects in Caracas and Lima have been pioneers on this front, using the rubric of

A evolução da cultura de uma cidade encontra a sua mais rica expressão na habitação. Do individual ao coletivo e do provisório ao permanente, as habitações são os blocos de construção básicos de uma cidade. O acúmulo gradual dos blocos dá forma à vida urbana, e seus espaços são agentes intermediários entre as condições fundamentais do exterior e do interior, e entre os domínios público e privado. No contexto da América do Sul, o design habitacional e os diversos modelos de vida doméstica que engendra desempenharam papel fundamental na identidade física e experiencial da metrópole do pós-guerra. Uma vez que um componente significativo do presente estudo se concentra na potencial transformação de áreas pós-industriais em locais para novas construções habitacionais destinadas a indivíduos de renda mista, este capítulo vai além dos limites da cidade de São Paulo e abarca os melhores projetos habitacionais coletivos da região. Dessa forma, mostra a rica diversidade metodológica e instrumental de que os arquitetos sul-americanos lançaram mão para enfrentar os desafios espaciais da vida doméstica na região.

"Habitações coletivas na América do Sul: um resumo" reúne os projetos habitacionais mais importantes da memória coletiva das cidades sul-americanas. Ao redesenhar e analisar esses estudos de caso, o modelo habitacional apresentado neste capítulo analisa o legado da habitação como projeto arquitetônico e urbanístico na América do Sul, após a Segunda Guerra Mundial. Desde o final da década de 1940, os arquitetos testaram e sofisticaram os modelos habitacionais por meio de projetos de design experimentais, inscrevendo novas formas de espaço doméstico e vida urbana. Do El Silencio, em Caracas, de Carlos Raúl Villanueva, ao Edifício Jaraguá, de Paulo Mendes da Rocha, em São Paulo, a habitação tem sido de grande importância para os arquitetos.

Este capítulo apresenta dez exemplos canônicos de edifícios residenciais, tanto projetos com preços acessíveis como de valor de mercado, construídos na América do Sul, da década de 1930 até a de 1980, o período de maior crescimento das cidades sul-americanas. Os projetos são apresentados de forma graficamente coerente, com plano, elevação e desenhos axonométricos esquemáticos, facilitando a análise comparativa das diversas abordagens por meio das quais essas formas surgiram. Além disso, os primeiros e últimos desenhos do capítulo apresentam uma visão geral dos edifícios residenciais mais importantes por cidade, mostrando a importância dos complexos residenciais multifamiliares na definição do estilo de vida urbano das maiores cidades sul-americanas. O capítulo destaca o legado arquitetônico e os conhecimentos de design da região, que hoje é mais relevante do que nunca, já que São Paulo e muitas outras cidades do continente estão revisitando a habitação no centro da cidade como estímulo para a reestruturação das áreas urbanas. Enquanto cada projeto é apresentado com fatos e números básicos (autor, localização, data de construção, etc.), o texto a seguir expande a importância histórica e arquitetônica de alguns dos estudos de caso.

Desde a institucionalização da habitação a preços acessíveis, na década de 1930, a América do Sul manteve uma divisão física e tributária rígida entre as habitações acessíveis e de valor de mercado. A *Exposición Panamericana de la Vivienda Popular* de 1939, em Buenos Aires, e a construção do El Falansterio, um projeto New Deal erigido em Porto Rico, em 1939, prepararam o terreno para um século inteiro de projetos habitacionais experimentais patrocinados pelo governo[1]. Geralmente visto como responsabilidade dos governos nacionais e municipais, a

Street view of El Silencio showing the consistency of the perimeter block.

Vista da rua do El Silencio, mostrando a coerência do bloqueio perimetral.

Courtyard view of El Silencio showing the contrast in architectural language from the street view.

Vista do pátio do El Silencio, mostrando o contraste na linguagem arquitetônica a partir da vista da rua.

B

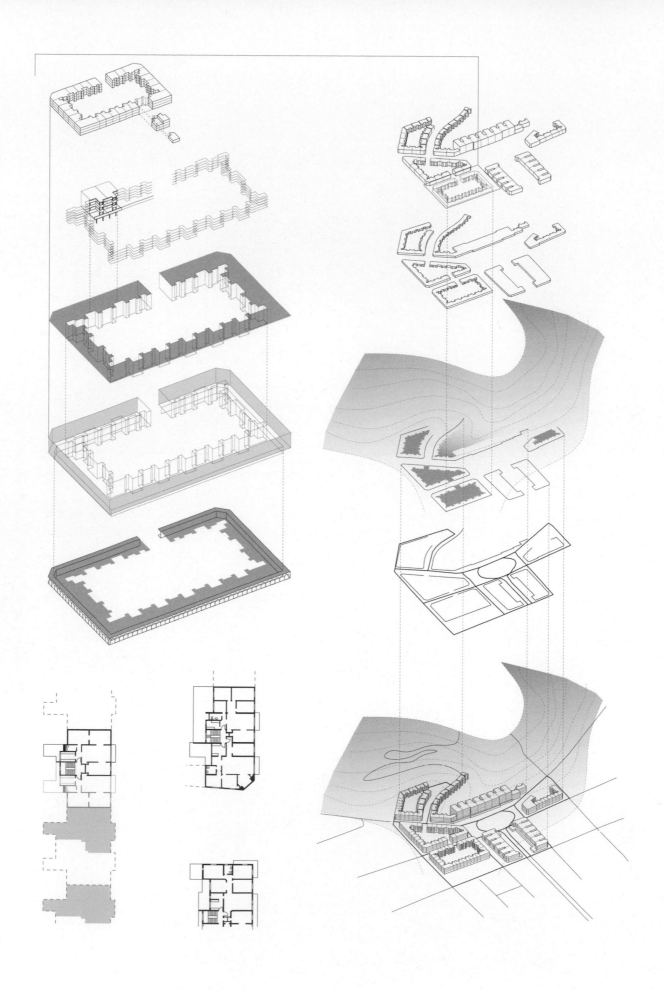

Exploded axonometric drawing of El Silencio showing the different scales—from urban strategy to residential units—that make up the project.

Desenho axonométrico esquemático do El Silencio, mostrando as diferentes escalas que compõem o projeto, da estratégia urbana às unidades residenciais.

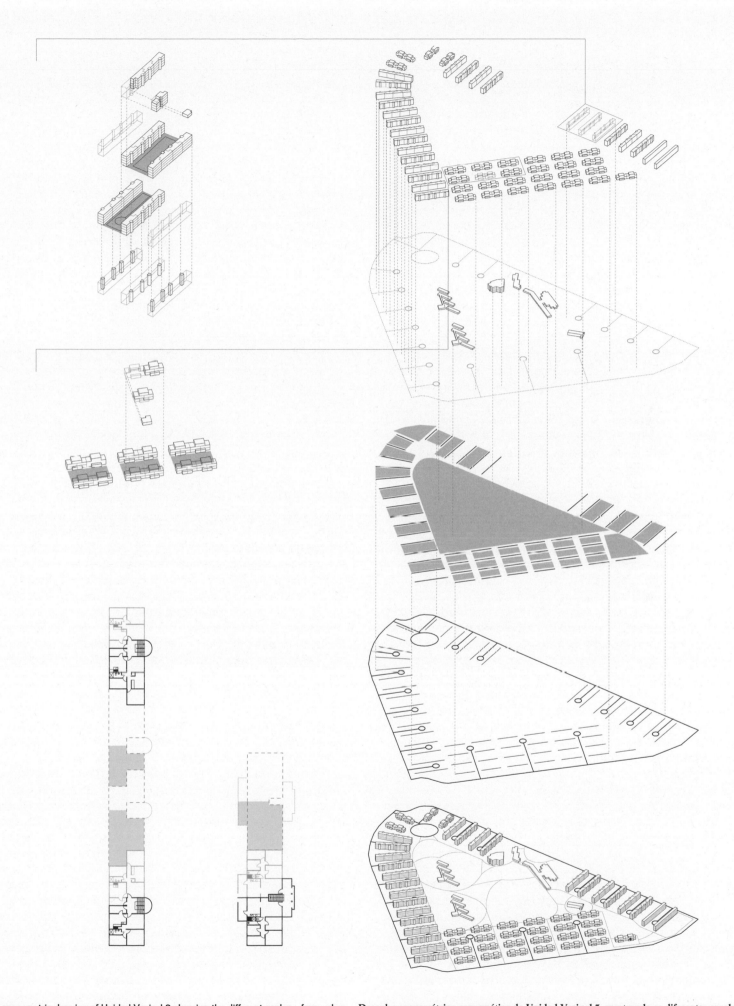

Exploded axonometric drawing of Unidad Vecinal 3 showing the different scales—from urban strategy to residential units—that make up the project.

Desenho axonométrico esquemático da Unidad Vecinal 3, mostrando as diferentes escalas que compõem o projeto, da estratégia urbana às unidades residenciais.

affordable housing to conceptualize new relationships between domesticity and urban life.

The 1941 "Reurbanización El Silencio," an urban restructuring project in Caracas, Venezuela, designed by architect Carlos Raúl Villanueva, is one of the first and most successful affordable housing projects in South America. Its success lies in its transformation of a derelict, centrally located urban site into seven affordable housing blocks, giving low-income housing an unprecedented symbolic monumentality in the city. Located at the terminus point of the Parisian-inspired boulevard, Avenida Simón Bolívar, the project occupies a privileged site uphill and on axis with the city center, visually linked by the avenue. By placing the project in such a high-profile location, Villanueva gifted El Silencio with an address not often afforded to low-income housing, making a strong statement regarding the importance of centrally located affordable dwellings in the context of a growing metropolis.

At the scale of the block, the project negotiates between the strictures of the Spanish American colonial block—imposed by the site's proximity to the city center and Villanueva's concern for Caracas's urbanistic legacy—and the architect's desire to introduce a more experimental modernist block. The result is an extremely successful hybrid where the block perimeter is made up of a historically sensitive neoclassical facade that incorporates arches, covered walkways, and doorways, among other elements traditionally found in Caracas, whereas the block's interior is conceived in a completely different manner. Strictly modern, the interior of the block is made up of a series of balconies on concrete columns that protrude out into the courtyard, establishing a unique relationship between the private and collective open spaces. This stark difference in architectural language cannot be perceived from the exterior of the block, giving the project a unique element of surprise. El Silencio's success is the product of a dialogue between architectural project and urban strategy. As an architectural project, it is prolific in organizing the interface between residential unit and courtyard, establishing a fluid exchange between the private domain and community space. From an urban design perspective, the project builds a successful urban block out of the aggregation of residential units, contributing convincingly to the fabric and life of the city.

The city of Lima, Peru, was also at the forefront of innovative low-income housing throughout the mid-twentieth century, due largely to the initiatives of Fernando Belaúnde Terry—an architect trained at the University of Texas at Austin—who would align his design ambitions with a political career, becoming a congressman and later President of Peru. His most significant contribution was the design and implementation of the Unidad Vecinal 3 (UV3) in 1945, a project that introduced US planner Clarence Perry's concept of the neighborhood unit to Peru and to South America. Perry's plan called for a residential cluster organized around a centrally located elementary school located no more than half a mile from the furthest dwelling and connected through an internal street system with no major thoroughfares.[2] Following these directives, Belaúnde designed UV3 as a neighborhood with over one thousand units, in different configurations, organized as bar buildings, around a central elementary school. The project also included commercial space, institutional services, and ample recreational spaces, all within walking distance from the apartments. Though today UV3 sits in the middle of metropolitan Lima, its 30-hectare site in the El Cercado district

provisão de habitação a preços acessíveis teve impacto amplo e altamente identificável na formação da cidade e desempenhou papel fundamental na formação da moderna metrópole sul-americana. Os arquitetos de Caracas e Lima foram pioneiros nesse quesito, usando a rubrica da habitação a preços acessíveis para conceituar novas relações entre domesticidade e vida urbana.

A "Reurbanización El Silencio", de 1941, um projeto de reestruturação urbana em Caracas, Venezuela, projetado pelo arquiteto Carlos Raúl Villanueva, é um dos primeiros e mais bem-sucedidos projetos de habitação a preços acessíveis na América do Sul. Seu sucesso reside na transformação de uma área urbana abandonada e centralizada em sete edifícios residenciais a preços acessíveis, oferecendo habitação a pessoas de baixa renda em um monumento simbólico sem precedentes na cidade. Localizado no ponto final da avenida de inspiração parisiense, a Avenida Simón Bolívar, o projeto ocupa um local privilegiado no centro da cidade, em direção às montanhas e, visualmente conectado pela avenida. Ao posicionar o projeto em área de alto padrão, Villanueva concedeu ao El Silencio um endereço que nem sempre esteve disponível para pessoas de baixo poder aquisitivo, fazendo uma forte declaração da importância das habitações a preços acessíveis centralmente localizadas no contexto de uma metrópole em crescimento.

Na escala do edifício, o projeto negocia entre as restrições do estilo colonial hispano-americano, imposto pela proximidade do local com o centro da cidade, e a preocupação de Villanueva com o legado urbanístico de Caracas, além do desejo do arquiteto de apresentar um edifício modernista mais experimental. O resultado foi um híbrido extremamente bem-sucedido, onde o perímetro do edifício é constituído por uma fachada neoclássica historicamente sensível que incorpora arcos, passagens cobertas e portas, entre outros elementos tradicionalmente encontrados em Caracas, enquanto o interior do edifício é concebido de maneira completamente diferente. Estritamente moderno, é constituído por uma série de sacadas em colunas de concreto que se projetam para o pátio, estabelecendo relação única entre os espaços abertos privados e comuns. Esta total diferença na linguagem arquitetônica não pode ser percebida a partir da parte externa do edifício, dando ao projeto um elemento único de surpresa. O sucesso do El Silencio é o produto do diálogo entre o projeto arquitetônico e a estratégia urbana. Como projeto arquitetônico, é prolífico na organização da interface entre a unidade residencial e o pátio, estabelecendo um intercâmbio natural entre o domínio privado e o espaço comunitário. A partir da perspectiva do design urbano, o projeto constrói um bloco bem-sucedido fora da agregação das unidades residenciais, constituindo contribuição convincente para o tecido e a vida da cidade.

A cidade de Lima, Peru, também esteve na vanguarda da habitação inovadora para a população de baixa renda em meados do século XX, em grande parte pelas iniciativas de Fernando Belaúnde Terry, um arquiteto formado pela Universidade do Texas, em Austin, que alinhou suas ambições de design com uma carreira política, tornando-se deputado e, mais tarde, presidente do Peru. Sua contribuição mais significativa foi o projeto e a implantação da Unidad Vecinal 3 (UV3), em 1945, que introduziu o conceito de bairro no Peru e na América do Sul, do norte-americano especialista em planejamento, Clarence Perry. O planejamento de Perry requeria um agrupamento residencial organizado em torno de uma escola primária central, localizada a quase um quilômetro da habitação mais distante e conectada por meio de um sistema interno de ruas sem vias principais[2]. Seguindo essas diretrizes, Belaúnde projetou a UV3 como um

Current street view of Unidad Vecinal 3.   Vista atual da rua da Unidad Vecinal 3.

was, at that time, part of the city's urban periphery, rendering the project's mixed-use approach an intelligent response to the demands of necessity.

Throughout the second half of the twentieth century, many housing projects were modeled on the spatial and social ideas embodied by El Silencio and Unidad Vecinal 3. Additionally, the projects would serve as a reference for the implementation of more general housing regulations at municipal and national levels.

Apart from these exemplary models of affordable housing, new models of collective living in market rate housing also played a pivotal role in the construction of the modern Latin American metropolis. The gradual replacement of *vilas* with multifamily mid-rise and high-rise buildings is a pattern found in most if not all major South American cities. Buenos Aires, Caracas, Lima, and Quito, among many others, experienced this process of vertical urban growth and the architectural experimentation in housing design it enabled. The three projects described below exemplify many of the qualities that made collective living an integral part of urban identities in South America.

Edifício Kavanagh, designed by the architecture office of Sánchez, Lagos y de la Torre, is the first substantial example of a market rate residential tower in the region. Erected in 1934, the building occupies a privileged triangular site in the Retiro neighborhood of Buenos Aires, facing the monumental Plaza San Martín. One of the first structures in reinforced concrete in the city, Kavanagh stood as the pinnacle of Art Deco design in Argentina. Highly restrained in its use of ornament, the tower served as the bridge between this style and the modernist design principles that would come to dominate the design of multifamily residential buildings in the post-war era.[3] Topping out at 120 meters, the project accommodates 107 residential units accessed through a central elevator core. Here, units with private terraces generated by the building's systematic setbacks combine with panoramic views of the Río de La Plata from much of the building to give domestic space a new visual and scalar relationship to the metropolis. To this day, the Kavanagh building remains the most desirable address in the city.

bairro com mais de mil unidades, em configurações distintas, organizadas como edifícios, em torno de uma escola primária central. O projeto também incluiu espaços comerciais, serviços institucionais e amplos espaços de lazer, todos a curta distância dos apartamentos. Embora hoje a UV3 esteja no meio da cidade de Lima, sua área de 30 hectares no bairro El Cercado era, naquela época, parte da periferia urbana da cidade, fazendo da abordagem de uso misto do projeto uma resposta inteligente às demandas do momento.

Ao longo da segunda metade do século XX, muitos projetos habitacionais foram modelados sobre as ideias espaciais e sociais incorporadas pelos projetos El Silencio e Unidad Vecinal 3. Além disso, eles servirão de referência para a implantação da regulamentação habitacional mais generalizada em nível municipal e nacional.

Além desses modelos exemplares de habitação a preços acessíveis, os novos modelos de vida coletiva na habitação, com valor de mercado, também desempenharam papel fundamental na construção da metrópole latino-americana moderna. A substituição gradual das vilas por edifícios multifamiliares de altura média e arranha-céus é o padrão identificado na maioria, se não em todas, as principais cidades sul-americanas. Buenos Aires, Caracas, Lima e Quito, entre outras, passaram por esse processo de crescimento urbano vertical e experimentação arquitetônica em design habitacional. Os três projetos descritos a seguir exemplificam muitas das qualidades que fizeram da vida coletiva parte integrante das identidades urbanas na América do Sul.

O Edifício Kavanagh, projetado pelo escritório de arquitetura de Sánchez, Lagos y de la Torre, é o primeiro exemplo significativo de edifício residencial de valor de mercado na região. Construído em 1934, o edifício ocupa uma área triangular privilegiada no bairro Retiro, em Buenos Aires, em frente à monumental Plaza San Martín. Uma das primeiras estruturas em concreto armado da cidade, o Kavanagh se tornou o pináculo do design Art Deco da Argentina. Limitado no uso de ornamentos, o edifício serviu de ponte entre esse estilo e os princípios de design modernista que viriam a dominar o design dos edifícios residenciais multifamiliares na era pós-guerra[3]. Com 120 m de altura, o projeto tem 107 unidades residenciais,

Edifício Altolar, designed by Walter James Alcock in 1965 in Caracas, exemplifies the translation of many modernist ideals for domestic life into a tropical climate in the South American context. Recalling Le Corbusier's Unité d'Habitacion, Altolar is conceived as a long, linear building, yet in this case, the line is softer and malleable, curving along the contour of the street to define the edge between city and mountain. Here, a "street in the air" is located along the building's western edge, against the mountain, creating a collective semi-enclosed space between hallways and units. Arranged in a two-floor configuration, each apartment unit is cross-ventilated and offers two very different views. To the east, units are provided a panoramic view of the city-valley. On the west, units look out to the circulation atrium, a collective space that mediates between the privacy of the unit and the verticality of the mountain. Packing 50 apartments of approximately 120m2 into two joint structures that form a single block, the building is an example of a postwar housing project sited to exploit the views from the hill so as to deliver a residential alternative to the already saturated city center.

Finally, the Edifício Jaraguá, built in 1984 and designed by Pritzker Prize Laureate Paulo Mendes da Rocha, shows how a minimal, yet powerful design move in the sectional configuration of a project can drastically alter the relation between dwelling and city. Sited along the ridge of a hill in the Vila Madalena neighborhood of São Paulo, the building offers residents a privileged view of the Pinheiros and Tietê, the two main rivers in the city. A slight drop in the floor of the kitchen and service areas completely transforms the relation between interior and exterior. For one, each unit is cross-ventilated, an essential feature for enduring São Paulo's weather. Further, each apartment gains views on both sides of the hill, establishing a compelling scalar exchange between the residential unit and the complex territory of the city and its rivers—a condition only perceptible when one inhabits the building. Overall, Jaraguá is an example of how the most utilitarian organizational requirements can serve as the basis for the construction of exceptional spaces.

The five projects described above stand in for hundreds, if not thousands, of projects in the region that have pushed the spatial boundaries of residential design. In cataloging the most important housing projects by city, the final pages of this chapter mark the outstanding contribution that South American architects have made to the region through the design of domestic space. The drawings in this chapter serve at once as a reference and a means to ignite the imagination of the reader toward confronting the housing challenges of the twenty-first century.

com acesso pelo elevador central. Aqui, unidades com sacadas particulares geradas pelos recuos sistemáticos do edifício são combinadas com vistas panorâmicas para o Rio da Prata, na maioria das unidades, concedendo ao espaço doméstico nova relação visual e escalar com a metrópole. Até hoje, o edifício Kavanagh continua sendo o endereço mais desejado da cidade.

O Edifício Altolar, projetado em Caracas por Walter James Alcock, em 1965, exemplifica a tradução de muitos ideais modernistas de vida doméstica em clima tropical no contexto sul-americano. Recordando a unidade de habitação de Le Corbusier, o Altolar foi concebido como um edifício longo e linear. No entanto, neste caso, a linha é mais tênue e maleável, curvando-se ao longo do contorno da rua para definir o limiar entre a cidade e a montanha. Aqui, uma "rua no ar" está localizada ao longo do lado oeste do edifício, de frente para a montanha, criando um espaço coletivo semifechado entre os corredores e as unidades. Organizados no formato duplex, todos os apartamentos são ventilados transversalmente e oferecem duas vistas bastante distintas. A leste, a vista panorâmica do vale da cidade e, a oeste, as unidades contemplam o átrio de circulação, um espaço coletivo intermediário entre a privacidade dos apartamentos e a verticalidade da montanha. Com 50 apartamentos de aproximadamente 120 m², em duas estruturas comuns que formam um único bloco, o edifício é exemplo de projeto habitacional do pós-guerra, localizado estrategicamente, para explorar a vista da montanha, oferecendo alternativas residenciais ao centro da cidade já saturado.

Finalmente, o Edifício Jaraguá, construído em 1984, e desenhado por Paulo Mendes da Rocha, ganhador do Prêmio Pritzker, mostra como uma alteração mínima, porém poderosa, de design na configuração seccional de um projeto pode alterar drasticamente a relação entre a habitação e a cidade. Localizado em uma plataforma interfluvial na Vila Madalena, em São Paulo, o edifício oferece aos residentes vista privilegiada para os rios Pinheiros e Tietê, os dois principais rios da cidade. Um pequeno declive no piso da cozinha e na área de serviço transforma completamente a relação entre a parte interna e a externa. Por um lado, todas as unidades são ventiladas transversalmente, característica essencial para suportar o clima de São Paulo. Além disso, cada apartamento tem vista de ambos os lados da colina, estabelecendo um intercâmbio escalar convincente entre a unidade residencial e essa complexa região da cidade e seus rios, uma condição perceptível apenas quando se habita o prédio. Em geral, o Jaraguá é um exemplo de como as exigências organizacionais mais utilitárias podem servir de base para a construção de espaços excepcionais.

Os cinco projetos descritos representam centenas, se não milhares, de projetos na região que abriram caminho entre os limites espaciais do design residencial. Ao catalogar os projetos habitacionais mais importantes por cidade, as páginas finais deste capítulo marcam a excelente contribuição dos arquitetos sul-americanos na região por meio do design do espaço doméstico. Os desenhos deste capítulo funcionam como referência e meio para estimular a imaginação do leitor, confrontando os desafios habitacionais do século XXI.

1   Much gratitude is owed to Jorge Francisco Liernur who introduced these two projects in his lecture at the "Surplus Housing" seminar at the Harvard Graduate School of Design in the spring of 2015.

2   Stanley Buder, Visionaries and Planners: The Garden City Movement and the Modern Community (New York: Oxford University Press, 1990), 174.

3   James Gardner, Buenos Aires: The Biography of a City (New York: St. Martin's Press, 2015), 198.

1   Muita gratidão é devida a Jorge Francisco Liernur, que apresentou esses dois projetos em sua palestra, no seminário Surplus Housing, na Harvard Graduate School of Design, na primavera de 2015.

2   Stanley Buder, Visionaries and Planners: The Garden City Movement and the Modern Community (Nova York: Oxford University Press, 1990), 174.

3   James Gardner, Buenos Aires: The Biography of a City (Nova York: St. Martin's Press, 2015), 198.

Santiago
Calle Keller, 1925
Edificio Santa Lucia
 "El Buque", 1932
Avenida Santa
 Maria, 1937
Población Huemel 2, 1940
Edificio Merced, 1946
Edificio Holanda, 1953
Edificio Plaza de Armas,
 1953
Edificio Baquedano,
 1953
Conjunto Empart, 1954
Edificio Arturo Prat, 1954
Edificio Ejercito, 1955
Edificio Serrano y
 Eyzaguirre, 1956
Edificio Mac-Iver, 1959
Villas Brasilia, 1962
Exequiel Gonzalez Cortés,
 1963
Unidad Vecinal Villa
 Presidente Frei, 1964
Los Sauces, 1984
Edificio Lyon, 1998
Edifcio Bremen, 2003
Edificio Glamis, 2005
Alas de Condor, 2009

Lima
Quita Alania, 1909
Edificio de la Fénix
 Peruana, 1947
Calle Roma, 1950
Edificio Limatambo,
 1953
Edificio San Reynaldo,
 1955
Conjunto Habitacional
 Chabuca Granda, 1985

Quito
Casa Chonta, 1957
Casa Baca, 1959
Residencia Universitaria
 UCE, 1960
Edificio La Castellana,
 1970
Condominio El
 Artigas, 1972
Edificio Arias, 1972
Edificio Benalcazar
 Mil, 1974
Conjunto Residencial
 Mosquera, 1981
Terrazas Atrium, 1984
Habitat Guapulo, 1985
Conjunto Habitacional
 Colinas del
 Pinchincha, 1989
Apartamentos la
 Giralda, 1990
Edificio La Paz, 1990
Edificio Barranco, 1992

Bogota
Polo Club, 1957
CRA Primera Sección,
 1962
San Cristobal, 1963
Robledo y Velasquez,
 1968
Torres del Parque, 1968
Conjunto Sorelia, 1974
La Esmeralda, 1974
Alto de Pinos, 1976
La Carolina, 1979
El Alacrán, 1998

Caracas
El Silencio, 1945
Comunidad 2 de
 Diciembre, 1955
Las Delicias de
 Sabana Grande, 1959
Edificio Los Morochos,
 1959
Residencial Plaza, 1959
Edificio Valencia, 1964
Edificio Altolar, 1965
Residencial Juan Pablo II
 en Montalban, 2007

Buenos Aires
Los Andes, 1927
Safico, 1932
Malabia, 1934
Minner, 1935
Kavanagh, 1936
Atelier, 1939
O'Higgins, 1941
Houses in Space, 1942
Eucalyptus, 1943
Suburban Aparts 1948
Los Perales, 1949
Castex, 1950
Panedile, 1964
Rioja Complex, 1973
Rodriguez Peña, 1975
Le Parc, 1996
Edificio Clay, 2007
Edificio Ancón, 2009
Edificio EEUU, 2009
33 Orientales, 2012
Edificio Sucre, 2012

Montevideo
Palacio Rinaldi, 1929
El Mástil, 1930
Moncaut, 1947
La Goleta, 1951
Ovalle, 1954
Hyde Park, 1958
Edificio Ciudadela,
 1959
El Pilar, 1959
Panamericano, 1960
Rambla Río de la
 Plata, 1964
Palacio Lápido, 1989
Echevarriarza, 1997

São Paulo
Edificio Nicolau
 Schiesser, 1930
Edifício Columbus,
 1932
Edifício Esther, 1934
Cinema Ipiranga e Hotel
 Excelsior, 1943
 Edifício Prudencia,
 1944
Edifício Louveira, 1949
Edifício Copan, 1952
Edifício Eiffel, 1953
Edifício Guiambe, 1964
Edifício Jaragua, 1984
Jardim Edite, 2010
Edifício Heliópolis,
 2011
Edifício 360, 2013
Edifício Vitacon
 Itaim, 2014

Rio de Janeiro
Conjunto Residencial
 Pedregulho, 1946
Conjunto Residencial de
 Vila Isabel, 1948
Conjunto Residencial de
 Paqueta, 1952
Casada Bancaria, 1956

Bird's-eye view of South America with a list of architecturally significant collective housing projects by city.

Vista aérea da América do Sul, com uma lista dos projetos de habitação coletiva de relevância arquitetônica por cidade.

B

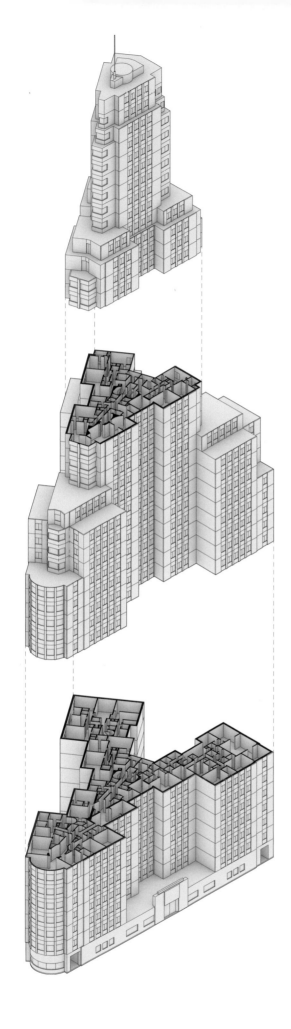

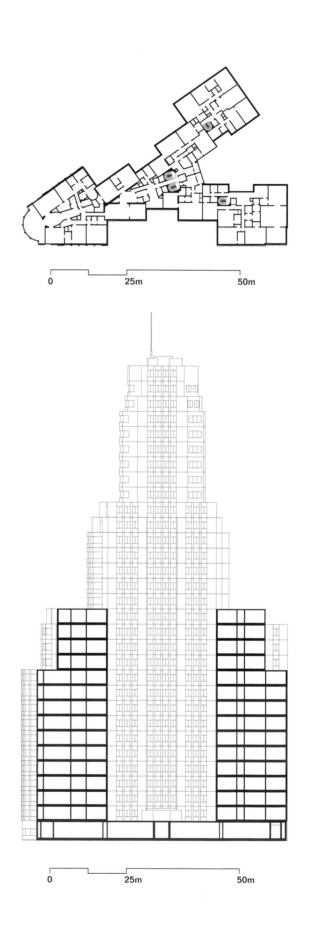

Edificio Kavanagh. Buenos Aires, Argentina. Gregorio Sánchez, Ernesto Lagos, and Luis María de la Torre. 105 units. Market rate. 1934–1936.

Edifício Kavanagh, Buenos Aires, Argentina. Gregorio Sánchez, Ernesto Lagos e Luis María de la Torre. 105 unidades. Valor de mercado. 1934–1936.

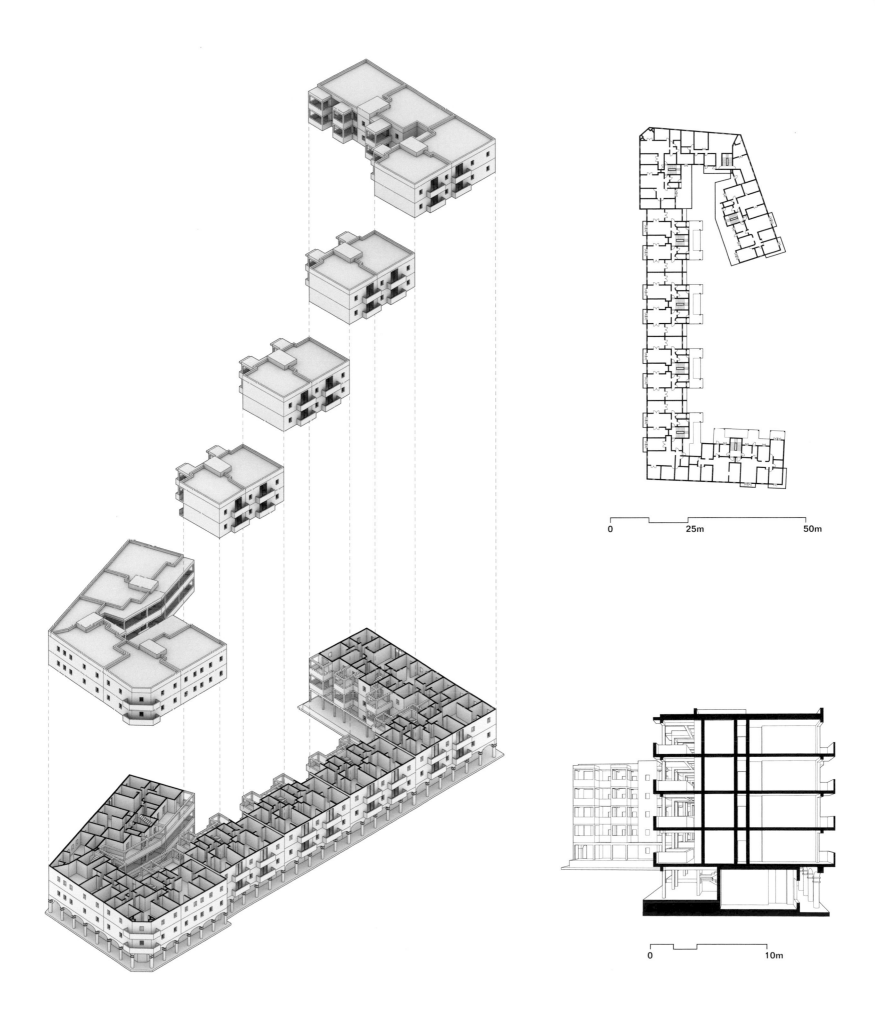

El Silencio (fragment). Caracas, Venezuela.
By Carlos Raúl Villanueva. 845 units. Affordable housing, 1941–1945.

El Silencio (fragmento), Caracas, Venezuela.
Carlos Raúl Villanueva. 845 unidades. Habitação acessível. 1941–1945.

0   25m   50m

0   10m

219   B

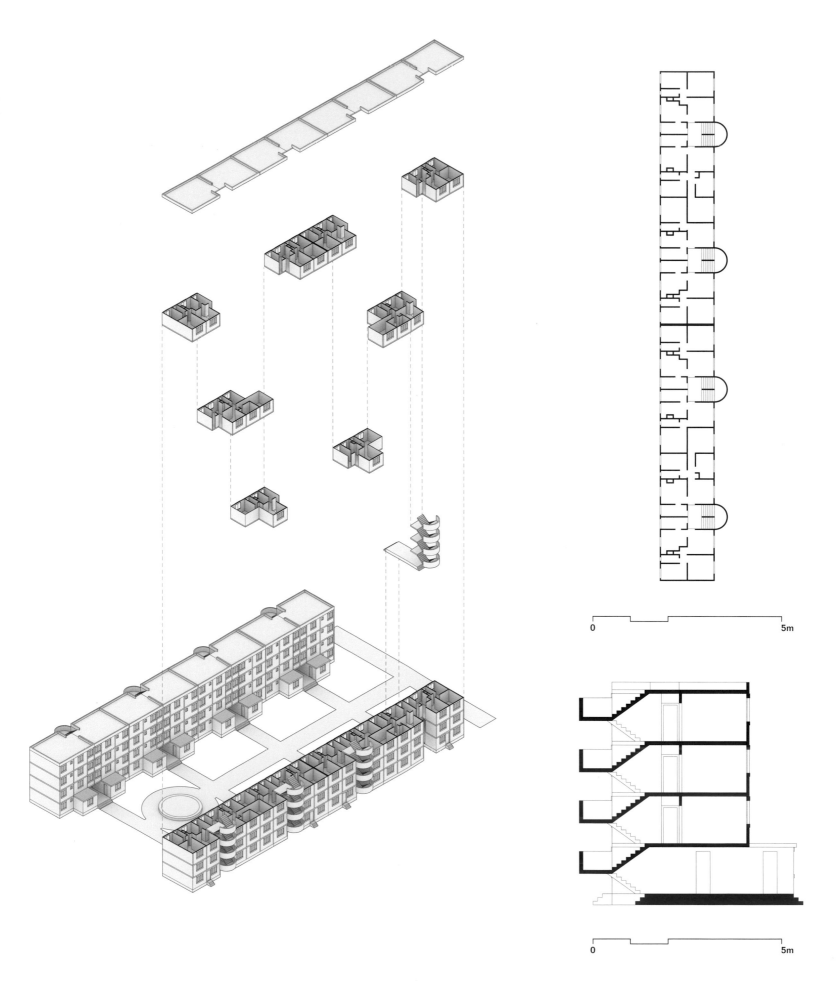

Unidad Vecinal no. 3 (fragment), Lima, Perú.
Fernando Belaúnde. 1,096 units. Affordable housing. 1945–1949.

Unidad Vecinal nº 3 (fragmento), Lima, Perú.
Fernando Belaúnde. 1.096 unidades. Habitação acessível. 1945–1949.

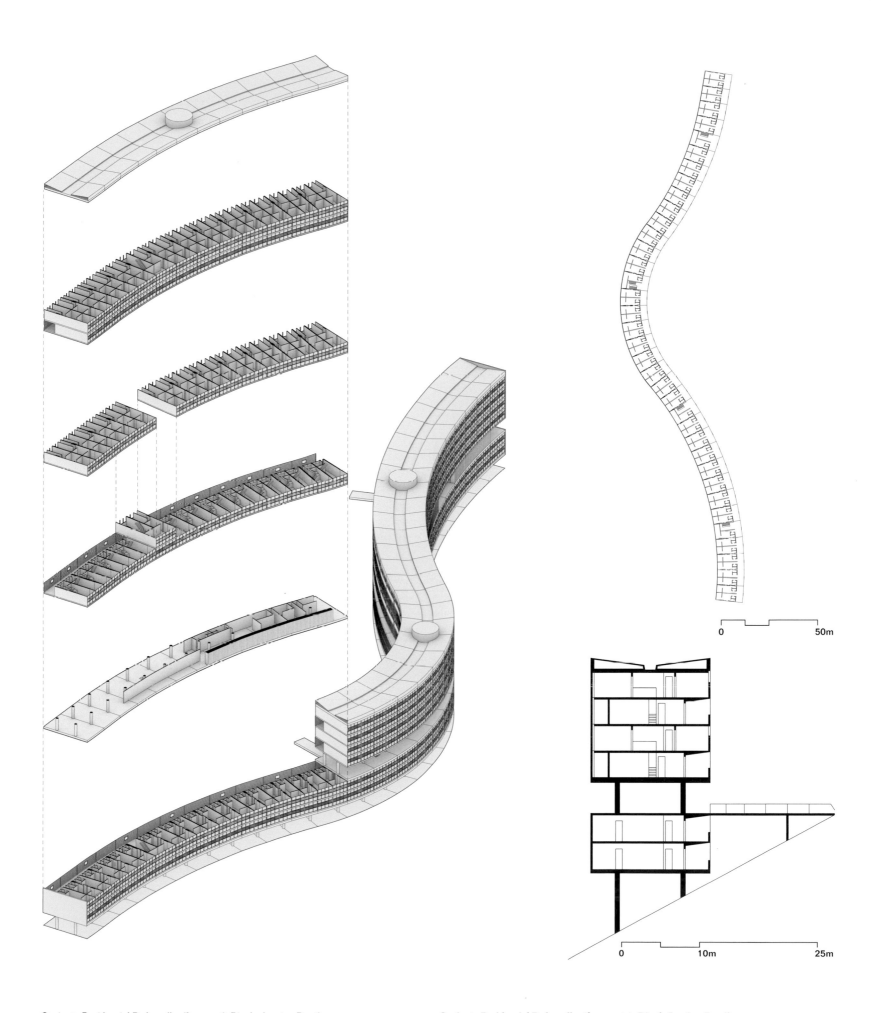

Conjunto Residencial Pedregulho (fragment). Río de Janeiro, Brazil.
Affonso Eduardo Reidy. 328 units. Affordable housing, 1946–1961.

Conjunto Residencial Pedregulho (fragmento), Rio de Janeiro, Brasil.
Affonso Eduardo Reidy. 328 unidades. Habitação acessível, 1946–1961.

221   B

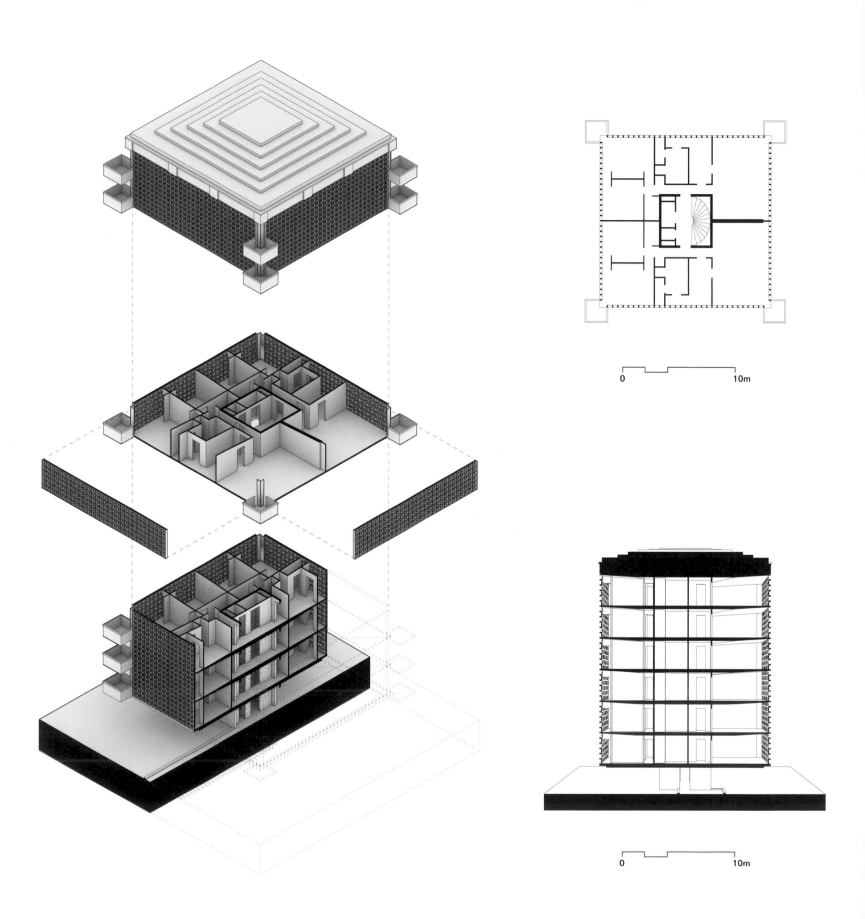

Edifício Los Morochos. Caracas, Venezuela. Alejandro Pietri. 14 units.
Market rate. 1959–1961.

Edifício Los Morochos, Caracas, Venezuela.
Alejandro Pietri. 14 unidades. Valor de mercado. 1959–1961.

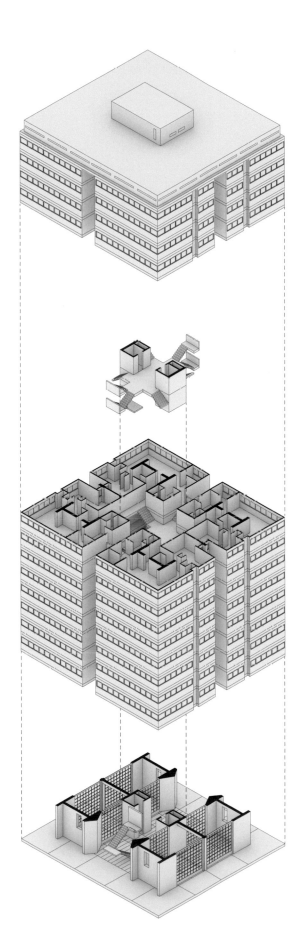

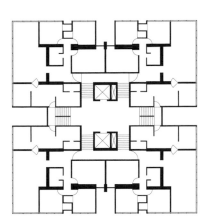

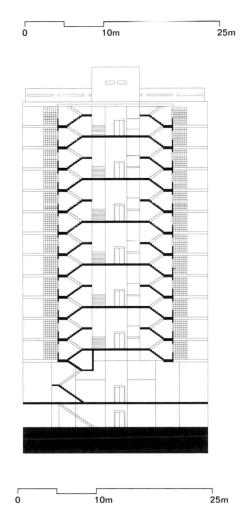

0   10m   25m

0   10m   25m

Complejo Residencial San Felipe (fragment). Lima, Peru.
Enrique Ciriani. 124 units. Affordable housing, 1962–1966.

Complejo Residencial San Felipe (fragmento), Lima, Perú.
Enrique Ciriani. 124 unidades. Habitação acessível. 1962–1966.

View of the agora area in the Complejo Residencial San Felipe.

Vista da área ágora do Complejo Residencial San Felipe.

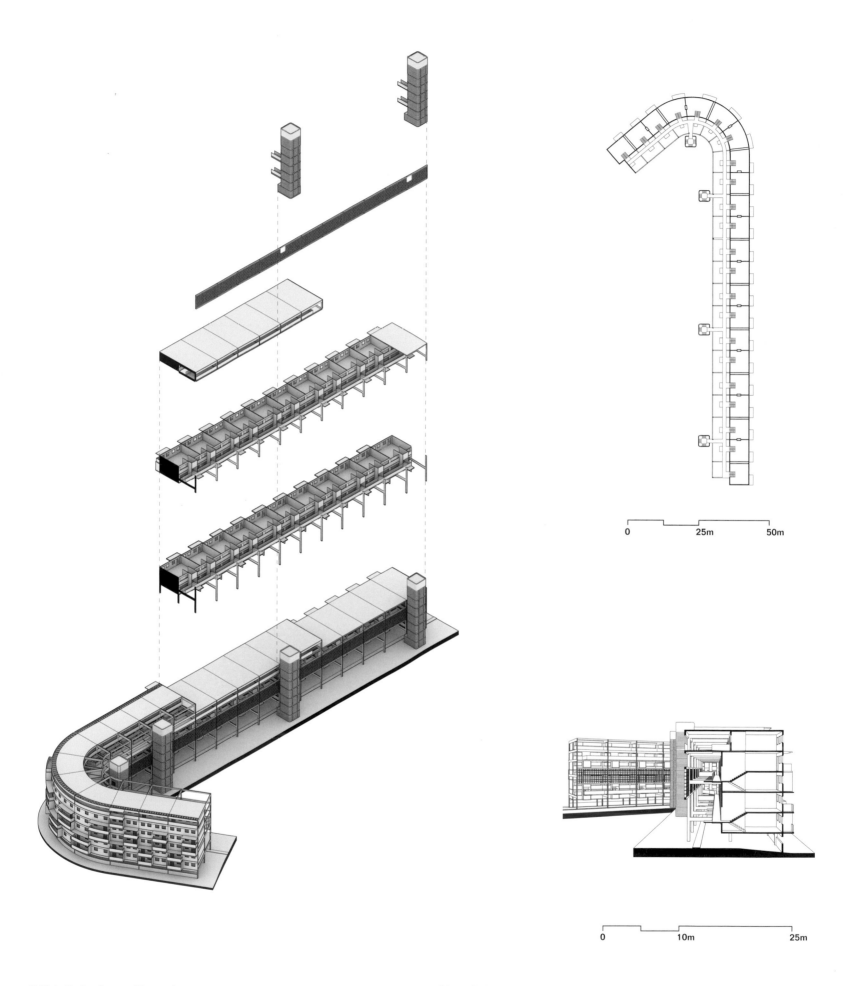

0   25m   50m

0   10m   25m

Edificio Altolar. Caracas, Venezuela.
Walter James Alcock. 50 units. Market rate, 1965.

Edifício Altolar, Caracas, Venezuela.
Walter James Alcock. 50 unidades. Valor de mercado. 1965.

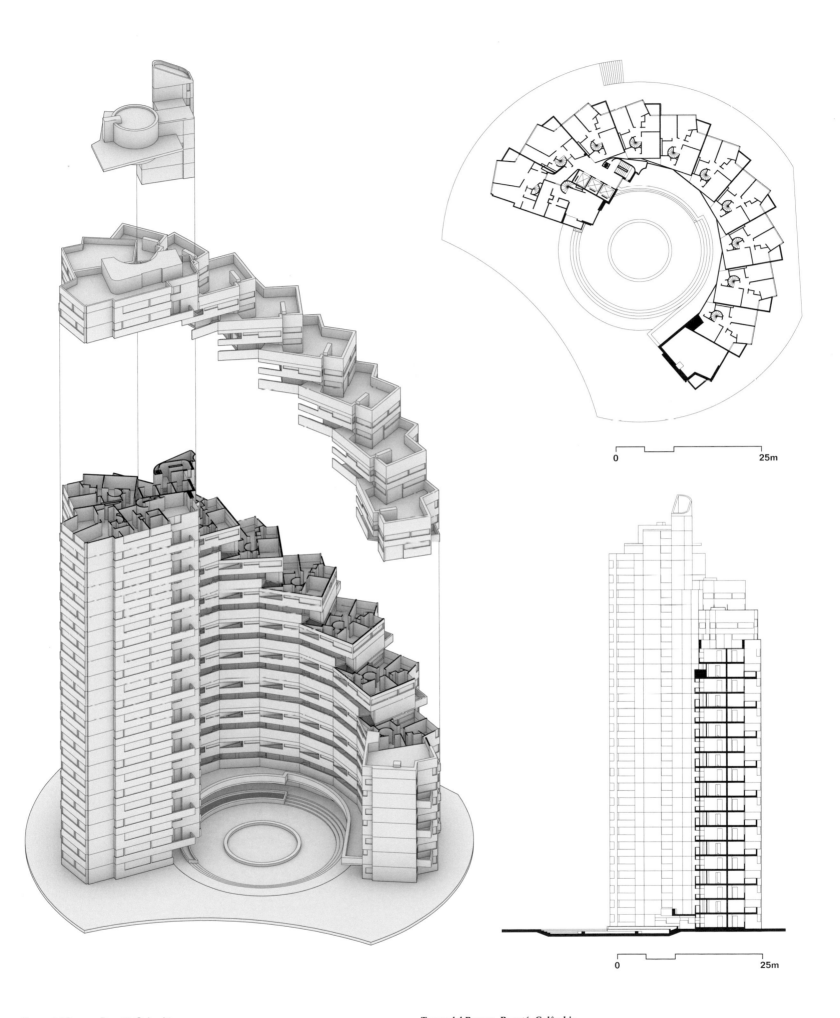

Torres del Parque. Bogotá, Colombia.
Rogelio Salmona. 294 units. Market rate, 1968–1970.

Torres del Parque, Bogotá, Colômbia.
Rogelio Salmona. 294 unidades. Valor de mercado. 1968–1970.

227 B

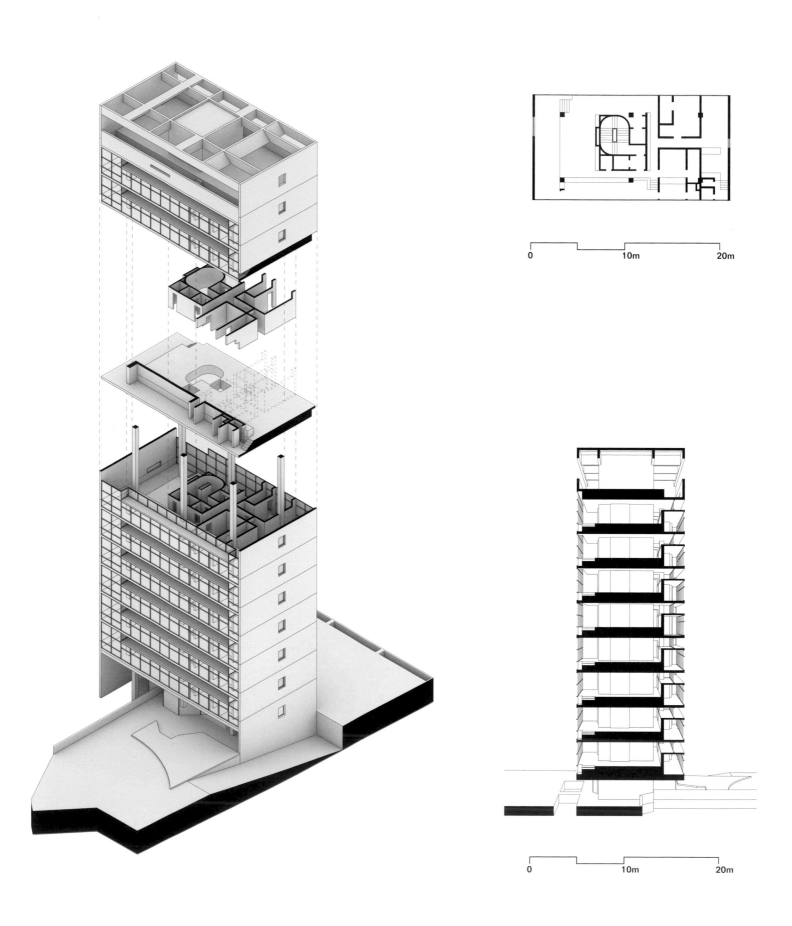

Edifício Jaraguá, São Paulo, Brazil.
Paulo Mendes da Rocha. 10 units. Market Rate. 1984.

0   10m   20m

Edifício Jaraguá, São Paulo, Brasil.
Paulo Mendes da Rocha. 10 unidades. Valor de mercado. 1984.

0   10m   20m

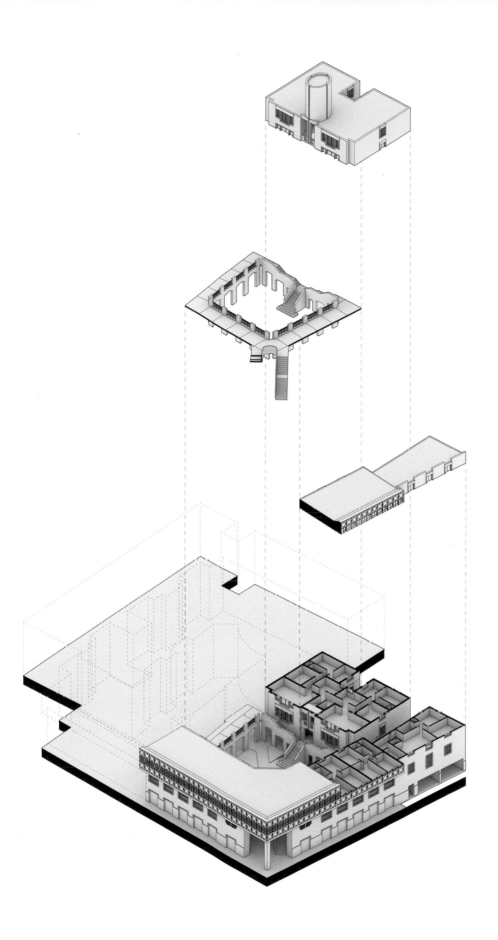

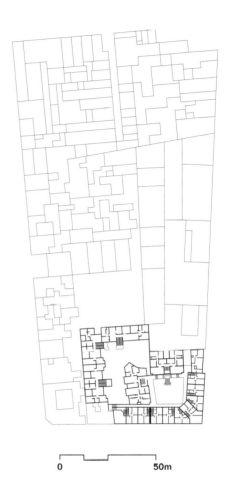

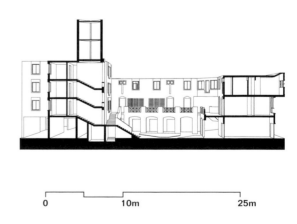

Conjunto Habitacional Chabuca Granda, Lima, Peru.
José García Bryce. 48 units. Affordable housing. 1985.

Conjunto Habitacional Chabuca Granda, Lima, Perú.
José García Bryce. 48 unidades. Habitação acessível. 1985.

B

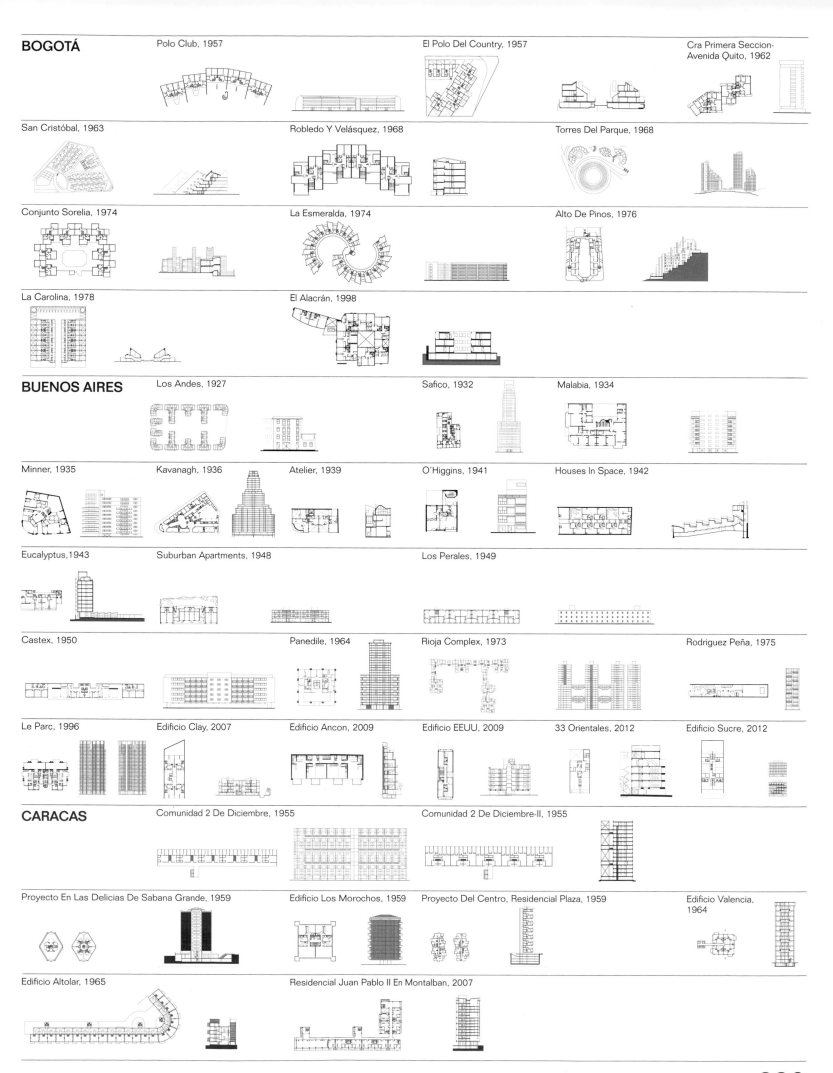

BOGOTÁ

Polo Club, 1957

El Polo Del Country, 1957

Cra Primera Seccion-
Avenida Quito, 1962

San Cristóbal, 1963

Robledo Y Velásquez, 1968

Torres Del Parque, 1968

Conjunto Sorelia, 1974

La Esmeralda, 1974

Alto De Pinos, 1976

La Carolina, 1978

El Alacrán, 1998

BUENOS AIRES

Los Andes, 1927

Safico, 1932

Malabia, 1934

Minner, 1935

Kavanagh, 1936

Atelier, 1939

O'Higgins, 1941

Houses In Space, 1942

Eucalyptus,1943

Suburban Apartments, 1948

Los Perales, 1949

Castex, 1950

Panedile, 1964

Rioja Complex, 1973

Rodriguez Peña, 1975

Le Parc, 1996

Edificio Clay, 2007

Edificio Ancon, 2009

Edificio EEUU, 2009

33 Orientales, 2012

Edificio Sucre, 2012

CARACAS

Comunidad 2 De Diciembre, 1955

Comunidad 2 De Diciembre-II, 1955

Proyecto En Las Delicias De Sabana Grande, 1959

Edificio Los Morochos, 1959

Proyecto Del Centro, Residencial Plaza, 1959

Edificio Valencia,
1964

Edificio Altolar, 1965

Residencial Juan Pablo II En Montalban, 2007

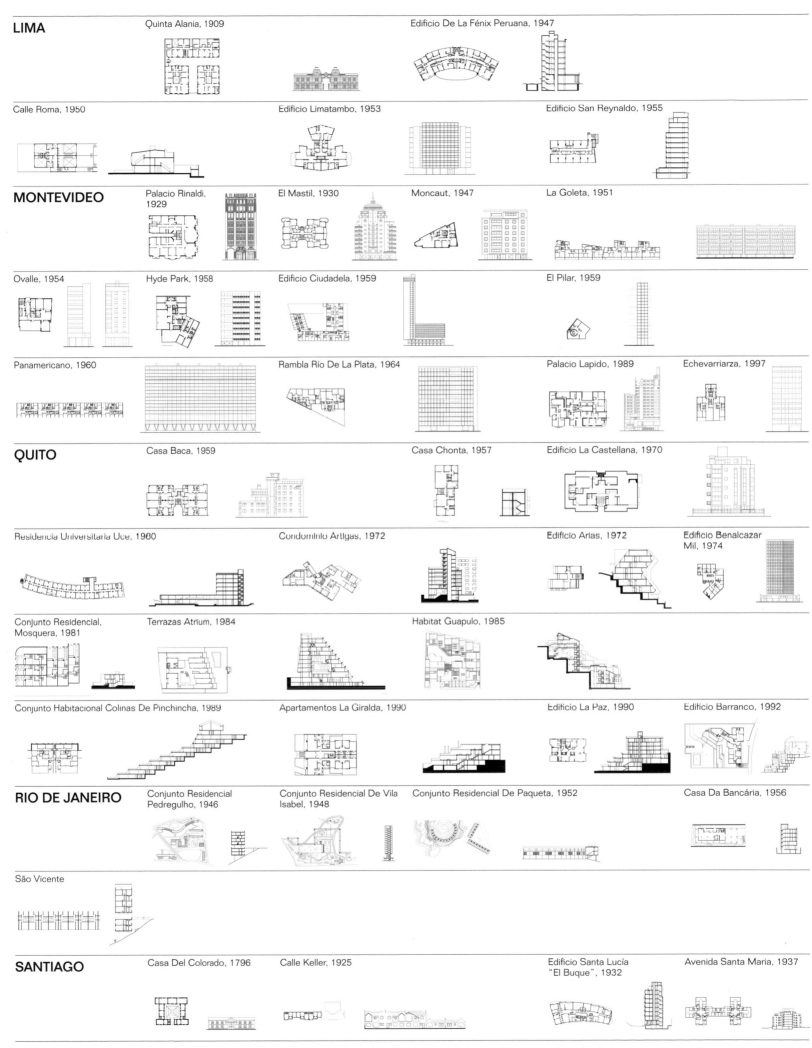

LIMA

Quinta Alania, 1909

Edificio De La Fénix Peruana, 1947

Calle Roma, 1950

Edificio Limatambo, 1953

Edificio San Reynaldo, 1955

MONTEVIDEO

Palacio Rinaldi, 1929

El Mastil, 1930

Moncaut, 1947

La Goleta, 1951

Ovalle, 1954

Hyde Park, 1958

Edificio Ciudadela, 1959

El Pilar, 1959

Panamericano, 1960

Rambla Río De La Plata, 1964

Palacio Lapido, 1989

Echevarriarza, 1997

QUITO

Casa Baca, 1959

Casa Chonta, 1957

Edificio La Castellana, 1970

Residencia Universitaria Uce, 1980

Condominio Artigas, 1972

Edificio Arias, 1972

Edificio Benalcazar Mil, 1974

Conjunto Residencial, Mosquera, 1981

Terrazas Atrium, 1984

Habitat Guapulo, 1985

Conjunto Habitacional Colinas De Pinchincha, 1989

Apartamentos La Giralda, 1990

Edificio La Paz, 1990

Edificio Barranco, 1992

RIO DE JANEIRO

Conjunto Residencial Pedregulho, 1946

Conjunto Residencial De Vila Isabel, 1948

Conjunto Residencial De Paqueta, 1952

Casa Da Bancária, 1956

São Vicente

SANTIAGO

Casa Del Colorado, 1796

Calle Keller, 1925

Edificio Santa Lucía "El Buque", 1932

Avenida Santa Maria, 1937

B

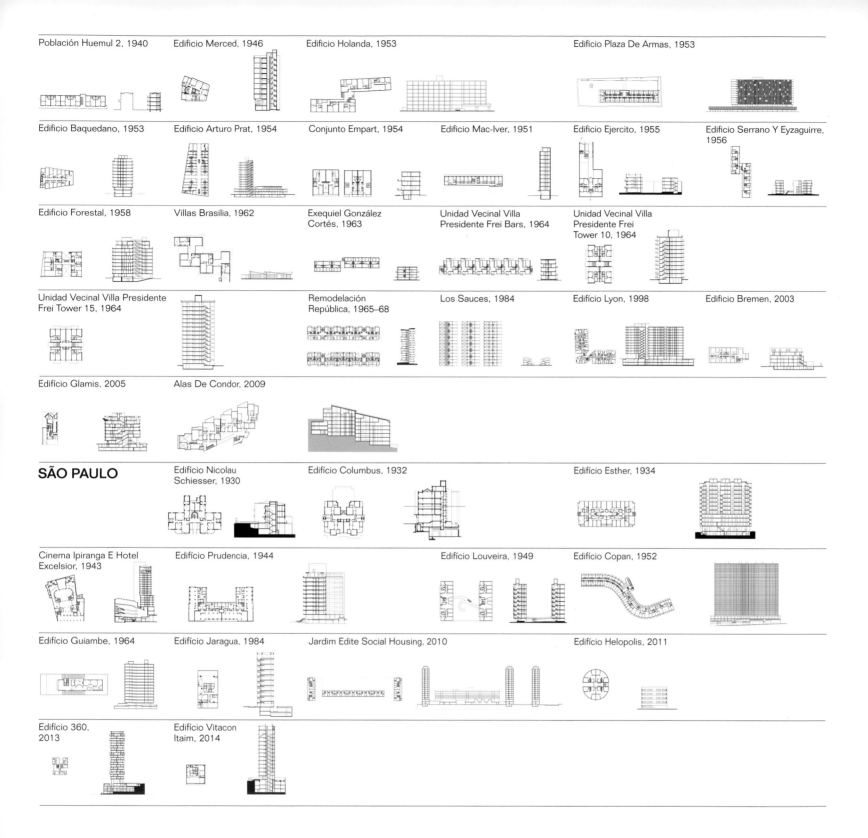

Población Huemul 2, 1940

Edificio Merced, 1946

Edificio Holanda, 1953

Edificio Plaza De Armas, 1953

Edificio Baquedano, 1953

Edificio Arturo Prat, 1954

Conjunto Empart, 1954

Edificio Mac-Iver, 1951

Edificio Ejercito, 1955

Edificio Serrano Y Eyzaguirre, 1956

Edificio Forestal, 1958

Villas Brasilia, 1962

Exequiel González Cortés, 1963

Unidad Vecinal Villa Presidente Frei Bars, 1964

Unidad Vecinal Villa Presidente Frei Tower 10, 1964

Unidad Vecinal Villa Presidente Frei Tower 15, 1964

Remodelación República, 1965–68

Los Sauces, 1984

Edificio Lyon, 1998

Edificio Bremen, 2003

Edifício Glamis, 2005

Alas De Condor, 2009

SÃO PAULO

Edifício Nicolau Schiesser, 1930

Edifício Columbus, 1932

Edifício Esther, 1934

Cinema Ipiranga E Hotel Excelsior, 1943

Edifício Prudencia, 1944

Edifício Louveira, 1949

Edifício Copan, 1952

Edifício Guiambe, 1964

Edifício Jaragua, 1984

Jardim Edite Social Housing, 2010

Edifício Helopolis, 2011

Edifício 360, 2013

Edifício Vitacon Itaim, 2014

Introduction

São Paulo: Models of Urban Growth

Collective Living in South America: A Primer

Mobility Infrastructure: Driver of the Urban Project

Introdução

São Paulo: modelos de crescimento urbano

Habitações coletivas na América do Sul: guia introdutório

Infraestrutura de mobilidade: campanha do projeto urbano

Introduction

São Paulo: Models of Urban Growth

Collective Living in South America: A Primer

Mobility Infrastructure: Driver of the Urban Project

Introdução

São Paulo: modelos de crescimento urbano

Habitações coletivas na América do Sul: guia introdutório

Infraestrutura de mobilidade: campanha do projeto urbano

One of the most salient characteristics of inner-city post-industrial land is its isolation relative to other parts of the city and to the mobility networks that tie together the diverse scales of the metropolis. Despite their geographic proximity to city centers, these grounds have remained largely disconnected from urban life due to their history of industrial use. This rift is particularly extreme in São Paulo, where most of the city's industrial development occurred to the north and east of the main tracks that linked Luz station with the state and the country, making rail the border between city and industrial uses. Further, the rapid growth of the manufacturing sector demanded a corresponding increase in rail capacity, thickening the footprint occupied by rail infrastructure and enhancing the divide between river, industrial grounds, and city center. This barrier was also exacerbated by the alignment of a major vehicular thoroughfare—Avenida Radial Leste— adjacent to the tracks, creating a blockade that is, on average, 170 meters wide. Here, an essential task in the process of restructuring the land between rail and river involves the re-scaling of mobility infrastructure and the reorganization of the rail line that separates the city center from the industrial districts and the Tietê River.

"Mobility Infrastructure: Driver of the Urban Project" documents a series of examples from across the globe, where cities have used investment in mobility infrastructure as the backbone of much more ambitious and integral urban projects. These examples thus shed light on how São Paulo can mitigate the current urban blockages caused by over-scaled and mono-functional urban mobility systems. Spanning more than a century, the case studies presented in the following pages show how well-designed mobility projects can provide more effective and long-standing infrastructural solutions that also possess civic and aesthetic dimensions that exceed utilitarian purpose.

One project effective in both function and civic bravura is the Boulevard de l'Impératrice (later renamed Boulevard de la République, and most recently, Boulevard Che Guevara), built in nineteenth-century colonial Algiers. Conceived by French architect Charles Frédéric Chassériau and completed in 1866, it exemplifies the value of a complex and multifaceted urban infrastructure. In its form and organizational structure, the Boulevard effectively responds and adapts to multiple cultural, economic, technical, and social pressures, allowing it to accommodate new urban forms and uses over time. In section, the project is composed of a series of utilitarian ramps that move goods from the level of the port up to the level of the market, creating a thick ground that mediates between city and water, seamlessly moving goods and people. In plan, the project favors a boulevard facing the water, setting the stage for an urban enfilade that defines the main public thoroughfare for the city and provides it with a monumental presence when seen from the sea. The layered boulevard provides important lessons on how to move beyond the mono-functional legacy of post–WWII urban infrastructure, much of which still guides discourse and proposals for the contemporary city. Furthermore, the project exemplifies how different transportation modalities—boats, carts, pedestrians, and later, motorized vehicles—can coexist in a singular urban project.

In the first decade of the twentieth century, the American city developed a series of exemplary urban projects that resulted from large investments in mobility infrastructure, with cities like New York and Chicago leading the charge. Grand

Uma das características mais evidentes dos terrenos pós-industriais urbanos é o isolamento em relação às outras partes da cidade e às redes de mobilidade que unem as diversas escalas da metrópole. Apesar da proximidade geográfica dos centros das cidades, esses terrenos permaneceram amplamente desconectados da vida urbana, devido ao histórico uso industrial. Essa ruptura é particularmente radical em São Paulo, onde a maior parte do desenvolvimento industrial da cidade ocorreu ao norte e a leste das principais ferrovias que ligavam a estação da Luz ao estado e ao país, fazendo da ferrovia a fronteira entre a cidade e os usos industriais. Além disso, o rápido crescimento do setor manufatureiro exigiu aumento comparável na capacidade ferroviária, ampliando o impacto da infraestrutura ferroviária e aumentando a divisão entre o rio, as áreas industriais e o centro da cidade. Essa barreira também foi exacerbada pelo alinhamento de uma via principal, a Avenida Radial Leste, adjacente à ferrovia, criando um bloqueio de cerca de 170 m de largura. Aqui, uma tarefa fundamental no processo de reestruturação do terreno entre a ferrovia e o rio envolveu o redimensionamento da infraestrutura de mobilidade e a reorganização da ferrovia que separa o centro da cidade dos bairros industriais e do rio Tietê.

"Infraestrutura de mobilidade: campanha do projeto urbano" documenta uma série de exemplos do mundo todo, onde as cidades usaram os investimentos em infraestrutura de mobilidade como a espinha dorsal de projetos urbanos muito mais ambiciosos e integrais. Esses exemplos, portanto, mostram como São Paulo pode atenuar os atuais bloqueios urbanos causados por sistemas de mobilidade monofuncionais e escalas excessivas. Abrangendo mais de um século, os estudos de caso apresentados nas páginas a seguir mostram como projetos de mobilidade bem-desenhados podem fornecer soluções de infraestrutura mais eficazes e de longo prazo, com dimensões cívicas e estéticas que vão além de seus propósitos utilitários.

Um projeto eficaz tanto em função quanto em brilhantismo cívico é o *Boulevard de l'Impératrice* (mais tarde, renomeado como *Boulevard de la République* e, mais recentemente, *Boulevard Che Guevara*), construído na Argel colonial do século XIX. Concebido pelo arquiteto francês Charles Frédéric Chassériau e concluído em 1866, exemplifica o valor da infraestrutura urbana complexa e multifacetada. Em sua forma e estrutura organizacional, o Boulevard efetivamente responde e se adapta a múltiplas pressões culturais, econômicas, técnicas e sociais, permitindo acomodar novas formas e usos urbanos ao longo do tempo. Nesta parte, o projeto apresenta uma série de rampas utilitárias que movimentam mercadorias do porto ao mercado, criando um piso alto intermediário entre o rio e a cidade, transportando pessoas e mercadorias com facilidade. O projeto prevê uma avenida de frente para o rio, criando condições para o enfileiramento urbano, que define a fachada principal da cidade, proporcionando-lhe presença monumental quando vista do mar. A avenida em camadas oferece importantes lições sobre como ir além do legado multifuncional da infraestrutura urbana após a Segunda Guerra Mundial, parte da qual ainda orienta o discurso e as propostas oferecidas à cidade contemporânea. Além disso, o projeto exemplifica como diferentes modalidades de transporte (barcos, carros, pedestres e, mais tarde, veículos motorizados) podem coexistir em um único projeto urbano.

Na primeira década do século XX, algumas cidade norte-americanas de Nova York e Chicago desenvolveram uma série de projetos urbanos exemplares, que resultaram de grandes

498. ALGER - Boulevard de la République - Square Bresson

Postcard of the Boulevard de l'Impératrice (later renamed Boulevard de la République) showing the relationship between the ramps and the promenade.

Cartão postal do Boulevard de l'Impératrice (posteriormente renomeado como Boulevard de la République), mostrando a relação entre as rampas e o passeio público.

Central Terminal, built in 1903, in the heart of what is today midtown Manhattan, is a project that goes beyond the strict boundaries of the terminal building by way of a strategy that proposed decking over the rail yards to establish a better interface between the geometries of rail and the urban block. As seen in the bird's-eye view published in the *New York Tribune* on June 26, 1910, by decking over the tracks and selling the air rights—the permission to build or develop in the airspace above a property—the Grand Central Terminal project was able to release ten Manhattan blocks for urban development and seamlessly link Park Avenue to the Terminal building. Over time, these additional blocks have consolidated into high-density city blocks, providing great insight into how air rights development above a train depot can serve both as a vehicle for revenue generation and for the making of a better city. Throughout the twentieth and twenty-first centuries, many cities would come to adopt this development model, and São Paulo was no exception.

Another relevant American example is the 1909 project for Wacker Drive in downtown Chicago by architects Daniel Burnham and Edward H. Bennett—a proposal that was part of the architects' Plan of Chicago, and built upon the multi-level city already existing in the Chicago Loop. The project rethinks the river's edge by proposing a double-decker waterfront promenade that places heavy vehicular traffic on the lower level and lighter traffic and pedestrians on the upper level. In addition to eliminating heavy traffic from the main street level, the design also serves as a flood control mechanism. In doing

investimentos em infraestrutura de mobilidade, com cidades como Nova York e Chicago na liderança dos esforços. O terminal Grand Central, construído em 1903, no coração do que hoje é o centro de Manhattan (*midtown*), é um projeto que ultrapassa os limites rígidos do terminal por meio de uma estratégia que propõe o uso de diferentes níveis no pátio dos trilhos, para estabelecer melhor interface entre a geometria da ferrovia e do bloco urbano. Conforme a visão panorâmica, publicada pelo *New York Tribune* de 26 de junho de 1910, ao usar diferentes níveis no pátio dos trilhos e vender os direitos de superfície, a permissão para construir ou empreender na área acima de uma propriedade, o projeto do terminal Grand Central liberou 10 quarteirões de Manhattan para o desenvolvimento urbano e liga, diretamente, a Park Avenue ao terminal. Ao longo do tempo, esses quarteirões adicionais se consolidaram em quarteirões de alta densidade, demonstrando como o desenvolvimento dos direitos de superfície, acima de um terminal ferroviário, pode funcionar tanto como veículo para gerar receita quanto para melhorar a cidade. Ao longo dos séculos XX e XXI, muitas cidades passaram a adotar esse modelo de desenvolvimento, e São Paulo não foi exceção.

Outro exemplo norte-americano relevante é o projeto de 1909, da Wacker Drive, no centro de Chicago, dos arquitetos Daniel Burnham e Edward H. Bennett: uma proposta que fazia parte do Plano de Chicago e se desenvolveu na cidade de vários níveis já existente no Loop de Chicago. O projeto repensa a orla do rio, propondo um calçadão de dois andares, tendo o tráfego intenso no nível inferior e o tráfego mais leve e pedestres

c

New-York Tribune.

PART II.   SUNDAY, JUNE 26, 1910.   EIGHT PAGES.

BIRD'S-EYE VIEW OF THE NEW GRAND CENTRAL STATION AS IT WILL LOOK WHEN COMPLETED.

The front faces on 42d street, with a bridge crossing that busy thoroughfare to the Park avenue slope. Under the vacant blocks to the north lie the tracks, switches and general mechanism of the huge train yard. The surface of these vacant blocks will be occupied by fine buildings, devoted to commerce or the arts. Park avenue is seen stretching away to the north. It is split by the new station, and runs around both sides of it, joining again at the bridge over 42d street. Cost of the new terminal is estimated at $180,000,000.

Perspective of the New Grand Central Terminal as published in the *New York Tribune* on June 26, 1910.

Perspectiva do novo terminal Grand Central, conforme publicado no *New York Tribune* no dia 26 de junho de 1910.

Bird's-eye view of Wacker Drive as proposed by the Chicago Plan Commission, ca. 1920.

Vista panorâmica da Wacker Drive, conforme proposto pela Chicago Plan Commission, por volta de 1920.

so, the project capitalizes on the multiple layers—ranging from historic mail delivery rail tunnels and the city's underground metro, to the famous "L" elevated mass transit system—that, over time, have consolidated into the thick ground of the city center. The success of this project, and of this fragment of Chicago, relies on a stacked mobility grid that can accommodate a multiplicity of speeds and scales, and has the potential to hold and service blocks of extreme high density, and to accommodate a much greater floor area ratio than what the area currently holds.

While the majority of urban mobility projects developed in the second half of the twentieth century tended to be entropic and disconnected from city life—as with, for example, the American Interstate Highway System and the way it cut across many city centers—there has been in the last twenty to thirty years a reemergence of well-designed and executed urban projects that are the result of significant investments in urban mobility. A case in point is the relocation of Hong Kong's overcrowded Kai Tak Airport onto an island apart from the city, and the broader mobility network developed along with the new airport island. Here, the city implemented a HK$200 billion plan to develop a series of mobility and urban projects that would not only connect the new airport to the city center, but also generate new urban centralities with mixed-use housing developments. Conceived as an integrated mobility and real estate development project, the initiative brings together multiple new roads, tunnels, bridges and expressways, an express rail linking the airport to the city center, major land reclamation for the airport and new mixed-use developments with stations for airport access, and a new town development to support the airport and provide a gateway to the city. In this context, a high-profile urban project—the airport—serves as the point of departure for a more ambitious citywide planning strategy, demonstrating how a dialogue between design, urban planning, and city governance is possible in the twenty-first century.

no nível superior. Além de eliminar o tráfego pesado da rua principal, o projeto também serve como mecanismo de controle de inundação. Ao fazê-lo, capitaliza múltiplas camadas, desde históricos túneis ferroviários de entregas de correio e o metrô subterrâneo da cidade, até o famoso sistema de transporte coletivo elevado em formato de "L" que, ao longo do tempo, se consolidou no espesso solo do centro da cidade. O sucesso desse projeto, assim como desse fragmento de Chicago, conta com uma rede de mobilidade empilhada, que abriga inúmeras velocidades e escalas, com potencial de conter e atender quarteirões de densidade extremamente alta, além de abrigar uma área proporcional muito mais ampla do que a área atualmente ocupa.

Embora a maioria dos projetos de mobilidade urbana desenvolvidos na segunda metade do século XX tendesse a ser entrópica e desconectada da vida da cidade como, por exemplo, o Sistema Interestadual Norte-americano de Rodovias e a forma como atravessava muitos centros urbanos, houve, nos últimos vinte a trinta anos, o ressurgimento de projetos urbanos bem-planejados e executados, resultado de investimentos significativos em mobilidade urbana. Um exemplo foi a transferência do superlotado aeroporto Kai-Tak, de Hong Kong para uma ilha separada da cidade, e a rede de mobilidade mais ampla desenvolvida com a nova ilha aeroportuária. A cidade implantou um plano de HK$ 200 bilhões para desenvolver uma série de projetos urbanos e de mobilidade, que não apenas conectariam o novo aeroporto ao centro da cidade, mas também gerariam novas centralidades urbanas com empreendimentos residenciais de uso misto. Concebido como um projeto integrado de desenvolvimento imobiliário e de mobilidade, a iniciativa uniu várias ruas, túneis, pontes e vias expressas, uma linha ferroviária expressa ligando o aeroporto ao centro da cidade, recuperação de grandes terrenos para o aeroporto e novos empreendimentos de uso misto, com estações para acesso ao aeroporto e novo desenvolvimento da cidade para apoiar o aeroporto e oferecer uma porta de entrada para a cidade. Nesse contexto, um projeto urbano de alto nível, o aeroporto, funciona como ponto de

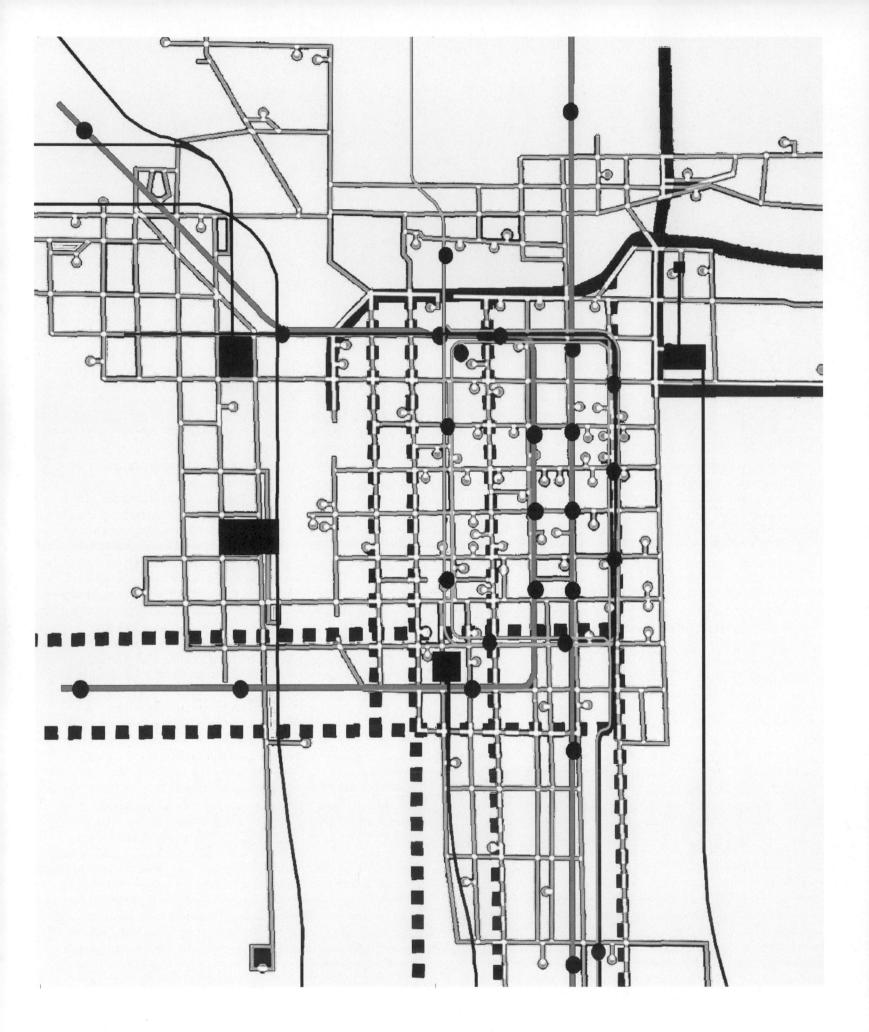

Drawing by Felipe Correa of the Chicago loop showing the different networks that make up the multi-level city, 2001.

Desenho do Loop de Chicago, por Felipe Correa, mostrando as diferentes redes que compõem a cidade de vários níveis, 2001.

The design and implementation of the Ørestad district throughout the last 18 years in Copenhagen also provides valuable lessons on how a contemporary neighborhood can be conceived in alignment with a new mobility infrastructure. In Ørestad, a series of city blocks are developed adjacent to a metro line that links the city center with urban peripheries to the south of the city. The new development urbanizes land west of the metro line, moving the city's edge closer to the river. In doing so, the project develops an effective strategy that brings together mass transit, street grid, and hydrological infrastructure into a comprehensive plan that sets the stage for the development of urban blocks over time. The street grid and the metro stations act as the main points of connection between the existing city and the district, integrating the new development into the life of the city. While the area is still relatively young, its gradual consolidation shows that over time, it will gain significant density and become a vibrant district. Ørestad exemplifies the importance of thinking mobility infrastructure and the urban project simultaneously to establish better affinities among transportation systems and urban life.

Porta Susa TGV Station in Turin, designed by Silvio d'Ascia Architecture in 2013 focuses on how the design of a station can become a pivot between the scales of high-speed rail and the scale of the city, serving both as a piece of mobility infrastructure and an important urban and civic artifact that connects the two sides of a city largely divided by the train tracks. Key to this project is a careful calibration of the different levels that make up the station, and the use of subtle ramps that help link the two sides of the city. Additionally, a continuous curved glass roof covers the station, unifying its interior components. The use of glass as a singular material provides both a sense of civic importance due to its scale and relentless repetition, and a unique sense of transparency, establishing a fluid boundary between the interior and exterior of the station. Glass, here, becomes an element that enhances the station's purpose as an urban connector, as Porta Susa reinforces the idea that a station should serve as an effective interface between different speeds and scales of transport.

São Paulo, too, has many examples where well-designed urban projects have improved the interface between mobility and city fabric. While many of these projects are discussed elsewhere in this book, the many interventions that have shaped the Vale do Anhangabaú fit well within the theme of this chapter. Specifically, the current iteration—a project from the 1980s designed by urbanist Jorge Wilheim and landscape architect Rosa Grena Kliass—is composed of a city park above a major road, and it attempts to connect the multiple city levels that make up the downtown. Despite the rudimentary implementation of the design, the project does help unify the two edges of the valley, and has become the base for newer interventions, such as the Praça das Artes building, which addresses the urban intervention through its open spaces.

Ultimately, what ties together the projects in this chapter is an aspiration to transform emblematic parts of the city by upgrading mobility infrastructure through an intermodal design strategy paired with an expanded mixed-use programmatic brief. The case studies in the pages that follow present a general overview of seven key projects that can serve as a point of reference for the upgrading and transformation of São Paulo's most mono-functional infrastructures, rendering urban mobility an integral component of many urban restructuring projects.

partida para uma estratégia de planejamento municipal mais ambiciosa, demonstrando a possibilidade de diálogo entre o projeto, o planejamento urbano e a governabilidade da cidade no século XXI.

O projeto e a implantação do bairro de Ørestad, em Copenhague, ao longo dos últimos 18 anos, também oferecem lições valiosas sobre como um bairro contemporâneo pode ser concebido em alinhamento com a nova infraestrutura de mobilidade. Em Ørestad, uma série de quarteirões urbanos foi desenvolvida ao lado de uma linha de metrô, que liga a região central às periferias urbanas e ao sul da cidade. O novo empreendimento urbaniza o terreno a oeste da linha do metrô, mudando a fronteira da cidade para mais perto do rio. Ao fazê-lo, o projeto desenvolve uma estratégia eficaz, que reúne transporte coletivo, rede viária e infraestrutura hidrológica em um plano abrangente, que prepara o terreno para o desenvolvimento de blocos urbanos ao longo do tempo. A rede viária e as estações de metrô funcionam como os principais pontos de conexão entre a cidade existente e o bairro, integrando o novo desenvolvimento à vida da cidade. Embora a área ainda seja relativamente nova, sua consolidação gradual mostra que, com o tempo, ganhará densidade significativa e se tornará um bairro vibrante. Ørestad exemplifica a importância de considerar conjuntamente a infraestrutura de mobilidade e o projeto urbano, para estabelecer melhores afinidades entre os sistemas de transporte e a vida urbana.

A estação de trem de alta velocidade Porta Susa, em Turim, projetada pela Arquitetura Silvio d'Ascia, em 2013, se concentra em como o design de uma estação pode se tornar o pivô entre as escalas dos trens de alta velocidade e a escala da cidade, funcionando como parte da infraestrutura de mobilidade e importante artefato urbano e cívico, que liga os dois lados de uma cidade, em grande parte, dividida pela ferrovia. A parte mais importante deste projeto é o ajuste cuidadoso dos diferentes níveis que compõem a estação, e o uso de rampas sutis que conectam os dois lados da cidade. Além disso, um telhado de vidro curvo contínuo cobre a estação, unificando seus componentes internos. O uso do vidro como único material fornece tanto o sentido de valor cívico, devido à sua escala e persistente repetição, como o sentido único de transparência, criando fronteira fluida entre as partes interna e externa da estação. O vidro, aqui, torna-se o elemento que intensifica a finalidade da estação como conexão urbana, já que a Porta Susa reforça a ideia de que uma estação deveria funcionar como interface efetiva entre diferentes velocidades e escalas de transporte.

São Paulo também tem muitos exemplos em que projetos urbanos bem-desenhados melhoraram a interface entre a mobilidade e o tecido urbano. Embora muitos desses projetos sejam discutidos em outras partes deste livro, as muitas intervenções que moldaram o Vale do Anhangabaú se encaixam bem no tema deste capítulo. Especificamente, a atual repetição, um projeto da década de 1980, criado pelo urbanista Jorge Wilheim e pela arquiteta paisagista Rosa Grena Kliass, consiste em um parque sobre uma rua principal, tentando conectar os vários níveis da cidade que formam a região central. Apesar de sua implementação rudimentar, o projeto, de fato, ajuda a unificar as duas margens do vale e se tornou a base para novas intervenções, como o edifício da Praça das Artes, que aborda a intervenção urbana através de seus espaços abertos.

Em última análise, o que une os projetos neste capítulo é a aspiração de transformar partes emblemáticas da cidade,

atualizando a infraestrutura de mobilidade, por meio de uma estratégia de projeto intermodal combinada com amplo resumo programático de uso misto. Os estudos de caso nas páginas a seguir apresentam uma visão geral de sete importantes projetos, que podem funcionar como ponto de referência para a modernização e transformação das infraestruturas mais monofuncionais da cidade de São Paulo, tornando a mobilidade urbana o componente integral de muitos projetos de reestruturação urbana.

Postcard showing the recently completed Túnel Nove de Julho and Parque Trianon with the belvedere above it, ca. 1940 (top). A contemporary view of Avenida Nove de Julho with the Museu de Arte de São Paulo replacing the Belvedere (bottom).

Cartão postal mostrando o recém-concluído Túnel Nove de Julho e o Parque Trianon, com o mirante acima, por volta de 1940 (alto). Vista contemporânea da Avenida Nove de Julho com o Museu de Arte de São Paulo substituindo o mirante (embaixo).

241

c

Boulevard de l'Impératrice, Algiers, 1860.

Built in the late nineteenth century in colonial Algiers by French architect Charles Frédéric Chassériau, the boulevard and ramps exemplify the value of multifaceted infrastructure. In section, the project accommodates a ramp system that moves goods from the level of the port to the level of the market above, creating a thick ground that mediates between water and city. In plan, the project favors a boulevard setting the stage for an urban enfilade that defines the main facade of the city to the water.

Boulevard de l'Impératrice, Argel, 1860.

Construído no final do século XIX, na Argel colonial, pelo arquiteto francês Charles Frédéric Chassériau. A avenida e as rampas exemplificam o valor da infraestrutura multifacetada. Nesta parte, o projeto apresenta um sistema de rampa que movimenta mercadorias do nível do porto ao mercado acima, criando um piso alto intermediário entre a água e a cidade. O projeto favorece uma avenida, criando as condições para um enfileiramento urbano, que define a fachada principal da cidade até a água.

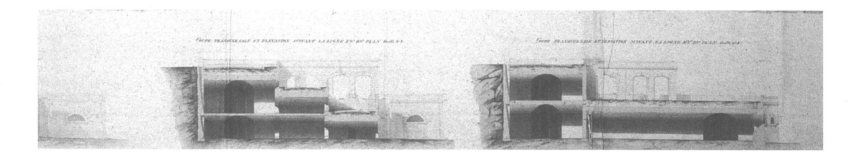

Cross section showing the ramps with the boulevard above (top). Contemporary aerial view of the boulevard (bottom).

Corte transversal, mostrando as rampas e a avenida acima (alto). Vista aérea contemporânea da avenida (embaixo).

Exploded axonometric drawing of the boulevard showing the relationship between infrastructure and buildings.

Desenho axonométrico esquemático da avenida, mostrando a relação entre a infraestrutura e os edifícios.

243

c

Grand Central Terminal, New York City, 1903.

The 1903 construction of Grand Central Terminal was part of an urban project that went beyond the boundaries of the station, involving a deck over the train tracks that spans over two city blocks. A sectional view of the project reveals how rail infrastructure, urban grid, and building density form an urban composite that is much greater than the sum of its parts. The drawing to the right highlights this layering of urban systems.

Terminal Grand Central, Nova York, 1903.

A construção do Terminal Grand Central, em 1903, fez parte de um projeto urbano que ultrapassou as fronteiras da estação, envolvendo um deque sobre as plataformas de trem que se estende por mais de dois quarteirões. Uma parte da vista do projeto revela como a infraestrutura ferroviária, a rede urbana e a densidade de edifícios formam um composto urbano muito maior do que a soma de suas partes. O desenho da direita destaca a sobreposição dos sistemas urbanos.

Drawing of Grand Central Terminal with street level cutaway to subway tracks.

Desenho do Terminal Grand Central, mostrando os trilhos subterrâneos do metrô.

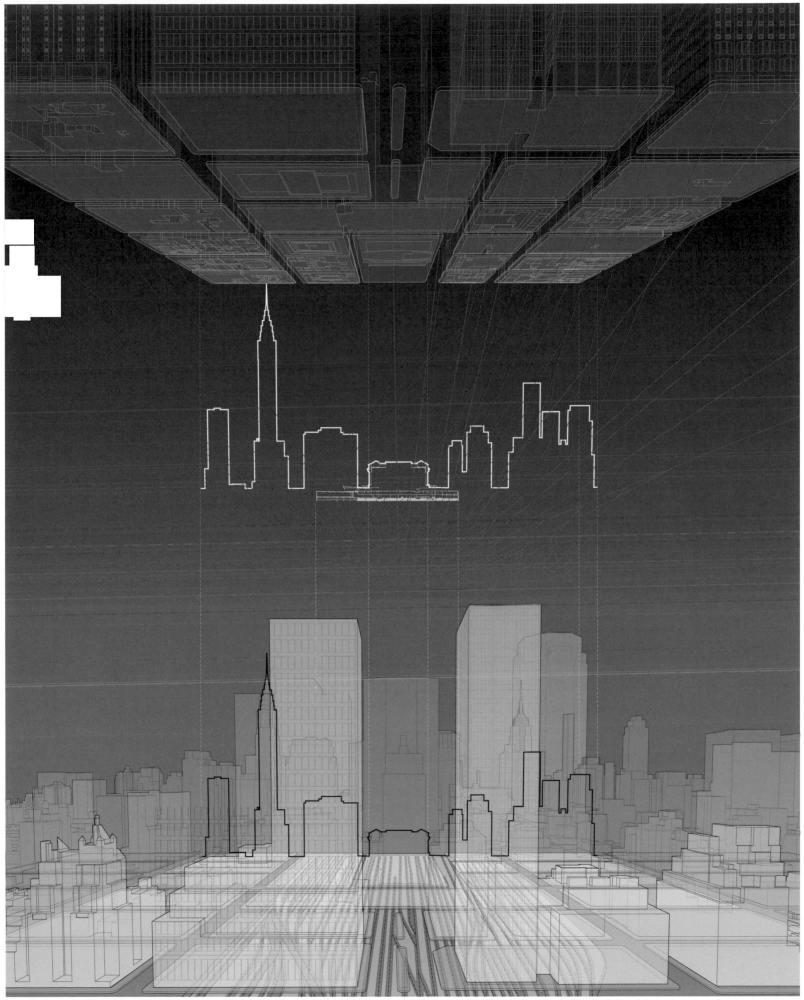

Exploded axonometric drawing of Grand Central Terminal showing how the decked tracks accommodate urban development.

Desenho axonométrico esquemático do Terminal Grand Central, mostrando como as plataformas com deques abrigam o desenvolvimento urbano.

245

c

Wacker Drive and Downtown, Chicago, 1909.

Originally conceived in 1909 by architects Daniel Burnham and Edward H. Bennett, Wacker Drive is a road system that separates traffic into two levels. The lower level mostly accommodates delivery trucks while the upper level is left for pedestrians and passenger vehicles. The drive, part of a larger project to reorganize traffic in downtown Chicago, adds to a long history of multi-level mobility infrastructure in the city center. The drawing to the right highlights the multiple levels that make up Chicago's famous Loop area.

Wacker Drive e centro da cidade, Chicago, 1909.

Originalmente concebido em 1909, pelos arquitetos Daniel Burnham e Edward H. Bennett, o Wacker Drive é um sistema rodoviário que separa o tráfego em dois níveis. O nível mais baixo, na maioria das vezes, recebe os caminhões de entrega, enquanto o nível mais alto é destinado aos pedestres e veículos de passageiros. Esse sistema, parte de um projeto mais amplo para reorganizar o tráfego no centro de Chicago, contribui à longa história da infraestrutura de mobilidade multinível no centro da cidade. O desenho à direita destaca os vários níveis que formam a famosa região do Loop de Chicago.

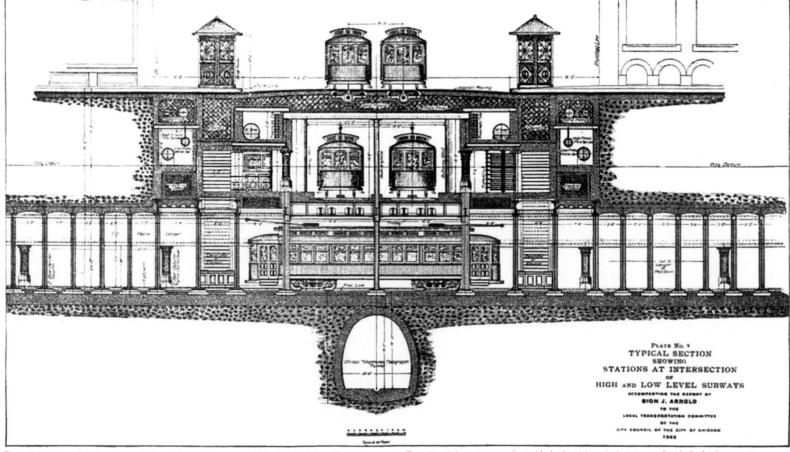

Typical stations showing the multi-level city and the complexity of the intersections.

Estações típicas, mostrando a cidade de vários níveis e a complexidade das interseções.

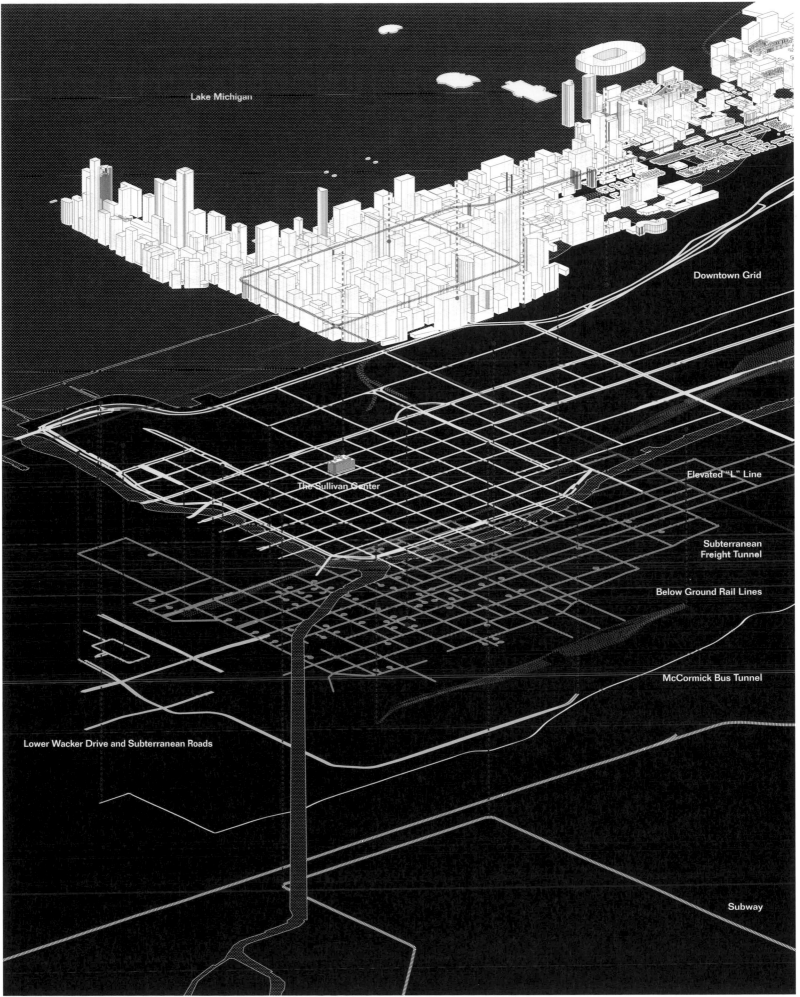

Lake Michigan

Downtown Grid

The Sullivan Center

Elevated "L" Line

Subterranean
Freight Tunnel

Below Ground Rail Lines

McCormick Bus Tunnel

Lower Wacker Drive and Subterranean Roads

Subway

Exploded axonometric drawing of the Chicago Loop showing the multiple levels that make up the ground in the city center.

Desenho axonométrico esquemático do Loop de Chicago, mostrando os vários níveis que compõem a área do centro da cidade.

Airport Core Programme, Hong Kong, 2000.

As part of the operations that replaced Hong Kong's dated and overcrowded Kai Tak airport, a HK$200 billion plan was executed to create a new international airport accompanied by a series of infrastructural and urban developments conceived as an integrated mobility network. The project consisted of multiple new roads, tunnels, bridges and expressways, an express rail linking the airport to the city center, major land reclamation for the airport and new mixed-use developments with stations for airport access, and a new town development to support the airport and provide a gateway to the city.

Programa principal do aeroporto, Hong Kong, 2000.

Como parte das operações que substituíram o desatualizado e superlotado aeroporto Kai Tak, de Hong Kong, foi executado um plano de HK$ 200 bilhões para criar um novo aeroporto internacional, acompanhado de uma série de empreendimentos urbanos e de infraestrutura, concebidos como uma rede de mobilidade integrada. O projeto consistiu em várias ruas, túneis, pontes e vias expressas, uma linha ferroviária expressa ligando o aeroporto ao centro da cidade, recuperação de grandes terrenos para o aeroporto e novos empreendimentos para vários fins, com estações para acesso ao aeroporto e novo desenvolvimento da cidade para dar apoio ao aeroporto e oferecer uma saída para a cidade.

View of the new Hong Kong airport island.

Vista da ilha do novo aeroporto de Hong Kong.

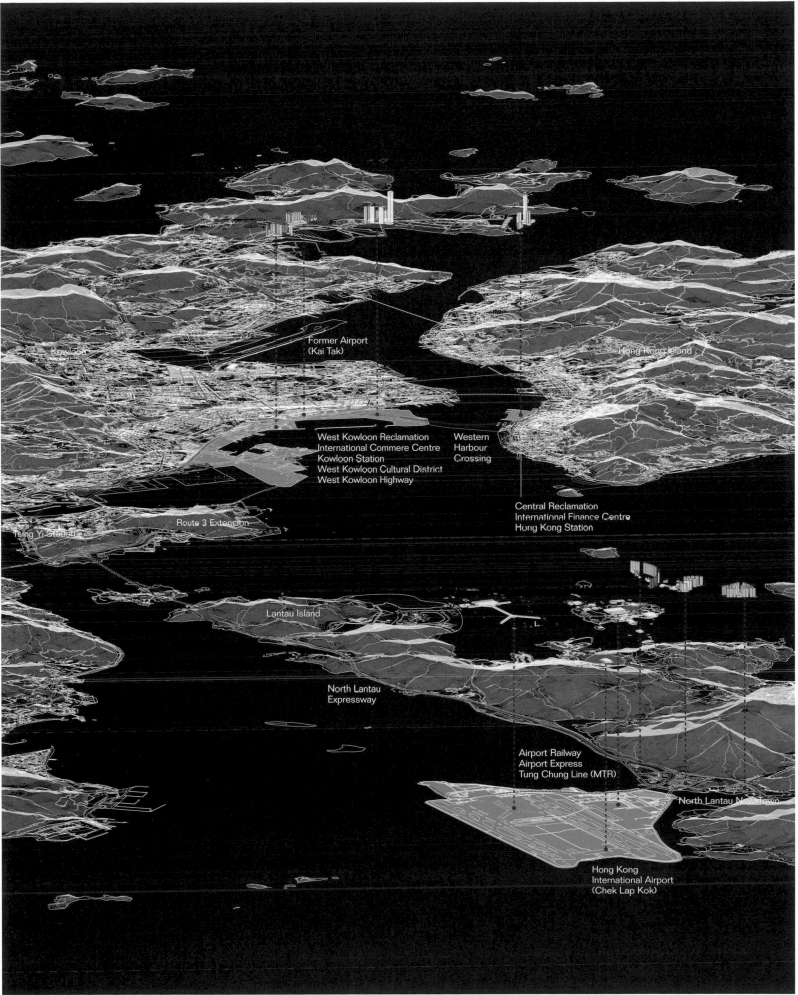

Kowloon

Former Airport
(Kai Tak)

Hong Kong Island

West Kowloon Reclamation
International Commere Centre
Kowloon Station
West Kowloon Cultural District
West Kowloon Highway

Western
Harbour
Crossing

Central Reclamation
International Finance Centre
Hong Kong Station

Route 3 Extension

Tsing Yi Station

Lantau Island

North Lantau
Expressway

Airport Railway
Airport Express
Tung Chung Line (MTR)

North Lantau New Town

Hong Kong
International Airport
(Chek Lap Kok)

Exploded axonometric drawing showing the Hong Kong airport in relation to other urban development projects.

Desenho axonométrico esquemático, mostrando o aeroporto de Hong Kong, em relação a outros projetos de desenvolvimento urbano.

C

Ørestad, Copenhagen, 2000.

Initiated in the early 2000s and still under implementation, the Ørestad district in Copenhagen organizes development along a new metro line. The project brings together mobility infrastructure, open space, urban development, and water management strategies into an urban ensemble that extends the city's edge westward. The drawing to the right shows the new district in relation to the city center and mobility systems.

Ørestad, Copenhague, 2000.

Começado no início dos anos 2000 e ainda sendo implementado, o bairro de Ørestad, em Copenhague, organiza o desenvolvimento ao longo da nova linha do metrô. O projeto une a infraestrutura de mobilidade, o espaço aberto, o desenvolvimento urbano e as estratégias de gerenciamento hídrico em um conjunto urbano, que se estende até a fronteira oeste da cidade. O desenho à direita mostra o novo bairro em relação ao centro da cidade e aos sistemas de mobilidade.

View of the Ørestad district and how it defines the city's edge.

Vista do bairro de Ørestad e como ele define a fronteira da cidade.

Exploded axonometric drawing showing the multiple infrastructures that make up the Ørestad District.

Desenho axonométrico esquemático, mostrando as várias infraestruturas que formam o bairro de Ørestad.

C

Porta Susa TGV Station, Turin, 2013.

Designed by Silvio d'Ascia Architecture in 2013, Porta Susa TGV Station in Turin rethinks the role of the station as an integral component of the urban landscape. Sited over train tracks that divided the city, the project effectively brings train access and urban connectivity into a singular and monumental space. The drawing to the right shows how the section of the project negotiates pedestrian access across the city with the linearity of the rail infrastructure.

Estação de trem de alta velocidade Porta Susa, Turim, 2013.

Criado pela empresa Arquitetura Silvio d'Ascia, em 2013, a estação de trem de alta velocidade Porta Susa, em Turim, repensa o papel da estação como componente integral da paisagem urbana. O projeto, localizado sobre os trilhos do trem que dividiam a cidade, efetivamente oferece acesso aos trens e conectividade urbana em um espaço único e monumental. O desenho à direita mostra como a parte do projeto negocia o acesso aos pedestres pela cidade com a linearidade da infraestrutura ferroviária.

Side view of Turin's Porta Susa Station.

Vista lateral da estação Porta Susa de Turim.

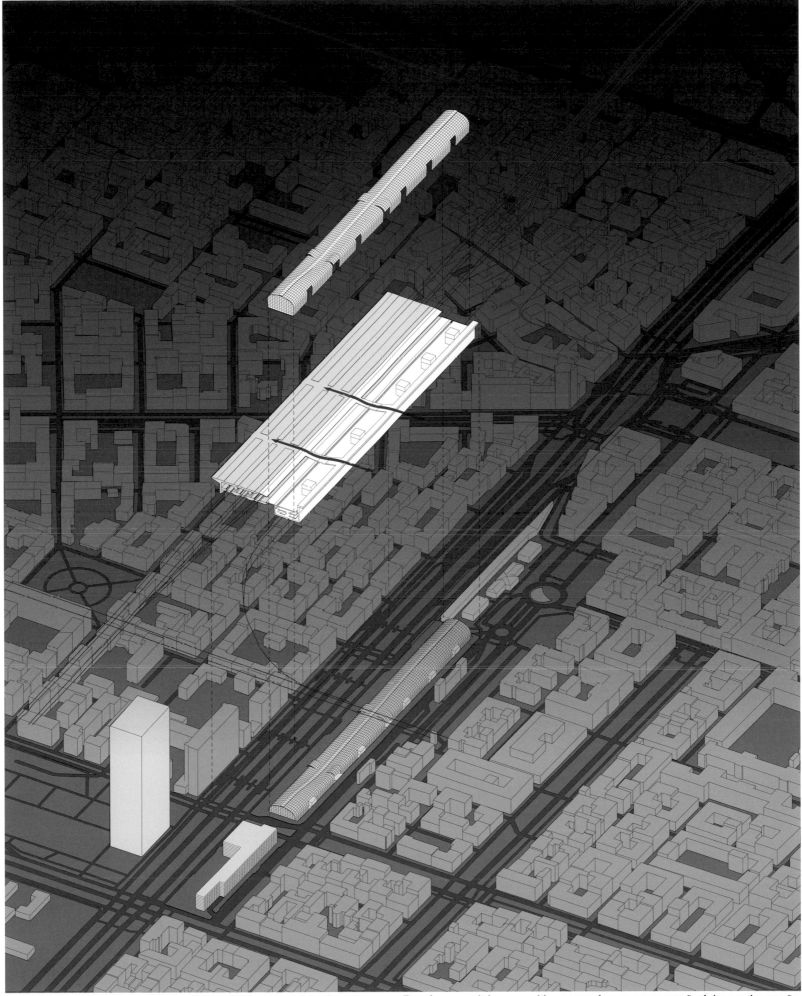

Exploded axonometric drawing showing how the new station accommodates the station while also connecting both sides of the city.

Desenho axonométrico esquemático, mostrando como a nova estação abriga a antiga estação, enquanto conecta ambos os lados da cidade.

253

c

Vale do Anhangabaú, São Paulo, 1980.

The multiple interventions in the Vale do Anhangabaú are also part of an important lineage of urban projects emerging from the reorganization of the city's mobility infrastructure. The current iteration of Anhangabaú—a project from the 1980s designed by urbanist Jorge Wilheim and landscape architect Rosa Grena Kliass—is composed of a city park above a major road, and it attempts to connect the multiple city levels that make up downtown São Paulo. The drawing to the right shows the deep section of the project linking road, park, buildings, and viaduct.

Vale do Anhangabaú, São Paulo, 1980.

As várias intervenções no Vale do Anhangabaú também fazem parte de uma importante linhagem de projetos urbanos, que surgiram da reorganização da infraestrutura de mobilidade da cidade. A atual configuração do Anhangabaú, um projeto da década de 1980, criado pelo urbanista Jorge Wilheim e pela arquiteta paisagista Rosa Grena Kliass, é composta de um parque sobre uma rua principal, com o objetivo de conectar os vários níveis da cidade que formam o centro de São Paulo. O desenho à direita mostra grande parte do projeto, conectando a rua, o parque, os edifícios e o viaduto.

Aerial view of Vale do Anhangabaú showing the elevated viaduct.

Vista aérea do Vale do Anhangabaú, mostrando o viaduto elevado.

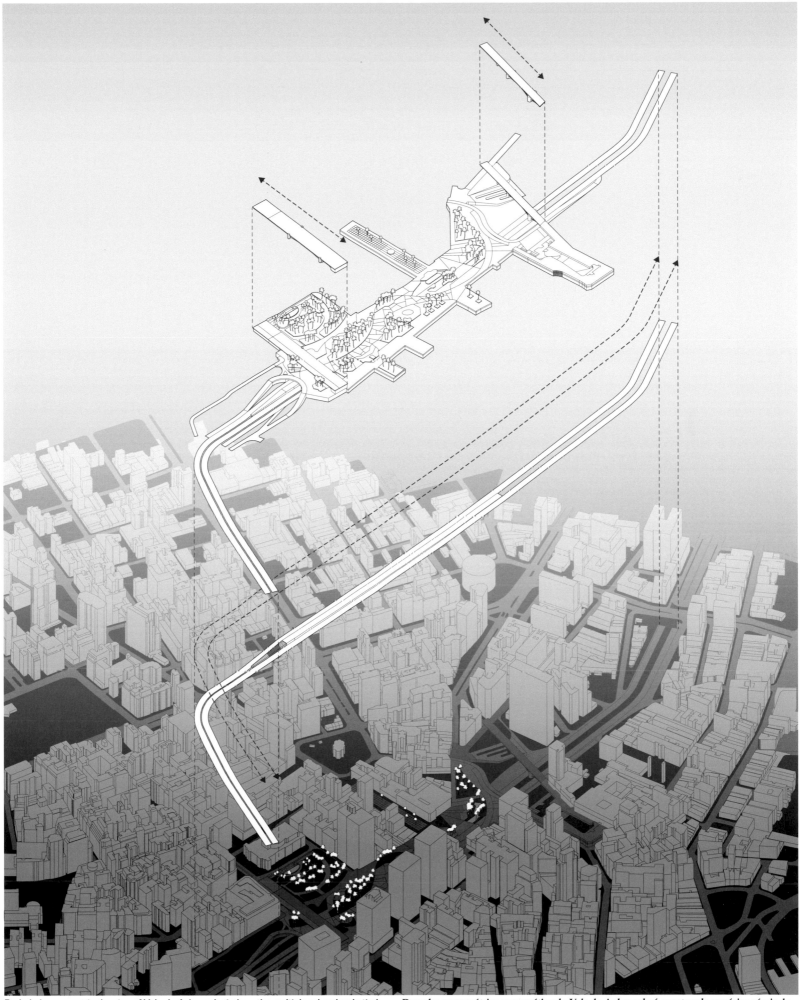

Exploded axonometric drawing of Vale do Anhangabaú show the multiple urban levels tied together by the urban intervention.

Desenho axonométrico esquemático do Vale do Anhangabaú, mostrando os vários níveis da cidade unidos pela intervenção urbana.

255

c

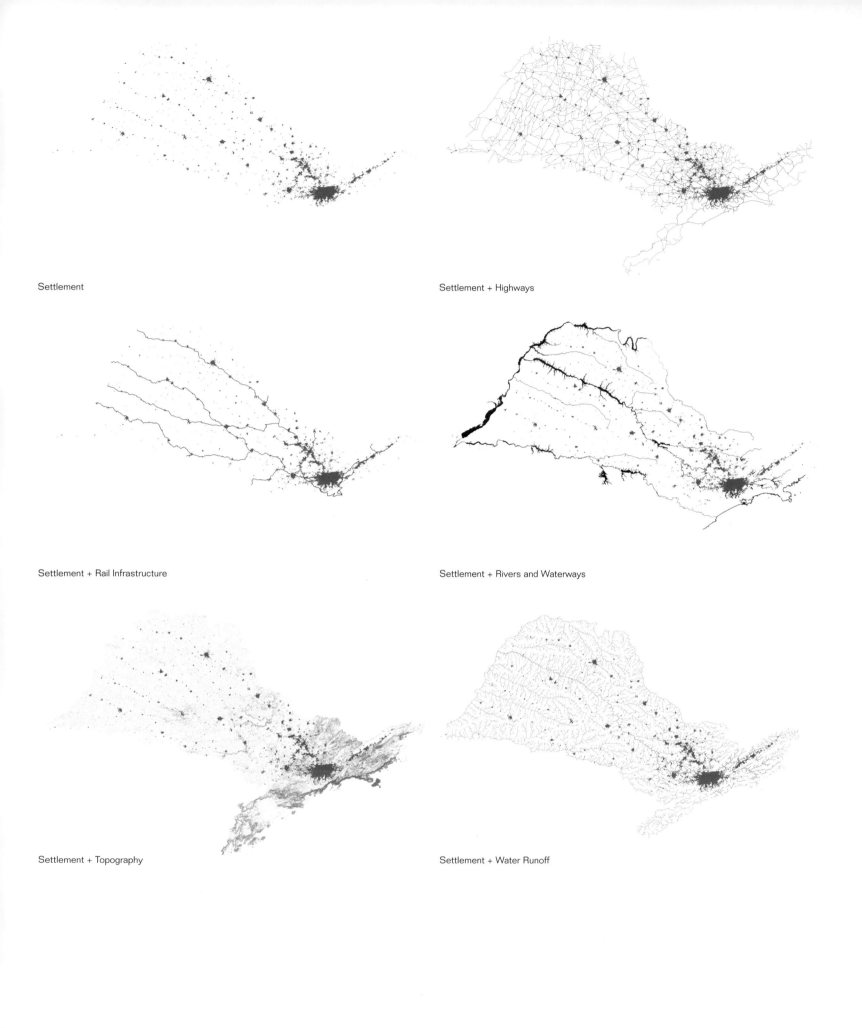

Settlement

Settlement + Highways

Settlement + Rail Infrastructure

Settlement + Rivers and Waterways

Settlement + Topography

Settlement + Water Runoff

Territorial analysis showing the relationship between topography, settlement, and infrastructure and highlighting potential affinities among them.

Análise territorial, mostrando a relação entre a topografia, o assentamento e a infraestrutura, destacando possíveis afinidades entre elas.

Introduction

São Paulo: Models of Urban Growth

Collective Living in South America: A Primer

Mobility Infrastructure: Driver of the Urban Project

Urban Plans and Visions: A Genealogy of São Paulo

Introdução

São Paulo: modelos de crescimento urbano

Habitações coletivas na América do Sul: guia introdutório

Infraestrutura de mobilidade: campanha do projeto urbano

Planejamentos e visões urbanas: a genealogia de São Paulo

D

Introduction

São Paulo: Models
of Urban Growth

Collective Living
in South America:
A Primer

Mobility
Infrastructure: Driver
of the Urban Project

Urban Plans and
Visions: A Genealogy
of São Paulo

Introdução

São Paulo: modelos
de crescimento urbano

Habitações coletivas na
América do Sul: guia
introdutório

Infraestrutura de
mobilidade: campanha
do projeto urbano

Planejamentos e visões
urbanas: a genealogia
de São Paulo

If there is one thing that unifies the heterogeneous urban forms of São Paulo it is the city's relentless pursuit of realizing urban visions. Although conceived in vastly different eras and by markedly different individuals and administrations, these visions are anything but a motley cohort of architectural and urban fantasies. On the contrary, the coherence of these urban plans and projects can be understood in terms of five themes that have long driven São Paulo's urban experiments: organizing and consolidating the city center, new extensions to the city center, water and urban form, projects and plans at a metropolitan scale, and the civic dimension of public space. "Urban Plans and Visions: A Genealogy of São Paulo" constructs an inventory of the many projects, built or unbuilt, that have contributed to the discourse of Paulista urbanism.

Organizing and Consolidating the City Center

Since the closing decades of the nineteenth century, the consolidation of São Paulo's city center has resulted in several iconic urban visions authored by planners, architects, and engineers. Strengthening and unifying the core of the city evolved along two lines. The first focused on bringing infrastructure to the city—particularly in the form of the viaduct—to connect the valleys and peaks of the city's undulating topography. The second, reminiscent of Baron Haussmann's perspectival boulevards in nineteenth-century Paris, sought to inscribe order and hierarchy by means of axial planning.

In the case of viaducts, Jules Martin's colorful rendering of the Projecto de Ligação to connect the Sé and Praça da República is instructive. Spanning 240 meters and inaugurated in 1892, this viaduct established a new commercial link within the city. Perched 20 meters above the Anhangabaú Valley, the new bridge divides the composition into two halves and forms an artificial horizon line. Lodged in the middle ground of the drawing, crowds of pedestrians walk across this new civic space while in the foreground bespoke urban denizens stand alongside an armadillo reading a pamphlet as a frog plays an upright piano next to an unpaved road. Although the new piece of infrastructure links two parts of the city, it is quite literally placed in the middle of the drawing and flanked by political personalities and competing interests. As suggested by the drawing, the viaduct was not only a piece of infrastructure for São Paulo, but also an important icon of development and progress.

Whereas Martin caricatures the political and environmental pressures swirling around a new viaduct, Swiss-born architect and planner Le Corbusier in his 1929 sketch of São Paulo dramatizes how viaducts will transform this agricultural town into a buzzing metropolis.[1] Drawn in perspective from the air, Le Corbusier's sketch centers on the crossing of two monumental viaducts. Towers congregate at the massive intersection and airplanes lurk in the margins while the rivers and landscape of the city's environs remain untouched by the hand of the master architect-planner. In short, these new raised transportation corridors march on columns across the landscape and direct further urban and economic growth at the scale of the larger territory. Like most of Le Corbusier's heroic projects, his sketch for São Paulo was never realized. However, his vision of monumental viaducts wedded the city's need for new transportation corridors with the legacy of axial planning from the turn of the century.

Se existe uma coisa que une as formas urbanas heterogêneas de São Paulo é a busca implacável da cidade de concretizar visões urbanas. Embora concebidas em épocas muito diferentes e por indivíduos e administrações notoriamente diferentes, essas visões são tudo menos uma coorte heterogênea de fantasias arquitetônicas e urbanas. Pelo contrário, a coerência desses planejamentos e projetos urbanos pode ser entendida em termos de cinco temas que impulsionaram as experiências urbanas de São Paulo: organização e consolidação do centro da cidade, novas extensões em direção ao centro da cidade, forma urbana e hídrica, projetos e planejamentos em escala metropolitana e a dimensão cívica do espaço público. "Planejamentos e visões urbanas: a genealogia de São Paulo" é um inventário dos inúmeros projetos, construídos ou não, que contribuíram para o discurso do urbanismo paulistano.

Organização e consolidação do centro da cidade

Desde as décadas finais do século XIX, a consolidação do centro da cidade de São Paulo resultou em várias visões urbanas icônicas criadas por planejadores, arquitetos e engenheiros. O fortalecimento e a unificação do núcleo da cidade se deram ao longo de duas linhas. A primeira com o objetivo de criar infraestrutura, particularmente sob a forma de viadutos, para conectar os vales e picos da topografia sinuosa da cidade. A segunda, que lembra as avenidas do Barão Haussmann em perspectiva, na Paris do século XIX, procurou instituir ordem e hierarquia através do planejamento de eixos.

No caso dos viadutos, a colorida versão de Jules Martin do Projeto de Ligação para conectar a Sé e a Praça da República é instrutiva. Com 240 m e inaugurado em 1892, esse viaduto estabeleceu uma nova ligação comercial na cidade. Elevado 20 m acima do Vale de Anhangabaú, o viaduto divide a composição em duas metades e forma uma linha artificial no horizonte. Alojadas no meio do desenho, as multidões de pedestres atravessam este novo espaço cívico, enquanto no primeiro plano, os habitantes urbanos aparecem ao lado de um tatu, lendo um panfleto, enquanto um sapo toca piano próximo de uma rua não pavimentada. Embora a nova infraestrutura conecte duas partes da cidade, é literalmente colocada no meio do desenho e ladeada por personalidades políticas e interesses concorrentes. Conforme sugerido pelo desenho, o viaduto não representava apenas infraestrutura para a cidade de São Paulo, mas também um importante ícone de desenvolvimento e progresso.

Enquanto Martin faz a caricatura das pressões políticas e ambientais em torno de um novo viaduto, o arquiteto e planejador de origem sueca, Le Corbusier, em seu esboço de São Paulo feito em 1929, dramatiza como os viadutos transformariam a cidade agrícola em uma metrópole vibrante[1]. Desenhado em perspectiva, o esboço de Le Corbusier centra-se no cruzamento de dois viadutos monumentais. Os edifícios se reúnem no imenso cruzamento, e os aviões espreitam às margens, enquanto os rios e a paisagem dos arredores da cidade permanecem intocados pela mão do mestre arquiteto planejador. Em resumo, esses novos corredores elevados de transporte marcham em colunas por toda a paisagem e direcionam o crescimento urbano e econômico na escala da região mais ampla. Como a maioria dos projetos heroicos de Le Corbusier, seu esboço de São Paulo nunca foi concretizado. No entanto, sua visão de viadutos monumentais combinava a necessidade

PLANO DE AVENIDAS DA CIDADE DE SÃO PAULO

Perspectival view visualizing the implementation of radial corridors proposed by Francisco Prestes Maia in the 1930 Avenues Plan.

Vista em perspectiva, mostrando a implantação de corredores radiais propostos por Francisco Prestes Maia no Plano de Avenidas de 1930.

The Great Avenues Plan, designed by Alexandre Albuquerque in 1911, exemplified the aspirations of an early-twentieth century Paulista elite for a city image resembling that of Baron Haussmann's Paris with its axial boulevards. The project, never realized, extended three major avenues from the city center. A square planned for the intersection of the three avenues would have demarcated a new point of centrality in the city. As one can see from the plan and rendering, Albuquerque's urban vision would have created a series of new public squares and civic amenities linked by perspectival boulevards. Drawn one decade after Martin's viaduct was constructed and two decades before Le Corbusier's robust sketch, Albuquerque's plan envisioned a dense, cosmopolitan city punctuated by well-defined and choreographed civic spaces.

New Extensions to the City Center

In the first half of the twentieth century there were two competing visions for extending the city of São Paulo: those leveraging the avenue and those working with the neighborhood unit. Long and often axial, the avenue, like the viaduct, inscribed monumental order into the landscape. The neighborhood, with its combination of residential plots and parks, seemingly created a world unto itself. In their own ways, however, both forms of development contributed to an uneven extension of city's social and physical infrastructures as they informed the urban growth of many areas adjacent to the city center.

By the first decade of the twentieth century, São Paulo was experiencing unprecedented urban growth outside the

de novos corredores de transporte na cidade com o legado do planejamento axial a partir da virada do século.

O Plano das Grandes Avenidas, criado por Alexandre Albuquerque, em 1911, exemplificou as aspirações da elite paulistana do início do século XX por uma imagem da cidade que lembrava a Paris de Baron Haussmann, com suas avenidas axiais. O projeto, nunca executado, propunha três grandes avenidas que se originavam no centro da cidade. Uma praça planejada para a interseção das três avenidas teria demarcado um novo ponto central da cidade. Como se pode ver no plano e na representação, a visão urbana de Alexandre Albuquerque criou uma série de novas praças públicas e comodidades cívicas ligadas por avenidas em perspectiva. Desenhado uma década depois de o viaduto de Martin ter sido construído e duas décadas antes do esboço robusto de Le Corbusier, o plano de Alexandre Albuquerque previa uma cidade densa e cosmopolita, pontuada por espaços cívicos bem-definidos e coreografados.

Novas extensões em direção ao centro da cidade

Na primeira metade do século XX, havia duas visões concorrentes para a ampliação da cidade de São Paulo: uma que alavancava a avenida e outra que trabalhava com a unidade de bairro. Longa e muitas vezes axial, a avenida, assim como o viaduto, imprimia ordem monumental à paisagem. O bairro, com sua combinação de terrenos residenciais e parques, aparentemente, formou um mundo em si mesmo. A seu modo, no entanto, ambas as formas de desenvolvimento contribuíram para a ampliação desproporcional das infraestruturas sociais

D

Companhia City advertisement for the Sociedade Harmonia de Tênis within the Jardim América development.

Anúncio publicitário da Companhia City para a Sociedade Harmonia de Tênis no empreendimento do Jardim América.

boundaries of its city center. In 1911, the municipality hired French architect Joseph-Antoine Bouvard as a consultant to guide the growth of the city and develop a plan for the expansion of its city center. Extending the city by means of new avenues and parks, Bouvard created a network of open spaces to help the city deal with water management issues and facilitate the introduction of new leisure and civic programs. While this robust network would never leave the drawing board, its legacy persists in Parque Dom Pedro II, the most notable result of Bouvard's proposals. An important open space for a fast-growing São Paulo, the park serves as the pivot between the city center and newer extensions of the city.

The embrace of the neighborhood unit in São Paulo coincided with global enthusiasm for the Garden City movement. Following the publication of Ebenezer Howard's *Garden Cities of To-morrow* in 1902, where he proposed a decentralized city form of dwellings and shared lands, developers and municipalities adopted the Garden City model to revise the suburban neighborhood unit.[2] Barry Parker and Raymond Unwin, two British-based architect and planners, proposed Jardim América, the first Garden City development in South America, in 1915. The plan of the neighborhood, with its curving roads interrupted by parks, bears a stunning resemblance to the town of Letchworth in England, also designed by Unwin. Implemented in a 46-hectare tract of land west of the city center, Jardim América continues to be an important example of British town planning in the Americas and an iconic neighborhood in São Paulo.

Water and Urban Form

Although the city of São Paulo is often pictured as a metropolis teeming with towers atop a robust topography, significant portions of the city sit along the Pinheiros and Tietê rivers. Since 1923, when the Tietê River Improvement Project proposed straightening and widening the bed of this dynamic river, engineers and municipal officials have worked tirelessly to channelize and dam the city's rivers.

Two key proposals from São Paulo's urban history run in stark contrast to these channelizing efforts. Le Corbusier, once again, with his city of viaducts and towers, would allow the rivers in and around São Paulo to flow relatively free. Beyond this sketch, however, is Brazilian architect and urbanist Paulo Mendes da Rocha's "City on the Tietê River" from 1980, a plan envisioning a reciprocity between urban form and the dynamism of the river. Having long criticized the city's relationship to its rivers, da Rocha proposed linking the existing waterway and rail infrastructure with a new transverse axis and intermodal hub. As one can see from the plan, da Rocha composes a series of different sectors organized into strips along and parallel to new and existing infrastructures as well as to the Tietê itself. A composition as much about urban form as it is about hydrology, the plan synthesizes overlaps between the geometries of river and infrastructure.

Projects and Plans at a Metropolitan Scale

Only a handful of architects and planners have developed proposals comparable to the synthetic vision of da Rocha's "City on the Tietê River." Barcelona-based architect Joan

e físicas da cidade, à medida que denotavam o crescimento urbano de muitas áreas adjacentes ao centro da cidade.

Na primeira década do século XX, São Paulo experimentava crescimento urbano nunca antes visto, fora dos limites do centro da cidade. Em 1911, o município contratou o arquiteto francês Joseph-Antoine Bouvard como consultor para orientar o crescimento da cidade e planejar a expansão da região central. Ao expandir a cidade por meio de novas avenidas e parques, Bouvard criou uma rede de espaços abertos para ajudar a cidade a lidar com problemas de gerenciamento hídrico e facilitar a criação de novos programas cívicos e de lazer. Embora essa sólida rede nunca tenha saído do papel, seu legado persiste no Parque Dom Pedro II, o resultado mais notável das propostas de Bouvard. Um importante espaço aberto para a cidade que cresce rapidamente, o parque funciona como o pivô entre a região central e ampliações mais recentes de São Paulo.

A opção pelos bairros coincidiu com o entusiasmo global pelo movimento cidade-jardim. Após a publicação de *Garden Cities of To-morrow*, em 1902, por Ebenezer Howard, em que propôs uma forma descentralizada de habitações e terrenos compartilhados, desenvolvedores e municípios adotaram o modelo cidade-jardim para reavaliar a unidade do bairro suburbano[2]. Barry Parker e Raymond Unwin, dois arquitetos e planejadores britânicos, em 1915, propuseram o Jardim América, o primeiro desenvolvimento de cidade-jardim da América do Sul. O planejamento do bairro, com suas ruas curvas interrompidas por parques, tem semelhança impressionante com a cidade de Letchworth, na Inglaterra, também projetada por Unwin. Implementado em um terreno de 46 ha, a oeste do centro da cidade, o Jardim América continua a ser um exemplo importante do planejamento urbanístico britânico nas Américas e um bairro icônico de São Paulo.

A água e a forma urbana

Embora a cidade de São Paulo seja muitas vezes representada como uma metrópole repleta de edifícios em topografia robusta, partes significativas da cidade estão ao longo dos rios Pinheiros e Tietê. Desde 1923, quando o Projeto de Melhoria do Rio Tietê propôs corrigir e ampliar o leito desse dinâmico rio, engenheiros e funcionários públicos trabalharam incansavelmente para canalizar e represar os rios da cidade.

Duas das principais propostas da história urbana de São Paulo contrastavam completamente com esses esforços de canalização. Le Corbusier, mais uma vez, com sua cidade de viadutos e edifícios, permitiria que os rios dentro e ao redor de São Paulo fluíssem relativamente livres. Além deste esboço, no entanto, está o planejamento de 1980, "Cidade no Tietê", do arquiteto e urbanista brasileiro Paulo Mendes da Rocha, que prevê a reciprocidade entre a forma urbana e o dinamismo do rio. Tendo há muito criticado o relacionamento da cidade com seus rios, Paulo Mendes da Rocha propôs a ligação da infraestrutura ferroviária e hidroviária existentes com um novo eixo transversal e um hub intermodal. Como se pode ver a partir do desenho, ele cria uma série de diferentes setores organizados em faixas paralelas às infraestruturas novas e as existentes, bem como ao próprio Tietê. Uma composição tanto da forma urbana quanto de sua hidrologia, o desenho sintetiza sobreposições entre as geometrias do rio e a infraestrutura.

D

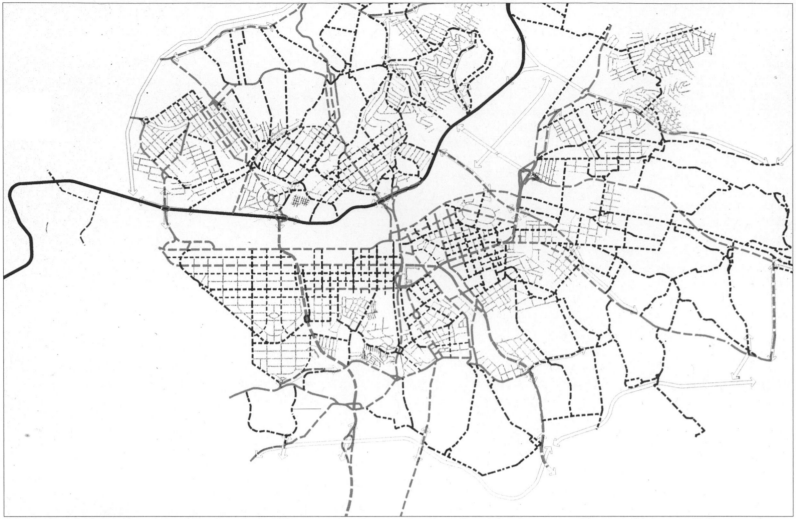

Analytical drawing by Joan Busquets for "A New Centrality for ABC" showing the different scales of urban mobility that cross the Tamanduateí River.

Desenho analítico de Joan Busquets para "Nova centralidade para o ABC", mostrando as diferentes escalas de mobilidade urbana que atravessam o rio Tamanduateí.

Busquets made one such proposal in 1999. Commissioned by the municipality of Santo André (São Paulo metropolitan region) to reimagine a portion of post-industrial land along the Tamanduateí River, Busquets used the river as a flexible spine to organize an intermodal hub with new parks and neighborhoods, effectively forming a new centrality within the city. Unlike previous proposals such as architect Francisco Prestes Maia's Avenues Plan of 1930, where a series of avenues radiate from the center of the city and rivers conform to the radial plan, Busquets creates an urban centrality unbeholden to an overarching geometry.

By not treating infrastructures or the river as mono-functional entities, Busquets is able develop a plan that brings together three municipalities within the larger watershed: Santo André, São Bernardo do Campo, and São Caetano do Sul. In the birds-eye view plan of his proposal, one can see how a series of urban hotspots are linked through roads and parks to the new waterfront along the Tamanduateí River. Few urban visions have so succinctly and elegantly synthesized two of the major drivers of urban development in São Paulo—namely, the grand avenue and the neighborhood enclave—with the city's dynamic watersheds as that proposed by Busquets.

The Civic Dimension of Public Space

Since the early 1980s, architects and urbanists working alongside landscape architects have drawn up proposals to

Projetos e planos em escala metropolitana

Apenas alguns arquitetos e planejadores desenvolveram propostas comparáveis à visão sintética da "Cidade no Tietê" de Paulo Mendes da Rocha. O arquiteto de Barcelona, Joan Busquets, fez uma dessas propostas em 1999. Contratado pelo município de Santo André (região metropolitana de São Paulo) para reimaginar uma parte dos terrenos pós-industriais ao longo do rio Tamanduateí, Busquets usou o rio como a linha flexível para organizar um hub intermodal com novos parques e bairros, formando efetivamente uma nova centralidade na cidade. Ao contrário das propostas anteriores, como o Plano de Avenidas do arquiteto Francisco Prestes Maia, de 1930, onde uma série de avenidas irradia do centro da cidade e os rios estão em conformidade com esse plano radial, Busquets cria uma centralidade urbana não suportada pela geometria abrangente.

Ao não tratar as infraestruturas ou o rio como entidades monofuncionais, Busquets é capaz de desenvolver um planejamento que reúne três municípios na bacia hidrográfica mais ampla: Santo André, São Bernardo do Campo e São Caetano do Sul. No plano geral da proposta, pode-se ver como vários pontos turísticos urbanos estão ligados através de ruas e parques à nova margem ao longo do rio Tamanduateí. Poucas visões urbanas sintetizaram de forma tão sucinta e elegante dois dos principais impulsionadores do desenvolvimento urbano em São Paulo, ou seja, as grandes avenidas e os bairros, com as bacias dinâmicas da cidade como fez a proposta de Busquets.

Perspective view of the proposal for a new Modern Art Museum by Angelo Bucci/SPBR Arquitetos, 2013.

Vista em perspectiva da proposta do novo Museu de Arte Moderna, por Angelo Bucci, da SPBR Arquitetos, 2013.

Site plan of the proposal for a new Modern Art Museum by Angelo Bucci/SPBR Arquitetos, 2013.

Planta da proposta do novo Museu de Arte Moderna, por Angelo Bucci, da SPBR Arquitetos, 2013.

D

create new civic spaces for São Paulo. Here, a late-twentieth century competition and an invited exhibition in the second decade of the twenty-first have set the stage for defining the extremes of civic space in São Paulo.

In 1981, Jorge Wilheim won an international competition for the redesign of the Anhangabaú Valley. Working with landscape architects Rosa Kliass and Jamil Kfouri, Wilheim proposed an eight-hectare park above a vehicular bypass. By combining a lush surface with direct access to mass transit, the project creates a new middle ground to connect both sides of the valley. As rudimentary as the implementation of the project was, it has successfully served as an anchor for additional architectural and urban projects along its edges. Equally important, though not the winning competition entry, was Italian-born architect Lina Bo Bardi's submission. Like Wilheim, Bo Bardi proposes a thickly vegetated surface as a new space of leisure and escapism in the center of the city, however, taking a cue from Le Corbusier's 1929 urban study, Bo Bardi introduces a monumental elevated vehicular viaduct running longitudinally through the park. Painted in bright red, the elevated roadway would provide a new way of experiencing the city from a raised perspective at the speed of the car.

The legacy of such an infrastructural approach to civic space and urbanism informed the submissions for a New Modern Art Museum (MAM) exhibition held in 2013, where seven architects and twenty-five artists were invited to submit proposals that envisioned "A New MAM, why and for whom?" One of the most striking entries in the exhibition was authored by Angelo Bucci/SPBR Arquitetos. As seen in the model, Bucci projected an elevated walkway that forms a monumental square around Ibirapuera Park. Reminiscent of land art works from the 1960s and 1970s, the project frames the important design projects that make up the park—primarily the works of Oscar Niemeyer and Roberto Burle Marx—and inscribes a sublime structure around one of the city's most iconic public spaces.

Any serious study of São Paulo's urban future must carefully read projects from its rich history that have sought to construct a vision for the city. The pages that follow document these visions and present them as a collective, allowing the reader to understand affinities and differences among them, and convey how ever-present the city has been in the imaginations of local and foreign architects who have sought to shape its course.

A dimensão cívica do espaço público

Desde o início da década de 1980, arquitetos e urbanistas que trabalham junto a arquitetos paisagistas elaboraram propostas para criar novos espaços cívicos para São Paulo. Aqui, um concurso do final do século XX e uma exposição convidada, na segunda década do século XXI, prepararam o cenário para definir os extremos do espaço cívico em São Paulo.

Em 1981, Jorge Wilheim ganhou um concurso internacional para reprojetar o Vale do Anhangabaú. Trabalhando com os arquitetos paisagistas Rosa Kliass e Jamil Kfouri, Wilheim propôs um parque de 8 ha acima de um anel rodoviário para veículos. Ao combinar a superfície exuberante com acesso direto ao sistema de transporte coletivo, o projeto cria novo meio-termo para conectar ambos os lados do vale. Embora a implementação do projeto tenha sido rudimentar, funcionou como âncora para projetos arquitetônicos e urbanos adicionais ao longo de suas margens. Igualmente importante, embora não tenha ganho o concurso, foi o projeto da arquiteta italiana Lina Bo Bardi. Como Wilheim, Lina Bo Bardi propõe uma superfície coberta de vegetação como novo espaço de lazer e escapismo no centro da cidade. No entanto, considerando a sugestão do estudo urbano de Le Corbusier, de 1929, Bo Bardi apresenta um monumental viaduto que passa longitudinalmente pelo parque. Pintado de vermelho brilhante, o viaduto seria uma nova maneira de conhecer a cidade a partir da perspectiva elevada à velocidade dos veículos.

O legado dessa abordagem infraestrutural do espaço cívico e do urbanismo fundamentou as propostas sobre a exposição do novo Museu de Arte Moderna (MAM), realizada em 2013, onde sete arquitetos e 25 artistas foram convidados a apresentar propostas com o tema "Um novo MAM: por que e para quem?" Uma das propostas mais marcantes da exposição foi de autoria de Angelo Bucci, da SPBR Arquitetos. Como visto no modelo, ele projetou uma passarela que forma uma praça monumental ao redor do Parque Ibirapuera. Reminiscente das obras de arte terrestre das décadas de 1960 e 1970, o projeto enquadra os importantes projetos de design que compõem o parque, principalmente as obras de Oscar Niemeyer e Roberto Burle Marx, e imprime uma estrutura sublime ao redor de um dos espaços públicos mais icônicos da cidade.

Qualquer estudo sério sobre o futuro urbano de São Paulo deve avaliar cuidadosamente os projetos da sua rica história, que buscaram construir uma visão para a cidade. As páginas que se seguem documentam essas visões e as apresentam de forma coletiva, permitindo que o leitor compreenda as afinidades e as diferenças entre elas, além de expressar como a cidade sempre presente foi idealizada pelos arquitetos locais e estrangeiros que buscaram moldar seu curso.

1   For more on Le Corbusier's proposals for São Paulo see Le Corbusier, *Précisions sur un état présent de l'architecture et de l'urbanisme* (Paris: G. Crès, 1930); trans. Edith Schreiber Aujame, *Precisions on the Present State of Architecture and City Planning* (Cambridge, MA: MIT Press, 1991).
2   Ebenezer Howard, *To-morrow: A Peaceful Path to Real Reform* (London: Swan, Sonnenschein & Co., 1898); later published as *Garden Cities of To-morrow* in 1902.

1   Para obter mais informações sobre as propostas de Le Corbusier para São Paulo, consulte, *Précisions sur un état présent de l'architecture et de l'urbanisme,de Le Corbusier*. Edith Schreiber Aujame (Cambridge, MA: MIT Press, 1991).
2   Ebenezer Howard, *To-morrow: A Peaceful Path to Real Reform* (Londres: Wan, Sonnenschein & Co., 1898); posteriormente publicado como *Garden Cities of To-morrow*, em 1902.

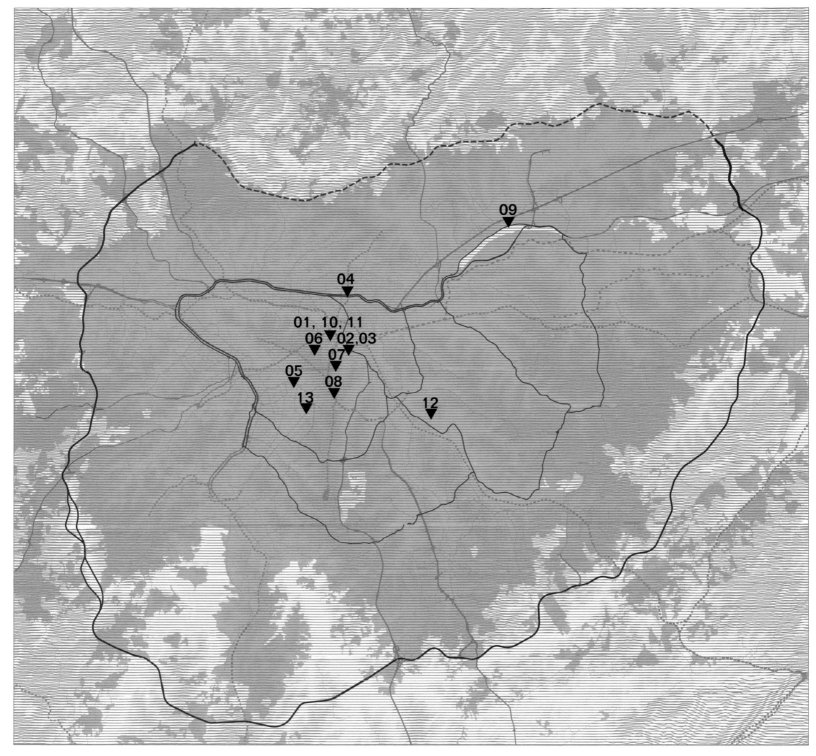

1　Connection Project from Rua Direita to Morro do Chá (1880)
　 Jules Martin

2　Great Avenues (1911)
　 Alexandre de Albuquerque

3　Bouvard Plan (1911)
　 Joseph Antoine Bouvard

4　Improvement Projects between Osasco and Penha (1923)
　 Saturnino de Brito

5　Jardim América (1915)
　 Barry Parker, Raymond Unwin

6　Urban Study for São Paulo (1929)
　 Le Corbusier

7　Avenues Plan (1930)
　 Francisco Prestes Maia, João Florence de Ulhôa Cintra

8　New Paulista Project (1967)
　 Figueiredo Ferraz, Nadir Mezerani

9　City on the Tietê (1980)
　 Paulo Mendes da Rocha

10　Anhangabaú Competition (1981)
　 Jorge Wilheim

11　Anhangabaú Competition (1981)
　 Lina Bo Bardi

12　A New Centrality for Santo André (1989)
　 Joan Busquets

13　A New MAM (2013)
　 Angelo Bucci / SPBR

Distribution of major twentieth-century urban projects for São Paulo.

Distribuição dos principais projetos urbanos do século XX em São Paulo.

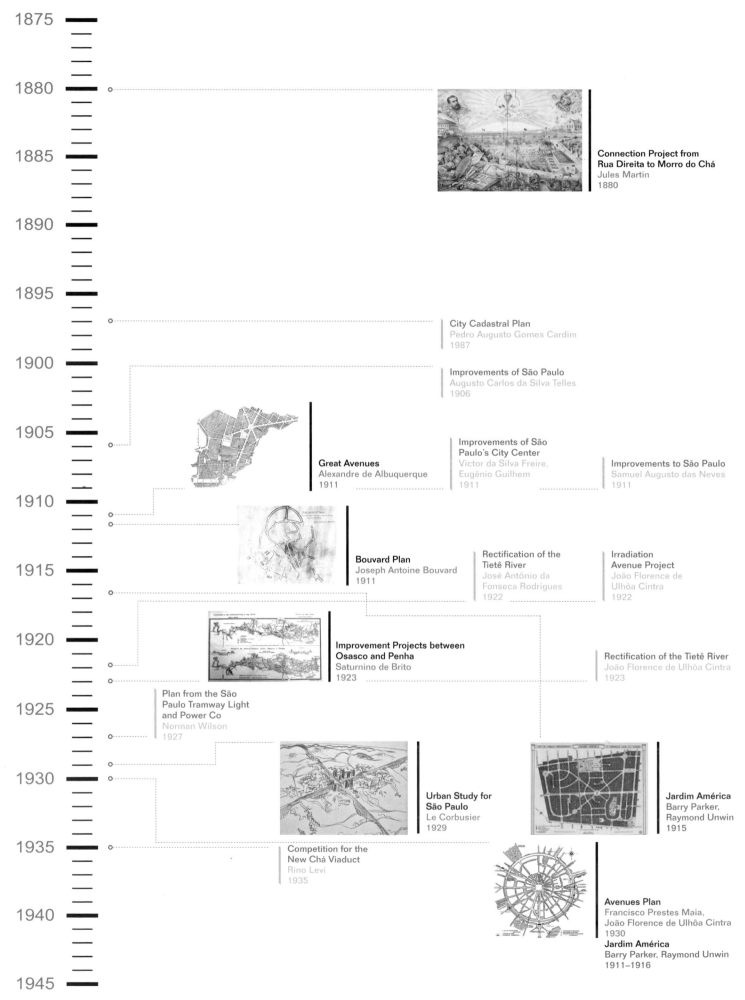

1875

1880 — Connection Project from
Rua Direita to Morro do Chá
Jules Martin
1880

1885 —

1890 —

1895 —
City Cadastral Plan
Pedro Augusto Gomes Cardim
1987

1900 —
Improvements of São Paulo
Augusto Carlos da Silva Telles
1906

1905 —
Great Avenues
Alexandre de Albuquerque
1911

Improvements of São
Paulo's City Center
Victor da Silva Freire,
Eugênio Guilhem
1911

Improvements to São Paulo
Samuel Augusto das Neves
1911

1910 —
Bouvard Plan
Joseph Antoine Bouvard
1911

Rectification of the
Tietê River
José Antônio da
Fonseca Rodrigues
1922

Irradiation
Avenue Project
João Florence de
Ulhôa Cintra
1922

1915 —

1920 —
Improvement Projects between
Osasco and Penha
Saturnino de Brito
1923

Rectification of the Tietê River
João Florence de Ulhôa Cintra
1923

Plan from the São
Paulo Tramway Light
and Power Co
Norman Wilson
1927

1925 —

1930 —
Urban Study for
São Paulo
Le Corbusier
1929

Jardim América
Barry Parker,
Raymond Unwin
1915

1935 —
Competition for the
New Chá Viaduct
Rino Levi
1935

Avenues Plan
Francisco Prestes Maia,
João Florence de Ulhôa Cintra
1930

1940 —
Jardim América
Barry Parker, Raymond Unwin
1911–1916

1945 —

Timeline of selected twentieth and early twenty-first century projects for São Paulo.

Cronograma de alguns projetos dos séculos XX e XXI em São Paulo.

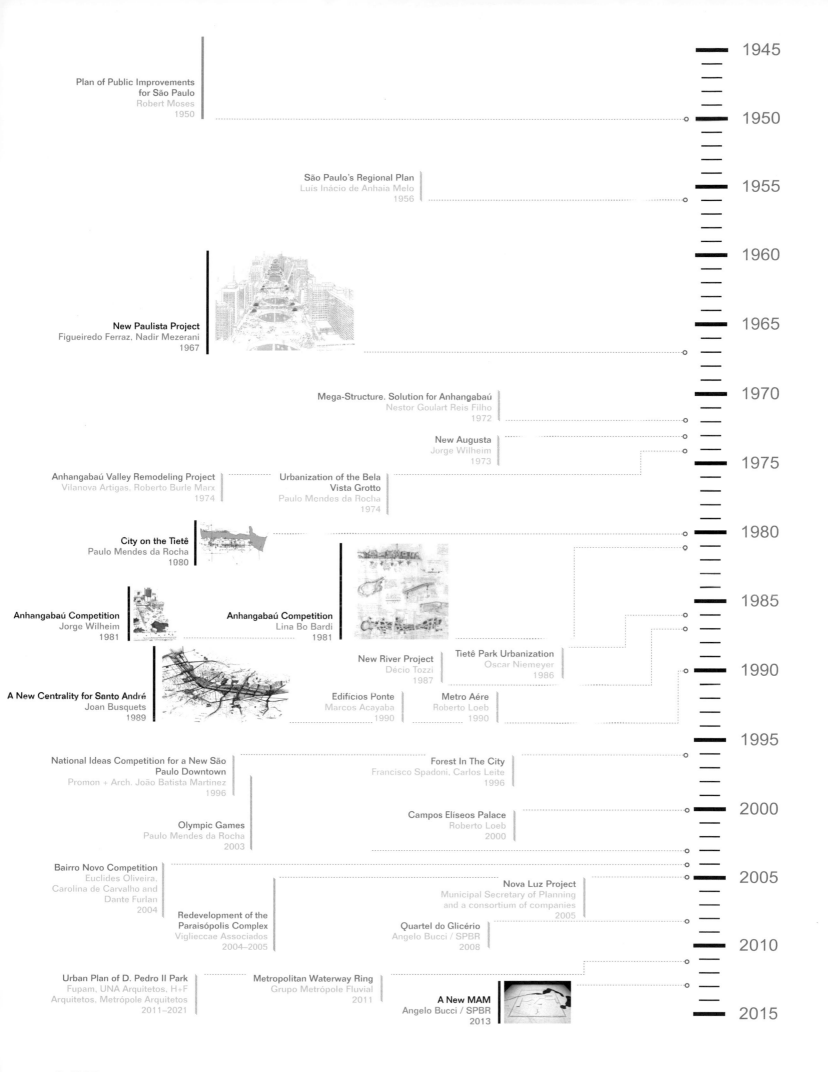

Plan of Public Improvements
for São Paulo
Robert Moses
1950

São Paulo's Regional Plan
Luis Inácio de Anhaia Melo
1956

New Paulista Project
Figueiredo Ferraz, Nadir Mezerani
1967

Mega-Structure. Solution for Anhangabaú
Nestor Goulart Reis Filho
1972

New Augusta
Jorge Wilheim
1973

Anhangabaú Valley Remodeling Project
Vilanova Artigas, Roberto Burle Marx
1974

Urbanization of the Bela
Vista Grotto
Paulo Mendes da Rocha
1974

City on the Tietê
Paulo Mendes da Rocha
1080

Anhangabaú Competition
Jorge Wilheim
1981

Anhangabaú Competition
Lina Bo Bardi
1981

New River Project
Décio Tozzi
1987

Tietê Park Urbanization
Oscar Niemeyer
1986

A New Centrality for Santo André
Joan Busquets
1989

Edifícios Ponte
Marcos Acayaba
1990

Metro Aére
Roberto Loeb
1990

National Ideas Competition for a New São
Paulo Downtown
Promon + Arch. João Batista Martinez
1996

Forest In The City
Francisco Spadoni, Carlos Leite
1996

Olympic Games
Paulo Mendes da Rocha
2003

Campos Elíseos Palace
Roberto Loeb
2000

Bairro Novo Competition
Euclides Oliveira,
Carolina de Carvalho and
Dante Furlan
2004

Redevelopment of the
Paraisópolis Complex
Viglieccae Associados
2004–2005

Nova Luz Project
Municipal Secretary of Planning
and a consortium of companies
2005

Quartel do Glicério
Angelo Bucci / SPBR
2008

Urban Plan of D. Pedro II Park
Fupam, UNA Arquitetos, H+F
Arquitetos, Metrópole Arquitetos
2011–2021

Metropolitan Waterway Ring
Grupo Metrópole Fluvial
2011

A New MAM
Angelo Bucci / SPBR
2013

1945
1950
1955
1960
1965
1970
1975
1980
1985
1990
1995
2000
2005
2010
2015

1   Connection Project from Rua Direita to Morro do Chá, 1880.

One of the first major mobility projects and urban plans for São Paulo, the Projecto de Ligação established a commercial link between the Sé and Praça da República. Perched twenty meters above the Anhangabaú Valley, the viaduct spanned 240 meters. It was inaugurated in 1892 and then replaced with a new structure in 1938.

1   Projeto de conexão da Rua Direita com o Morro do Chá, 1880.

Um dos primeiros grandes projetos de mobilidade e planejamento urbano de São Paulo, o Projeto de Ligação estabeleceu a ligação comercial entre a Sé e a Praça da República. Elevado a 20 m acima do Vale do Anhangabaú, o viaduto se estendia por 240 m. Foi inaugurado em 1892 e, depois, em 1938, substituído por nova estrutura.

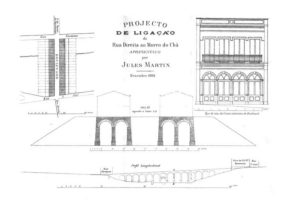

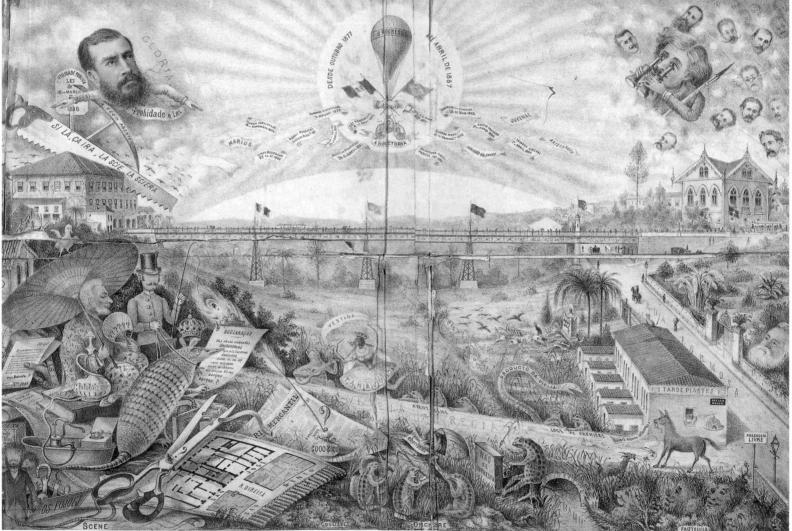

View of the proposed viaduct.

Vista do viaduto proposto.

2 Great Avenues, 1911.

The Great Avenues Plan, prepared by Alexandre Albuquerque, exemplified the aspirations of an early twentieth-century Paulista elite for a city image resembling Baron Haussmann's Paris. The project, never realized, proposed three major avenues that extended from the city center. A square planned for the intersection of the three avenues would have demarcated a new point of centrality in the city.

2 Grandes avenidas, 1911.

O Plano de Grandes Avenidas, criado por Alexandre Albuquerque, exemplificou as aspirações da elite paulistana do começo do século XX de uma imagem da cidade que lembrasse a Paris de Baron Haussmann. O projeto, nunca executado, propunha três grandes avenidas que saíam do centro da cidade. Uma praça planejada para a interseção das três avenidas teria demarcado um novo ponto central na cidade.

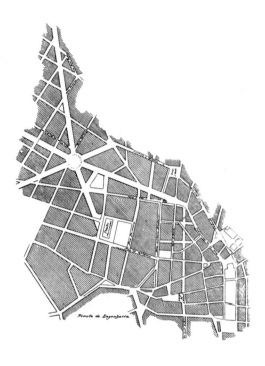

Bird's-eye perspective and plan of Albuquerque's Great Avenues.

Perspectiva aérea e Plano das Grandes Avenidas, de Alexandre Albuquerque.

3 Bouvard Plan, 1911.

Brought to São Paulo as a consultant who could guide a municipality confronting unprecedented urban growth, French architect Joseph-Antoine Bouvard worked to shape early twentieth-century São Paulo through his plan of 1911. With a project emphasizing avenues and parks, Bouvard's proposed strategy sought to expand the city center through the introduction of major avenues and a network of open spaces that would help deal with water management while simultaneously accommodating leisure and civic programs. Parque Dom Pedro II is the most notable result of his proposals.

3 Plano de Bouvard, 1911.

Trazido a São Paulo como consultor que poderia orientar um município que confrontava crescimento urbano sem precedentes, o arquiteto francês Joseph-Antoine Bouvard trabalhou para moldar a São Paulo do início do século XX por meio do seu planejamento de 1911. Com um projeto que enfatizava avenidas e parques, a estratégia proposta por Bouvard buscava expandir o centro da cidade por meio da introdução de grandes avenidas e uma rede de espaços abertos que ajudaria o gerenciamento hídrico e, ao mesmo tempo, ofereceria programas cívicos e de lazer. O Parque Dom Pedro II foi sua proposta mais notável.

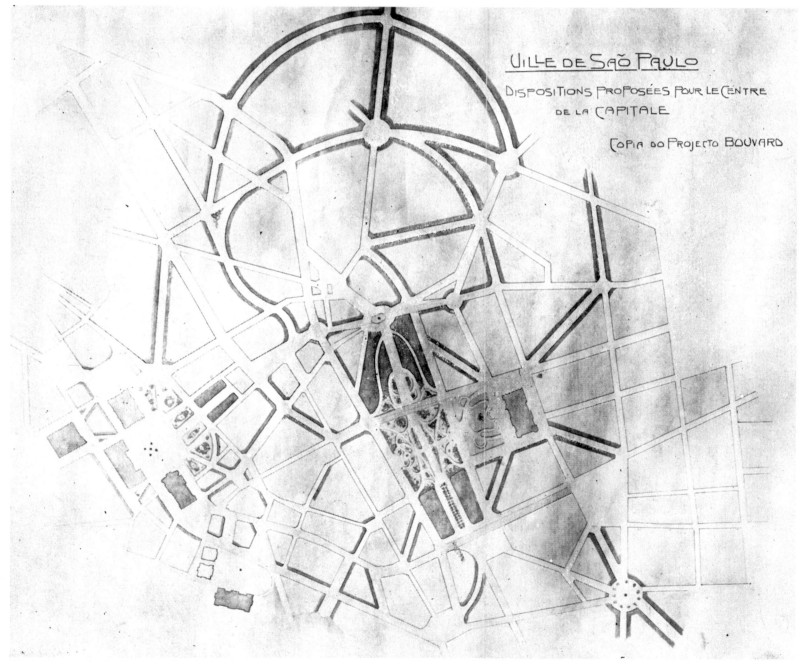

Plan by Bouvard showing the systematic extension of avenues.

Planejamento de Bouvard, mostrando a extensão sistemática das avenidas.

4   Jardim América, 1915.

The first Garden City development in South America, Jardim América, designed in 1915 by Barry Parker and Raymond Unwin, is a subdivision that bears a stunning resemblance to the town of Letchworth in England, also designed by Unwin. Implemented in a 46-hectare track of land west of the city center, Jardim América continues to be an important example of British town planning in the Americas and an iconic neighborhood in São Paulo.

4   Jardim América, 1915.

O primeiro empreendimento de cidade-jardim da América do Sul, o Jardim América, projetado em 1915, por Barry Parker e Raymond Unwin, é uma subdivisão que lembra muito a cidade de Letchworth, na Inglaterra, também projetada por Unwin. Implementado em uma área de 46 ha a oeste do centro da cidade, o Jardim América continua a ser um importante exemplo de planejamento de cidade britânica nas Américas e um bairro icônico de São Paulo.

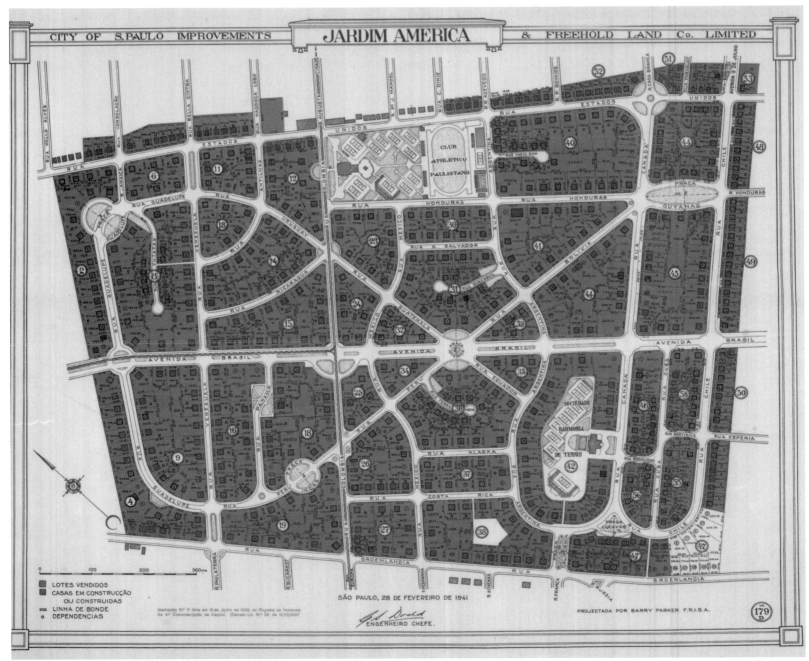

A 1941 plan of Jardim América showing sold lots and built houses.

Um plano do Jardim América, de 1941, mostrando lotes vendidos e casas construídas.

D

5 **Tietê River Improvement Project between Osasco and Penha, 1923.**

The Improvement Project for the Tietê River between Osasco and Penha was a proposal developed for the Tietê River Enhancement Commission. The commission examined ways to rectify the meander of the river and explore alternatives for its navigability. The project proposed by Saturnino de Brito foresaw the hydrological problems that would be caused by the rectification and channelization of the river, and proposed the formation of two reservoirs. These lakes, in addition to regulating the water flow, would also serve as the heart of a new park adjacent to the city center.

5 **Projeto de melhoria do Rio Tietê entre Osasco Penha, 1923.**

O projeto de melhoria do Rio Tietê, entre Osasco e Penha, foi uma proposta desenvolvida para a Comissão de Melhoramentos do Rio Tietê, que examinou meios de retificar a curva do rio e explorar alternativas de navegabilidade. O projeto proposto por Saturnino de Brito previa problemas hidrológicos, que seriam causados pela retificação e canalização do rio, além de prever a formação de dois reservatórios. Esses reservatórios, além de regular o fluxo de água, também serviriam como o núcleo de um novo parque adjacente ao centro da cidade.

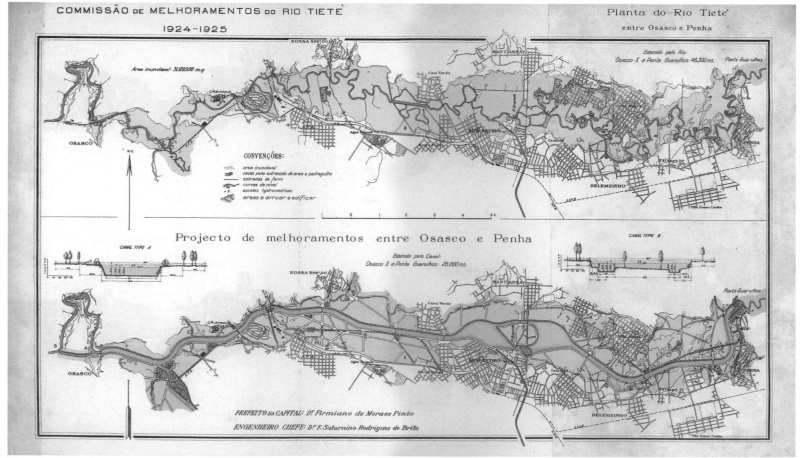

Plan of São Paulo showing the proposed rectification of the river and the creation of the two reservoirs.

Plano de São Paulo, mostrando a proposta de retificação do rio e a criação de dois reservatórios.

6   Urban Study for São Paulo, 1929.

Conceived as the crossing of two axis roads, the proposal for São Paulo sketched by Swiss architect Le Corbusier during his travels in South America presents a vision that foreshadows the rapid transformation of São Paulo from agricultural village into a major metropolis. The city here becomes a node in a much larger territory where elevated roads link São Paulo to Rio de Janeiro and the port of Santos to the interior. Inherently modern, the drawing showcases a clear separation between city geometries and the shape of territory, allowing for the region's rivers to meander freely underneath the city.

6   Estudo urbano de São Paulo, 1929.

Concebido como o cruzamento de ruas de dois eixos, a proposta de São Paulo, desenhada pelo arquiteto suíço Le Corbusier durante suas viagens para a América do Sul, apresenta uma visão que anuncia a rápida transformação de São Paulo, de vila agrícola para uma grande metrópole. A cidade, aqui, se torna um ponto de interseção em um território muito mais amplo, onde rodovias elevadas ligam São Paulo ao Rio de Janeiro, e o porto de Santos ao interior do estado. Naturalmente moderno, o desenho mostra a clara separação entre as geometrias da cidade e o formato do território, permitindo que os rios da região sigam livremente seus cursos por baixo da cidade.

Sketch of São Paulo by Le Corbusier.

Esboço de São Paulo, por Le Corbusier.

D

Conceived by architect Francisco Prestes Maia, the Avenues Plan was driven by the need to establish effective mobility links between the city center and the many new districts that were then taking shape along the city's periphery. Conceptualized as a radial urban model, the plan set the stage for the upgrading and implementation of many city thoroughfares. The abstract, yet clear nature of the plan, paired with its precise, "City Beautiful" imagery, makes it an important reference for future urban projects.

Concebido pelo arquiteto Francisco Prestes Maia, o Plano de Avenidas foi criado pela necessidade de estabelecer ligações eficazes de mobilidade entre o centro da cidade e muitos bairros novos que estavam se formando ao longo da periferia da cidade. Conceitualizado como um modelo urbano radial, o plano abriu caminhos para a melhoria e a implementação de muitas vias principais da cidade. A abstrata, ainda que clara natureza do plano, emparelhada com a imagem exata de "bela cidade", faz dela uma importante referência para futuros projetos urbanos.

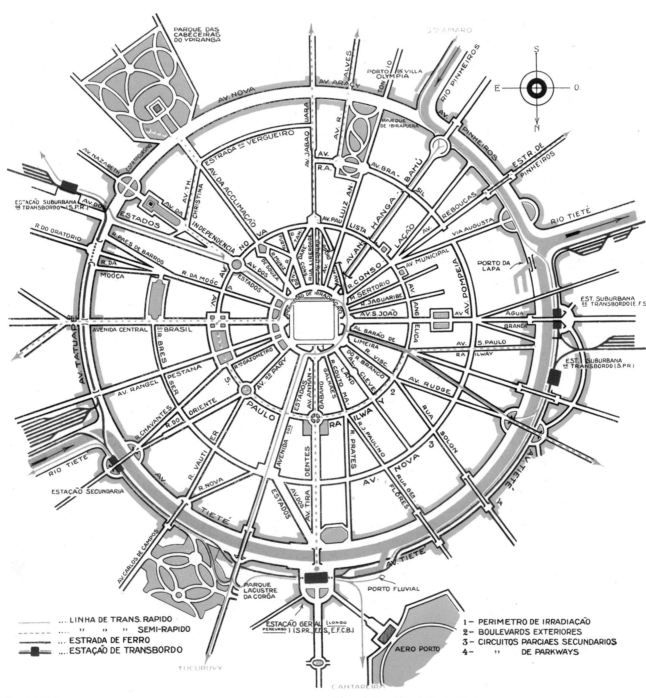

Avenues Plan by Prestes Maia.

Plano de Avenidas, de Prestes Maia.

8 New Paulista Project, 1967.

The New Paulista Project, designed by architect Nadir Mezerani and engineer Figueiredo Ferraz, envisions Paulista Avenue as a double-decker structure with a semi-open underground tunnel for vehicles and a fully pedestrianized avenue at grade. A first portion of the semi-open tunnel, stretching between Consolaçao and Haddock Lobo Streets was inaugurated in 1971, but the overall project was stopped during the start of the dictatorship and abandoned shortly thereafter. Heavily guided by the modernist ethos of separating speeds, the project, if completed, would have been one of the most monumental urban interventions in the city.

8 Projeto Nova Paulista, 1967.

O Projeto Nova Paulista, criado pelo arquiteto Nadir Mezerani e o engenheiro Figueiredo Ferraz, imagina a Avenida Paulista como uma estrutura de dois níveis, com um túnel semiaberto para veículos e uma avenida para pedestres no mesmo nível. A primeira parte do túnel semiaberto, que se estende entre as ruas Consolação e Haddock Lobo, foi inaugurada em 1971, mas o projeto foi interrompido durante o início da ditadura e abandonado pouco tempo depois. Fortemente orientado pelo sistema de crenças modernista de velocidades de separação, o projeto, se concluído, teria sido uma das mais imponentes intervenções urbanas da cidade.

Perspective view of the New Paulista Project.

Vista em perspectiva do Projeto Nova Paulista.

9 City on the Tietê River, 1980.

Conceived by architect Paulo Mendes da Rocha, this proposal—sited on the western edge of the metropolitan region—explores how an intermodal hub can serve as the point of departure for the development of a new territorial approach for the Tietê River. The project links the existing waterway and rail infrastructure with a new transversal axis. This axis sets the stage for a new agro-industrial city and also provides a new framework for the river that gives back to the Tietê its riparian corridor.

9 Cidade no Rio Tietê, 1980.

Concebida pelo arquiteto Paulo Mendes da Rocha, esta proposta, localizada no extremo oeste da região metropolitana, explora como um hub intermodal pode funcionar como ponto de partida para o desenvolvimento de nova abordagem territorial para o Rio Tietê. O projeto liga o rio e a infraestrutura ferroviária por um novo eixo transversal. O eixo abre caminho para uma nova cidade agroindustrial e também oferece nova estrutura para o rio, devolvendo-lhe seu corredor ribeirinho.

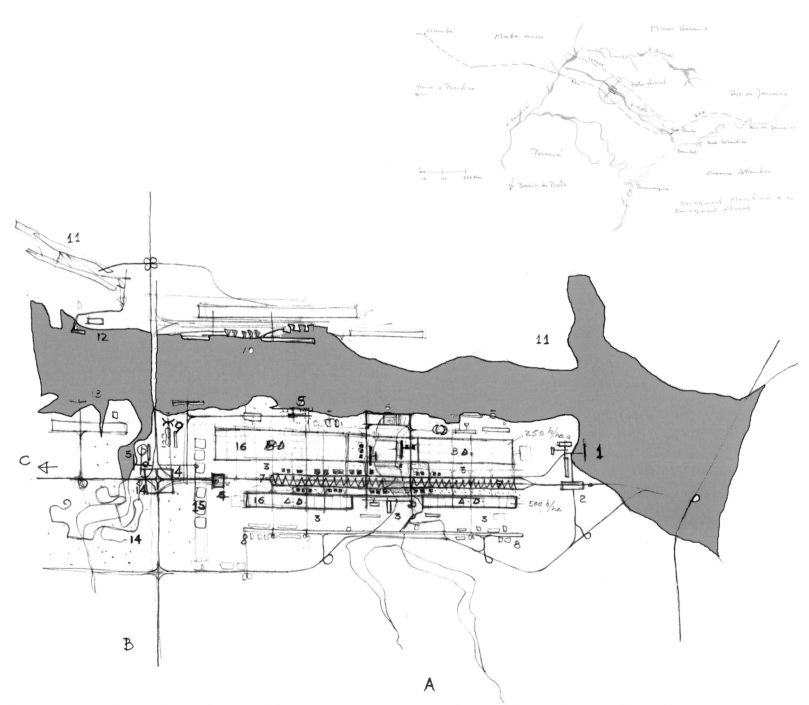

Two drawings by Paulo Mendes da Rocha for City on the Tietê River.

Dois desenhos de Paulo Mendes da Rocha para a Cidade no Rio Tietê.

10 Wilheim's Anhangabaú Competition, 1981.

The current iteration of the Anhangabaú Valley is the result of a competition won by urbanist Jorge Wilheim. The winning entry, further developed with landscape architects Rosa Kliass and Jamil Kfouri, proposed an eight-hectare park above a vehicular bypass. A heavily vegetated surface with direct access from mass transit serves as a raised middle ground that connects both sides of the valley. While the implementation of the design was rudimentary, the project has served as the anchor for many additional architectural and urban projects along its edges.

10 Competição do Anhangabaú, de Wilheim, 1981.

A atual configuração do Vale do Anhangabaú é o resultado de um concurso da prefeitura, cujo vencedor foi o urbanista Jorge Wilheim. Seu projeto, mais tarde desenvolvido pelos arquitetos paisagistas Rosa Kliass e Jamil Kfouri, propunha um parque de 8 ha acima de uma laje com galeria subterrânea para passagem de veículos. Uma superfície coberta de vegetação com acesso direto, a partir do transporte coletivo, funciona como um piso elevado, que conecta ambos os lados do vale. Enquanto a implementação do projeto estava em fase rudimentar, ele funcionou como âncora para muitos projetos urbanos e de arquitetura.

Two perspective views for the winning entry of the 1981 Anhangabaú Valley design competition.

Duas vistas em perspectiva do projeto vencedor da competição de projetos do Vale do Anhangabaú em 1981.

D

11 Bo Bardi's Anhangabaú Competition Entry, 1981.

Lina Bo Bardi's entry for the Anhangabaú Valley competition also relies on a landscape strategy. Here, the architect relies on a heavily vegetated park to create a new space of leisure and escapism in the center of the city. Bo Bardi also introduces a monumental elevated vehicular viaduct running longitudinally through the park and painted in bright red to provide a new way of experiencing the city from a raised perspective at the speed of the car.

11 Projeto de Bo Bardi para a competição no Anhangabaú, 1981.

O projeto de Lina Bo Bardi para a competição do Vale do Anhangabaú também se valeu de uma estratégia de paisagismo. Aqui, a arquiteta contou com um parque coberto de vegetação para criar um novo espaço de lazer e escapismo na região central da cidade. Bo Bardi também usou um viaduto monumental em sentido longitudinal, através do parque, e o pintou de vermelho vivo, para proporcionar uma nova forma de vivenciar a cidade a partir de uma perspectiva elevada, à velocidade dos carros.

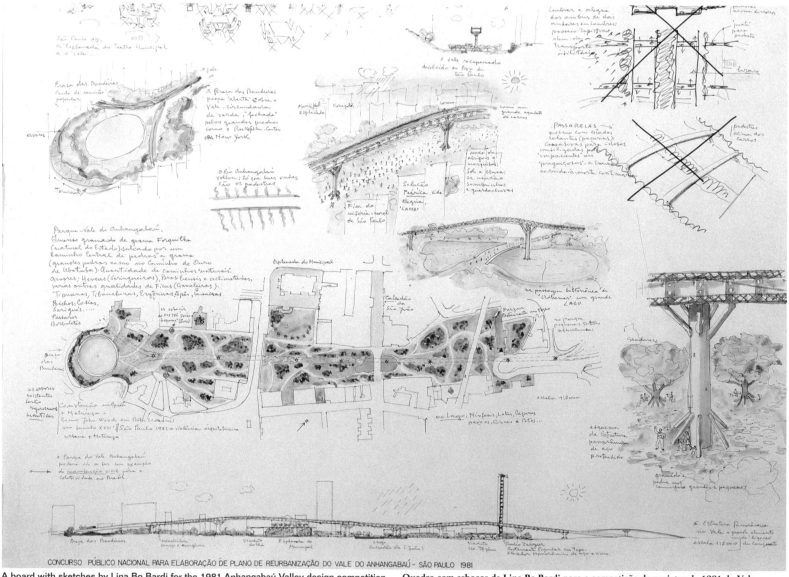

A board with sketches by Lina Bo Bardi for the 1981 Anhangabaú Valley design competition.

Quadro com esboços de Lina Bo Bardi para a competição de projetos de 1981 do Vale do Anhangabaú.

12 A New Centrality for ABC, 1989.

Conceived by the Barcelona-based architect Joan Busquets as a commission by the municipality of Santo André (São Paulo metropolitan region), this project is one of the first to examine alternative uses for post-industrial land in the city. Multi-scalar in nature, the proposal rethinks the Tamanduateí River as a spine for a project that reconsiders the relationship between watershed and city. An intermodal station paired with new mixed-use residential uses give a new lease on life to derelict and formerly industrial land.

12 Nova centralidade para o ABC, 1989.

Concebido pelo arquiteto Joan Busquets, baseado em Barcelona, como uma encomenda do município de Santo André (região metropolitana de São Paulo), este projeto é um dos primeiros a examinar os usos alternativos do solo pós-industrial da cidade. De múltiplas escalas por natureza, a proposta repensa o Rio Tamanduateí como espinha dorsal do projeto, que reconsidera a relação entre a bacia e a cidade. Uma estação intermodal com novos usos residenciais mistos dão vida nova a terrenos abandonados e anteriormente industriais.

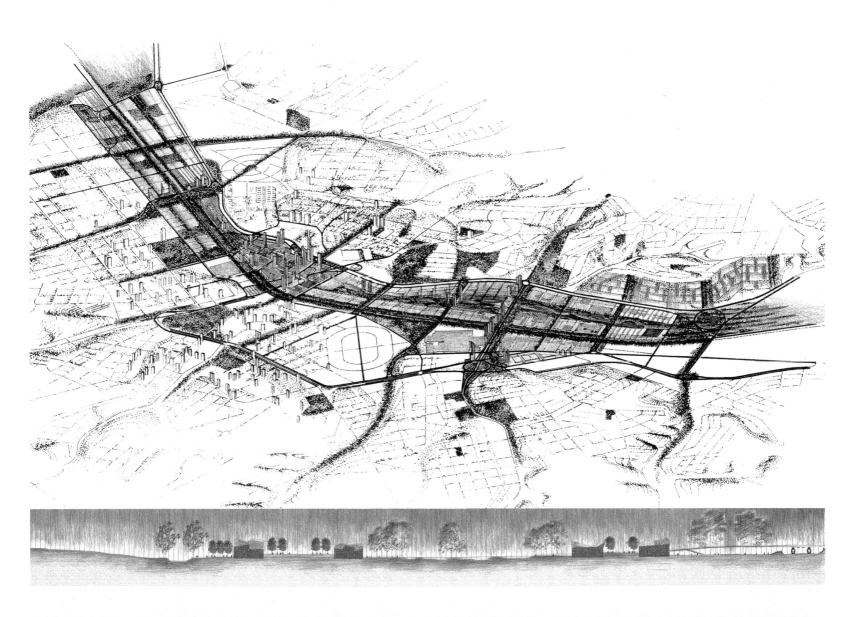

A bird's-eye view and two cross sections by Joan Busquets showing the new relationship of the river to rail infrastructure and to the city.

Vista aérea e dois cortes transversais, de Joan Busquets, mostrando a nova relação do rio com a infraestrutura ferroviária e com a cidade.

13 Proposal for a new MAM, 2013.

Conceived as a theoretical project, A New Modern Art Museum (MAM) in São Paulo is part of an invited exhibition organized by MAM, where 25 artists and 7 architects were invited to submit a proposal that envisioned "A New MAM, why and to whom?" In this proposal by Angelo Bucci/SPBR Arquitetos, the new museum is conceived as an elevated walkway that forms a monumental square around Ibirapuera Park. The project frames the important design projects that make up the park—primarily the works of Oscar Niemeyer and Roberto Burle Marx—and celebrates their legacy in the city.

13 Proposta de novo Museu de Arte Moderna, 2013.

Concebido como um projeto teórico, o novo Museu de Arte Moderna (MAM) de São Paulo faz parte de uma exposição visitante organizada pelo MAM, em que 25 artistas e 7 arquitetos foram convidados a enviar propostas sob o tema "Um novo MAM. Por que e para quem?" Nesta proposta de Angelo Bucci, da SPBR Arquitetos, o novo museu é concebido como uma passarela, que forma uma praça monumental ao redor do Parque Ibirapuera. O projeto emoldura os importantes projetos de design que formam o parque, principalmente as obras de Oscar Niemeyer e Roberto Burle Marx, e comemora o legado deles para a cidade.

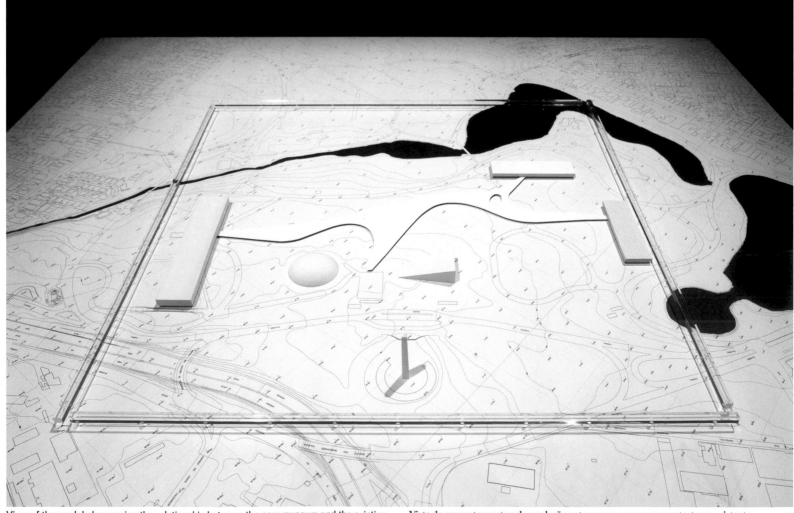

View of the model showcasing the relationship between the new museum and the existing structures within the park.

Vista da maquete mostrando a relação entre o novo museu e as estruturas existentes do parque.

Introduction

Introdução

E

The São Paulo metropolitan region has a long and complex history of notable urban and infrastructural projects. From the channelization and flow reversal of its rivers, to the rich layering of mobility infrastructures in the city center, São Paulo has always sought to bypass the constraints of its environment through investment in infrastructure and technology. As with many other major metropolises around the globe (Mexico City, New York City, Tokyo), the city experienced most of its fast-paced urban growth in the decades following World War II. And, while its history dates back 450 years, the vast majority of its footprint and its current mobility infrastructure emerged under post-war models and premises supporting mono-functional infrastructures and uses, producing incongruent dimensions between heavyweight infrastructure and urban fabric. As a result, São Paulo today is a city fragmented by pieces of infrastructure (highways, rail lines, drainage systems, large logistical facilities) that were conceived as independent from the city and now severely break the continuity of its urban fabric.

This disconnect between the scales of urban fabric and the dimensions of large-scale heavyweight infrastructure is most noticeable along the southern floodplain of the Tietê River. Given its relative flatness and its proximity to water, the area adjacent to the river became, over the course of the twentieth century, a repository for rail, large roads, and industrial warehouses. Defined by the municipality as the Arco Tietê, this inner-city region is currently encased between the city's main rail lines and a highway-cluttered Tietê River, making it an optimal space for envisioning new forms of urban development in the city center. Today, as São Paulo has relocated most of its industry outside the hyper-center, and its economy has drastically shifted to commerce and services, the moment is ripe for the city to rethink its large tracts of post-industrial land. Nonetheless, this 40km2 zone can only be fully integrated into the life of the city if it undergoes a comprehensive urban restructuring process that prepares these grounds for other urban uses and programs.

The successful transformation of this area requires an urban operation that can accomplish four specific tasks: one, re-scale the current mobility infrastructure that divides the area from the rest of the city; two, rethink the spatial and ecological relationship between the river, the floodplain, and the city; three, give a new physical and experiential identity to formerly industrial sites that occupy large portions of this area; and four, give value to the important historic urban fragments that today are lost in an ocean of empty depots, overdimensioned flyovers, and polluted streams. The drawings in the pages that follow visualize a series of design procedures that can guide the city and those involved in developing the Arco Tietê in constructing a new urban vision for the area. The proposals bring together a set of urban operations that can provide spatial synthesis to the many urban conditions and scales that make up the district. Working across scales, the proposal envisions a collection of strategies that capitalize on mobility and hydrological infrastructure as the backbone of a more ambitious and integral urban project.

Re-scaling Mobility Infrastructure

The re-scaling of mobility infrastructure is a crucial component in the future of the Arco Tietê. This process demands the

A região metropolitana de São Paulo tem extensa e complexa história de admiráveis projetos urbanísticos e de infraestrutura. Da canalização e reversão do fluxo dos rios até a abundante sobreposição de infraestruturas de mobilidade no centro da cidade, São Paulo sempre procurou ignorar as restrições do meio ambiente por meio de investimentos em infraestrutura e tecnologia. Tal como acontece com muitas outras grandes metrópoles (Cidade do México, Nova York e Tóquio), a cidade viveu a maior parte do seu crescimento urbano acelerado nas décadas posteriores à Segunda Guerra Mundial. Apesar de a história de São Paulo ter começado há 450 anos, a maior parte do seu impacto ambiental e a atual infraestrutura de mobilidade surgiram nos moldes e premissas do pós-guerra, apoiando infraestruturas e usos monofuncionais, produzindo dimensões incongruentes entre a infraestrutura pesada e o tecido urbano. Consequentemente, São Paulo, hoje, é uma cidade de infraestruturas fragmentadas (rodovias, ferrovias, sistemas de drenagem, grandes instalações logísticas), que foram concebidas independentemente da cidade e, agora, quebram totalmente a continuidade do tecido urbano.

Essa desconexão entre as escalas do tecido urbano e as dimensões da infraestrutura pesada de grandes proporções é mais notável ao longo da planície aluvial do rio Tietê. Dada a característica de planície e a proximidade com a água, a área adjacente ao rio tornou-se, no decorrer do século XX, um repositório de trilhos, estradas amplas e armazéns industriais. Definida pelo município como Arco Tietê, a região central está, atualmente, encerrada entre as principais ferrovias, o rio Tietê e as suas marginais, fazendo dela o lugar ideal para conceber novas formas de desenvolvimento urbanístico. Atualmente, o momento é propício para repensar suas extensas áreas pós-industriais, uma vez que São Paulo reorganizou a maior parte da indústria fora do hipercentro, e a economia mudou drasticamente para comércio e serviços. Entretanto, essa área de 40 km² apenas poderá ser totalmente integrada à vida da cidade se passar por abrangente reestruturação urbana que prepare essas regiões para outros usos e programas urbanos.

A transformação bem-sucedida dessa região requer uma operação urbana capaz de executar quatro tarefas específicas: redimensionar a atual infraestrutura de mobilidade, que divide essa área do restante da cidade; repensar a relação espacial e ecológica entre o rio, a planície aluvial e a cidade; conceder nova identidade física e experimental a locais anteriormente industriais, que ocupam grandes partes dessa região; e valorizar os importantes fragmentos urbanos históricos que se perderam num oceano de armazéns vazios, passarelas superdimensionadas e rios poluídos. Os desenhos nas próximas páginas mostram uma série de procedimentos de design que podem orientar a cidade e os envolvidos no desenvolvimento do Arco Tietê em relação à construção da nova visão urbanística da região. As propostas reúnem um conjunto de funcionalidades urbanas que fornecem síntese espacial às muitas condições e escalas urbanas que compõem o bairro. Ao trabalhar em escalas, a proposta prevê um conjunto de estratégias que capitalizam a infraestrutura hidrológica e de mobilidade como a espinha dorsal de um projeto urbano mais ambicioso e completo.

Nova escala da infraestrutura de mobilidade

A redefinição da infraestrutura de mobilidade é um componente essencial no futuro do Arco Tietê. É um processo que exige a reconsideração das duas principais estruturas de transporte.

Aerial view showing the clearing of fabric for the implementation of Avenida Radial Leste-Oeste, ca. 1968 (left). Current view of Avenida Radial Leste-Oeste showing the barrier caused by the alignment of avenue and rail (right).

Vista aérea que mostra a limpeza do tecido para a implantação da Avenida Radial Leste-Oeste, por volta de 1968 (à esquerda). Vista atual da Avenida Radial Leste-Oeste, mostrando a barreira gerada pelo alinhamento da avenida e dos trilhos (à direita).

reconsideration of two major transportation spines. One is the swath of land currently occupied by the city's main railroad lines that have historically connected São Paulo to the port of Santos and to Rio de Janeiro. The other is the set of highways that today flank the strained edges of the Tietê River. In the case of the rail lines, the city—working in collaboration with the state, the entity that manages rail service—must establish a plan for the future of this prominent transportation axis in the city. Present-day use of rail for cargo is very limited, and suburban and inter-city passenger service is unacceptably slow and unreliable. The derelict state of rail service in the city presents a unique opportunity to upgrade these tracks into a state-of-the-art commuter line capable of accommodating local and express service and drastically reducing commuting times between the city center and the urban peripheries.

The upgrading of rail and its integration into the city's mass transit system also opens up another important intervention: shrinking the footprint currently occupied by rail infrastructure and releasing that excess land for new urban development. As train infrastructure modernizes, it tends to require less space. Therefore, many of the spaces previously used for industrial cargo such as loading depots, maintenance hubs, and secondary branches, are no longer needed. A careful survey of the land currently occupied by rail reveals that significant tracts of land could be disaggregated from the rail network and developed. If done correctly, this would have two direct benefits. One, the release of land can help spin off urban development with sites offered directly by the government, without having to aggregate smaller private parcels. Two, the urbanization of this land could help correct the scalar disparities between the rail corridor and adjacent neighborhoods, establishing new and improved connections between the hyper-center and the Arco Tietê area.

Another important component associated with the reorganization of mobility infrastructure in the Arco Tietê

Uma é a faixa de terra atualmente ocupada pelas principais ferrovias da cidade que, historicamente, conectavam São Paulo ao porto de Santos e ao Rio de Janeiro. A outra é o conjunto das marginais que hoje ladeiam o curso do rio Tietê. No caso das ferrovias, a prefeitura, em colaboração com o estado, que gerencia o transporte ferroviário, deve estabelecer um plano para o futuro desse proeminente eixo de transporte na cidade. O uso atual das ferrovias para o transporte de cargas é bastante limitado, e os serviços suburbanos e intercrurbanos de passageiros são inaceitavelmente lentos e pouco confiáveis. O estado de degradação dos serviços ferroviários na cidade confere oportunidade única para transformar as vias férreas em uma linha de passageiros de última geração, com serviços de paradas locais e expressas, reduzindo drasticamente o tempo de deslocamento entre o centro da cidade e as periferias urbanas.

A transformação das vias férreas e sua integração ao sistema de transporte coletivo da cidade também cria oportunidades para outra intervenção importante: diminuir o impacto ecológico atual, hoje causado pela infraestrutura ferroviária, liberando terrenos para novos empreendimentos urbanos. A modernização da infraestrutura ferroviária tende a exigir menos espaço. Assim, muitas áreas anteriormente utilizadas para carga industrial, como armazéns de carga, centrais de manutenção e ramificações secundárias deixam de ser necessários. Um cuidadoso levantamento das áreas atualmente ocupadas pelos trilhos revela que partes significativas poderiam ser desagregadas da rede ferroviária e desenvolvidas. Se feito corretamente, haveria dois benefícios diretos. Um deles seria que a liberação dessas áreas pode ajudar a agilizar o desenvolvimento urbano em locais diretamente cedidos pelo governo, sem ter de agregar terrenos privados menores. O outro seria que a urbanização dessa área poderia ajudar a corrigir as disparidades escalares entre o corredor ferroviário e os bairros adjacentes, estabelecendo conexões novas e melhoradas entre o hipercentro e a área do Arco Tietê.

E

involves the re-scaling of the highways that today clutter the edges of the river. Built in the 1960s and 1970s, these roads were conceived with a mono-functional mentality, as high-speed arteries that would run parallel to the channelized river. Today, the highway is past its expiration date and operates beyond capacity, while also constraining the river's edges and disconnecting it from the rest of the city. Similar to cities like Madrid or Seoul, São Paulo must upgrade and rescale this major urban artery. The highway should be reduced in scale, made more efficient for intermediate and long-range trips, and local traffic should be rerouted through the Arco Tietê area by way of an improved street grid. If calibrated correctly, such a network could offer a more distributive and effective alternative for moving traffic. This intervention would bring three benefits to the immediate area and the city. One, traffic would flow more efficiently. Two, it would establish a better relationship between the grid, the highway, and the different vehicular speeds each of them accommodate. Three, it would give more space to the river, addressing issues of flooding and water management, and evolving the area from its current standing as a leftover space into a new and important urban amenity.

Reclaiming the Floodplain

São Paulo has always maintained a utilitarian relationship with its rivers. Seen as a space for industry, transportation, and hydroelectric energy production, water in the city has always facilitated urban life, yet it has never been made part of the life of the city. This has resulted in the gradual eradication of the rivers' floodplains, and the systematic constraining of the city's rivers into concrete channels. Restraining the rivers for the sake of urbanization has brought major hydrological problems, especially given the rapid rate of urban growth throughout the second half of the twentieth century. The urban restructuring of the Arco Tietê opens up an unprecedented possibility of making the river an important cultural and civic component of urban life in São Paulo. Today, fully urbanized, the area occupied by the Arco is the former floodplain of the Tietê River, capturing significant amounts of stormwater runoff from the city. An area that is uncharacteristically flat and very prone to flooding, the Arco Tietê cannot be restructured without an urbanistic vision that proposes a comprehensive hydrological project—one capable of addressing the space of the river while also controlling the immense volume of water that drains through the area.

A comprehensive water management plan must address three major points. One, it should increase the space allocated to the riverbed, and allow for the floodplain to be partially restored. This expansion and restoration should be conceived simultaneously with the re-scaling of the highways, and with the designation of adjacent post-industrial land as new park space. Synthesizing the space of the river with mobility and open-space provision would enable a more elastic cross section for the waterfront that increases the capacity of the river, manages its tidal ebb and flow, mitigates the presence of the highway as a barrier, and brings Paulistas closer to the water.

Two, the plan should propose cleaning and daylight for the many small rivers and streams that today are channelized and hidden below roads. Most of the water pollution along the Tietê is the product of contaminated waters brought in by many of its tributaries. Rivers like the Tamanduateí and other small kills cross through many industrial and residential neighbor-

Outro componente importante associado à reorganização da infraestrutura de mobilidade no Arco Tietê envolve o reescalonamento das rodovias que hoje congestionam as margens do rio. Construídas nas décadas de 1960 e 1970, elas foram concebidas com funcionalidade única, como vias de alta velocidade que corriam paralelamente ao rio canalizado. Hoje, as rodovias estão com prazo de validade vencido e operam acima da capacidade, ao mesmo tempo em que restringem as margens do rio e o desconectam do restante da cidade. Semelhantemente a cidades como Madri e Seul, São Paulo deve atualizar e redimensionar essa grande artéria urbana. As rodovias devem ter suas escalas reduzidas, tornarem-se mais eficientes para percursos médios e longos, e o tráfego local deve ser redirecionado ao longo da área do Arco Tietê, por meio de uma rede viária aprimorada. Se calibrada corretamente, essa rede poderia oferecer alternativas mais bem distribuídas e efetivas ao tráfego. Essa intervenção traria três benefícios para a área imediata e para a cidade. O primeiro seria o fluxo mais eficiente do tráfego. O segundo seria estabelecer melhor relação entre a rede viária, as rodovias e os diferentes limites de velocidade que cada uma delas aceitaria. O terceiro seria conceder mais espaço ao rio, resolvendo problemas de inundações e gerenciamento hídrico, e promovendo a região de sua posição atual como espaço remanescente para uma nova e importante comodidade urbana.

Reivindicação da planície aluvial

São Paulo sempre manteve relacionamento utilitário com seus rios. Vista como espaços para a indústria, o transporte e a produção de energia hidrelétrica, a água sempre facilitou a vida urbana, mas nunca se tornou parte da vida da cidade, o que resultou na erradicação gradual das planícies dos rios e na limitação sistemática dos rios da cidade em canais de concreto. A limitação dos rios para fins de urbanização trouxe grandes problemas hidrológicos, especialmente em função do rápido índice de crescimento urbano durante a segunda metade do século XX. A reestruturação urbana do Arco Tietê abre possibilidades sem precedentes para fazer do rio um importante componente cultural e cívico da vida urbana de São Paulo. Hoje, totalmente urbanizada, a área ocupada pelo Arco é a antiga planície aluvial do rio Tietê, capturando quantidades significativas de escoamento das águas pluviais da cidade. Área atipicamente plana e muito propensa a inundações, o Arco Tietê não pode ser reestruturado sem visão urbanística que proponha projetos hidrológicos abrangentes, capazes de abordar o espaço do rio, enquanto também controla o imenso volume de água que é drenada através da área.

Um plano abrangente de gerenciamento hídrico deve incluir três pontos principais. Um deles é aumentar o espaço alocado para o leito do rio e permitir que a planície aluvial seja parcialmente restaurada. A expansão e a restauração devem ser concebidas, simultaneamente, com o redimensionamento das rodovias e com a designação de áreas pós-industriais adjacentes como nova área para parques. Sintetizar o espaço do rio com a mobilidade e disponibilização de espaços abertos possibilitaria um corte transversal mais flexível das margens, ampliando a capacidade do rio, gerenciando o fluxo e o refluxo da maré, mitigando a presença das rodovias como barreira e aproximando os paulistanos da água.

Outro ponto é propor a limpeza e a iluminação natural dos vários córregos e riachos que hoje estão canalizados e ocultos

Aerial view of the recently completed rectification project for the Tamanduateí River, ca. 1968.

Vista aérea do projeto de retificação recentemente concluído para o rio Tamanduateí, por volta de 1968.

hoods of the city, bringing in a substantial amount of untreated discharge. The cleaning and upgrading of these streams is essential and could be of great economic benefit to the city. While reversing the environmental degradation of these waters is a much-needed public service, the transformation of rivers into new urban corridors could also produce public spaces that serve as the backbone for new urban development along the water's edge.

Three, the plan should designate inner-city land for the construction of new water detention pools. The introduction of these pools is particularly important in higher elevations adjacent to the city center, where water can be logged before it reaches the lowest point in the city, the Arco Tietê. While the cost of retrofitting these basins into an already consolidated urban area might seem prohibitive, the consequences of not doing so could be even more costly. It is essential for the city to consider many of the existing parks and open spaces around the center as potential sites for the introduction of underground detention pools. Parque Dom Pedro II, for example, could easily lend itself to this type of water management strategy. Working in coordination with streams and drainage lines, new detention basins can significantly slow down the release of water during intense rain, reducing the extremely high risk of flash flooding currently present in the city. They also have the potential to become important open spaces that complement the other public space networks that are part of the district's reorganization.

Defining New Hotspots for Urban Development

The third urban operation involves the designation of new strategic hotspots for urban development. The re-scaling of mobility infrastructure paired with investments in water management will completely transform the urban qualities of the Arco Tietê. Improved connectivity to the hyper-center and a new, more recreational relationship with the river can make of this area

embaixo das estradas. A maior parte da poluição da água ao longo do Tietê é produto das águas contaminadas trazidas por muitos de seus tributários. Rios como o Tamanduateí e outros pequenos corpos de água cortam muitos bairros industriais e residenciais da cidade, trazendo quantidade significativa de resíduos não tratados. A limpeza e a transformação desses fluxos são essenciais e podem ser de grande benefício econômico para a cidade. Embora reverter a degradação ambiental dessas águas seja um serviço público extremamente necessário, a transformação dos rios em novos corredores urbanos também pode criar espaços públicos que sirvam como estrutura para o novo desenvolvimento urbano ao longo das margens do rio.

E, por último, o plano deveria designar a região do centro da cidade para a construção de novas piscinas de contenção de água. A introdução dessas piscinas é particularmente importante no relevo mais alto adjacente ao centro da cidade, onde a água pode ser observada antes de atingir o ponto mais baixo da cidade, o Arco Tietê. Embora o custo da transformação dessas bacias em uma área urbana já consolidada possa parecer proibitivo, as consequências de não fazê-lo podem ser ainda mais onerosas. É essencial que a cidade considere muitos dos parques e espaços abertos existentes na região central como possíveis locais de criação de piscinas subterrâneas de contenção. O Parque Dom Pedro II, por exemplo, poderia facilmente se prestar a esse tipo de estratégia de gerenciamento de água. Ao trabalhar em coordenação com córregos e linhas de drenagem, as novas bacias de contenção podem diminuir significativamente a liberação de água durante chuvas intensas, reduzindo o risco extremamente alto de inundações instantâneas atualmente registradas na cidade. Eles também têm potencial de se tornar espaços abertos importantes, complementando outras redes de espaço público que fazem parte da reorganização do bairro.

E

the new frontier for inner-city mixed-use housing developments in São Paulo. In this context, two design decisions are critical. One involves the release of government-owned land, currently occupied by derelict rail infrastructure. The other involves the systematic transformation of former industrial parcels into urban blocks that would be more suitable for residential mixed-use development. The second one is more difficult to achieve, since it would involve reaching agreements among a large number of individual landowners. Yet, if urban developments on public land are successful, the market might get heated enough for private landowners to follow with future developments.

The redevelopment of the Arco Tietê invites important questions regarding new models of affordable housing, specifically with respect to unit configuration and proximity to sources of labor. As with many other Latin American metropolises, São Paulo has developed most of its affordable housing projects as mono-functional dormitory cities in the urban periphery composed of buildings formed from the mindless repetition of two-bedroom units, built in 50m2, and conceived for an outdated family of four. A new urban site such as this one allows for the conceptualization of an innovative model of affordable housing that builds at a much higher density and can provide a greater flexibility in unit types, while also being closer to sources of employment and urban services, and capable of accommodating many more lifestyles than its peri-urban counterparts. Furthermore, given that much of the development would occur on public land, both the municipality and the state could have a strong hand in dictating terms of affordability and in promoting the development of public-private partnerships that would allow for mixed-income developments—a model that does not quite exist in São Paulo, yet could be very useful in relieving inequity.

An Evolutionary Plan for the Tietê

The drawings in the pages that follow visualize the potential transformation of the Arco Tietê area. Conceived as a series of urban design procedures across a variety of scales—from the metropolitan region to the urban block—the collection of projects is meant to open the imagination of the reader toward new design possibilities for the site and the city. The first set of drawings presents a graphic narrative of the urban operations described above. They specifically show how the re-scaling of mobility infrastructure, the recalibration of the street grid, and the implementation of a new hydrological strategy—if conceived simultaneously—can provide a new framework for urban life in this area. The second set of drawings provides an evolutionary visualization of the Tietê river, showing the river and its floodplain in 1842 (before it was channelized), 1942 (as it was being rectified), and in 2017 (in its current state). These prints are followed by a series of more projective drawings showing how the river and the city could be gradually transformed in the next decade. Embedded in these design strategies is a new approach toward infrastructure—a framework that moves beyond the silos and mono-functional visions of the post-war era, and considers the different infrastructural systems that make up the city in a simultaneous manner so as to create composite infrastructures that give the city urban projects that exceed the sum of their parts.

Ultimately, the design proposals in the following pages assemble a constellation of design strategies and projects with

Definição de novos principais pontos de desenvolvimento urbano

A terceira operação envolve a designação de novos pontos estratégicos para o desenvolvimento urbano. A redefinição da infraestrutura de mobilidade aliada a investimentos no gerenciamento hídrico transformará completamente as qualidades urbanas do Arco Tietê. A conexão melhorada com o hipercentro e a relação nova e de lazer com o rio pode fazer desta área a nova fronteira para os empreendimentos habitacionais de uso misto da região central de São Paulo. Nesse contexto, são essenciais duas decisões em relação ao projeto. Uma envolve a liberação de áreas governamentais, atualmente ocupadas por ferrovias abandonadas. A outra envolve a transformação sistemática de antigas áreas industriais em blocos urbanos que seriam mais adequados para o desenvolvimento residencial de uso misto. A segunda é de execução mais difícil, uma vez que implicaria em acordos entre inúmeros proprietários. No entanto, se os empreendimentos urbanos em áreas públicas fossem bem-sucedidos, o mercado poderia se aquecer o suficiente para que os proprietários particulares acompanhem os futuros empreendimentos.

A remodelação do Arco Tietê abre questões importantes sobre os novos modelos de habitação acessível, especificamente em relação à configuração das unidades e à proximidade das fontes de emprego. Tal como acontece com muitas outras metrópoles latino-americanas, São Paulo desenvolveu a maioria dos seus projetos de habitação econômica como cidades dormitórios monofuncionais na periferia, compostos por edifícios formados pela repetição sem sentido de unidades de dois quartos, construídas em 50 m² e concebidas para uma ultrapassada família de quatro pessoas. Essa nova configuração urbana permitiria o conceito de modelo inovador de habitações econômicas, baseada em adensamento populacional, e poderia proporcionar mais flexibilidade aos tipos de unidades, além de estar mais próxima das fontes de emprego e dos serviços urbanos e também ser capaz de acomodar mais estilos de vida do que os seus homólogos periurbanos. Além disso, uma vez que grande parte do desenvolvimento ocorreria em áreas públicas, tanto o município quanto o estado poderiam ter poder para ditar os termos de acessibilidade e promover o desenvolvimento de parcerias público-privadas, que permitiriam empreendimentos de fonte mista, modelo que não existe em São Paulo, embora pudesse ser muito útil para diminuir a desigualdade.

Um plano evolutivo para o Tietê

Os desenhos das próximas páginas mostram a potencial transformação da área do Arco Tietê. Concebida como uma série de projetos urbanos em várias escalas, da região metropolitana até o bloco urbano, eles se destinam a abrir a imaginação do leitor para novos possíveis designs para o local e a cidade. O primeiro conjunto de desenhos apresenta uma narrativa gráfica das operações urbanas descritas acima. Mostram, especificamente, como a redefinição da infraestrutura de mobilidade, a recalibração da rede viária e a implementação de novas estratégias hidrológicas, se concebidas simultaneamente, podem fornecer nova estrutura de vida urbana a essa área. O segundo conjunto de desenhos descreve a evolução do rio Tietê, mostrando o rio e sua planície aluvial, em 1842 (antes de ser canalizado), em 1942 (quando estava sendo retificado) e em 2017 (seu estado atual).

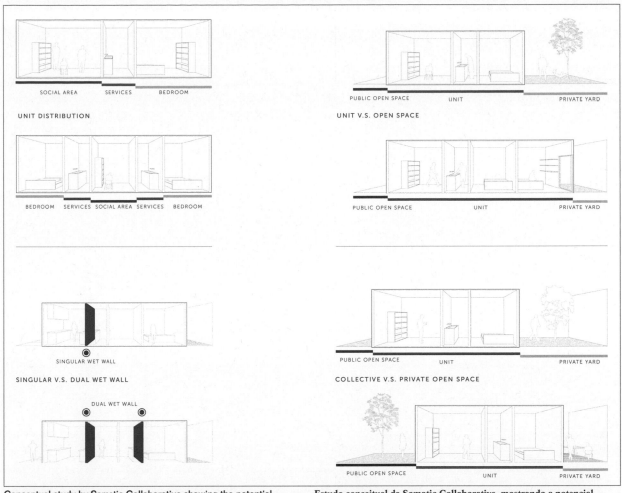

UNIT DISTRIBUTION

SOCIAL AREA — SERVICES — BEDROOM

BEDROOM — SERVICES — SOCIAL AREA — SERVICES — BEDROOM

SINGULAR V.S. DUAL WET WALL

SINGULAR WET WALL

DUAL WET WALL

UNIT V.S. OPEN SPACE

PUBLIC OPEN SPACE — UNIT — PRIVATE YARD

PUBLIC OPEN SPACE — UNIT — PRIVATE YARD

COLLECTIVE V.S. PRIVATE OPEN SPACE

PUBLIC OPEN SPACE — UNIT — PRIVATE YARD

PUBLIC OPEN SPACE — UNIT — PRIVATE YARD

Conceptual study by Somatic Collaborative showing the potential elasticity of a residential unit.

Estudo conceitual da Somatic Collaborative, mostrando a potencial elasticidade das unidades residenciais.

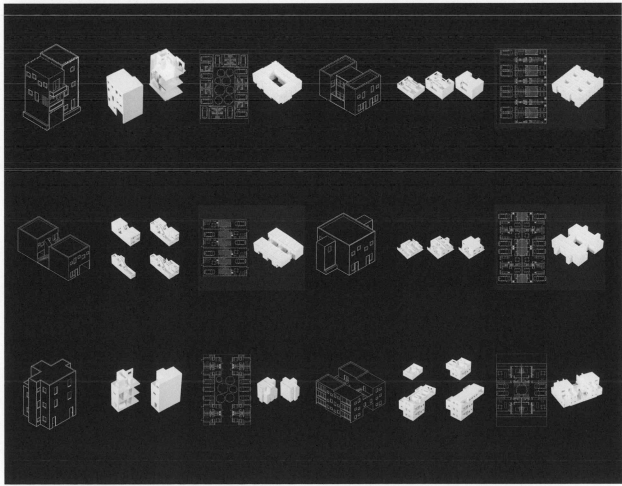

Study of new affordable housing units by Somatic Collaborative based on the unit elasticity analysis.

Estudo de novas unidades de habitação acessíveis da Somatic Collaborative, com base na análise da elasticidade das unidades.

the objective of expanding the reader's ability to imagine an articulate and sensitive transformation of a large and important area in São Paulo. Rather than providing a single "fix-it-all" plan, this constellation of design concepts is meant to serve as an open-ended guide that can ignite the imaginations of all constituencies involved with the transformation of the Arco Tietê and São Paulo.

Essas reproduções são seguidas por uma série de desenhos mais projetivos, mostrando como o rio e a cidade poderiam ser gradualmente transformados na próxima década. Incorporada nessas estratégias de design está uma nova abordagem de infraestrutura, do conceito que vai além dos silos e visões monofuncionais do pós-guerra e considera os diferentes sistemas de infraestrutura que compõem a cidade de forma simultânea, a fim de criar infraestruturas compostas que oferecem à cidade projetos urbanos cujo todo excede a soma das partes.

Finalmente, as propostas de projetos das próximas páginas reúnem uma constelação de estratégias de design e projetos, com o objetivo de ampliar a capacidade do leitor de imaginar transformações articuladas e sensíveis dessa grande e importante região da cidade. Em vez de fornecer uma solução única, esse conjunto de conceitos de design deve servir como um guia inconclusivo, que pode estimular a imaginação das partes envolvidas na transformação do Arco Tietê e de São Paulo.

Aerial photo of the area between the railroad tracks and the Tietê River showing warehouses and post-industrial land.

Foto aérea da área entre os trilhos do trem e o Rio Tietê, mostrando os armazéns e o solo pós-industrial.

Re-scaling Mobility Infrastructure

A critical operation here would upgrade the city's rail infrastructure, and rethink it in combination with its ring roads, yielding new moments of intermodality between the two systems and allowing the city and state governments to release land currently used by the rail network for new urban development.

Nova escala da infraestrutura de mobilidade

Uma operação crítica aqui atualizaria a infraestrutura ferroviária da cidade e a repensaria, em conjunto com os anéis, produzindo novos momentos de intermodalidade entre os dois sistemas e permitindo que os governos municipal e estadual liberassem terrenos atualmente em uso pela rede ferroviária para novos empreendimentos urbanos.

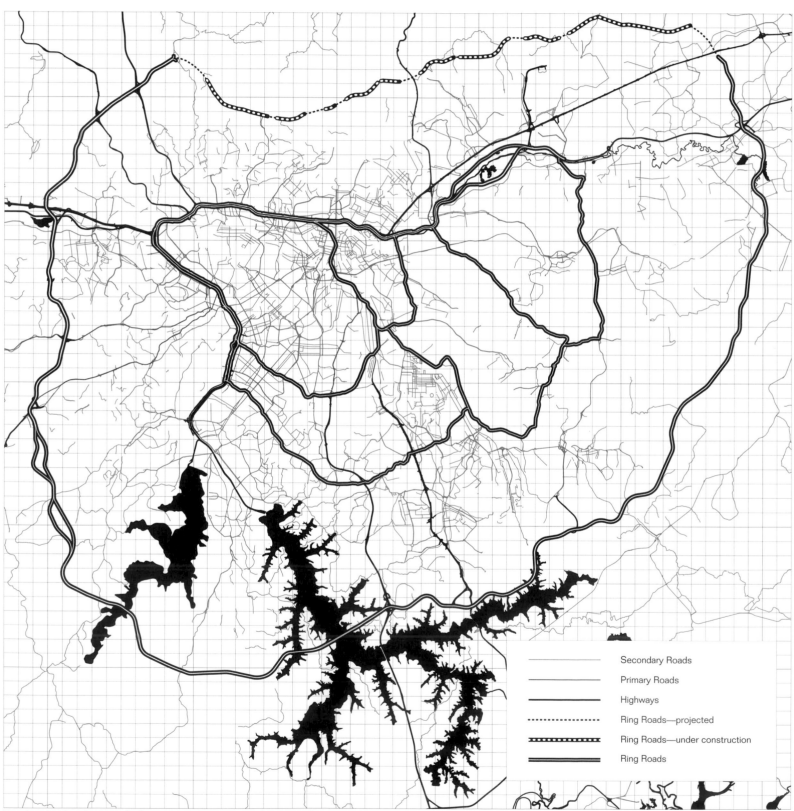

————————	Secondary Roads
————————	Primary Roads
————————	Highways
····················	Ring Roads—projected
▪▪▪▪▪▪▪▪▪▪▪▪▪▪	Ring Roads—under construction
══════════	Ring Roads

Drawing showing the network of private mobility systems in the metropolitan region.

Desenho mostrando a rede dos sistemas privados de mobilidade na região metropolitana.

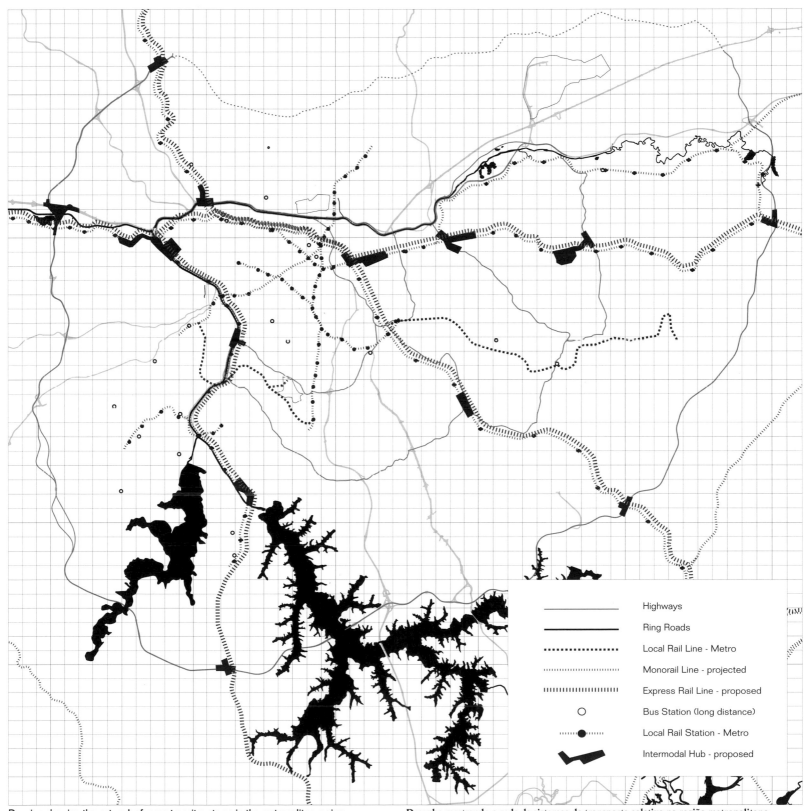

	Highways
	Ring Roads
	Local Rail Line - Metro
	Monorail Line - projected
	Express Rail Line - proposed
○	Bus Station (long distance)
	Local Rail Station - Metro
	Intermodal Hub - proposed

Drawing showing the network of mass transit systems in the metropolitan region.   Desenho mostrando a rede de sistemas de transporte coletivo na região metropolitana.

E

Proposed points of overlap for an integrated mobility system at a metropolitan scale.

Pontos propostos de sobreposição com vistas a um sistema de mobilidade integrado em escala metropolitana.

Releasing Publicly Owned Land

An upgrading of mobility infrastructure would also allow for the examination of residual and underutilized land currently owned by the state's railroad company. Such land should be released for urban development, serving as the base for urban projects that establish better scalar relationships between rail infrastructure, city fabric, and the river. The main tracks that today run to the west of the city center can also serve as a spine for new mass transit service—with local and express lines—providing greater connectivity within the metropolitan region.

Liberação de terrenos públicos

A atualização da infraestrutura de mobilidade também permitiria a análise de terrenos residuais e subutilizados, atualmente de propriedade da empresa ferroviária estadual. Esses terrenos seriam liberados para o desenvolvimento urbano, servindo como base para projetos que estabeleçam melhores relações de escala entre a infraestrutura ferroviária, o tecido urbano e o rio. Os trilhos principais que hoje operam no sentido oeste do centro da cidade também podem servir como espinha dorsal para o novo serviço de transporte público, com linhas locais e expressas, proporcionando mais conectividade na região metropolitana.

**Express Rail Line
Proposed Intermodal Hubs**

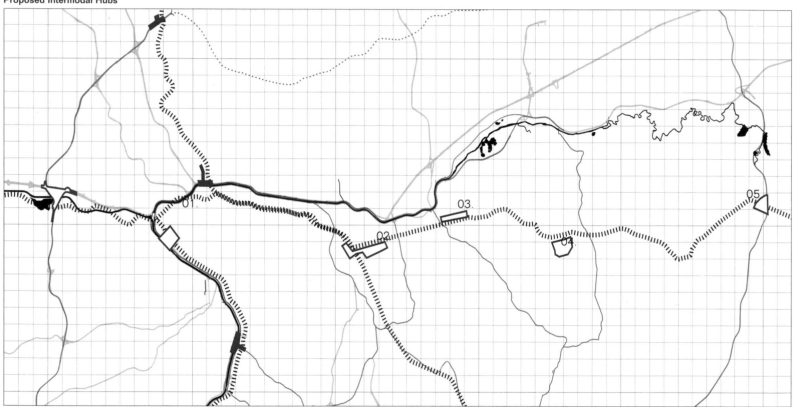

1 CEAGESP – wholesale market area.

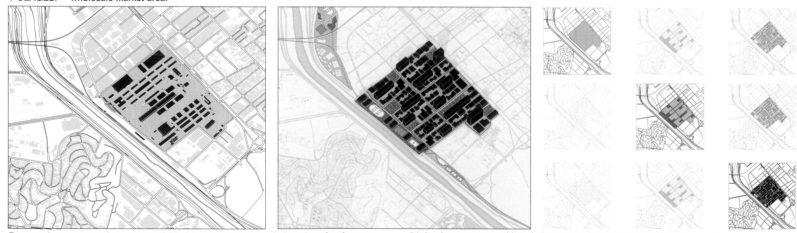

Proposed mass transit line, intermodal hubs, and adjacent lands for urban development.

Linha de transporte público, hubs intermodais e terrenos adjacentes propostos para o desenvolvimento urbano.

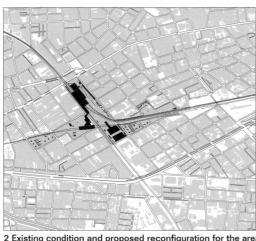
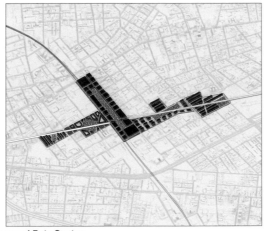

2 Existing condition and proposed reconfiguration for the area around Brás Station.

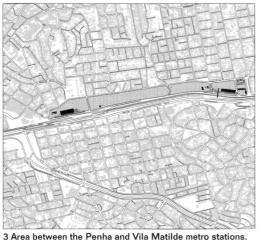
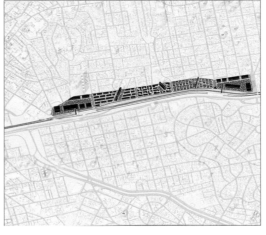

3 Area between the Penha and Vila Matilde metro stations.

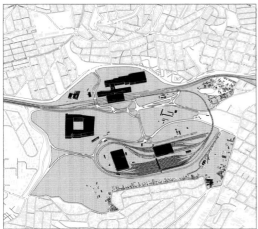
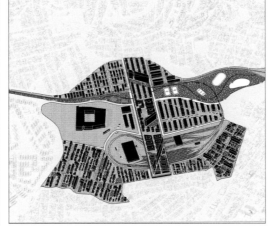

4 Area around the Corinthians – Itaquera metro station.

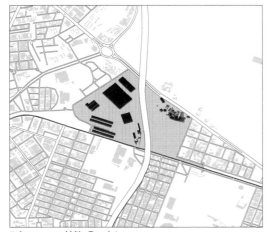
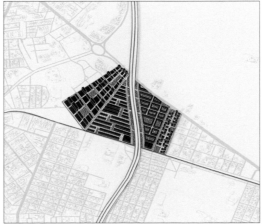

5 Area around Vila Bandeirantes.

E

Re-scaling the Urban Grid

Given the area's former industrial uses, an essential component of its urban restructuring involves the recalibration of the street grid. This move allows for the introduction of new city blocks that are more urban in scale, and also provides a more distributed traffic network, improving mobility flows in the area.

Nova escala da rede urbana

Devido ao antigo uso industrial da região, um componente essencial da sua restruturação urbana envolve a recalibração da rede viária, o que permitirá a criação de novos quarteirões, que serão mais urbanos em escala, além de viabilizar uma rede de tráfego mais distribuída, melhorando os fluxos de mobilidade na região.

Plan view showing the gradual introduction of new streets and the downsizing of the highway along the Tietê River.

Vista plana mostrando a introdução gradual de novas ruas e a redução da marginal Tietê.

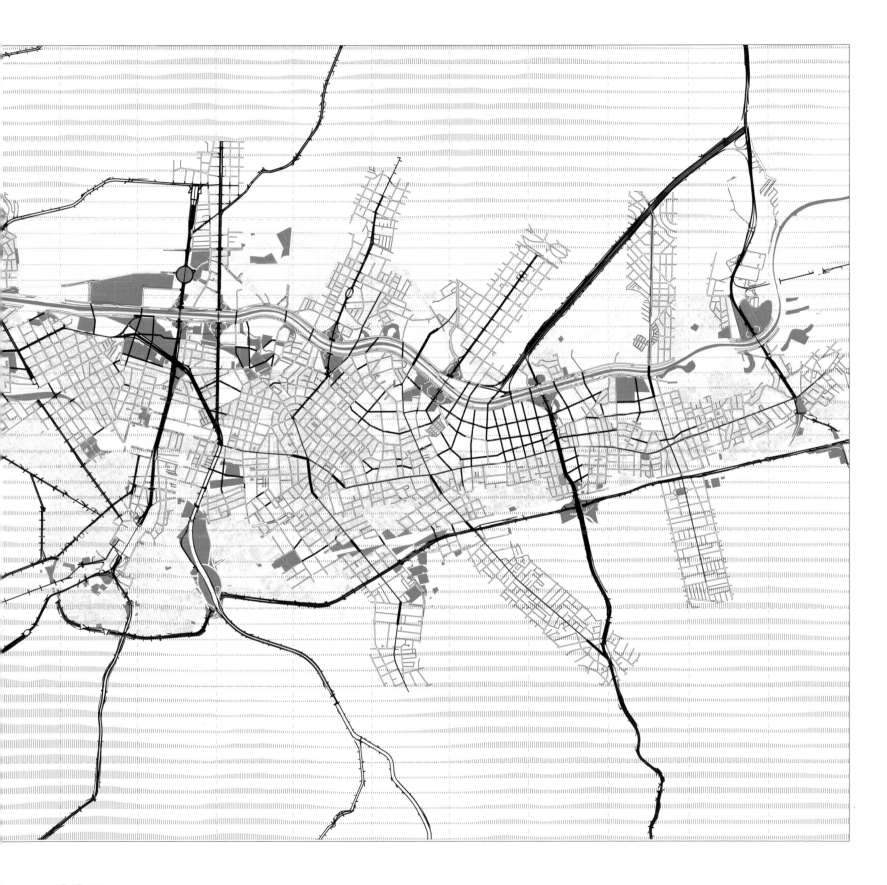

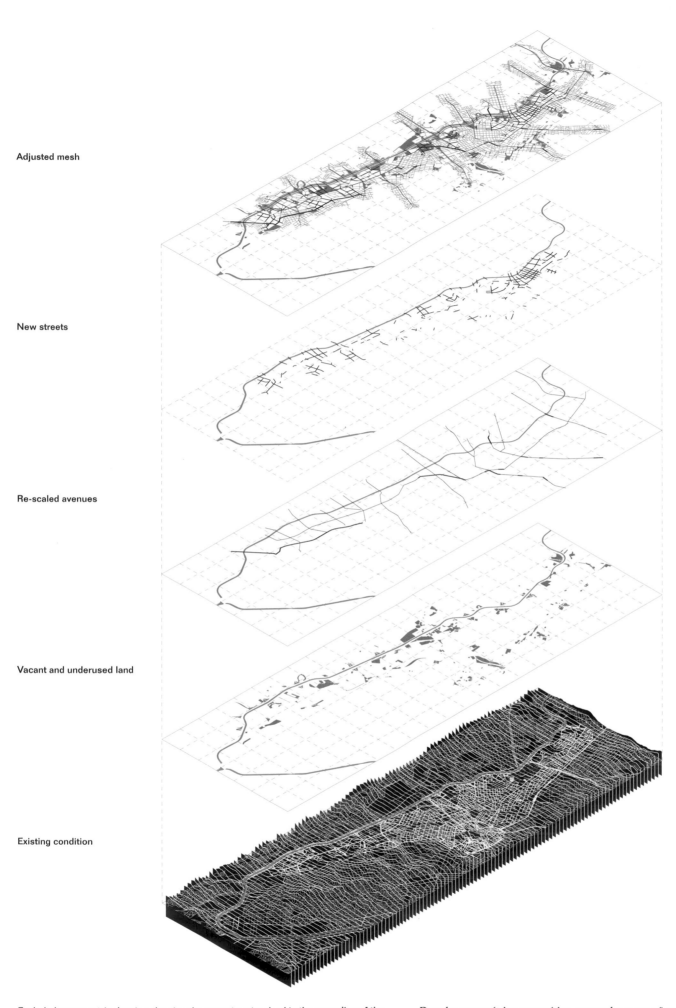

Adjusted mesh

New streets

Re-scaled avenues

Vacant and underused land

Existing condition

Exploded axonometric drawing showing the operations involved in the re-scaling of the street grid.

Desenho axonométrico esquemático, mostrando as operações envolvidas na nova escala da rede viária.

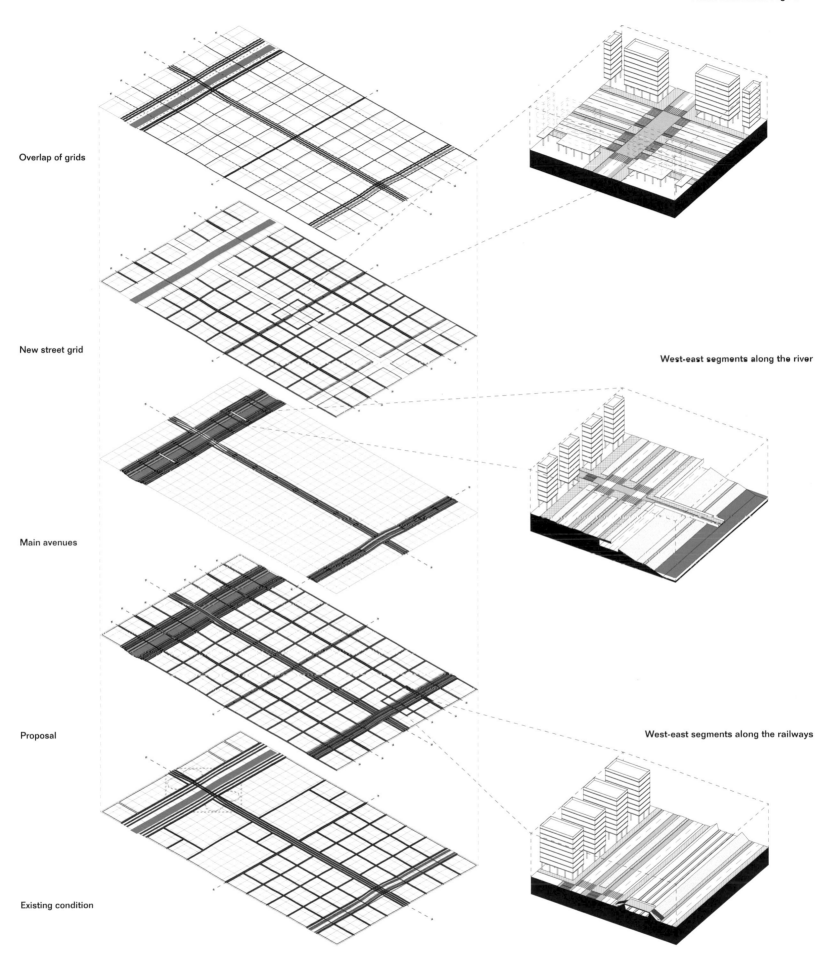

North-south main segments

Overlap of grids

New street grid

West-east segments along the river

Main avenues

Proposal

West-east segments along the railways

Existing condition

Exploded axonometric drawing showing the model utilized to re-scale the street grid.

Desenho axonométrico esquemático, mostrando o modelo usado para a nova escala da rede viária.

E

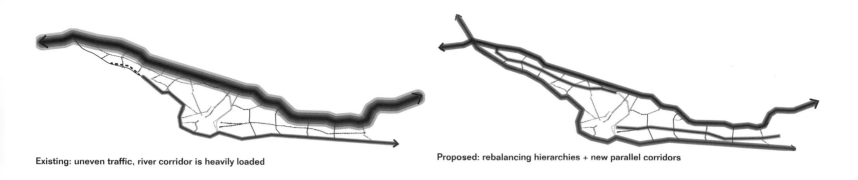

Existing: uneven traffic, river corridor is heavily loaded

Proposed: rebalancing hierarchies + new parallel corridors

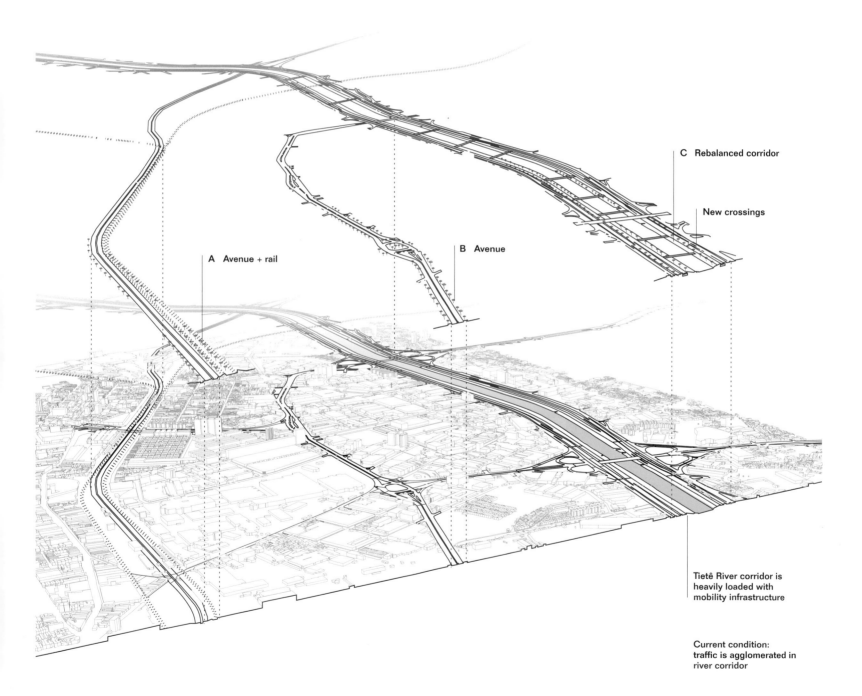

C Rebalanced corridor

New crossings

A Avenue + rail

B Avenue

Tietê River corridor is
heavily loaded with
mobility infrastructure

Current condition:
traffic is agglomerated in
river corridor

Exploded axonometric showing moments where major roads are being re-dimensioned.

Desenho axonométrico esquemático, mostrando os momentos em que as principais vias estão sendo redimensionadas.

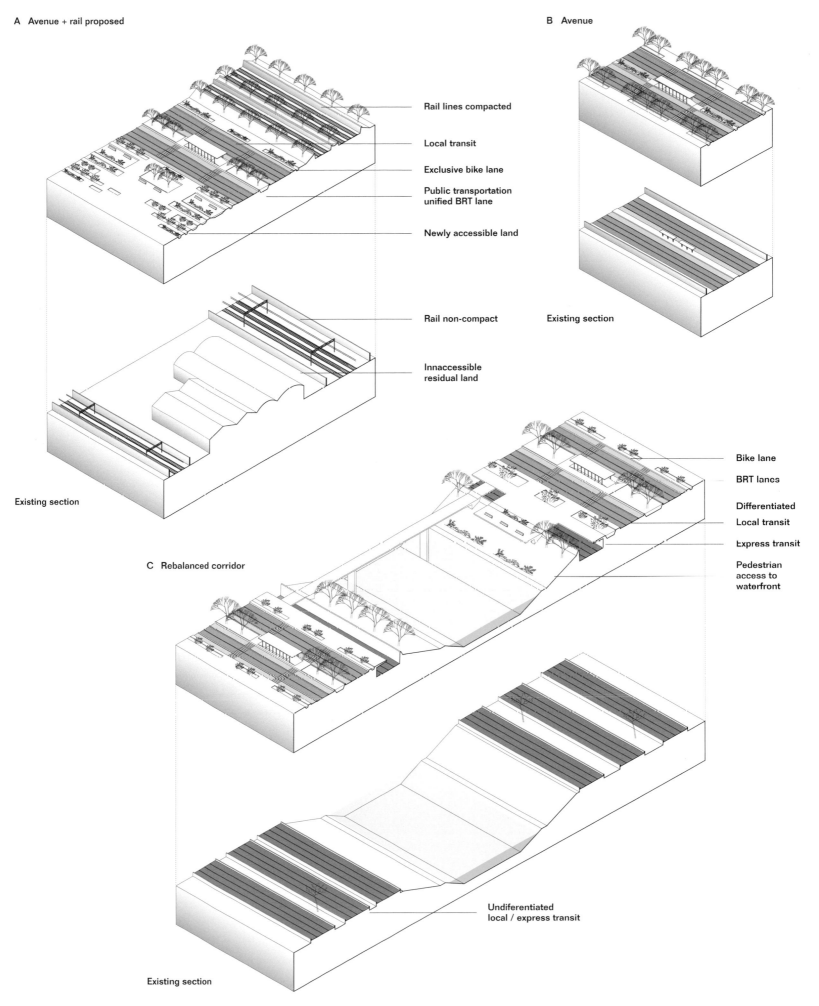

A   Avenue + rail proposed

Rail lines compacted

Local transit

Exclusive bike lane

Public transportation
unified BRT lane

Newly accessible land

Rail non-compact

Innaccessible
residual land

Existing section

B   Avenue

Existing section

C   Rebalanced corridor

Bike lane

BRT lanes

Differentiated
Local transit

Express transit

Pedestrian
access to
waterfront

Undiferentiated
local / express transit

Existing section

Rebalancing mobility corridors parallel to the Tietê River.

Novo equilíbrio dos corredores de mobilidade paralelos ao Rio Tietê.

Proposed: rebalancing hierarchies + new corridors

Existing: traffic is unevenly distributed

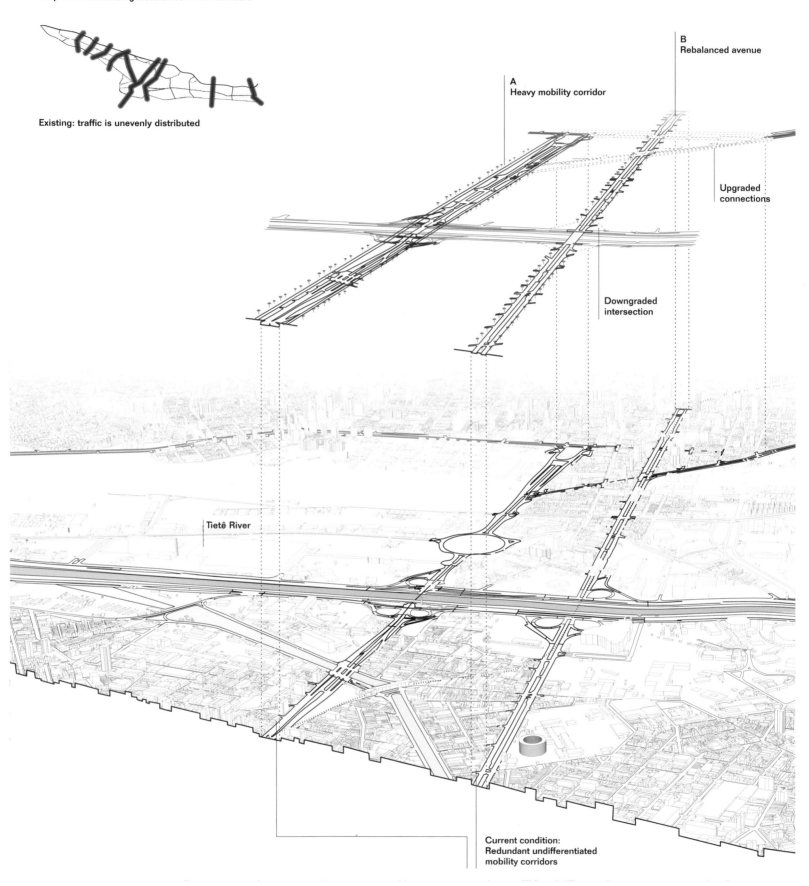

B
Rebalanced avenue

A
Heavy mobility corridor

Upgraded
connections

Downgraded
intersection

Tietê River

Current condition:
Redundant undifferentiated
mobility corridors

Exploded axonometric showing the proposed re-dimensioning of north-south corridors adjacent to the Tietê River.

Desenho axonométrico esquemático mostrando a proposta de redimensionamento dos corredores norte-sul adjacentes ao Rio Tietê.

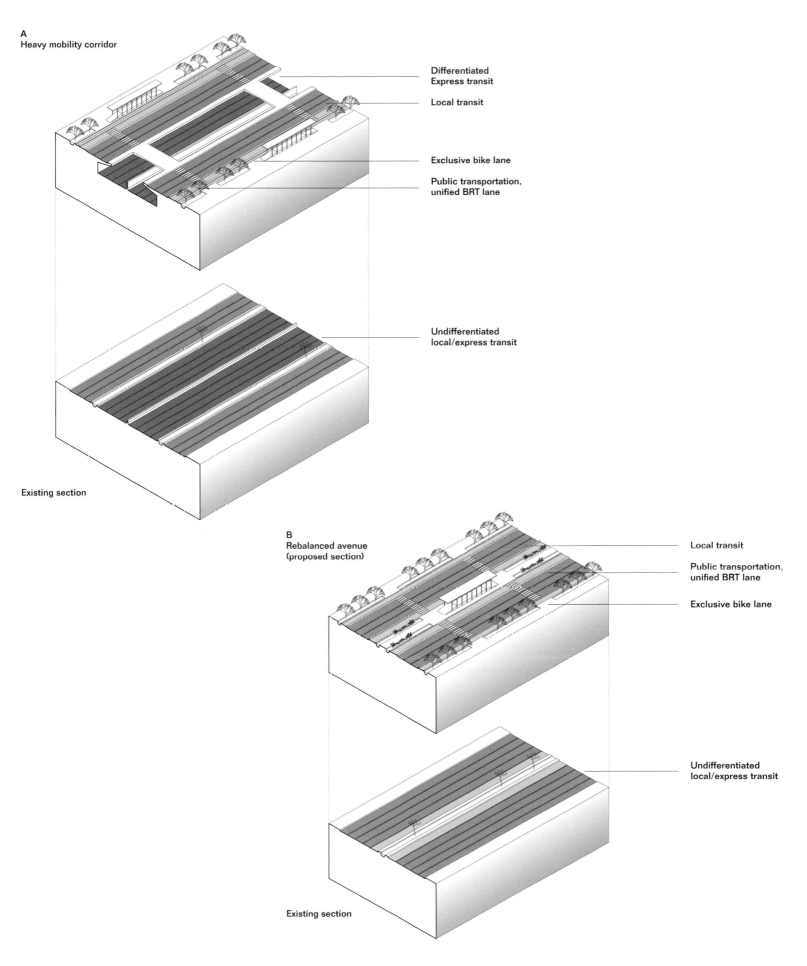

A
Heavy mobility corridor

Differentiated
Express transit

Local transit

Exclusive bike lane

Public transportation,
unified BRT lane

Undifferentiated
local/express transit

Existing section

B
Rebalanced avenue
(proposed section)

Local transit

Public transportation,
unified BRT lane

Exclusive bike lane

Undifferentiated
local/express transit

Existing section

Rebalancing mobility corridors perpendicular to the Tietê River.

Novo equilíbrio dos corredores de mobilidade perpendiculares ao Rio Tietê.

Resurfacing the Tamanduateí River

The Tamanduateí, a tributary of the Tietê and another important river in the history of São Paulo, is also in need of recuperation. Today, buried in mobility infrastructure and industrial lands, the edges of the Tamanduateí have the potential to be transformed into a new green spine that reconnects the river with the district and the city. This corridor can bring new open space to the area and catalyze future urban development.

Ressurgimento do Rio Tamanduateí

O Tamanduateí, um tributário do Tietê e outro importante rio da história de São Paulo, também precisa de recuperação. Hoje, enterradas na infraestrutura de mobilidade e nos terrenos urbanos, as margens do Tamanduateí têm potencial para serem transformadas em nova espinha dorsal ecológica, reconectando o rio com o bairro e a cidade. Esse corredor pode trazer novos espaços abertos à região e catalisar futuros desenvolvimentos urbanos.

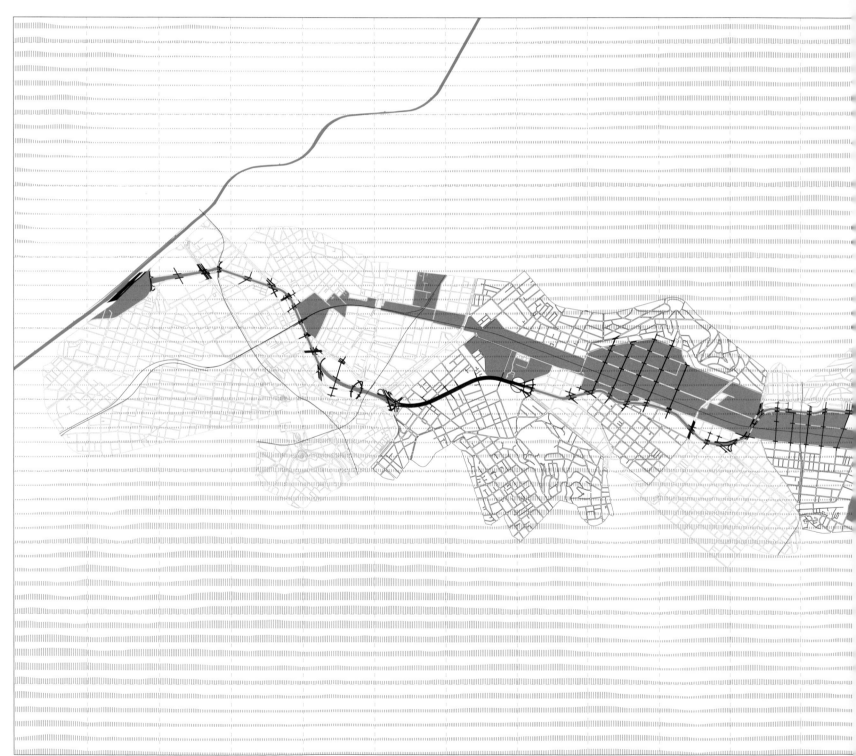

Schematic drawing of the Tamaduateí River and its urban adjacencies.

Desenho esquemático do Rio Tamaduateí e suas adjacências urbanas.

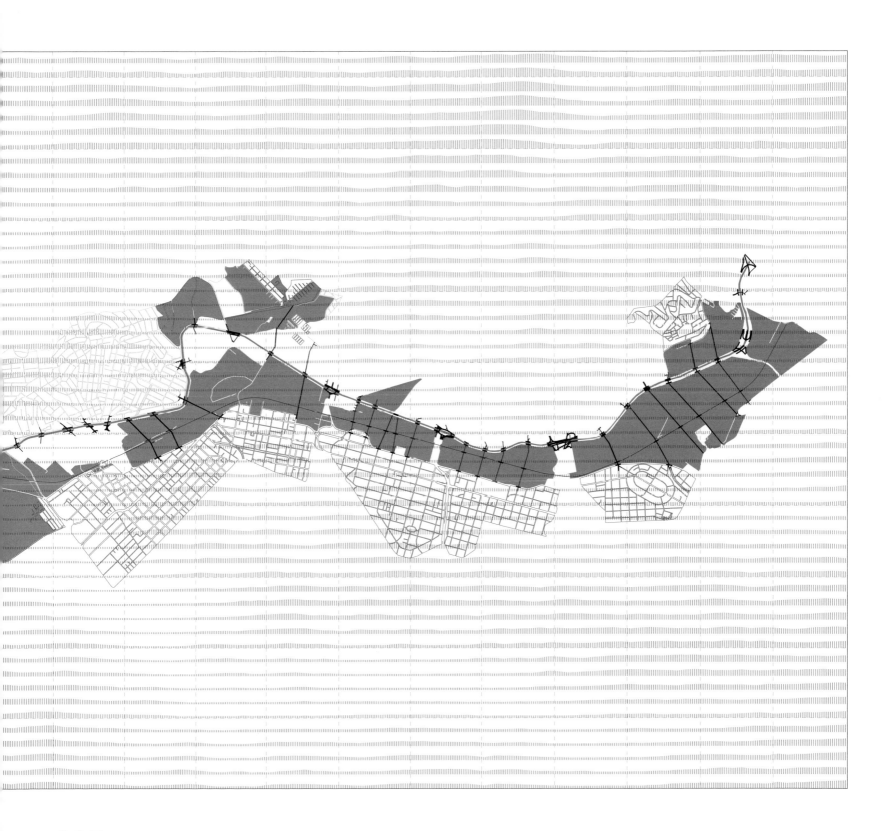

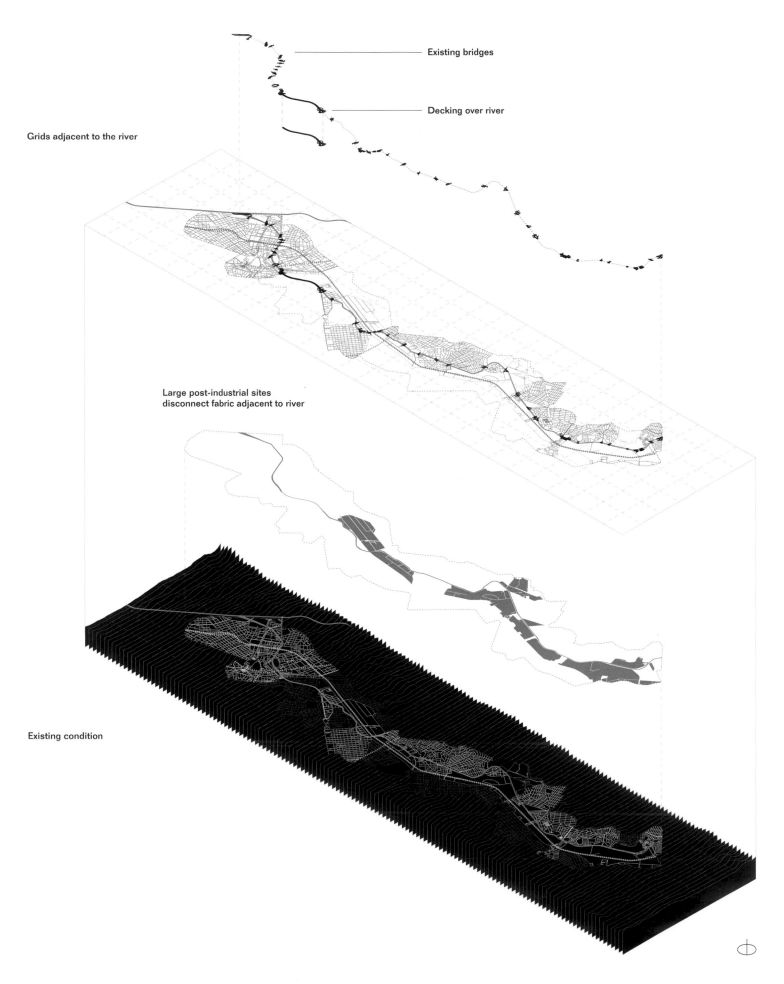

Existing bridges

Decking over river

Grids adjacent to the river

Large post-industrial sites
disconnect fabric adjacent to river

Existing condition

Reconnecting the Tamanduateí River to the city: Existing condition.

Reconexão do Rio Tamanduateí com a cidade: condições existentes.

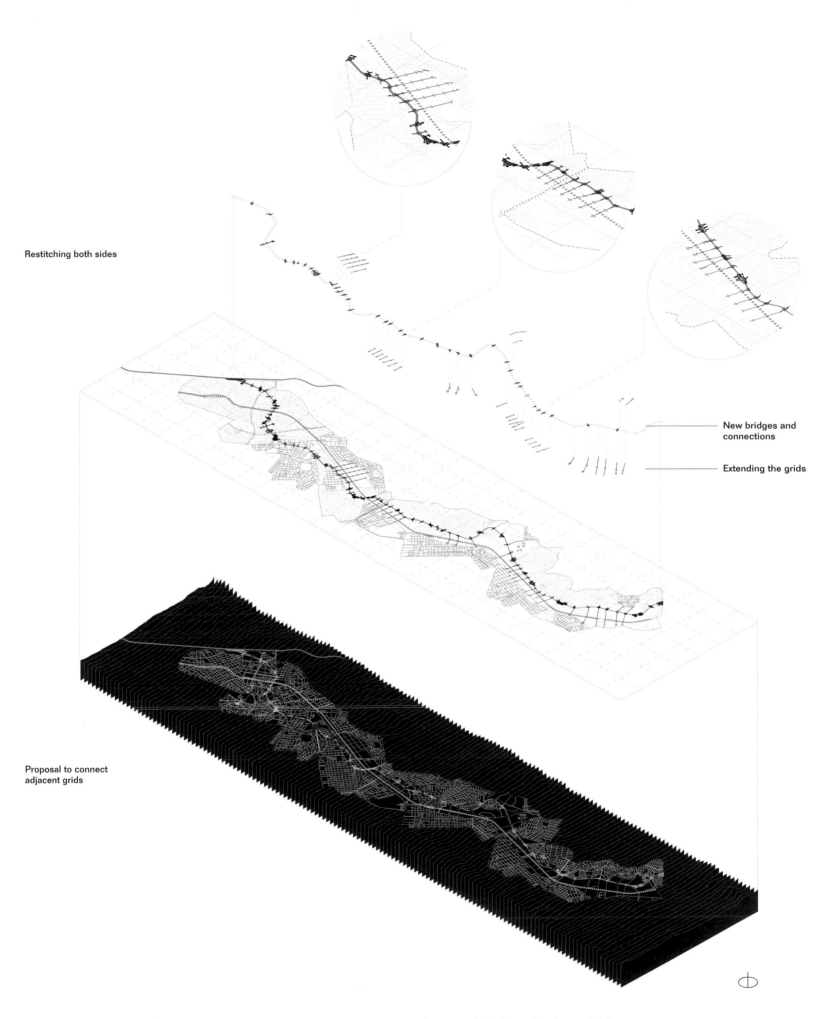

Restitching both sides

New bridges and connections

Extending the grids

Proposal to connect
adjacent grids

Reconnecting the Tamanduateí River to the city: Proposal.

Reconexão do Rio Tamanduateí com a cidade: proposta.

E

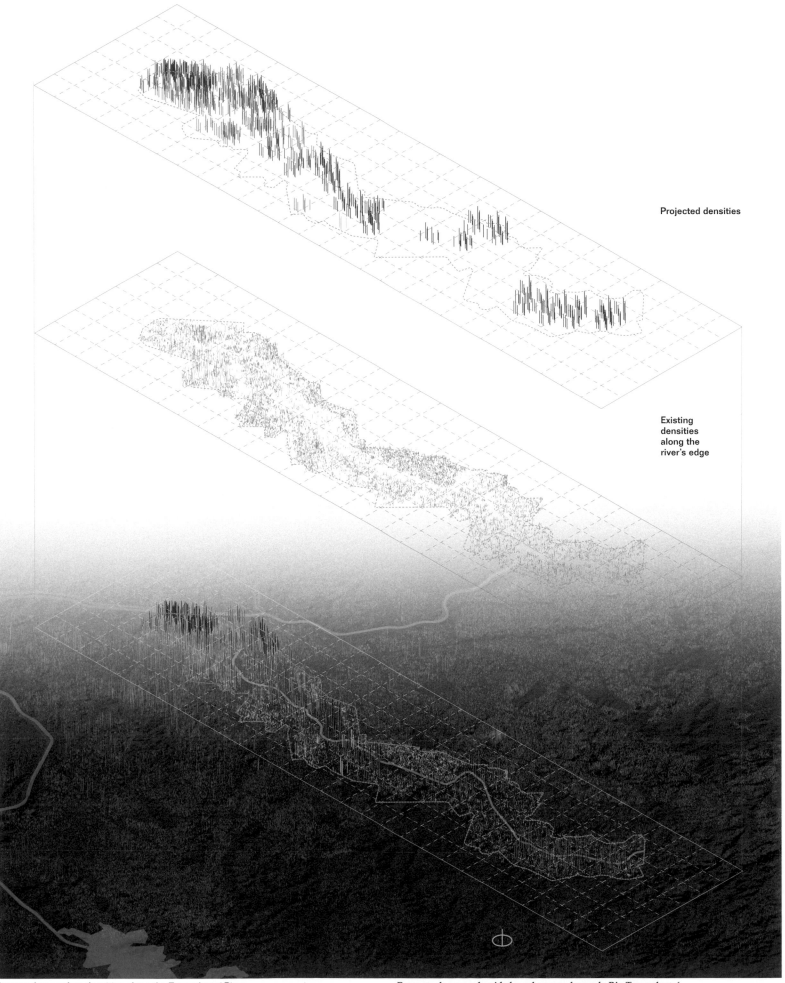

Projected densities

Existing densities along the river's edge

Proposed new urban densities along the Tamanduateí River.

Proposta de novas densidades urbanas ao longo do Rio Tamanduateí.

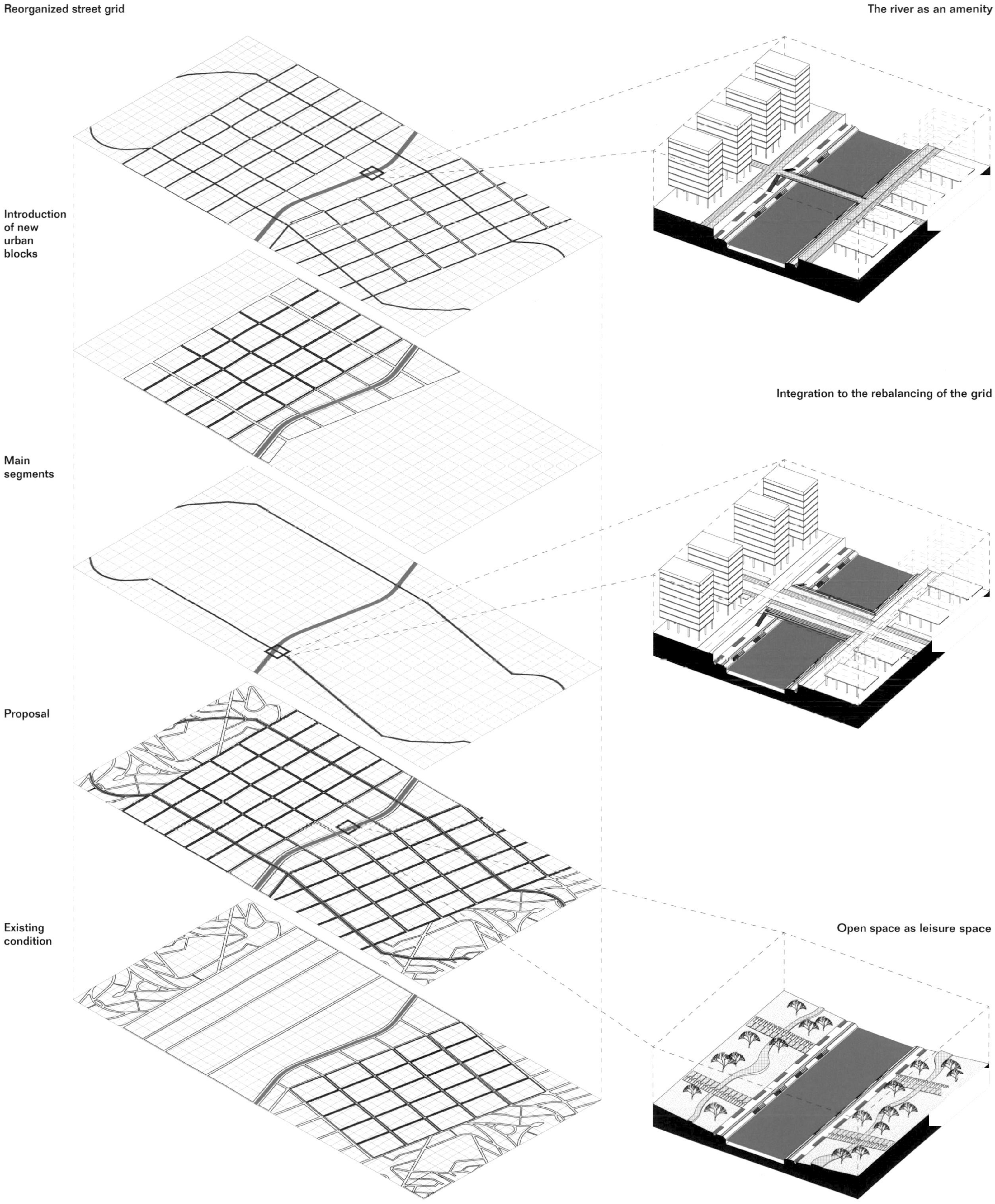

Reorganized street grid

The river as an amenity

Introduction
of new
urban
blocks

Integration to the rebalancing of the grid

Main
segments

Proposal

Existing
condition

Open space as leisure space

Proposed urban block model for the river's edge.

Proposta de modelo de quarteirão urbano para as margens do rio.

E

Proposed:
The river as an avenue

Current condition:
The river as mobility corridor

Decked zone

Elevated highway

Tamanduateí River Corridor as a new avenue.

Corredor do Rio Tamanduateí como nova avenida.

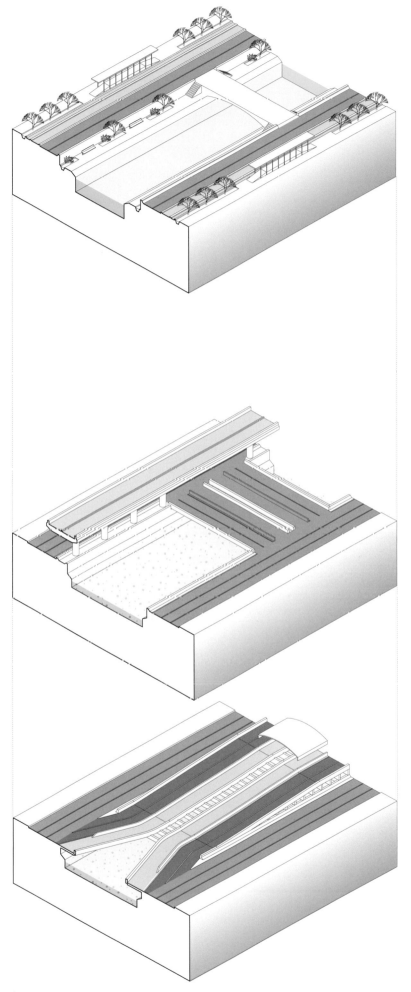

Proposed:
The river as an avenue,
rethinking the section

Current condition:
The river as mobility corridor

Elevated highway

Highway decking
over river

Proposed sections for the river's edge.

Áreas propostas para as margens do rio.

E

An Evolutionary Plan for the Tietê

The following seven spreads show the historic transformation of the river from a free-flowing floodplain into a channelized figure. They also envision how the future organization of the area between the city center and the river must encounter forms of urban development that acknowledge the space needed by the river, and integrate it into the urban life of the city.

Um plano evolutivo para o Tietê

As sete imagens seguintes mostram a transformação histórica do rio, de uma planície de fluxo livre para uma figura canalizada. Elas também mostram como a futura organização da região entre o centro da cidade e o rio deverá encontrar formas de desenvolvimento urbano que reconheçam o espaço necessário pelo rio e o integrem à vida urbana.

The rivers and the city in 1842.

Os rios e a cidade em 1842.

313

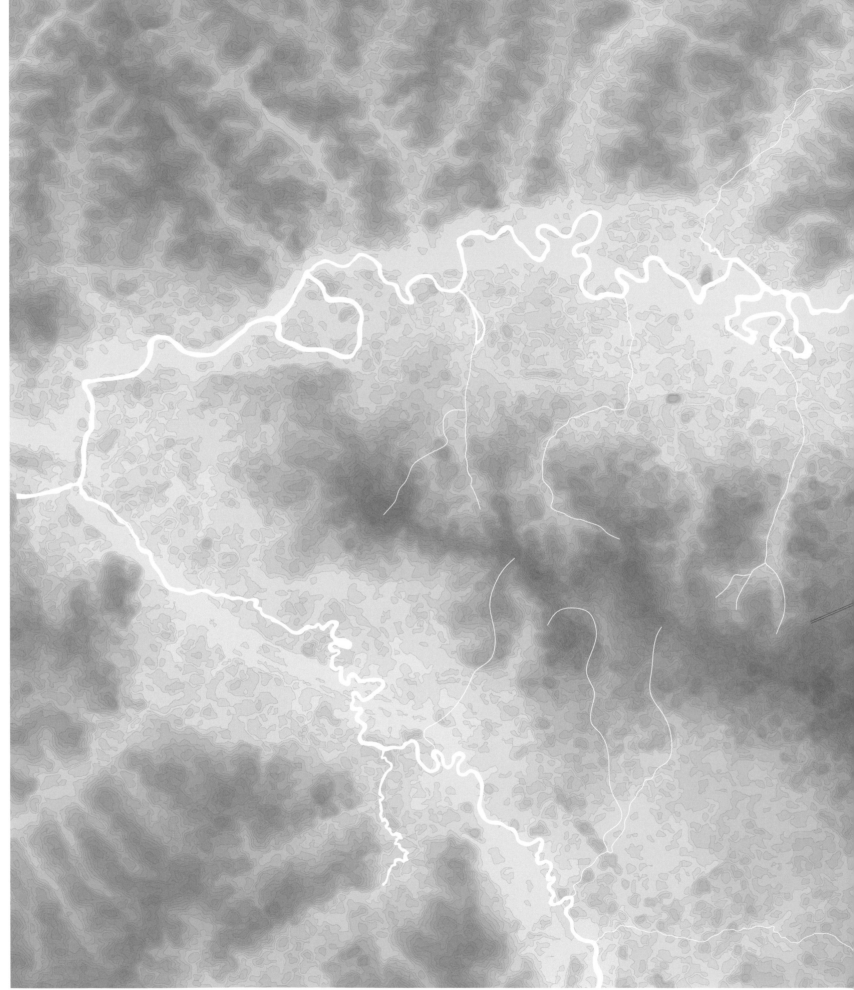

The rivers and the city in 1842.

Os rios e a cidade em 1842.

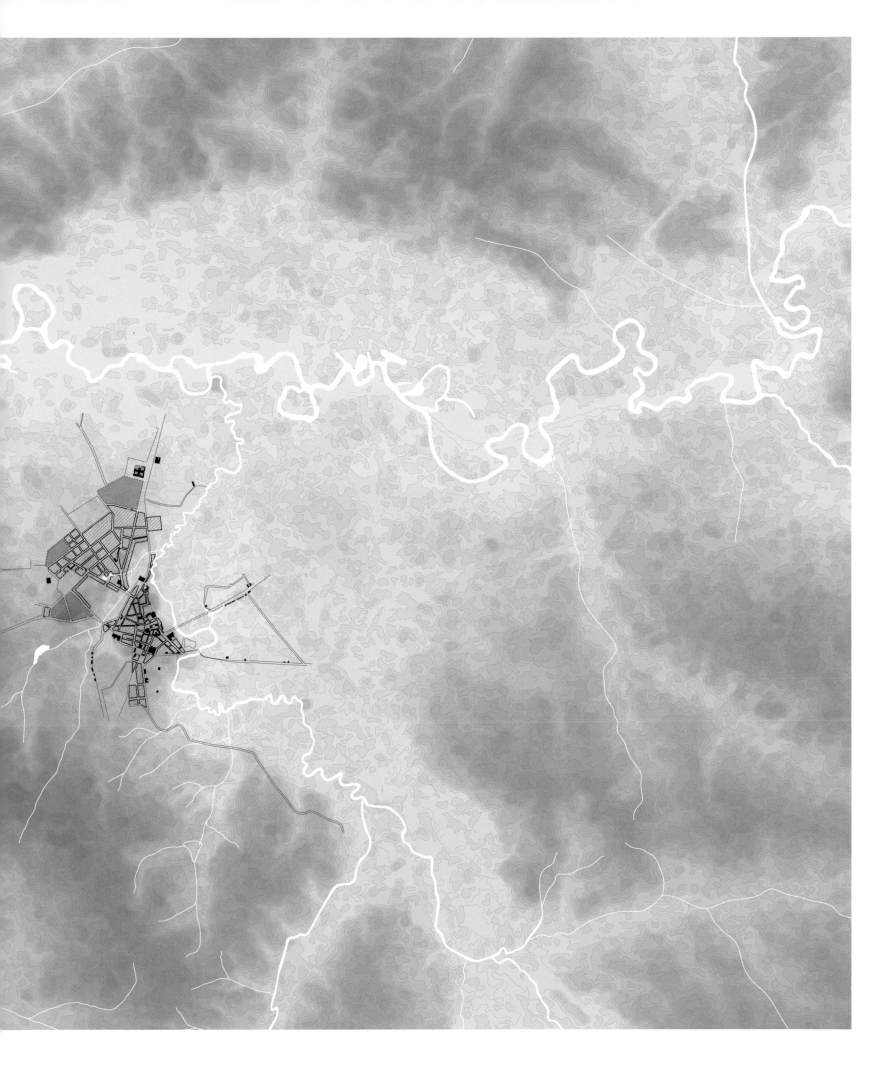

The rivers and the city in 1942.

Os rios e a cidade em 1942.

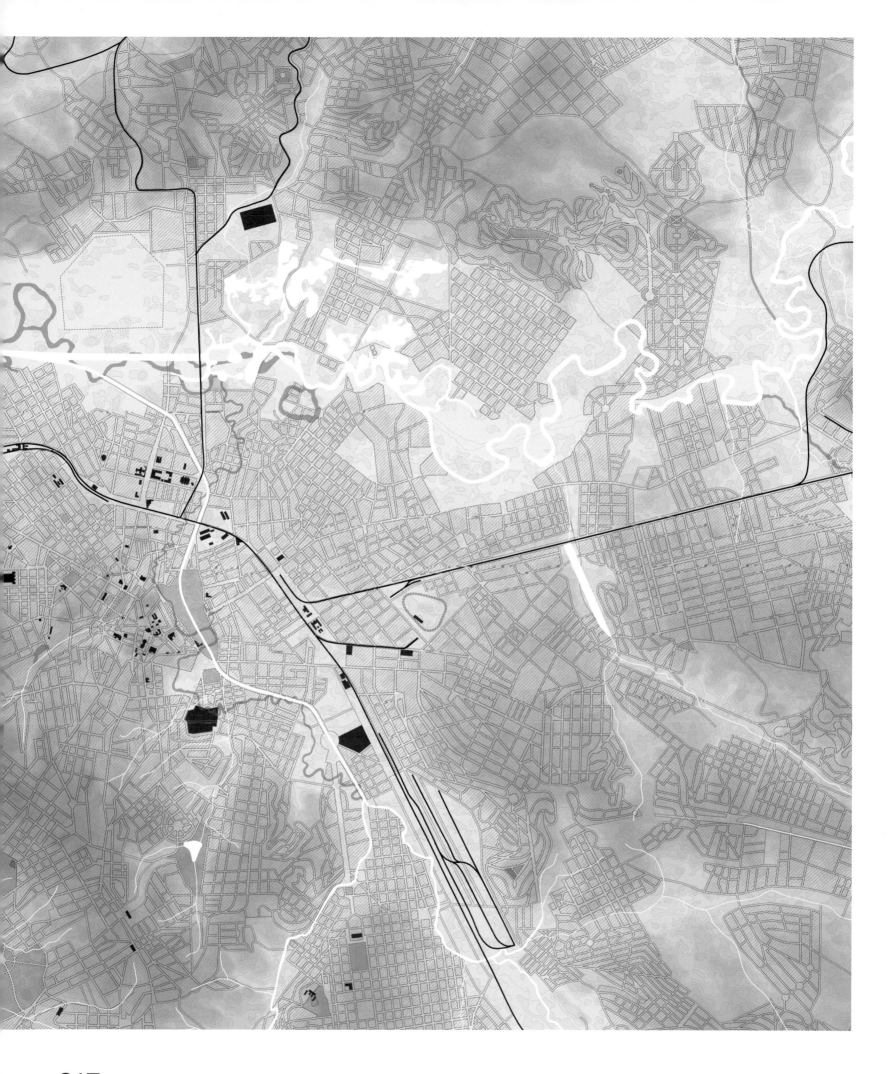

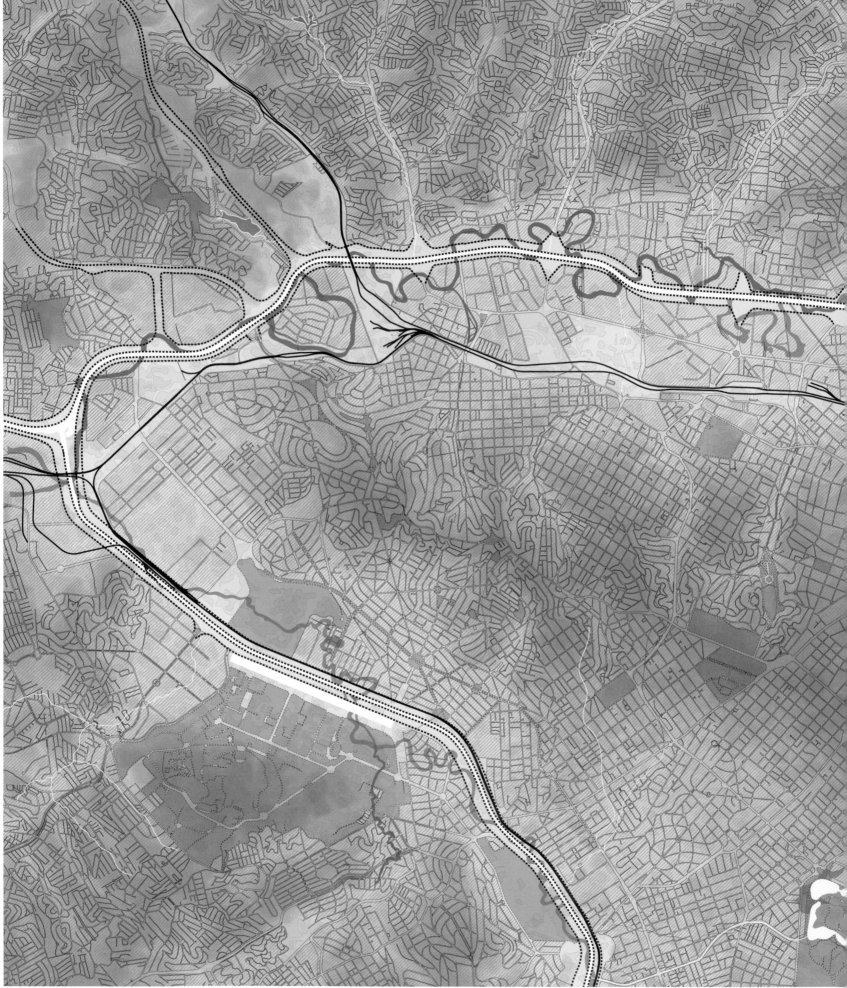

The rivers and the city in 2017.

Os rios e a cidade em 2017.

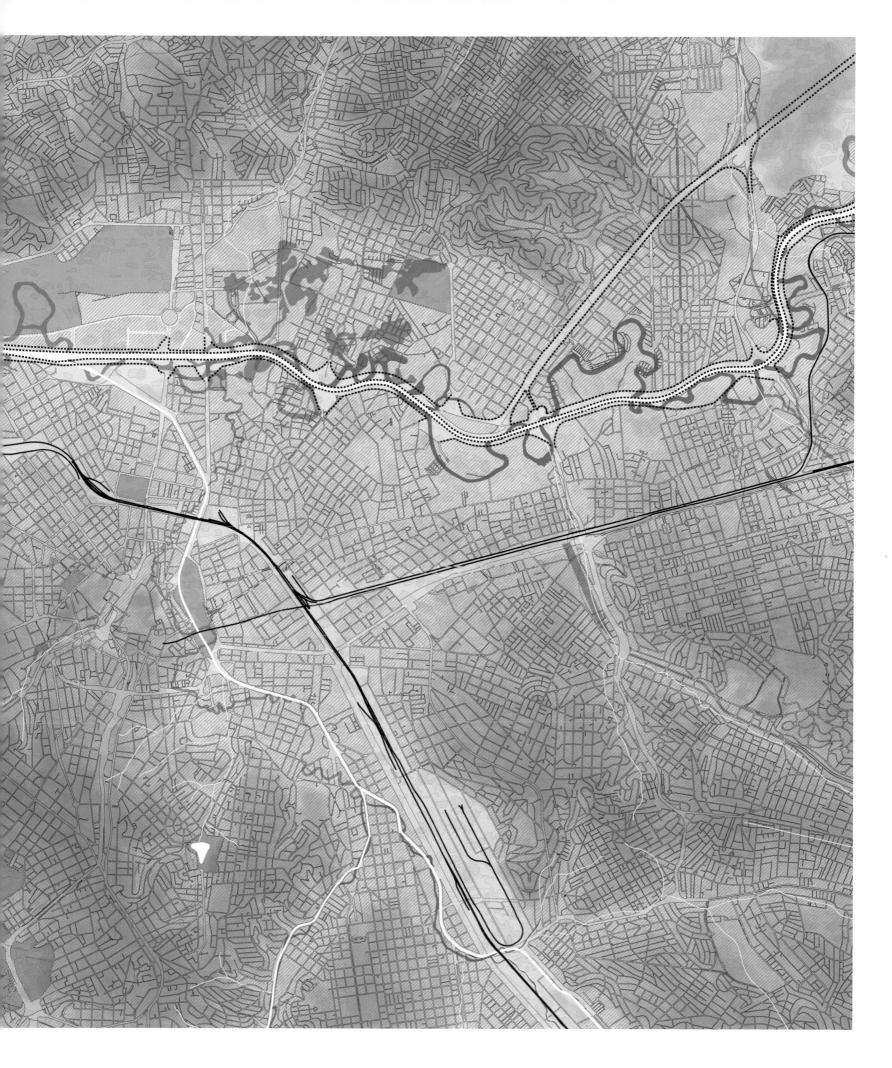

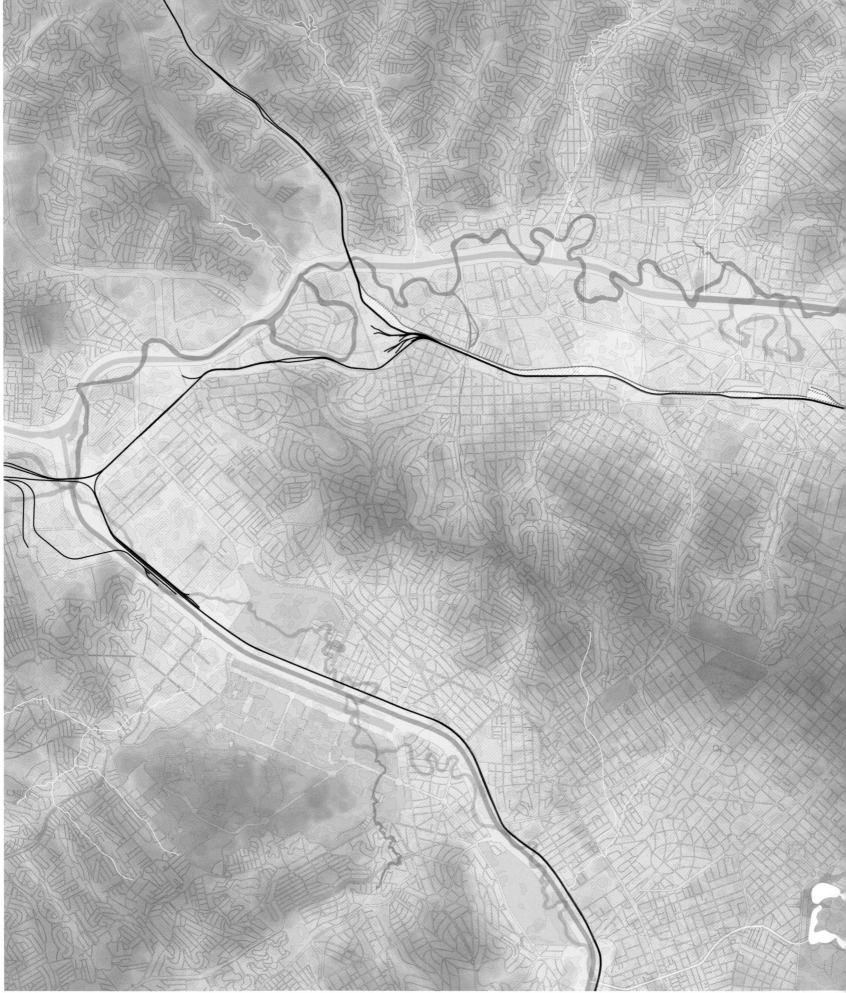

Future transformations: The reorganization of rail infrastructure.

Futuras transformações: a reorganização da infraestrutura ferroviária.

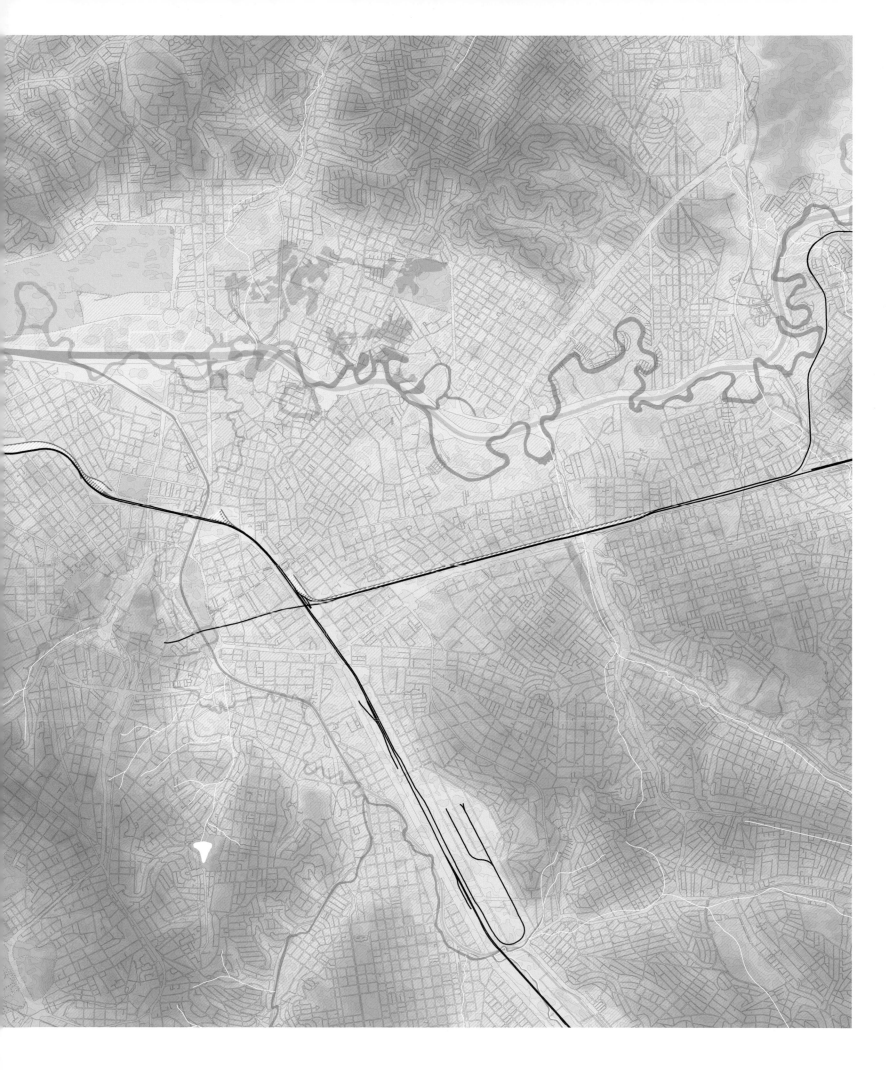

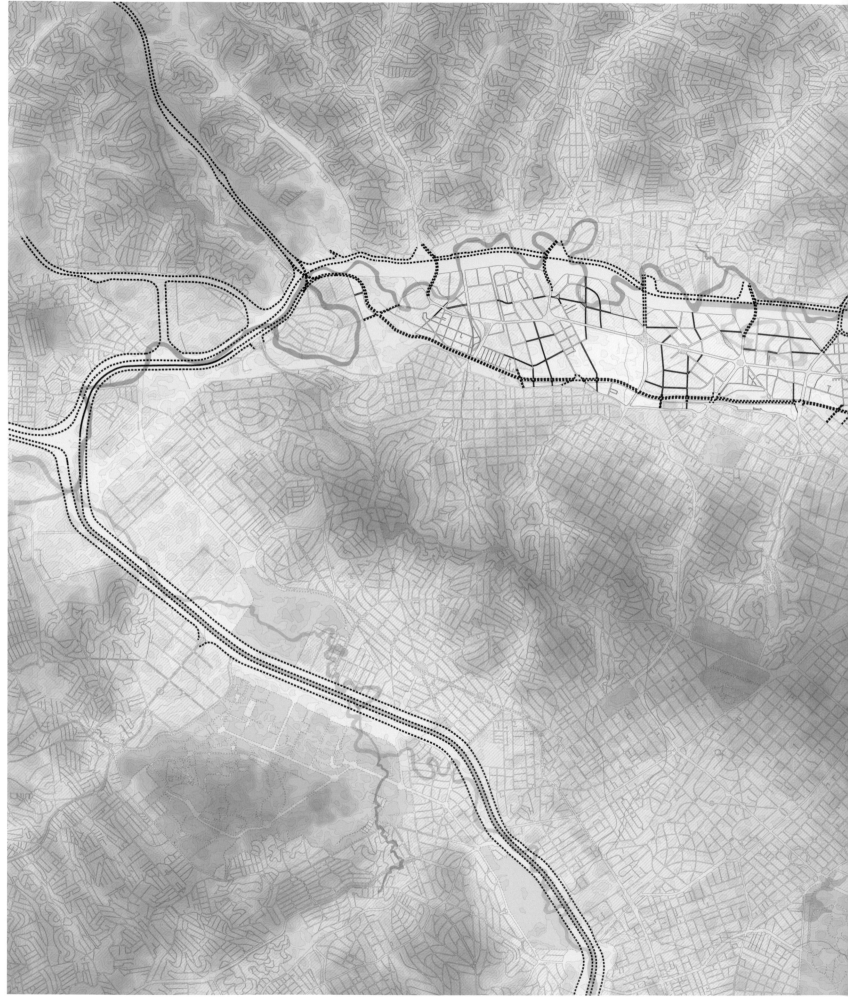

Future transformations: The recalibration of the urban grid and the re-scaling of the highways along the river.

Futuras transformações: a recalibração da rede urbana e a nova escala das marginais.

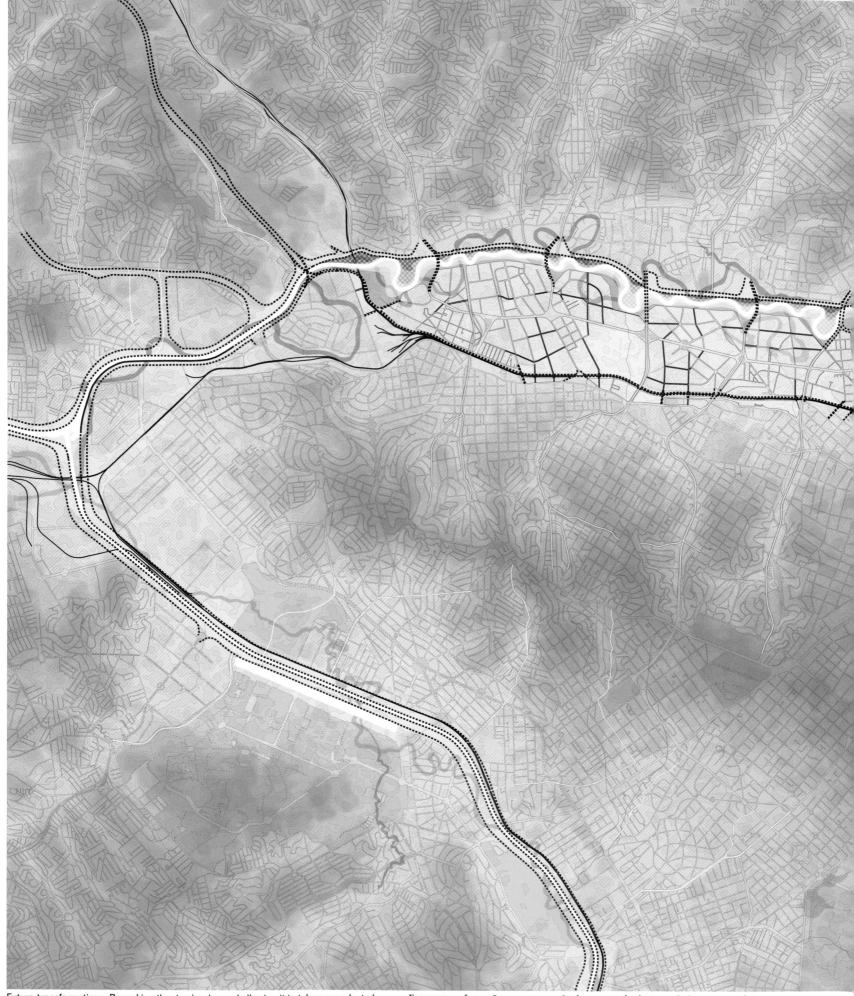

Future transformations: Reworking the river's edge and allowing it to take over selected parcels of post-industrial land.

Futuras transformações: reestruturação da margem do rio e permissão para que ele tome o controle de terrenos específicos das áreas pós-industriais.

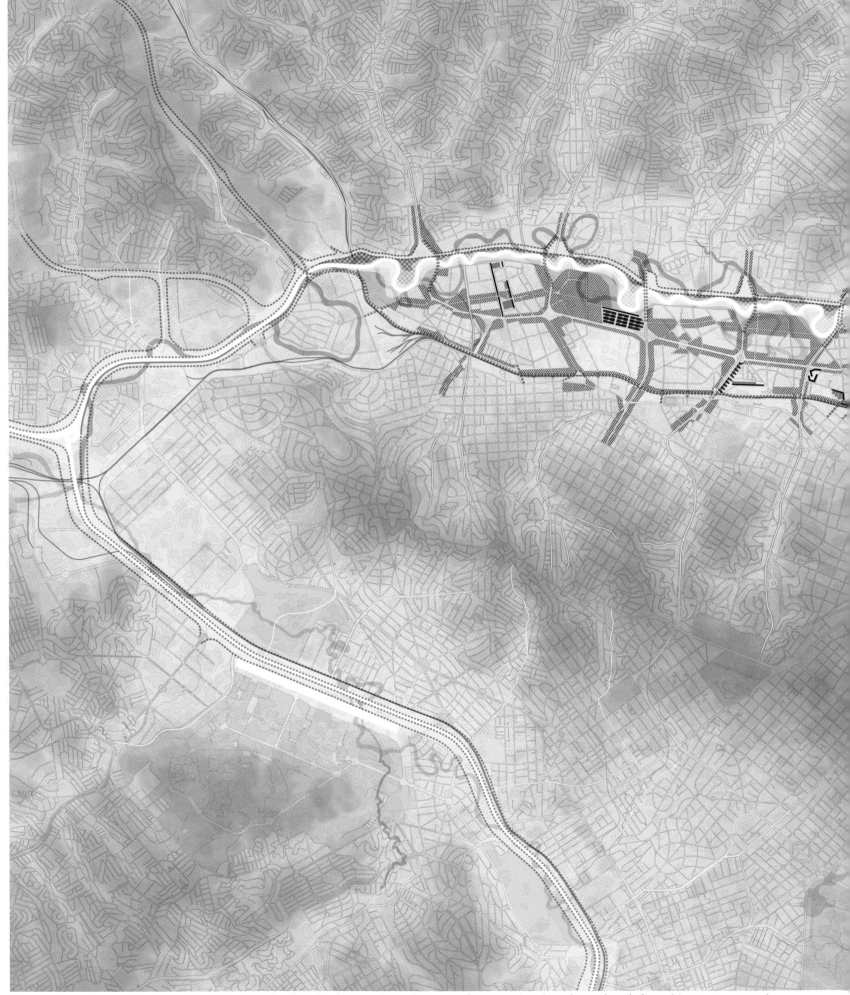

Future transformations: The introduction of development corridors that take advantage of the new waterfront as a recreational amenity.

Futuras transformações: a introdução de corredores de desenvolvimento que se aproveitam das novas margens como amenidades de lazer.

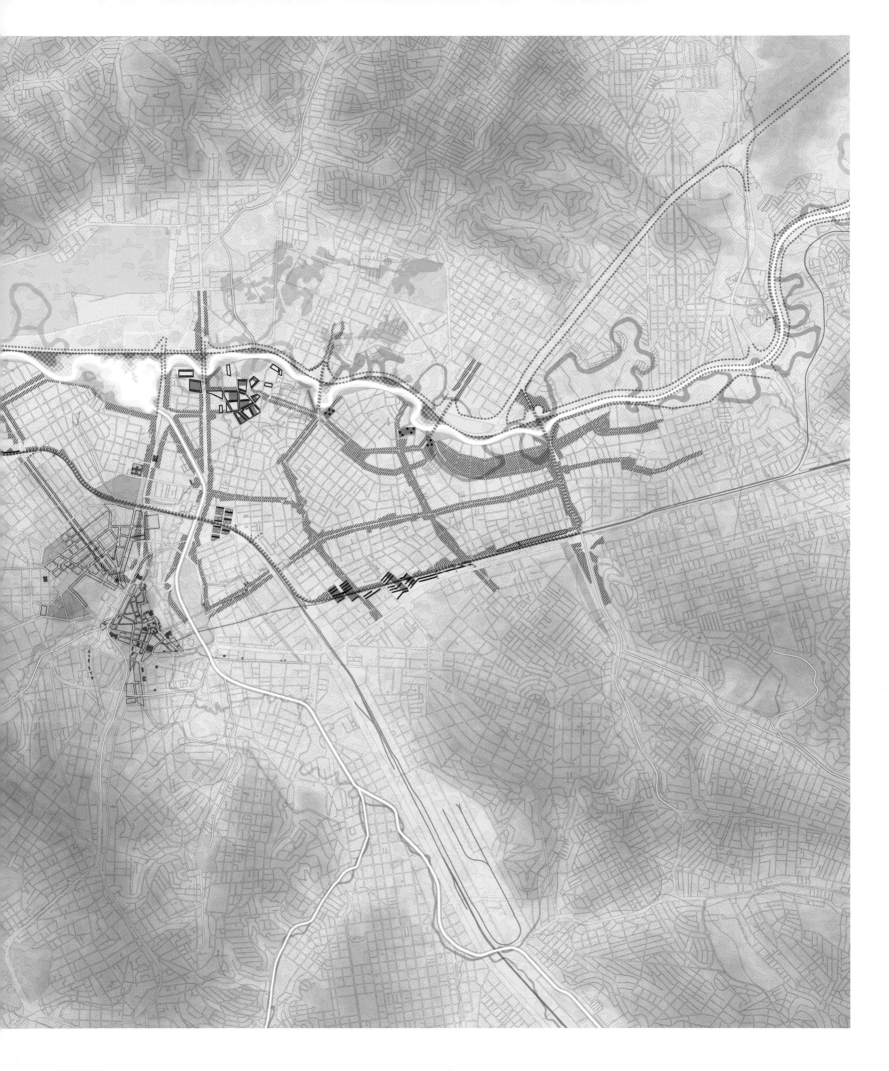

São Paulo Project launch and reception at Lina Bo Bardi's Casa de Vidro.

Lançamento do Projeto São Paulo e recepção na Casa de Vidro, de Lina Bo Bardi.

Acknowledgments

A project of the scope and scale of *São Paulo: A Graphic Biography* is never the work of a single hand, and involves collaborations among many individuals and institutions.

My extreme gratitude goes to Claudio Haddad and the Haddad Foundation. Without Claudio's vision and support, this collective project about his hometown would have never seen the light of day.

Additionally, I would like to extend my gratitude to the David Rockefeller Center for Latin American Studies at Harvard University and to Frances Hagopian and Scott Mainwaring, Directors of the Brazil Studies Program, who supported this enterprise from the start. This project would also not have been possible without the Harvard Brazil Office and their support on the ground in São Paulo. Additionally, Tadeu Masano and Geografia de Mercado provided valuable geospatial data that helped us shape our understanding of the city and its layered economies. Philip Yang, who provided useful feedback throughout the project, should also be acknowledged.

I must also acknowledge friends and colleagues who provided useful feedback at multiple stages throughout the project, including Neil Brenner, Joan Busquets, Rahul Mehrotra, and Peter Rowe. A huge debt, too, is owed to the seven contributors who put significant thought and time into their editorial pieces. Renato Anelli, Anita Berrizbeitia, Sol Camacho, Bruno Carvalho, Marcia Castro, Alexandre Delijaicov, Edward Glaeser, and Robert Pietrusko provided an array of powerful commentaries on São Paulo, thickening the plot of this book. Contemporary aerial photographs commissioned to Leonardo Finotti close each topic, adding an additional reading of the city.

I was fortunate to work with an exceptional team that throughout the course of a summer spent endless days and nights producing the graphic material for the book. In the United States, Aránzazu de Ariño, Devin Dobrowolski, Maxime Faure, Gary Hon, Konstantina Tzemou, Igsung So, Clayton Strange, Alexander Yuen, and Liang Wang devoted their time and talent to discovering São Paulo through drawing. Justin Fowler, as always, provided a keen editorial eye. Marysol Rivas Brito and David Solomon must also be mentioned for their contributions in the initial phases of this project, as well as Sebastián López Cardozo who provided support for the dissemination of this project through his social media platform, ARTIFIZI.

I am eternally thankful as well to our collaborators in Brazil. Sol Camacho and her team at RADDAR set up an incredible infrastructure that enabled us to work in São Paulo and have access to many stakeholders and institutions vital to this project. I am equally grateful to Bruno de Almeida, who spent endless hours visiting archives and curating many of the historic images and drawings presented in this book, and to Rafael Marengoni, who was instrumental in compiling contemporary photographic material. In addition, Roberto Carvalho Dias, a close friend of this project, provided unconditional logistical support during our time in Brazil.

A parallel studio on São Paulo was offered at the Harvard Graduate School of Design in the Spring of 2017. Much gratitude is owed to the twelve students in the studio, where many ideas about the city were discussed and unpacked.

It is always a privilege to work with the University of Texas Press. Assembling a book of the graphic complexity of *São Paulo* is a daunting task. Robert Devens and his team at UT Press provided full support and insightful advice at every

Reconhecimentos

Um projeto da abrangência e escala como a do livro *São Paulo: uma biografia* básica nunca é o trabalho de uma única pessoa e envolve a colaboração de muitas pessoas e instituições.

Minha profunda gratidão a Claudio Haddad e a Fundação Haddad. Sem a visão e o apoio de Claudio, esse projeto coletivo sobre sua cidade natal nunca teria visto a luz do dia.

Além disso, gostaria de estender minha gratidão ao David Rockefeller Center for Latin American Studies, da Universidade de Harvard, e a Frances Hagopian e Scott Mainwaring, diretores do programa de estudos do Brasil, que apoiaram esse projeto desde o início. Também não teria sido possível sem Harvard Brasil Office e seu apoio em São Paulo. Além disso, o Tadeu Masano e a Geografia de Mercado disponibilizaram dados geoespaciais valiosos, que ajudaram a moldar o entendimento da cidade e de suas economias sobrepostas. Philip Yang, quem forneceu feedback durante todo o projeto, também merece nosso reconhecimento.

Também devo agradecer aos amigos e colegas que forneceram feedback útil nas várias etapas do projeto, dentre eles Neil Brenner, Joan Busquets, Rahul Mehrotra e Peter Rowe. Com os sete autores que dedicaram suas ideias e seu valioso tempo nos artigos, também contraímos uma dívida enorme: Renato Anelli, Anita Berrizbeitia, Sol Camacho, Bruno Carvalho, Marcia Castro, Alexandre Delijaicov, Edward Glaeser e Robert Pietrusko fizeram uma série de comentários poderosos sobre São Paulo, incrementando o enredo deste livro. Fotografias aéreas contemporâneas comissionadas a Leonardo Finotti encerram cada tópico, adicionando uma leitura adicional da cidade.

Tive a sorte de trabalhar com uma equipe excepcional que, durante todo o verão, passou dias e noites intermináveis produzindo o material gráfico para o livro. Nos Estados Unidos, Aránzazu de Ariño, Devin Dobrowolski, Maxime Faure, Gary Hon, Konstantina Tzemou, Igsung So, Clayton Strange, Alexander Yuen e Liang Wang dedicaram tempo e talento para descobrir São Paulo através dos desenhos. Justin Fowler, como sempre, contribuiu com sua visão editorial afiada. Marysol Rivas Brito e David Solomon também devem ser citados por suas contribuições nas fases iniciais deste projeto, bem como Sebastián López Cardozo, que apoiou a divulgação deste projeto pela sua plataforma de mídia social, a ARTIFIZI.

Também sou eternamente grato aos nossos colaboradores no Brasil. Sol Camacho e sua equipe da RADDAR, montaram uma infraestrutura incrível, que nos permitiu trabalhar em São Paulo e ter acesso a muitas partes interessadas e instituições vitais a este projeto. Sou igualmente grato a Bruno de Almeida, que passou incontáveis horas visitando arquivos e curando muitas das imagens e desenhos históricos apresentados neste livro, e a Rafael Marengoni, que foi essencial na compilação de material fotográfico contemporâneo. Além disso, Roberto Carvalho Dias, amigo íntimo deste projeto, forneceu apoio logístico incondicional durante o nosso período no Brasil.

Contamos, também, com um estúdio paralelo sobre São Paulo, na Harvard Graduate School of Design, em meados de 2017. Somos muito gratos à presença dos 12 alunos do estúdio, onde muitas ideias sobre a cidade foram discutidas e consideradas.

É sempre um privilégio trabalhar com a University of Texas Press. Montar um livro da complexidade gráfica de *São Paulo* é uma tarefa intimidadora. Robert Devens e sua equipe da UT Press forneceram apoio total e conselhos perspicazes em todas as etapas do processo. Um imenso obrigado a Neil Donnelly e Ben

moment in the process. An immense thank you goes to Neil Donnelly and Ben Fehrman-Lee for developing the graphic design scheme for the publication. Neil and Ben are always good at getting me outside of my design comfort zone, hence, we have a beautiful green book.

My greatest gratitude goes to Anthony Acciavatti, who has provided unassailable support for *São Paulo* and every project in our lives.

Fehrman-Lee, por desenvolverem o esquema de design gráfico para a publicação. Neil e Ben são sempre bons em me tirar da minha zona de conforto de design e, por isso, temos um belo livro verde.

Minha profunda gratidão vai para Anthony Acciavatti, quem forneceu apoio indiscutível para o projeto *São Paulo* e todos os demais projetos das nossas vidas.

330

Contributor bios

Renato Anelli is an architect, urban planner, and Professor of the History of Architecture and Urban Design at the Institute of Architecture and Urban Planning of the University of São Paulo in São Carlos. He works on modern and contemporary architecture in Brazil, focusing on its role in the history of international architecture and urbanism.

Anita Berrizbeitia is a Professor of Landscape Architecture and Chair of the Department of Landscape Architecture at the Harvard Graduate School of Design. Her research focuses on design theories of modern and contemporary landscape architecture, the productive aspects of landscapes, and Latin American cities and landscapes.

Sol Camacho is a founding partner of the architecture office RADDAR in São Paulo, which was recently awarded the Silver LafargeHolcim Award in Latin America for the project PIPA—a cultural and commercial hub in Paraisópolis, where the office also conducts research. She is the author of the forthcoming book, COPANOPOLIS, which examines the architectural development and legacy of the Copan Building. Sol is the Cultural Director of Instituto Bardi/Casa de Vidro.

Bruno Carvalho is an Associate Professor of Spanish and Portuguese in the Department of Comparative Literature at Princeton University. His research and teaching interests range from the early modern period to the present, and include literature, culture, and the built environment in Latin American and Iberian contexts, with a focus on Brazil.

Marcia Castro is an Associate Professor of Demography in the Department of Global Health and Population at the Harvard T.H. Chan School of Public Health. Her work focuses on the identification of social, biological, and environmental risks associated with vector-borne diseases in the tropics, with a focus on urbanization and health.

Alexandre Delijaicov is an architect and Professor in the School of Architecture and Urbanism at the University of São Paulo. He is the lead researcher of Grupo Metrópole Fluvial, a project that examines the architecture of fluvial infrastructures.

Robert Pietrusko is an Assistant Professor of Landscape Architecture and Architecture at the Harvard Graduate School of Design, where his teaching and research focus on geospatial representation, simulation, narrative and critical cartography, and spatial taxonomies.

Biografias dos Colaboradores

Renato Anelli é arquiteto, planejador urbano e professor de História da arquitetura e urbanismo no Instituto de Arquitetura e Urbanismo, da Universidade de São Paulo, em São Carlos. Atua em projetos de arquitetura moderna e contemporânea, no Brasil, com ênfase no seu papel na história da arquitetura e do urbanismo internacionais.

Anita Berrizbeitia é professora de paisagismo e diretora do Departamento de paisagismo da Harvard Graduate School of Design. Sua pesquisa se concentra em teorias de projetos paisagísticos modernos e contemporâneos, em aspectos produtivos de paisagens e em cidades e paisagens latino-americanas.

Sol Camacho é sócia fundadora do escritório de arquitetura RADDAR, em São Paulo, que recentemente recebeu o prêmio Silver LafargeHolcim, na América Latina, pelo projeto PIPA, um centro cultural e comercial em Paraisópolis, onde o escritório também conduz pesquisas. É autora do livro a ser lançado, COPANOPOLIS, que analisa o desenvolvimento arquitetônico e o legado do Edifício Copan. Sol é diretora cultural do Instituto Bardi/Casa de Vidro.

Bruno Carvalho é professor de espanhol e português do Departamento de Literatura Comparada da Universidade de Princeton. Seus interesses de pesquisa e ensino abrangem o início do período moderno até o presente, incluindo literatura, cultura e ambiente construído em contextos latino-americanos e ibéricos, com ênfase no Brasil.

Marcia Castro é professora de demografia do Departamento de saúde e população global da Harvard T.H. Chan School of Public Health. Seu trabalho concentra-se na identificação de riscos sociais, biológicos e ambientais associados a doenças transmitidas por vetores nos trópicos, com foco na urbanização e saúde.

Alexandre Delijaicov é arquiteto e professor da Escola de Arquitetura e Urbanismo da Universidade de São Paulo. É o principal pesquisador do Grupo Metrópole Fluvial, um projeto que analisa a arquitetura das infraestruturas fluviais.

Robert Pietrusko é professor assistente de paisagismo e arquitetura, na Harvard Graduate School of Design, cujo ensino e pesquisa se concentram na representação geoespacial, simulação, cartografia narrativa e crítica, além das taxonomias espaciais.

Project Credits/Créditos do projeto

Principal Investigator
Felipe Correa

United States-based team
Devin Dobrowolski

Aránzazu de Ariño, Maxime Faure,
Gary Hon, Konstantina Tzemou,
Igsung So, Clayton Strange,
Alexander Yuen, Liang Wang,
Sebastián Lopez Cardozo | ARTIFIZI

Marysol Rivas Brito, David Solomon

Brazil-based team
Sol Camacho, Bruno de Almeida,
Roberto Carvalho Dias,
Rafael Marengoni

Parallel Studio Participants
Aranzazu De Arino Bello, Marios
Botis, Maxime Faure, Tianhui Hou,
Gary Hon, Xu Li, Konstantina Tzemou,
Chaoran Wu, Weijia Wu, Ping Zhang,
Shuo Zhao, Chenglong Zhao

Research conducted at Harvard University.

Image Credits/Créditos das imagens

All drawings created by Felipe Correa and the SP Research Team unless otherwise noted.

20 Plan of São Paulo in 1881 by the Companhia Cantareira e Esgotos. Courtesy Marysol Rivas Brito.

21 Aerial photograph of the São Paulo metropolitan region from 2015. Image Courtesy of Google Earth.

22 Aerial view of São Paulo in 2016 showing an endless field of skyscrapers. Photo by Felipe Correa.

23 Aerial view of Avenida Nove de Julho and Avenida Paulista in 1968 showing an instance of the pervasive relationship between ridge and valley throughout the city. Courtesy of the Prefeitura do Município de São Paulo.

38 Contemporary aerial photograph showing the convergence of the channelized rivers. Photo by Leonardo Finotti.

42 Contemporary aerial view showing one of the many instances where small rivers have been channelized and flanked with roads. Photo by Felipe Correa.

43 Two photographs of the Lajeado neighborhood: one showing the Lajeado stream (above), and the other a mural depicting an idealized creek landscape for the neighborhood (below). Courtesy of Renato Anelli.

44 Environmental Corridor Plan proposed by the Urban Studies SP Workshop showing the required urban operations for the resurfacing of a stream and the introduction of a dedicated bus transit line. Courtesy of Renato Anelli and Alexandre Leitão Santos.

54 Aerial view of Jardim Paulista, Jardim América, and Jardim Europa, ca. 1930. Courtesy of CIA.CITY. Aerial view of Jardim Paulista, Jardim América, and Jardim Europa, ca. 1930. Courtesy of CIA.CITY.

62 Current aerial view of the Jardins area. Photo by Leonardo Finotti.

66 Aerial view of the Tietê River next to Campo de Marte Airport, ca. 1950. Courtesy of Martin Jayo.

68 Sheet 12–5 of the 1957 Levantamento Aerofotogramétrico, executed by VASP Aerofotogrametria. Photographed by Felipe Correa.

69 Sheet 13–4 of the 1957 Levantamento Aerofotogramétrico, executed by VASP Aerofotogrametria. Photographed by Felipe Correa.

70 Aerial view of the Tietê River near the Ponte da Casa Verde, ca. 1970. Courtesy of the Prefeitura do Município de São.

77 Aerial view of downtown São Paulo, ca 1940. Courtesy of the Prefeitura do Município de São Paulo.

78 Photograph of Avenida Paulista looking toward Rua da Consolação, ca. 1905. Courtesy of the Prefeitura do Município de São.

82 *from top*
Edifício Martinelli, William Fillinger, 1929. Photo by Diego Torre Silvestre.
— Cine Ipiranga e Hotel Excelsior, Rino Levi, 1941. Courtesy of the Acervo da Biblioteca da FAUUSP.

83 *from top*
Edifícios Pauliceia e São Carlos do Pinhal, Gian Carlo Gasperini e Jacques Pilon, 1958. Photo by Leonardo Finotti.
— Edifício Itália (Circolo Italiano), Franz Heep, 1960. Photo by Leonardo Finotti.

84 *from top*
Edifício Guaimbê, Paulo Mendes da Rocha e João de Gennaro, 1962. Photo by Leonardo Finotti.

— Edifício FIESP, Rino Levi, 1979. Photo by Alexandre Suplicy.

85 *from top*
Condominio Portal da Cidade, Ruy Ohtake, 1986. Courtesy of Ruy Ohtake.
— Edifício 360°, Isay Weinfeld, 2013. Photo by Leonardo Finotti.

86 Contemporary view of Avenida Paulista. Photo by Leonardo Finotti.

90 São Paulo's industrial land use parcels and their crucial adjacencies. Drawing by Robert Pietrusko.

102 Aerial view of Avenida 23 de Maio showing the future site of the Centro Cultural São Paulo. Courtesy of the Prefeitura do Município de São.

108 *from top*
Estádio Municipal Paulo Machado de Carvalho. Courtesy of CIA.CITY.
— Estádio Municipal Paulo Machado de Carvalho. Courtesy of CIA.CITY.
— Estádio Municipal Paulo Machado de Carvalho. Photo by the SP research team (Rafael Marengoni).
— Dom Pedro II Park. 1922. Courtesy of the Governo do Estado de São Paulo.
— Dom Pedro II Park. 1971. Courtesy of the Prefeitura do Município de São Paulo.
— Dom Pedro II Park. Photo by the SP research team (Rafael Marengoni).

109 *from top*
Avenida Nove de Julho vista do mirante do Trianon. 1945. Courtesy of Thomaz Farkas / Acervo Instituto Moreira Salles.
— Postcard of the Panorama do Trianon. 1940. Courtesy of Felipe Correa.
— Aerial photograph of Avenida Nove de Julho. Photo by the SP research team (Maxime Faure).
— Centro Cultural São Paulo under construction. Courtesy of the Prefeitura do Município de São Paulo.
— Centro Cultural São Paulo under construction. Courtesy of the Prefeitura do Município de São Paulo.
— Centro Cultural São Paulo. Photo by the SP research team (Rafael Marengoni).

110 Contemporary view of Avenida 23 de Maio. Photo by Leonardo Finotti.

126 Aerial view of Parque Ibirapuera, ca. 1950. Courtesy of the Prefeitura do Município de São Paulo.

128 *from left*
Parque do Carmo. Photo by the SP research team (Rafael Marengoni).
— Parque Ibirapuera. Photo by the SP research team (Rafael Marengoni).

Bibliography/Bibliografia

Acciavatti, Anthony. *Ganges Water Machine: Designing New India's Ancient River*. San Francisco: Applied Research and Design Publishing, 2015.

Allen, Stan. "Mat Urbanism: The Thick 2-D." In *CASE Le Corbusier's Venice Hospital*, edited by Hashim Sarkis. New York: Prestel, 2001.

Almy, Dean, ed. *Center 14: On Landscape Urbanism*. Austin: Center for American Architecture and Design, 2007.

"Andrea Branzi: Masterplan Strijp Philips, Eindhoven, 1999," *Lotus* 107, (2000): 116–123.

Apollonio, Umbro, ed. *Futurist Manifestos*. New York: Viking Press, 1973.

Arquero De Alacon, Maria and Sol Camacho Davalos. "Higienopolis Una Agenda Para La Re-Invencion Urbana," *PLOT* 21, (2014): 110–115.

Barzilay, Marianne; Catherine Hayward and Lucette Lombard-Valentino. *L'Invention Du Parc: Parc De La Villette, Paris, Concours International*. Paris: Graphite Editions; E.P.P.V., 1984.

Berrizbeitia, Anita and Linda Pollak. *Inside Outside: Between Architecture and Landscape*. Gloucester, MA: Rockport; London: Hi Marketing, 1999.

Bonduki, Nabil Georges. *Os Pioneiros da Habitação Social*. São Paulo: SESC, 2014.

Brandão, Maria de Azevedo. *Milton Santos e o Brasil: Território, Lugares e Saber*. São Paulo: Editora Fundação Perseu Abramo, 2004.

Branzi, Andrea. No-Stop City: *Archizoom Associati*. Orléans: HYX, 2006.

Bucci, Angelo. *Sao Paulo, Reasons for Architecture: The Dissolution of Buildings and how to Pass Through Walls*. Austin, TX: University of Texas at Austin Center for American Architecture, 2011.

Burdett, Ricky and Deyan Sudjic eds. *Living in the Endless City: the Urban Age Project by the London School of Economics and Deutsche Bank's Alfred Herrhausen Society*. London: Phaidon Press, 2011.

Busquets, Joan. "Santo André: A Mosaic to Transform the Valley," *AA Files*, no. 41, (2000): 23–29.

Busquets, Joan and Felipe Correa. *Cities X Lines: A New Lens for the Urbanisitic Project*. Cambridge, MA: Harvard University Graduate School of Design; Rovereto, Italy: Nicolodi Editore, 2006.

Cache, Bernhard. *Earth Moves: The Furnishing of Territories*. Cambridge, MA: MIT Press, 1995.

Caldeira, Teresa Pires do Rio. *City of Walls: Crime, Segregation, and Citizenship in São Paulo*. Berkeley: University of California Press, 2000.

Castro, Ricardo L., *Rogelio Salmona*, and Benjamín Villegas Jiménez. Rogelio Salmona. Bogotá, Columbia: Villegas Editores, 1998.

Christ, Emanuel; Christoph Gantenbein and Victoria Easton, eds. *Typology 2: Delhi, Paris, São Paulo, Athens. Review No. III* (*Christ & Gantenbein Review*). Zürich: Park Books, 2015.

"Claus, Van Dongen, Schaap: Plan Urbano De Haveneiland, Ljburg, Amsterdam = Haveneiland Urban Plan, Ljburg, Amsterdam," *A+T* no. 20, (2002): 146–159.

Cook, Peter, ed. *Archigram*. New York: Praeger Publishers, 1973.

Corner, James. "Horizontality; Spreads and Densities in the Emergent Landscape," *Lotus*, no. 117, (2003): 116–123.

Corner, James. *Recovering Landscape: Essays in Contemporary Landscape Architecture*. New York: Princeton Architectural Press, 1999.

Corner, James and Alex S. MacLean. *Taking Measures Across the American Landscape*. New Haven: Yale University Press, 1996.

Correa, Felipe. *A Line in the Andes*. San Francisco: Applied Research and Design Publishing, 2014.

Correa, Felipe. "City in Suspension: New Orleans and the Construction of Ground," *Architectural Design*, no. 77, (2007): 98.

Correa, Felipe. "Scarcity: Bipolar Urbanisms in the Sonoran Desert" *MONU* 11, (2009): 74–81.

Correa, Felipe and Carlos Garciavelez. *Mexico City: Beyond Geometry and Geography*. San Francisco: Applied Research and Design Publishing, 2014.

Crocitti, John. "Social Policy as a Guide to Economic Consciousness: Villas Operarias in Rio de Janeiro, 1890–1910." *Luso-Brazilian Review* 34, No. 1. (1997). 1–15.

Cullen, Gordon. *The Concise Townscape*. London: The Architectural Press, 1961.

Czerniak, Julia. "Inside Outside: Between Architecture and Landscape by Anita Berrizbeitia and Linda Pollak." *Land Forum*, no. 7, (1999): 48–49.

Del Rio, Vicente and William Siembieda. *Contemporary Urbanism of Brazil: Beyond Brasilia*. Gainesville, FL: University Press of Florida, 2008.

Dietrich, Ana Maria; Ricardo Mendes and Sergio Burgi. *Imagens de São Paulo: Gaensly no Acervo da Light, 1899–1925*. São Paulo: Fundação Patrimônio Histórico da Energia de São Paulo, 2001.

Fernandez, Aurora; Javier Mozas and Javier Arpa. *This is Hybrid: an Analysis of Mixed-Use Buildings*. Vitoria-Gasteiz, Spain: A+t Architecture Publishers, 2011.

Fishman, Robert. *Urban Utopias in the Twentieth Century: Ebenezer Howard, Frank Lloyd Wright, and Le Corbusier*. New York: Basic Books, 1977.

"The Flying Rivers Project." Expedicao Rios Voadores. Date Unknown. http://riosvoadores.com.br/english.

Font, Maricio A. *Coffee and Transformation in São Paulo, Brazil*. Lanham, MD: Lexington Books, 2010.

Fontes, Paulo Roberto Ribeiro. *Migration and the Making of Industrial São Paulo*. Durham: Duke University Press, 2016.

Franke, Anslem, ed. *Territories: Islands, Camps and other States of Utopia*. Berlin: KW, Institute for Contemporary Art & Verlag der Buchhandlung Walther Konig, 2003.

Garnier, Tony, and Riccardo Mariani. *Tony Garnier: Une Cite Industrielle*. New York: Rizzoli International Publications, 1990.

Geyter, Xaveer de, ed. *After Sprawl: Research for the Contemporary City*. Rotterdam: Nai Publishers; Antwerp: DeSingel International Art Centre, 2002.

Gordinho, Margarida Cintra. *Patrimônio da Metrópole Paulistana*. São Paulo: Terceiro Nome, 2010.

Grupo Executivo do Planejamento de São Paulo. *The Basic Urban Plan of São Paulo: the Municipality of São Paulo*. São Paulo: Secretary of Public Works, Executive Planning Group, 1969.

Guli, Mina. "How did a City in the World's Most Water Rich Country Run Out of Water?" Minaguli.com. April 4, 2017. http://www.minaguli.com/blog/amazon-flying-river.

Heynen, Nik; Maria Kaika and Erik Swyngedouw. *In the Nature of Cities: Urban Political Ecology and the Politics of Urban Metabolism*. New York: Routledge, 2006.

Hilberseimer, Ludwig. *The New Regional Pattern: Industries and Gardens, Workshops and Farms*. Chicago: Paul Theobald, 1949.

Hilberseimer, Ludwig. *The New City: Principles of Planning*. Chicago: Paul Theobald, 1944.

Hirata, Ricardo; Alexandra Suhogusoff and Amelia Fernandes. "Groundwater Resources in the State of Sao Paulo (Brazil): the Application of Indicators." *Anais da Academia Brasileira de Ciências* 79, no.1 (2007): 141–152.

Kahatt, Sharif S. *Utopías Construidas: Las Unidades Vecinales De Lima*. Lima: Fondo Editorial de la Pontificia Universidad Católica del Perú, 2015.

Kolkau, Anette. "Emscher Landscape Park in the Post-IBA Era," *Topos: European Landscape Magazine*, no. 40, (2002): 32–38.

Koolhaas, Rem. "The Generic City." In *S,M,L,XL*, edited by Rem Koolhaas, Bruce Mao, Jennifer Sigler, and Hans Werlemann. New York: Monacelli Press, 1998.

Krieger, Alex and William S. Saunders. *Urban Design*. Minneapolis: University of Minnesota Press, 2009.

Leme, Maria Cristina da Silva. *Urbanismo no Brasil, 1895–1965*. São Paulo: Studio Nobel; FAU-USP; FUPAM, 1999.

Lemos, Carlos Alberto Cerqueira. *A História Do Edifício Copan*. São Paulo: Governo do Estado de São Paulo, 2014.

Lévi-Strauss, Claude. *Saudades de São Paulo*. São Paulo: Companhia das Letras; Instituto Moreira Salles, 1996.

Luna, Francisco Vidal. *Slavery and the Economy of São Paulo, 1750–1850*. Stanford, CA: Stanford University Press, 2003.

Malta Campos, Candido and Nadia Somekh. "Regulating Inequality: Origins and Transformation of Sao Paulo's Zoning Laws." Paper Presented at the 14th International Planning History Society Conference, Istanbul, July 2010.

Marot, Sebastien. *Sub-Urbanism and the Art of Memory*. London: Architectural Association, 2003.

Marques, Eduardo Cesar Leão, ed. *São Paulo in the Twenty-First Century: Spaces, Heterogeneities, Inequalities*. New York: Routledge, 2016.

Mascaro, Cristiano. *São Paulo*. São Paulo: Editora Senac São Paulo, 2000.

McHarg, Ian. *Design With Nature*. Garden City, NY: Natural History Press, 1969.

Mead, Andrew. "Expanding Horizons [Gross Max Landscape Architects]." Architects' Journal 211, no. 6 (2000): 32–37.

Mehrtens, Cristina. *Urban Space and National Identity in Early Twentieth Century São Paulo, Brazil: Crafting Modernity*. New York: Palgrave Macmillan, 2010.

Menneh, M.H. "Morfologia da Paisagem Verticalizada: Conflitos e Padrões Urbanísticos." Doctoral Dissertation, Faculdade de Arquitetura e Urbanismo da Universidade de São Paulo, 1997.

Mero, F. and Gilboa, Y. "A Methodology for the Rapid Evaluation of Groundwater Resources, Sao Paulo State, Brazil." *Hydrological Scienc es Bulletin* 19, no. 3 (1974): 347–358.

Meyer, Regina Maria Prosperi. *São Paulo Metrópole*. São Paulo: Editora da Universidade de São Paulo; Impensa Oficial do Estado de São Paulo, 2004.

Miyamoto, Katsuhiro. "The Park at the Center of the World: Five Visions of Governors Island." *C3: Amusing Service, Context and Identity*, no. 276, (2007): 142–165.

Mooij, Harald. "Heart and Soul? Almere's New Centre." *Architecture Today*, no. 181, (2007): 74.

Moos, Stanislaus von. "From the 'City for 3 million inhabitants' to the 'Plan Voisin' (1968)." In *Le Corbusier in Perspective*, edited by Peter Serenyi. Englewood Cliffs, NJ: Prentice-Hall, 1974.

Moreira, Carlos A. *Carlos Moreira: São Paulo*. Fortaleza, CE: Editora Tempo d'Imagem; Sao Paulo: Edies SESC, 2014.

Nevins, Deborah, and Jacqueline Kennedy Onassis. *Grand Central Terminal: City Within the City*. New York: Municipal Art Society of New York, 1982.

Osava, Mario. "Drought Plagues Brazil's Richest Metropolis" Inter Press Service. October 10, 2014. http://www.ipsnews.net/2014/10/drought-plagues-brazils-richest-metropolis.

Papadaki, Stamo. *Oscar Niemeyer*. New York: G.Braziller, 1960.

Peixoto-Mehrtens, Cristina. *Urban Space and National Identity in Early Twentieth Century São Paulo, Brazil: Crafting Modernity*. New York: Palgrave Macmillan, 2010.

Prefeitura de São Paulo Department of Urban Development. *City of Sao Paulo Strategic Master Plan: Law 16.050 from July 31, 2014, Strategies Booklet*. Prefeitura de São Paulo, 2014.

Redecke, Sebastian. "Competition: Les Halles, Paris," *Topos: European Landscape Magazine*, no. 50, (2005): 78–85.

Rocha, Jan. "Drought Takes Hold as Amazon's 'Flying Rivers' Dry Up." Climate Central. September 28, 2014. http://www.climatecentral.org/news/drought-takes-hold-as-amazons-flying-rivers-disappear-18097.

Rocha, Paulo Mendes da. *Paulo Mendes Da Rocha: Fifty Years (Projects 1957–2007)*. New York: Rizzoli, 2007.

Rodrigues, Dulce B.; Hoshin V Gupta; Aleix Serrat-Capdevila; Paulo T. S. Oliveira; E. Mario Mendiondo; Thomas Maddock and Mohammed Mahmoud. "Contrasting American and Brazilian Systems for Water Allocation and Transfers." *Journal of Water Resources Planning and Management* 141, no. 7 (2015): 1–11.

Rosa, Marcos L. "The Highrise Typology in Sao Paulo." In *ARCH+ 50: Legislating Architecture*. Berlin and Aachen: ARCH+, 2016.

Rossi, Aldo. *The Architecture of the City*. Cambridge, MA: MIT Press, 1982.

Rowe, Colin and Fred Koetter. *Collage City*. Cambridge, MA: MIT Press 1984.

Rowe, Peter. *Emergent Architectural Territories in East Asian Cities*. Basel: Birkhauser, 2011.

Sadler, Simon. *The Situationist City*. Cambridge, MA: MIT Press, 1998.

Santos, Milton. *Metrópole Corporativa Fragmentada: O Caso de São Paulo*. São Paulo: Secretaria de Estado da Cultura; Nobel, 1990.

Santos, Milton. *A Urbanização Brasileira*. Sao Paulo: Editora da Universidade de Sao Paulo, 2005.

Scognamiglio, Marina. "Transforming the Ruhr Valley," *Industria Delle Costruzioni*, no. 373, (2003): 62–69.

Smets, Marcel. "The Contemporary Landscape of Europe's Infrastructures," *Lotus*, no. 110, (2001): 116–125.

Smithson, Alison Margaret and Peter Smithson. *The Charged Void: Urbanism*. New York: Monacelli Press, 2005.

Solà-Morales, Manuel de. "Another Modern Tradition: From the Break of 1930 to the Modern Urban Project," *Lotus*, no. 64, (1989): 6–31.

Spens, Michael Patrick. "Landscapes of the Second Nature: Emptiness as a Non-Site Space [Paju Book City, Korea]," *Architectural Design* 77, no. 2, (2007): 88–97.

Tange, Kenzō. *A Plan for Tokyo, 1960: Toward a Structural Reorganization*. Tokyo: Shikenchikusha, 1961.

Thompson, George F. *Landscape in America*. Austin: University of Texas Press, 1995.

Ungers, Oswald Mathias; Stefan Vieths and Luca Molinari. *Oswald Mathias Ungers: The Dialectic City. Theories and Works of Contemporary Architects*. Milan: Skira, 1997.

Venturi, Robert; Denise Scott Brown and Steven Izenour. *Learning from Las Vegas*. Cambridge, MA: MIT Press, 1972.

Villaça, Flavio. *Espaço Intra-Urbano no Brasil*. Sao Paulo: Studio Nobel, 1998.

Waldheim, Charles. *The Landscape Urbanism Reader*. New York: Princeton Architectural Press, 2006.

Warren, Dean. *The Industrialization of São Paulo, 1880–1945*. Austin: University of Texas Press, 1969.

Weich, John. "Last Exit to Utopia [Almere]," *Blueprint*, no. 206, (2003): 52.

Wolfe, Joel. *Working Women, Working Men: São Paulo & the Rise of Brazil's Industrial Working Class, 1900–1955*. Durham: Duke University Press, 1993.

Wright, Frank Lloyd. *The Living City*. New York: Horizon Press, 1958.